◇现代经济与管理类规划教材
普通高等教育"十三五"规划教材
全行业优秀畅销品种

经 济 法

（第 3 版）

主 编 郑 煜 王伯平 金邦庆 张爱香

清华大学出版社
北京交通大学出版社
·北京·

内 容 简 介

本书根据我国最新法律、法规，为适应当前经管类学生素质与能力培养的需要而修订。全书共5编21章：第1编经济法基础（经济法概述、经济法律关系、财产所有权、代理和诉讼时效）；第2编经济法主体法（公司法律制度、国有企业法律制度、合伙企业法律制度、个人独资企业法律制度和企业破产法律制度）；第3编经济管理法（市场竞争法律制度、合同法律制度、知识产权法律制度、产品质量法律制度、消费者权益保护法律制度、外商投资法律制度、会计及审计法律制度）；第4编宏观经济调控法（税收法律制度、金融法律制度、证券法律制度、保险法律制度）；第5编经济争议的处理（经济仲裁与经济诉讼）。

本书兼顾时效性和实用性，既可作为普通高等院校相关专业的教学用书，也可作为MBA、MPA、MPAcc、管理干部培训、高职教育及其他从业人员的培训教材和学习资料。

本书封面贴有清华大学出版社防伪标签，无标签者不得销售。
版权所有，侵权必究。侵权举报电话：010—62782989　13501256678　13801310933

图书在版编目（CIP）数据

经济法 / 郑煜等主编．— 3版．— 北京：北京交通大学出版社：清华大学出版社，2020.6
现代经济与管理类规划教材
ISBN 978-7-5121-4210-7

Ⅰ.①经… Ⅱ.①郑… Ⅲ.①经济法－中国－高等学校－教材 Ⅳ.①D922.29

中国版本图书馆 CIP 数据核字（2020）第 087472 号

经济法
JINGJIFA

责任编辑：吴嫦娥
出版发行：清华大学出版社　　邮编：100084　　电话：010-62776969
　　　　　北京交通大学出版社　邮编：100044　　电话：010-51686414
印　刷　者：北京时代华都印刷有限公司
经　　　销：全国新华书店
开　　　本：185 mm×260 mm　　印张：22　　字数：563千字
版　印　次：2009年3月第1版　　2020年6月第3版　　2020年6月第1次印刷
定　　　价：59.00元

本书如有质量问题，请向北京交通大学出版社质监组反映。对您的意见和批评，我们表示欢迎和感谢。
投诉电话：010-51686043，51686008；传真：010-62225406；E-mail：press@bjtu.edu.cn。

前　言

党的十八届四中全会提出"全面推进依法治国"。习近平总书记指出："全面推进依法治国是一个系统工程，是国家治理领域一场广泛而深刻的革命。"众所周知，市场与法治被称为现代社会文明的两大基石。建设社会主义新时代法治国家，需要大批既懂经济又懂法律的复合型管理人才，掌握和运用经济法知识是对经济管理人员的基本要求。经济法是教育部指定的核心课程之一，也是各高校财经、管理类专业的必修课程。

本教材自 2009 年出版以来，深受国内众多高校同行的厚爱与支持，已多次印刷，发行量不断攀升。曾于 2011 年被中国书刊发行业学会评为"全行业优秀畅销品种"。但经济法是一门时效性很强的动态学科，必须紧随经济立法实践的发展。第 3 版在保留前 2 版主要结构体系及特色基础上，根据经济法领域的新发展进行了较大幅度调整，更新了最新的经济法律法规，以确保本书的时效性与实用性。

（1）法条方面，截至 2020 年 6 月 30 日，以最新法条为准进行了修订；案例方面，精选了近年来 CPA 及各类中级考试中涉及的经济法典型案例。

（2）经济法基础部分，根据《中华人民共和国民法典》，对涉及的民事、物权等经济法律理论进行了修订。

（3）经济法主体法部分，将"外商投资法"调整到经济管理法编，对公司法、国有企业法、企业破产法根据最新的法律重新进行了编写。

（4）经济管理法部分，对市场竞争法、合同法、知识产权法、产品质量法、消费者权益保护法、外商投资法、会计法进行了全新修订。

（5）宏观经济调控法部分，对税收、金融、证券等法律制度内容进行了全新修订。

（6）经济争议的处理部分，根据经管类专业的需要，该章调整为专门讲述经济仲裁与经济诉讼，并更新了内容。

第 3 版由郑煜、王伯平、金邦庆和张爱香担任主编。各章分工为：王伯平编写第 1~5、7、8 章；金邦庆编写第 6、11、13、15 和 21 章；张爱香编写第 9、10、14 章；郑煜编写第 12、16~20 章，并负责全书的统稿。

本书在编写过程中，我们参阅了学界同行大量的经济法专著、教材和论文，吸收了其中的一些最新研究成果，由于篇幅原因，相关著作未能详尽列举，在此一并表示感谢。此外，本书配有教学课件，可发邮件至 cbswce@jg.bjtu.edu.cn 索取。

诚然，修书无止境。囿于时间和水平，本次再版也会存在不足，敬请相关领域专家、学者和广大读者指正，不吝赐教，以便进一步修改，在此深表谢意。

编　者

2020 年 6 月

目 录

第1编 经济法基础

第1章 经济法概述 ……………… 1
- ◇ 学习目标 ………………………… 1
- 1.1 经济法的产生与发展 ………… 1
- 1.2 经济法的概念与调整对象 …… 4
- 1.3 经济法的地位和作用 ………… 8
- ◇ 本章小结 ………………………… 9
- ◇ 关键概念 ………………………… 10
- ◇ 复习思考题 ……………………… 10
- 阅读材料 …………………………… 10

第2章 经济法律关系 …………… 12
- ◇ 学习目标 ………………………… 12
- 2.1 经济法律关系的概念和特征 … 12
- 2.2 经济法律关系的构成要素 …… 13
- 2.3 经济法律关系的确立和保护 … 19
- 2.4 法人制度 ………………………… 22
- ◇ 本章小结 ………………………… 25
- ◇ 关键概念 ………………………… 26
- ◇ 复习思考题 ……………………… 26
- ◇ 案例分析 ………………………… 26

第3章 财产所有权 ……………… 28
- ◇ 学习目标 ………………………… 28
- 3.1 财产所有权的概念、特征和种类 …… 28
- 3.2 财产所有权法律关系 ………… 30
- 3.3 财产所有权的取得和消灭 …… 32
- 3.4 财产所有权的保护 …………… 34
- ◇ 本章小结 ………………………… 35
- ◇ 关键概念 ………………………… 36
- ◇ 复习思考题 ……………………… 36
- ◇ 案例分析 ………………………… 36

第4章 代理和诉讼时效 ………… 38
- ◇ 学习目标 ………………………… 38
- 4.1 代理 ……………………………… 38
- 4.2 诉讼时效 ………………………… 43
- ◇ 本章小结 ………………………… 45
- ◇ 关键概念 ………………………… 46
- ◇ 复习思考题 ……………………… 46
- ◇ 案例分析 ………………………… 46

第2编 经济法主体法

第5章 公司法律制度 …………… 48
- ◇ 学习目标 ………………………… 48
- 5.1 企业法概述 …………………… 48
- 5.2 公司法概述 …………………… 50
- 5.3 有限责任公司法律制度 ……… 52
- 5.4 股份有限公司法律制度 ……… 60
- 5.5 公司董事、监事、高级管理人员的资格和义务 …… 71
- 5.6 公司债券和财务、会计 ……… 73
- 5.7 公司的合并与分立、资本增减、解散与清算 …… 76
- 5.8 外国公司的分支机构 ………… 79
- ◇ 本章小结 ………………………… 81
- ◇ 关键概念 ………………………… 81
- ◇ 复习思考题 ……………………… 82
- ◇ 案例分析 ………………………… 82

第 6 章　国有企业法律制度 …………… 84
◇　学习目标 ……………………………… 84
6.1　国有企业法概述 ………………… 84
6.2　国有企业的权利和义务 ………… 86
6.3　国有企业的管理制度 …………… 87
6.4　国有企业的特殊监督机构 ……… 91
6.5　违反国有企业法的法律责任 …… 93
◇　本章小结 ……………………………… 94
◇　关键概念 ……………………………… 95
◇　复习思考题 …………………………… 95
◇　案例分析 ……………………………… 95

第 7 章　合伙企业法律制度 …………… 96
◇　学习目标 ……………………………… 96
7.1　合伙企业法概述 ………………… 96
7.2　普通合伙企业 …………………… 98
7.3　有限合伙企业 …………………… 105
7.4　合伙企业的解散与清算 ………… 108
◇　本章小结 ……………………………… 110
◇　关键概念 ……………………………… 111
◇　复习思考题 …………………………… 111
◇　案例分析 ……………………………… 111

第 8 章　个人独资企业法律制度 ……… 113
◇　学习目标 ……………………………… 113
8.1　个人独资企业法概述 …………… 113
8.2　个人独资企业的设立和变更 …… 115
8.3　个人独资企业的投资人及其事务管理 …………………………… 118
8.4　个人独资企业的解散、清算和法律责任 ………………………… 119
◇　本章小结 ……………………………… 121
◇　关键概念 ……………………………… 122
◇　复习思考题 …………………………… 122
◇　案例分析 ……………………………… 122

第 9 章　企业破产法律制度 …………… 124
◇　学习目标 ……………………………… 124
9.1　破产法概述 ……………………… 124
9.2　破产案件的申请和受理 ………… 125
9.3　债权人会议与债权人委员会 …… 129
9.4　重整与和解 ……………………… 131
9.5　破产清算 ………………………… 133
◇　本章小结 ……………………………… 139
◇　关键概念 ……………………………… 140
◇　复习思考题 …………………………… 140
◇　案例分析 ……………………………… 140

第 3 编　经济管理法

第 10 章　市场竞争法律制度 ………… 143
◇　学习目标 ……………………………… 143
10.1　竞争法 ………………………… 143
10.2　反不正当竞争法 ……………… 144
10.3　反垄断法 ……………………… 150
◇　本章小结 ……………………………… 155
◇　关键概念 ……………………………… 156
◇　复习思考题 …………………………… 156
◇　案例分析 ……………………………… 156

第 11 章　合同法律制度 ……………… 158
◇　学习目标 ……………………………… 158
11.1　合同及合同法 ………………… 158
11.2　合同的订立 …………………… 160
11.3　合同的效力 …………………… 164
11.4　合同的履行 …………………… 167
11.5　合同的担保 …………………… 169
11.6　合同的变更、转让和终止 …… 173
11.7　违约责任 ……………………… 176
◇　本章小结 ……………………………… 178
◇　关键概念 ……………………………… 179
◇　复习思考题 …………………………… 179
◇　案例分析 ……………………………… 179

第 12 章　知识产权法律制度 ………… 182
◇　学习目标 ……………………………… 182
12.1　知识产权法概述 ……………… 182
12.2　著作权法 ……………………… 184
12.3　商标法 ………………………… 190
12.4　专利法 ………………………… 196
12.5　网络知识产权 ………………… 200
◇　本章小结 ……………………………… 203

- ◇ 关键概念 ·················· 203
- ◇ 复习思考题 ··············· 204
- ◇ 案例分析 ·················· 204

第13章 产品质量法律制度 ········ 206
- ◇ 学习目标 ·················· 206
- 13.1 产品质量法概述 ··········· 206
- 13.2 产品质量的监督与管理 ····· 207
- 13.3 生产者、销售者的产品质量义务 ························ 209
- 13.4 产品质量责任制度 ········· 211
- ◇ 本章小结 ·················· 213
- ◇ 关键概念 ·················· 214
- ◇ 复习思考题 ··············· 214
- ◇ 案例分析 ·················· 214

第14章 消费者权益保护法律制度 ·························· 216
- ◇ 学习目标 ·················· 216
- 14.1 消费者权益保护法概述 ····· 216
- 14.2 消费者权利与经营者义务 ··· 218
- 14.3 消费者权益争议的解决 ····· 222
- 14.4 违反消费者权益保护法的法律责任 ···················· 224

- ◇ 本章小结 ·················· 225
- ◇ 关键概念 ·················· 225
- ◇ 复习思考题 ··············· 225
- ◇ 案例分析 ·················· 226

第15章 外商投资法律制度 ········ 227
- ◇ 学习目标 ·················· 227
- 15.1 外商投资法概述 ··········· 227
- 15.2 外商投资管理制度 ········· 228
- 15.3 违反外商投资法的法律责任 ·························· 230
- ◇ 本章小结 ·················· 231
- ◇ 关键概念 ·················· 231
- ◇ 复习思考题 ··············· 231
- ◇ 案例分析 ·················· 231

第16章 会计及审计法律制度 ······ 233
- ◇ 学习目标 ·················· 233
- 16.1 会计法律制度 ············· 233
- 16.2 审计法律制度 ············· 241
- ◇ 本章小结 ·················· 247
- ◇ 关键概念 ·················· 248
- ◇ 复习思考题 ··············· 248
- ◇ 案例分析 ·················· 248

第4编 宏观经济调控法

第17章 税收法律制度 ············· 250
- ◇ 学习目标 ·················· 250
- 17.1 税法概述 ················· 250
- 17.2 中国现行的主要税法种类 ··· 253
- 17.3 税收征收管理法 ··········· 263
- 17.4 违反税法的法律责任 ······· 267
- ◇ 本章小结 ·················· 268
- ◇ 关键概念 ·················· 269
- ◇ 复习思考题 ··············· 269
- ◇ 案例分析 ·················· 269

第18章 金融法律制度 ············· 271
- ◇ 学习目标 ·················· 271
- 18.1 金融法概述 ··············· 271
- 18.2 金融机构组织法 ··········· 273
- 18.3 金融管理法 ··············· 277
- 18.4 金融监管 ················· 281
- 18.5 违反金融法的法律责任 ····· 284
- ◇ 本章小结 ·················· 286
- ◇ 关键概念 ·················· 286
- ◇ 复习思考题 ··············· 286
- ◇ 案例分析 ·················· 287

第19章 证券法律制度 ············· 288
- ◇ 学习目标 ·················· 288
- 19.1 证券法概述 ··············· 288
- 19.2 证券机构 ················· 290
- 19.3 证券发行 ················· 294
- 19.4 证券交易 ················· 297
- 19.5 信息披露与投资者保护 ····· 300
- 19.6 上市公司收购 ············· 303
- 19.7 违反证券法的法律责任 ····· 304

◇ 本章小结 ……………………… 307	20.3 财产保险合同与人身保险
◇ 关键概念 ……………………… 307	合同 …………………………… 321
◇ 复习思考题 …………………… 307	20.4 违反保险法的法律责任 …… 324
◇ 案例分析 ……………………… 308	◇ 本章小结 ……………………… 325

第 20 章 保险法律制度 ……………… 310
 ◇ 学习目标 ……………………… 310
 20.1 保险法概述 ………………… 310
 20.2 保险合同概述 ……………… 313
 ◇ 关键概念 ……………………… 326
 ◇ 复习思考题 …………………… 326
 ◇ 案例分析 ……………………… 326

第 5 编 经济争议的处理

第 21 章 经济仲裁与经济诉讼 ……… 328	◇ 本章小结 ……………………… 338
◇ 学习目标 ……………………… 328	◇ 关键概念 ……………………… 338
21.1 经济争议的解决方式 ……… 328	◇ 复习思考题 …………………… 339
21.2 经济仲裁 …………………… 329	◇ 案例分析 ……………………… 339
21.3 经济诉讼 …………………… 333	

参考文献 ……………………………………………………………………………………… 341

第1编 经济法基础

第1章 经济法概述

【学习目标】

学完本章后，你应该能够：
- 知晓经济法的概念和调整对象；
- 领会经济法在法律体系中的地位；
- 了解经济法的现状和新的发展趋势。

1.1 经济法的产生与发展

1.1.1 古代经济法

从国家干预经济的角度来追根溯源，经济法律规范古已有之。任何政府都会重视运用经济法律规范调整经济关系，把每天重复的生产、分配、交换和消费产品的行为用法律（主要是经济法律规范）加以规范。秦朝统一货币为半两币制，汉朝的限民名田、百一而税，新莽时期的币制改革、商税征取、平均物价、贷款于民等，隋朝广设仓库、发展交通，唐朝的两税法，宋朝的青苗钱、免役法、市易法等，元朝的发展交通、采行钞法、救济贫困、平定米价法等，明朝的一条鞭法，清朝的摊丁入亩，都意味着政府对经济生活的干预。在非正常情况发生时，如出现灾害、战乱等，各王朝都可能增铸钱币、减免税赋，这是现代国家运用的货币政策、财政政策的雏形。古代经济法随国家、法律的出现而产生，并随社会经济的发展而变化。

古代法律体系无法律部门的划分，实行的是诸法合体的法典制度，而经济法则表现为在诸法合体法典中调整各种经济关系的法律条文。在奴隶社会，中国周代的《周礼》中，就有许多赋税、手工业及贸易方面的规定；公元前18世纪的《汉谟拉比法典》中，调整经济关系的条文达半数以上，其中包括果园经营、借贷、租赁、委托、合伙、雇佣等方面的法律规定。而在封建社会，中国秦代《秦律十八种》包括大量的经济法律，其中《田律》《工律》《徭律》《金布律》《关市》是关于农田水利、手工业管理、徭役征发和有关货币流通、市场交易、市场管理等方面的法律。欧洲封建社会的日耳曼法、英国的普通法和衡平法都有关于财产保护、赋税、契约、货币等方面的法律规定。

古代经济法的主要特征是：①确认和维护统治阶级对奴隶或土地的占有；②调整经济关系的法律与调整其他社会关系的法律并存于诸法合体的法典之中。

1.1.2 现代经济法

1. 资本主义国家经济法

"经济法"概念最早由法国著名空想社会主义者摩莱里（Morelly）1775 年在《自然法典》一书中被提出；这一概念 1843 年，被法国另一位空想社会主义者德萨米（Dezamy）在《公有法典》一书中又一次提及。他们使用的"经济法"，只是作为理想社会实现合理分配的一种制度设想，与现代经济法概念还有较大的差距。到 20 世纪初，"经济法"这一概念才被人们重新使用。第一次世界大战前后，西方国家纷纷通过立法直接干预经济生活，德国学者使用"经济法"来概括当时国家干预经济的各种法律、法规，此后"经济法"便被广泛使用。

在资本主义自由竞争阶段，社会普遍认为市场机制几乎可以解决经济领域的所有问题，国家是市场经济的"守夜人"，一般不必干预市场经济的运行过程，表现在法律上为坚持"契约自由"的原则，用民商法来调整经济关系，这时国家的法律可划分为公法和私法。19 世纪末 20 世纪初，垄断资本主义在主要资本主义国家逐步形成，市场自发运转所积累的"市场失灵"问题集中爆发出来，资本主义的不公平竞争现象日益严重，收入分配两极分化，经济危机频繁发生，民商法传统的平等、自愿原则和政府"不干预经济"的理论受到严重挑战。为了限制垄断，制止不正当竞争，实现公平分配和摆脱经济危机，为资本主义经济制度寻找出路，"国家干预经济"的理论受到各国政府的普遍重视。与此相适应，资本主义国家先后颁布了大量国家直接干预经济生活的法律，这样就产生了一个新的法律部门，即运用公法的程序和手段来调整私法领域的市场经济关系，经济法也就应运而生了。

1890 年美国国会颁布了世界第一部反垄断法——《保护贸易和商业不受非法限制和垄断侵害法案》（《谢尔曼法》），规定任何组织或个人以合同、联合、共谋等方式企图垄断或限制州际贸易或与其他国家贸易的行为均属非法；1914 年制定了《克莱顿法》和《联邦贸易委员会法》，以制止一切不正当竞争行为和商业欺诈；1930 年通过了《罗宾逊—佩特曼法案》，以禁止价格歧视，从而形成了美国反垄断和反不正当竞争法的基础；20 世纪 30 年代，为解决经济危机问题又制定了《紧急银行法》《全国产业复兴法》等一批经济法规。1896 年德国国会颁布了世界上最早的《反不正当竞争法》；后来又制定了《钾素业法》（1910 年）、《确保战时国民粮食措施令》（1910 年）、《关于限制契约最高价格的通知》（1915 年）等经济法规，颁布了第一部以经济法命名的法律《煤炭经济法》（1919 年）；此后，又颁布了《防止滥用经济权力法令》（1923 年）等一批经济法律。日本也十分重视经济立法，在这一时期颁布了《价格统制法》《米谷配给统制法》《国家总动员法》等一批经济法律。

第二次世界大战结束后，资本主义国家为了恢复和发展经济，充分发挥国家组织、管理和干预经济的职能，开始进行大规模的经济立法。美国先后颁布了《联邦统一商法典》《外贸法》《税收法》等经济法规，英国也颁布了《公平交易法》《商品买卖法》等法规，而德国颁布的经济法规有《标准合同法》《财政管理法》《卡特尔法》《制止不正当竞争法》等，日本也十分重视经济立法，制定了《关于禁止私人垄断和确保公平交易的法律》《经济力过度集中排除法》《不当赠品及不当表示防止法》等，并在《六法全书》中将经济法作为独立的一编，分 11 章列入了 225 个法规。其他资本主义国家也相应颁布了自己的经济法规。

资本主义国家经济法的主要特点是：①通过立法使国家成为经济主体，确立了政府市经济管理者的作用和地位；②充分运用法律手段干预和管理市场经济的运转；③通过立法加强国家对外贸的控制。

20 世纪 70 年代以后，资本主义国家对经济过度干预的弊端日益突出。西方各国为解决经济滞胀问题，逐步缩小了市场干预规模，改变干预机制结构，注意发挥民间组织的经济作用。20 世纪 90 年代后，随着市场经济的全球化发展，世界各国也加强了国际组织如世界贸易组织在规范市场活动方面的作用。

2. 社会主义国家经济法

苏联自 20 世纪 20 年代开始使用经济法概念，虽然在立法上没有形成独立的经济法典，但其以经济政策、计划、法律的形式制定了一系列经济法性质的经济法规，如《国家工业托拉斯条例》《社会主义国营生产企业条例》等，从而实现国家对经济活动的全面管理。捷克斯洛伐克则于 1964 年颁布了世界上第一部也是仅有的一部经济法典——《捷克斯洛伐克社会主义共和国经济法典》。其他社会主义国家也都十分重视经济立法，先后颁布了大量的经济法规。但在 20 世纪 80 年代末，由于苏联和东欧国家社会制度的剧变，其法律也转向了西方体系。

新中国成立后，在 20 世纪 50—60 年代曾颁布了大量的经济法律、法规，如《中华人民共和国土地改革法》《机关、国营企业、合作社签订合同契约暂行办法》《对外贸易管理暂行条例》《预算决算暂行条例》《国民经济计划编制暂行办法》等。这一时期的经济立法主要表现在企业组织管理、计划管理、行业管理、财税金融、价格、社会保障六个方面。但在当时的计划经济体制下，经济法立法呈现出强烈的计划性、行政性、临时性特点。经济活动主要依靠行政手段来管理，经济法制建设未得到应有的重视。

1979 年以后，随着改革开放的不断深入，经济法日益受到人们的重视，国家颁布了大量的经济法律、法规，特别是党的十四大提出建立社会主义市场经济体制以来，为了适应市场经济对法制建设的要求，经济立法步伐不断加快，已初步建立起了具有中国特色的社会主义市场经济法律体系。

我国经济法体系主要包括以下三个方面的法律。

1) **市场主体法**

市场主体法，是指调整市场主体的设立、变更、终止和其经营管理过程中发生的经济关系的法律规范的总称。主要包括全民所有制工业企业法、公司法、商业银行法、合伙企业法、个人独资企业法、破产法等。

2) **市场管理法**

市场管理法，是指调整国家在管理市场交易过程中所发生的经济关系的法律规范的总称。主要包括反不正当竞争法、反垄断法、消费者权益保护法、产品质量法、广告法、合同法、票据法、证券法、知识产权法等。

3) **宏观经济调控法**

宏观经济调控法，是指调整国家在协调市场经济运行过程中所发生的经济关系的法律规范的总称。主要包括税法、预算法、中国人民银行法、固定资产投资法、对外贸易法、外汇管理法等。

1.1.3 经济法的新进展

人类社会进入 21 世纪，随着知识经济的蓬勃兴起和经济全球化的迅猛发展，也产生了对经济立法的新要求。知识经济时代要求经济法应向高科技产业倾斜，培养以高科技为基础的先导产业和支柱产业，加速产业结构和产品结构的调整和优化，走出一条工业化与信息化同步推进的现代化产业发展之路。国家应通过知识产权立法，依法承认、保护和发展知识资本，鼓励技术创新，鼓励知识进入市场，维护科技工作者的合法权益，调动科技工作者努力创新和进取的积极性，从而为发展知识经济创造良好的法制环境。知识经济的发展也引发了许多新的法律问题，例如，信息高速公路向传统的知识产权法制提出了挑战；世界贸易无纸化引发了如何防止欺诈和欺诈的风险如何分担等难题；金融电子化带来了电子资金转账、电子信用卡、电子银行和电子货币互换等新业务；以云计算、大数据、物联网等为代表的新信息技术和传统制造服务业融合所形成的"互联网+"的迅猛发展，给人类社会带来了巨大商机的同时，也使世界面临着空前的安全问题；知识经济下的经济安全、社会安全和秘密信息权如何保护；税收、外汇、商品贸易如何控制；国家利益和社会利益如何保护；等等。这些问题是经济立法的新问题，它要求各国通过立法调整，适应知识经济发展的需要。

世界贸易组织（WTO）成立后，21世纪的经济法应是WTO规则指导下的经济立法。各成员的经济法应在市场主体法、市场管理法、宏观经济调控法等方面，遵守其规则，使各自的法律制度与规则不相抵触。

2008年，由美国"次贷危机"引发的金融风暴席卷全球，带来了类似于20世纪30年代的世界经济大萧条。为应对这次金融危机，美国制订了7 000亿美元的救市计划，欧盟动用2 000亿欧元来刺激经济增长，欧盟委员会批准德国政府5 000亿欧元金融救市计划，日本制订了一项规模达11.7万亿日元（1 070亿美元）的经济刺激方案，我国中央银行投资了4万亿元人民币来刺激经济，世界其他各国也纷纷跟进，制订了各自的经济刺激方案。除此之外，各国政府还采取了诸多其他措施，如降息、免税、发放消费券等，以防止经济危机严重化。痛定思痛，欧盟拟修改银行业法规以避免金融危机重演，并提出要重组世界货币体系；美国对金融业及其创新产品加强了监管；我国及时启动了内需，防止经济下滑，除采取其他措施外，重要的是完善和加强了社会保障体系，让国民有钱消费、放心消费。2010年爆发的欧洲主权债务危机引发了人们对政府债务风险的担忧、对高福利制度和过度的社会保障所带来的经济发展消极效应的反思，以及政府财政政策和货币政策的匹配问题。近年来，美国特朗普政府固守"美国优先"的战略，强化了对国际贸易、世界产业链体系的直接干预，如对国际贸易征收更高的关税，对我国企业华为、中兴的制裁等，极大增加了世界经济的不确定性，有引发世界全面贸易战和经济大萧条的风险。如何采取措施有效地应对这一挑战，是摆在世界各国尤其是我国政府面前的一道难题。所有这些都需要对经济法进行实时调整，以达到有效调控经济的目的。

1.2　经济法的概念与调整对象

1.2.1　经济法的概念

1. 经济法的含义

经济法是指调整国家在管理、协调市场经济活动过程中所发生的经济关系的法律规范的总称。经济法的这个概念具有三层含义。

（1）经济法是调整经济关系的法律手段。国家对经济关系的调整是实现其经济管理职能的重要方面，其调整方式包括经济手段、行政手段和法律手段。经济法作为法律手段的一种，是由国家强制力保证实施的，与经济手段和行政手段的性质是不同的。后者不全由国家强制力保证，其力度也不及法律手段。

（2）经济法只调整一定范围的经济关系。经济关系的复杂性决定了它不可能由单一的法律部门去调整，而要由不同的法律部门分别调整。因此，经济法并不调整所有的经济关系，而只是调整一定范围的经济关系，即国家在管理、协调市场经济活动的过程中所发生的经济关系。除此之外，其他方面的经济关系则由民法、劳动法等其他法律部门去调整。

（3）经济法是指一系列经济法律、法规的总称。经济法自产生以来，由于争议较大，始终未形成统一的法典，而只能通过国家颁布的调整特定范围经济关系的诸多法律和行政法规来表现。

2. 经济法的基本特征

经济法具有一般法律的特征，如国家意志性、特殊的规范性、必需的强制性等。同其他法律相比较，又有其自身的一些特点，具体表现如下。

1）综合性

经济法的综合性表现是多方面的，主要有：在调整手段上，经济法综合运用民事的、经济的、行政的、刑事的等多种手段；在规范体系构成上，经济法具有法律、法令、条例、细则和办法等多种形式，既有程序性规范，又有实体性规范，既包括强制性规范，又包括任意性规范等；在调整范围上，既有宏观经济调控关系，又有微观经济管理关系，既有国内经济关系，又有涉外经济关系。另外，经济法的调整主体多样化，有自然人、法人、其他社会组织、单位的内部机构和国家等。这些诸多特点集中表现了经济法的综合性。

2）经济性

经济法作用于经济领域，其经济性是不言而喻的。首先，经济法调整的是经济关系，其调整对象具有经济性；其次，经济法律规范反映的是经济规律，具有经济性；最后，经济法的调整手段主要是经济手段，如利息率、汇率、财政、税收等。

3）行政主导性

经济法是国家管理、干预市场经济活动的产物。国家的经济管理职能主要是由国家行政机关依照行政程序来完成的，所以经济法在立法和实施的过程中不可避免地具有了较强的行政主导性。

1.2.2　经济法的调整对象

法律是以调整社会关系来规范社会秩序的，法律的调整对象是社会关系。顾名思义，经济法的调整对象是经济关系。但是，围绕经济法调整哪部分经济关系，学界众说纷纭，学派林立，形成了诸如经济协调关系说、需要干预经济关系说、经济管理与市场运行关系说、国家调节经济关系说等经济法学说。从经济法的产生角度来考察，我们认为：经济法调整特定范围的经济关系，即调整国家在管理、协调市场经济活动的过程中所发生的经济关系。

我国尚处在市场经济的转型时期，市场的调节机制仍未完善，"市场失灵"的状况时有发生。因此，在经济呈良性运行的状况下，政府没有必要对市场加以过多的干预，完全可以通过市场内在机制自主调节各项资源的配置，并依靠法律对这种市场机制起"适度"或"适时"的"协调"作用，就可以排除市场出现的某些"零星"或"轻微"的故障；但在"市场失灵"的情况下，政府就要发挥管理公共事务的"权力"功能，运用强有力的"法律干预"克服市场调节的局限性、滞后性和盲目性。

但是，政府不是万能的，它也有失灵的时候，特别是在信息不完善和市场不完全的情况下，政府的干预或协调，有可能出现过度、不当甚至滥用，从而损害社会公共利益。如2008年世界金融危机的巨量经济刺激措施，虽使我国经济避免滑入大萧条，但也引发了产能过剩、效率下降、地方政府债务危机等严重问题，至今仍是我国经济进一步发展的痼疾；再如我国房地产领域政府调控的屡调屡涨等问题。因而，国家立法机构在立法确认政府干预或协调的同时，也制定了约束政府干预的过度或不当甚至滥用的法律规范，既调整市场主体的不当行为，又规范政府的干预或协调行为，从而体现了经济法肩负的双重职能。

经济法的调整对象具体包括三个方面的经济关系。

1）市场主体的组织管理关系

经济法的一个重要内容就是对市场主体的规范。所谓市场主体，是指参加市场经济活动，并因此而享有经济权利和承担经济义务的组织或个人。在市场主体体系中，最重要、最活跃的是企业。规范好市场主体的组织管理关系，可以激励创业，竞争有序，使国民经济健康协调地发展。

经济法所调整的市场主体组织管理关系包括：①政府及其有关主管部门因审批、核准市场主体的设立、变更、终止而发生的经济行政关系；②政府及其有关主管部门因依法确认各市场主体的法律地位、组织形式和权利义务而发生的经济行政关系；③市场主体内部上下级之间、各部门之间、单位与职工之间，因其内部经营管理而发生的经济关系。

2）市场行为的监督管理关系

市场经济本身的自发性和盲目性，决定了国家对各市场主体的市场行为进行监督管理的必要性。为了维护公平竞争的市场秩序和各市场主体的合法权益，保障社会主义市场经济的健康、有序发展，国家必然要对各主体的市场行为进行监督管理。

经济法所调整的市场行为监督管理关系，包括下述内容：①国家为维护公平竞争的市场秩序而与市场主体之间发生的监督管理关系；②国家为限制垄断、制止不正当竞争而与市场主体之间发生的监督管理关系；③国家为保障市场交易安全、维护交易各方的合法权益而与市场主体之间发生的监督管理关系；④国家为制止市场主体违法经营，损害用户、消费者和社会公众的合法权益而与有关各方发生的监督管理关系。

3）宏观经济调控关系

国家对市场经济活动进行宏观经济调控，通过间接手段引导市场主体的生产经营活动符合国家的产业政策，以保持国民经济持续、稳定、健康、快速地发展，实现经济总量的基本平衡和经济结构的优化。为达到上述目的，就必须使国家协调市场经济活动的宏观经济调控手段制度化、规范化，将宏观经济调控关系纳入法律调整，经济法正好适应了这一需要。

经济法所调整的宏观经济调控关系主要包括：①国家因财政税收分配而与市场主体之间发生的经济关系；②国家因执行货币政策，运用金融工具而与市场主体之间发生的经济关系；③国家因稳定物价、遏制通货膨胀而与市场主体之间发生的经济关系；④国家因固定资产投资、国有资产管理而与有关各方发生的经济关系；⑤国家因自然资源的开发、利用和保护而与有关各方发生的经济关系。

经济法调整的上述经济关系，都是在市场经济活动中形成的，都体现了国家对市场经济活动的管理和协调。

1.2.3　中国经济法的渊源

经济法的渊源是指经济法律规范的表现形式。我国经济法的渊源如下所述。

1. 宪法

宪法是我国的根本大法，具有最高的法律效力，是所有部门法最重要的渊源。宪法规定了国家的根本经济制度、公民的基本经济权利和经济义务、国家机构的经济职能等涉及社会经济生活的最基本的方面，是经济法最重要的渊源。

2. 法律

法律是指由全国人民代表大会及其常务委员会，按照法定的立法程序制定的规范性文件，其效力仅次于宪法。全国人民代表大会及其常务委员会制定的经济性法律，如《商业银行法》《公司法》《对外贸易法》《消费者权益保护法》等都属于经济法的重要渊源。

3. 行政法规和部门规章

行政法规是国家最高行政机关——国务院制定的规范性文件，其数量较多，是经济法的主要渊源，其效力仅次于宪法和法律。例如，国务院制定和颁布的《中华人民共和国企业所得税法实施条例》《专利代理条例》《政府投资条例》等属于行政法规的范畴。

国务院所属各部、各委员会根据法律和国务院的行政法规，在本部门的权限内，有权制定部门规章，它的效力次于宪法、法律和行政法规。例如，税收行政法规的相应实施细则，均由财政部负责制定和解释。部门规章也是经济法的渊源之一。

4. 地方性法规和政府规章

各地的人民代表大会及其常务委员会，在不同宪法、法律、行政法规相抵触的情况下，可以制定地方性法规。各地人民政府在其职权范围内，根据社会需要可以制定地方政府规章，其效力低于宪法、法律、行政法规和地方性法规。由于地方性法规和地方政府规章的数量庞大，因而成为经济法数量最大的一种渊源。

有权制定地方性法规和政府规章的地方有：特别行政区；省、自治区、直辖市，市、自治州，自治县。其中，市、包括省、自治区的人民政府所在地的市，经济特区所在地的市，经国务院批准的较大的市和其他设区的市。

5. 司法解释

司法解释是最高人民检察院和最高人民法院在总结司法实践经验的基础上，为明确法律适用而发布的指导性文件，司法解释是经济法的渊源之一。

6. 国际条约和协定

国际条约和协定是指两个或两个以上的国家或地区就政治、经济、贸易等方面的问题确定其相互权利义务关系的协议。国际条约和协定虽然不是国内法范畴，但是我国政府签订或加入的国际条约和协定，对于国内的国家机关、企事业单位、社会团体和自然人具有与国内法一样的约束力，因此，我国政府签订或加入的国际条约和协定也是我国经济法的渊源。

1.3 经济法的地位和作用

1.3.1 经济法的地位

经济法的地位,是指经济法在我国法律体系中的位置,即经济法在法律体系中是否属于独立的法律部门,其重要性如何。经济法的地位历来都是一个有争议的问题,英美法系国家一般采取实用主义,不关心法律部门的划分,理论上无经济法与民法之分;大陆法系国家大都承认经济法的存在。苏联关于经济法地位的问题争论了近七十年,直至解体,终无定论。我国自20世纪70年代末提出经济法概念以来,关于经济法地位的争论也随之而起,后经长时间的争论,学者们的意见也渐趋一致。大多数学者认为,经济法在我国法律体系中,是一个独立法律部门。同时,随着社会主义市场经济体制的建立,经济立法步伐不断加快,经济法作为国家管理、协调市场经济活动的法律手段,在我国经济建设中的地位也日趋重要。

1. 经济法是独立的法律部门

经济法在我国法律体系中是一个独立的法律部门。

(1) 经济法具有特定的调整对象。是否具有特定的调整对象是划分独立法律部门的最重要的标准。经济法是有特定调整对象的,即国家在管理、协调市场经济活动中所形成的经济关系。这种经济关系是国家在管理、协调经济生活的过程中形成的,直接体现了国家的经济管理职能,具有明显的隶属性质,是其他法律部门所不予调整的。从调整对象来看,经济法与民法、行政法的区别是明显的:民法调整的财产关系发生在平等主体之间,调整的人身关系,经济法一般不调整;行政法调整的是行政关系,以规范行政权行使为主要任务,通常不具有经济内容。

(2) 经济法具有相对独特的主体体系。经济法的主体体系由国家机关、社会组织、社会组织的内部机构和自然人组成;民事主体则通常不包括国家机关和社会组织的内部机构。此外,经济法最重要的主体是企业;而民法最重要的主体则是公民。

(3) 经济法以责、权、利、效为原则。一个独立的法律部门很可能有其特定的原则,这对于区分法律部门也有一定意义。经济法的一些原则,如资源优化配置原则、国家平衡协调原则等,都是建立在责、权、利、效相结合原则基础之上的。其他法律部门则没有这一原则。

(4) 经济法以宏观调控和监督管理相结合的方式为调整手段。国家对经济的宏观调控,是指国家通过税收、信贷、价格等经济杠杆对市场经济活动进行干预,其目的在于引导主体的市场行为符合国家的宏观经济政策,以保障国民经济持续、稳定、健康发展。而国家对经济的监督管理,则是通过经济管理机关依法行使职权,检查、监督市场主体的经济活动,处罚经济违法行为,保护当事人合法权益,维护市场经济秩序。经济法采用宏观调控与监督管理相结合的调整手段,是由国家实现其经济管理职能的要求所决定的,也是其他法律部门所不具有的调整手段。

2. 经济法是重要的法律部门

我国社会主义市场经济的建立和完善,国民经济的高速、稳定和健康发展,都需要健全和完善经济法的立法实施工作。即使在2008年世界金融危机、近年来美国特朗普政府的

"美国优先"战略，尤其是 2020 年发生的新冠肺炎疫情的冲击下，我国经济出现了经济下滑、就业形势严峻、启动内需乏力、实体企业困难等问题，这也就需要政府依照经济法履行经济调控职能，采用相应的货币政策和财政政策，把握时机，适时调控，以保持国民经济的平稳增长。可以预见的是，随着我国改革开放的不断深入和社会主义市场经济的不断发展，经济法将在其进程中发挥着越来越重要的作用。

1.3.2 经济法的作用

1. 保护市场主体的合法经济权益

经济法是通过对市场经济关系的调整，来明确各市场主体的经济权利和经济义务，打击各种经济违法行为，以法律手段来巩固和发展社会主义市场经济的。在保护社会主义公有制的同时，经济法还维护外商投资企业、城乡个体工商户、农村承包户和私营经济等市场主体的各种合法权益；并通过各种措施，指导、帮助、监督其生产经营活动，使其为经济建设服务。

2. 为我国经济体制改革提供法律保障

经济法在我国经济体制改革中起着法律保障作用。国家在经济立法过程中应及时将经济体制改革中行之有效的方针、政策、措施加以规范化、制度化，赋予国家强制力，使之成为法律或行政法规，以确保经济体制改革的顺利进行和改革的成果得以巩固。

3. 促进我国社会主义市场经济体制的建立与完善

市场经济体制的建立与完善需要与之相适应的、完备的经济法体系。经济法对于促进我国社会主义市场经济体制的建立与完善具有十分重要的作用，主要表现为：①建立现代企业制度，确认市场主体的法律地位，维护其合法权益；②确立市场规则，规范市场监督管理，维护市场经济秩序；③建立宏观调控机制，规范调控手段，确保国家宏观调控的有效性。

4. 推动科学技术进步，发展专业化协作，促进生产力发展

科学技术的发展和成果的应用需要得到经济法的保护。经济法通过维护发明创造者的合法权益来推动科学技术进步和科技成果的应用，从而促进社会生产力的发展。科学技术的进步促进了社会生产的专业化分工，国民经济各部门、各地区、各企业之间相互依存、相互联系，经济法为这些协作关系提供法律保障，使之规范和稳定，以促进社会生产力的发展。

5. 促进对外经济关系的发展

为了加快我国社会主义市场经济的发展速度，国家在坚持独立自主、自力更生的同时，还必须实行对外开放。为了适应对外开放的需要，国家制定了大量的经济法律和法规来调整涉外经济关系，促进对外经济技术交流与合作，在对外经济交往中既维护国家主权和我国企业的合法权益，又维护外商的合法权益。在引进国外先进技术、吸收国外资金和学习国外先进管理经验的同时，也鼓励我国企业积极开拓和占领国际市场。

本 章 小 结

● 经济法律规范古已有之。"经济法"概念最早由法国学者摩莱里提出。我国经济法体系主要包括：市场主体法；市场管理法；宏观经济调控法。

- 经济法的概念具有三层含义：经济法是调整经济关系的法律手段；经济法只调整一定范围的经济关系；经济法是指一系列经济法律、法规的总称。
- 经济法具有一般法律的特征，又有其自身的特点，即综合性、经济性、行政主导性。
- 大多数学者认为，经济法在我国法律体系中，是一个独立法律部门。同时，随着我国社会主义市场经济体制的建立，经济立法步伐不断加快，经济法作为国家管理、协调市场经济活动的法律手段，在我国经济建设中的地位也日趋重要。
- 市场经济条件下，经济法的作用主要有：保护市场主体的合法经济权益；为我国经济体制改革提供法律保障；促进我国社会主义市场经济体制的建立与完善；推动科学技术进步，发展专业化协作，促进生产力发展；促进对外经济关系的发展。

关键概念

经济法　调整对象　经济关系　经济法地位　经济法渊源

复习思考题

1. 试述经济法的产生与发展。
2. 应如何理解经济法的概念和基本特征？
3. 简述经济法的调整对象。
4. 经济法的渊源有哪些？
5. 试述经济法的地位。

【阅读材料】

摩莱里和德萨米的经济法思想

1. 摩莱里的经济法思想

摩莱里（Morelly），18世纪法国杰出的思想家，一生著作颇丰。他首次提出了"经济法"一词，并在法律分类中把经济法分为一个独立的法律部门。

《自然法典》（1775年）是摩莱里最有影响力的著作之一，其中第四篇"合乎自然界意图的法制蓝本"把法律分为十二类：基本的和神圣的法律、分配法或经济法、土地法、城市规划法、公共秩序法、取缔奢华法、政府法、行政管理法、婚姻法、教育法、科学法和惩罚法。

"基本的和神圣的法律"共有三条：第一条，社会上的任何东西，都不得单独地或作为私有财产属于任何个人，但每个人因生活需要，因娱乐或因进行日常劳动而于当前使用的物品除外；第二条，每个公民都是依靠社会供养，维持生计和受到照料的公务人员；第三条，每个公民都要根据自己的力量、才能和年龄促进公益的增长。

也就是说，第一条要废除私有制，实行公有制；第二条要保证公民有生存权和劳动权；第三条要求每个公民都要各尽所能履行义务。第三条实际上是第二条的补充，但更为明确地同时提出权利和义务，表明了个人同社会的关系、个人对社会的贡献。由此可见，这三条基本法勾画出了摩莱里的理想社会轮廓：是一个消灭了私有制、实行公有制、消灭了剥削、人人劳动、各尽所能、各得其所的社会。

其他十一类法律，均从"基本的和神圣的法律"中引申出来，并遵循了其基本宗旨。其中，调节生产和产品分配的法律正是摩莱里的重大贡献，这对于确定他的经济法律思想地位具有特别重要的意义。

摩莱里认为，法律应该力求达到一个目的：恢复被破坏的自然秩序，恢复被破坏的原始公有制；立法者的理性所负的任务就是要认识自然法则，并找出一种能使人最不容易脱离自然的制度。显然，摩莱里的经济法思想是以基本的自然法则为指导的，《自然法典》的宣传作用不仅仅在于18世纪，而且还深深影响了19世纪上半叶的空想共产主义者。

2. 德萨米的经济法思想

德萨米（Dézamy，1803—1850），19世纪法国空想社会主义者，《公有法典》（1842年）为其代表作，主张按比例平均分配社会产品，认为公共所有制、公共劳动、公共教育是"共产主义大家庭"的蓝图。

德萨米把法律分为：分配法和经济法、工业法、农业法、贸易法、共同用膳法、劳动大军和卫生法等。他把"分配法和经济法"放在同一章，这与摩莱里"分配法或经济法"放在同一个类别并无本质上的区别，也是着眼于国家用经济法律的手段调整社会的生产和分配关系。由此可见，德萨米深受摩莱里经济法思想的影响。

关于公有制度的分配问题，德萨米认为，各个公社应该把自己生产的产品交到共和国的仓库，然后再进行"普遍一律地在所有各公社之间实行社会财富的平均分配"。在个人消费品分配上，他主张一种"按比例平等"的分配原则。如果社会实行了他的"按比例平等"，那么，人们将自觉地"做其所能，取其目前所需"。

"按比例平等"分配是德萨米的经济法思想。如果把这一思想与摩莱里的经济法思想联系起来看的话，可以认为是对摩莱里经济法思想的一种补充或完善，使其更加接近于现实。德萨米的这种分配思想更加接近于"各尽所能，按需分配"的共产主义分配原则，因而被马克思和恩格斯称为"比较有科学根据的法国共产主义者"。

3. 对摩莱里和德萨米经济法思想的反思

从总体上看，摩莱里和德萨米赋予了经济法浓厚的空想色彩，他们的经济法思想是确立在一种理想社会制度基础之上，经济法在这一社会制度中，仅仅是调整关于社会生产和社会产品分配关系的一种法律制度，其中最主要的是调整社会产品的分配关系。也正是由于这个原因，在他们的思想提出后的相当长时间内，没有一个国家颁布类似的法律规范。

但是，摩莱里和德萨米都是进步论的热烈捍卫者，他们都认为：进步是自然界的普遍法则。《自然法典》和《公有法典》都对后世产生了深远影响。他们提出的经济法是未来社会一个独立法律部门的思想，无疑是对法律部门在分类上的一个贡献。正像他们已经预见到将来要出现无产阶级反对资本主义制度一样，经济法的出现也完全被他们预见到了。

（节选自：董延林，孙岩. 论摩莱里和德萨米的经济法思想及其影响. 求是学刊，1993（3）：65-67.）

第 2 章 经济法律关系

【学习目标】
学完本章后，你应该能够：
- 知晓经济法律关系的概念和特征；
- 理解经济法律关系的三个构成要素；
- 领会经济法律关系的确立和保护及法人制度。

2.1 经济法律关系的概念和特征

2.1.1 经济法律关系的概念

法律关系，是指法律规范在调整人们行为的过程中所形成的权利义务关系。或者说，社会关系被法律规范调整后所形成的权利义务关系是法律关系。法律关系是一种特殊的社会关系，是人们依法形成的。由于国家强制力保障法律关系的实施，所以在人们生活中，法律关系是一种特别重要的社会关系。

经济法律关系是法律关系的一种，是人们在社会生活中特别重要的一种经济关系。所谓经济法律关系，是指经济法律规范在调整国家在管理、协调市场经济活动的过程中所形成的经济权利和经济义务关系。经济法律关系包含三层含义。①经济法律关系是经济法调整的经济关系在法律上的反映。经济法调整的在国家管理、协调市场经济活动过程中所发生的经济关系，是具体的、客观存在的，经过法律规范调整之后，就上升为经济法律关系。②经济法律关系是一种意志关系。它既体现了统治阶级意志，又反映了经济法主体的意志，但是后者只有从根本上体现统治阶级意志才能得到国家认可。③经济法律关系是合法经济关系。它与一般的经济关系（如意向性协议关系等）不同，是依据经济法律规范形成的，它受到国家强制力的保护。滥用经济权利，不履行经济义务要受到国家强制力的制裁。

2.1.2 经济法律关系的特征

经济法律关系除具有法律关系的一般特征，如是一种意志关系，是法律规定和调整的关系，是国家强制力保证实施的关系等外，还具有其独特的法律特征。

1. 经济法律关系体现了国家对市场经济的管理、协调

市场经济是竞争性的经济体制，是通过公平竞争机制来实现资源配置最优化的。各市场主体为了自身的经济利益，相互之间在激烈竞争中必然会发生各种利益冲突。同时，各市场

主体为自身局部利益所驱动，往往也会与社会整体利益发生冲突。在这种情况下，就很可能发生不正当竞争等经济违法行为。为使竞争有序进行，市场经济健康发展，维护竞争各方的合法权益和社会整体利益，国家必须对市场经济活动进行管理、协调，通过立法规范和干预市场经济活动，使之健康、有序，从而实现国民经济的协调、稳定发展。在管理、协调市场经济的活动中，依照经济法与有关当事人之间形成的经济法律关系在本质上反映了国家干预市场经济活动的要求，体现了国家对市场经济活动的管理、协调。

2. 经济法律关系具有经济行政性质

经济法调整国家在管理、协调市场经济活动中形成的经济关系，其目的在于维护社会正常的竞争秩序，依法保护各市场主体的经济利益，维护国家和社会公众的合法权益，保障国民经济按比例协调发展。因而经济法律关系必然具有明显的经济性质。另外，国家对市场经济活动的管理、协调，主要是通过政府机关的各种行政行为实现的。国家行政机关作为一方参加经济法律关系，与其他经济法律关系主体，如企业、事业单位等之间的地位是不平等的。对国家行政机关作出的经济决定，其他当事人只能服从，这就使得经济法律关系具有明显的行政性质。即便国家进行宏观经济调控时采取的某些经济手段，如税收、利率、价格等，其他市场主体也必须服从，并遵照执行。由此可见，经济法律关系兼有经济、行政性质，既不同于行政法律关系，也不同于民事法律关系。

3. 经济法律关系以经济权利和经济义务为内容

法律关系是人们依照法律形成的权利义务关系，经济法律关系是人们依照经济法的规定，在经济活动中所形成的经济权利和经济义务关系。人们参与经济活动，按照经济法的规定相互之间形成经济法律关系，是具有一定经济目的的。这种关系体现了他们能够取得一定的经济利益，并同时付出相应的经济代价，换句话说，也就是当事人之间的经济权利和经济义务构成了他们之间的经济法律关系。例如，在金钱借贷活动中，借款人和贷款人之间的经济法律关系就表现为借款人有权取得所借款项，当然也要承担还本付息及按约定用途使用款项的义务，而贷款人有权取得利息并可以监督所借款项的使用，相应地要承担按约定交付该款项的义务，借款人和贷款人之间的经济权利和经济义务就构成了借贷款经济法律关系。当然，这些借贷款活动要遵守国家的金融法规，并处于政府金融管理机构的监管之下。

总之，经济法律关系是依照经济法形成的经济权利义务关系，它是在国家管理、协调市场经济的过程中产生的，这决定了经济法律关系必然体现国家管理、协调市场经济活动的意志和要求。而国家行政机关所作出的经济决定，其他主体只能服从，因而具有经济行政性质。经济法律关系的内容本身就是当事人所享有的经济权利和所承担的经济义务。经济法律关系的这些特征是其他法律关系所不具有的，也是理解经济法律关系应当注意的问题。

2.2 经济法律关系的构成要素

2.2.1 经济法律关系的主体

1. 经济法律关系主体的概念

经济法律关系的主体，也叫经济法主体，是指在国家管理、协调市场经济活动的过程中，依法享有经济权利和承担经济义务的当事人，即经济法律关系的参加者。一般来说，经济法律关系的设立、变更和消灭都离不开当事人，都取决于他们的意志和要求。因此，经济法律关系的主体是经济法律关系中最积极、最活跃的构成要素，经济法律关系的内容和客体通常也是由主体所决定的。经济法主体具有以下主要特征。

（1）经济法主体是国家管理、协调市场经济活动的参加者。经济法调整的是国家在管理、协调市场经济活动中所发生的经济关系，因而只有参加这种经济关系的单位或个人才能成为经济法主体。否则，就是其他法律关系的主体。

（2）经济法主体具有广泛性。经济法主体包括国家机关、企业事业单位及其他社会组织、单位内部机构和公民个人，其范围十分广泛。这与民法主体是不同的，后者一般不包括国家机关。国家机关、企业事业单位及其他社会组织参与经济法律关系，一般都以法人身份出现，因此，法人制度是一项特别重要的经济法律制度。

（3）经济法主体之间地位不平等。由于国家对市场经济活动的管理、协调往往以国家行政机关作为经济法律关系的经济监管方，而以企业事业单位、其他社会组织和公民个人作为经济被监管方，故此双方的地位不平等，具有经济行政性质。

2. 经济法律关系主体资格

经济法律关系主体资格，是指当事人参加经济法律关系，享受经济权利并承担经济义务的资格和能力。经济法主体必须具备一定的主体资格，即具有相应的权利能力和行为能力。所谓权利能力，是指经济法主体依法能够享有一定经济权利并承担一定经济义务的资格和能力。而行为能力是指经济法主体通过自己的行为，依法取得经济权利并承担经济义务的能力。经济法主体只有具有权利能力和行为能力，才能亲自参与经济活动，与其他主体形成经济法律关系。经济法主体资格是由经济法律规范规定的。

经济法主体参加经济法律关系应当具备以下条件。①具有一定的财产，能够独立承担财产责任。国家机构以国库或财政财产为条件参加经济法律关系；社会组织应当有自有资金；公民必须有个人财产。②必须取得法律认可、国家机关（上级机关）的授权或执业证照、营业执照等。

关于经济法主体资格的认可，一般采用法律规定一定条件或一定程序成立的方式予以确认，包括：①依照宪法和法律由国家各级权力机关批准成立；依照法律和法规由国家各级行政机关批准成立；②依照法律、法规或规章由经济组织自身批准成立；③依照法律、法规由主体自己向有关国家机关申请并经核准登记而成立；④由法律和法规直接赋予一定身份而成立等情形。未取得经济法律关系主体资格的组织不能以经济法律关系主体的身份参与经济活动，否则，其行为不受法律保护。依法成立的经济法律关系的主体应当在法律规定或认可的范围内参加经济活动，超越法律规定或认可的范围参加经济活动的，其行为不受法律保护。

3. 经济法律关系的主体范围

经济法律关系的主体范围，是由经济法调整对象决定的。由于经济法调整对象的广泛性，经济法律关系主体的范围也很广泛。经济法律关系的主体可以分为经济监管主体和经济活动主体两大类。

经济监管主体主要是指依照法律设立，由法律规定其性质、职能、任务、隶属关系等，承担组织、管理、监督和协调经济职能的组织或者机构。主要为国务院及其承担经济管理、监督职能的部、委、局、办、会，也包括地方政府及其相应机构，以及由国家机关授权而承担某种经济管理、监督职能的其他组织等。经济监管主体分为行业性经济监管机关和职能性经济监管机关。

经济活动主体是指依据法律设立或确认的，从事经济活动的组织和个人。主要包括以下几种。

1) 各类企业、事业单位及社会团体等社会组织

企业是指具有独立财产，以营利为目的，独立从事生产经营活动的经济实体，包括各类法人企业和非法人企业。企业是经济法律关系最重要的主体。事业单位是指不以营利为目的的，履行科技、教育、文化、卫生等方面职能的社会组织。社会团体是指基于会员共同意愿，为公益目的或者会员共同利益等非营利目的设立的协会、群众团体、文化团体、学术研究团体等。还包括以捐助财产设立的各种基金会、社会服务机构等社会组织。

2) 社会组织内部机构

社会组织内部机构是一类特殊的经济法主体，它们受经济法律规范的调整，在社会组织内部的活动中享有经济权利，承担经济义务。需要特别注意的是：社会组织内部机构不能对外发生权利义务关系，因为它们没有独立的财产，因而没有独立的负债能力。如果社会组织内部机构需要对外发生权利义务关系，也只能通过其所属的社会组织，以该社会组织名义进行。

3) 个体工商户、农村承包经营户

个体工商户、农村承包经营户是公民参与营利性经济活动的特殊主体形式，他们在参与经济法调整的经济关系时，也是经济法律关系的主体。

4) 自然人

在一般情况下，自然人只是民事法律关系的主体，但在某些情况下，如形成税收关系、投资关系时，自然人也是经济法律关系的主体。

2.2.2 经济法律关系的内容

经济法律关系的内容，是指经济法主体依法享有的经济权利和承担的经济义务。经济法律关系的内容是联结经济法主体的纽带，也是联结经济法律关系主体和客体的桥梁。各种经济法律关系也正是由具体的经济权利和经济义务构成的。所以，经济法律关系的内容，即经济权利和经济义务，是经济法律关系三要素的核心。

1. 经济权利

经济权利是指经济法主体依法享有的自己为一定行为或不为一定行为和要求他人为一定行为或不为一定行为的可能性。经济权利包括三个方面的含义：①经济法主体在法定范围内，根据自己的意志可以为一定的行为或不为一定的行为，如依法进行各种经营活动、取得纳税后合法的收入等；②经济法主体有权依法要求负有经济义务的主体为一定行为或不为一定行为，如税务机关可以要求有纳税义务的人依法纳税；③经济法主体在其合法权益受到侵害时，可以请求国家有关机关以国家强制力予以保护。

经济权利主要包括下述内容。

1) 经济职权

经济职权是指国家机关为实现其经济管理职能而依法享有的权力，主要有决策权、命令权、禁止权、许可权、审核权、免除权、协调权、监督权等表现形式。

经济职权具有三个基本特征。

(1) 经济职权直接产生于法律规定或国家授权。国家机关因法律规定或国家授权而享有经济职权，其范围亦由法律、行政法规规定，任何单位或个人都不得滥用经济职权。

(2) 经济职权具有命令与服从性质。国家机关代表国家依法行使经济职权，实现国家对市场经济活动的管理、协调，任何有关组织或个人都必须服从。

(3) 经济职权不得随意转让、放弃和抛弃。经济职权是国家经济管理职能在法律上的反映，只有法律规定的和国家授权的机关才享有这种权利。对于享有经济职权的国家机关来说，这种权利同时也是其对国家承担的义务。因而不能随意转让、放弃和抛弃。经济职权依法可以归纳为：宏观经济调控权和市场监督管理权。

2) 财产所有权

财产所有权是指财产所有人依法对自己的财产享有占有、使用、收益和处分的权利。财产所有权是人们进行社会经济活动的起点和终点，反映的是一种静态的财产关系，也是国家监督、管理经济活动是否合法的重要依据。财产所有权处理不好，就会增加市场的交易成本，对市场经济的发展是不利的。因此，财产所有权不仅是一项民事权利，而且也是经济法主体的一项重要经济权利。

3) 债权

债权是指当事人请求特定的人为特定行为的权利。债权的内容由当事人约定或法律规定，包括给付请求、给付受领和保护请求等权利，反映了动态的财产关系。债权关系处理不好，会很大程度上增加市场经济的风险，对市场经济的发展是不利的。因此，国家对市场经济的管理、协调也包括对市场主体之间债权债务关系的监督和保护。

4) 经营管理权

经营管理权是指经济法主体对于授权其经营管理的财产享有的占有、使用和依法处分的权利。经营管理权是从所有权中派生但又相对独立于所有权的财产权利。其内容具有广泛性，主要包括生产计划权、产品销售权、物资选购权、留用资金支配权、固定资产的依法处置权等。法人或自然人一旦享有经营管理权，就能够依法独立地从事生产经营活动。经营管理权根据获取的方式分为承包经营权、租赁经营权等。在我国，国有企业的经营管理权是一项非常重要的经济权利。

5) 知识产权

知识产权是指人们对于脑力劳动创造的精神财富即无形财产所享有的专有权利。在知识经济时代，享有知识产权就可以在市场竞争中取得优势地位，所以知识产权对于经济法主体的重要性是不言而喻的。知识产权包括工业产权和著作权等权利。经济法传统理论认为经济权利只包括工业产权，不包括著作权。但是，随着科学技术的进步和市场竞争的加剧，受著作权法保护的计算机软件、工程设计图纸、产品设计图纸、影视作品、图形作品等凝聚了人们创造性劳动的智力成果，也成为经济法主体的重要无形财产。因此，包括著作权在内的知识产权也是经济法主体的一项重要经济权利。知识产权与其他经济权利的不同之处在于：它不仅具有财产性，而且具有人身性。知识产权具有专有性、地域性和时间性等基本特征。

6) 请求权

请求权是指经济法主体依法请求义务人履行义务，或当其合法权益受到侵害时依法请求有关国家机关予以保护的权利。请求权是经济法主体实现其经济利益，维护其合法权益的一项基本权利。请求权包括实体意义上的请求权和程序意义上的请求权,前者如债务给付请求权、停止不法侵害请求权等;后者如请求调解、申请仲裁、提起诉讼等权利。

经济权利是由国家法律确认和保护的,任何单位或个人都不得侵犯他人经济权利,否则将承担相应的法律责任。但是,经济法主体也只能依法行使权利,国家禁止滥用权利。

2. 经济义务

经济义务是指经济法律关系主体依照法律规定所担负的必须为一定行为或不为一定行为的必要性。经济义务包括三个方面的含义:①义务主体必须为一定行为或者不为一定行为,以满足权利方的利益;②义务主体不依法履行义务,应当承担相应的法律责任,受到法律的制裁;③义务主体的义务是有法定范围的。义务超过法律规定的限度,当事人不受其限制和约束。

经济义务主要包括以下内容。

1) 遵守国家法律的义务

遵守国家法律是宪法赋予经济法主体的一项法定义务。具体地说,就是主体的行为必须合法,在法律没有规定或规定不明确时,则应符合国家的方针、政策。只有这样,经济法主体的行为才符合国家利益和社会公共利益,符合社会主义市场经济的要求,才有利于巩固和发展我国社会主义经济关系和市场经济秩序。同时,经济法主体也只有使其行为符合国家法律,才会受到国家法律的保护,才能真正实现其自身的经济利益。

2) 履行经济管理职责的义务

履行经济管理职责是享有经济管理职权的经济法主体对于国家所承担的一项经济义务。它包括两方面的含义:一方面,国家行政机关应在法律规定或国家授权范围内,依法行使经济职权,对市场经济活动进行管理、协调,以维护市场主体各方的合法权益和正常的市场经济秩序;另一方面,国有企业对于国家授权其经营的国有财产也应依法履行其管理职责,以保证国有资产的保值、增值。

3) 完成国家指令性计划的义务

我国将关系国计民生的重要产品纳入国家计划,经综合平衡后下达指令性计划。有关计划单位包括经济管理机关和其他经济法主体都必须保证国家指令性计划的完成。经济法主体在完成国家指令性计划的过程中要注意把国家计划与市场经济相结合,既要保证指令性计划的完成,又要面向市场,搞活企业。

4) 缴纳税金和利润的义务

税收是国家财政收入的主要来源,也是国家参与社会产品和国民收入分配的基本形式。在市场经济条件下,税收是以货币形式强制征收的。经济法主体必须依法纳税,以履行其法定义务。此外,国家作为国有资产的所有者还有权从国有企业获得税后利润。

5) 经济法主体之间的义务

经济法主体之间的义务主要是指经济法主体基于平等互利的原则相互承担的义务。经济法主体之间的义务主要包括以下几种。①全面履行合同的义务。合同依法成立后,就发生法律效力,当事人必须全面履行,任何一方都不得违反;否则,将承担相应的法律责任。同时,全面履行合同也是维护市场经济秩序的基本要求,对于实现经济法主体自身的经济利益和维护市场经济秩序都具有十分重要的现实意义。②尊重他人合法权益的义务。即不侵犯他人合法权益,这是一种不作为的义务。一切经济法主体,无论国家机关还是企业事业单位或个人,都不得侵犯他人合法权益;否则,将承担相应的法律责任。因此,经济法主体在行使自己权利的同时,还必须履行尊重他人合法权益的义务,以维护社会主义市场经济秩序。

此外,经济法主体还应承担安全生产经营、保护生态环境、不滥用经济权利等义务。

经济权利和经济义务构成了经济法律关系的内容,两者是相互对立、相互联系的。经济权利的实现以经济义务的履行为前提和条件;而经济义务的内容则由相应的经济权利限定,即经济义务不是无限的。因此,经济法主体一方享有权利的同时,必有另一方承担相应的义务,且义务的履行也以设立经济法律关系时确定的权利为限。对于经济法律关系主体双方来说,其经济权利和经济义务是同时产生、变更和消灭的,所以经济权利和经济义务是对立统一的关系。

2.2.3 经济法律关系的客体

1. 经济法律关系客体的概念

经济法律关系的客体,是指经济法主体所享有的经济权利和承担的经济义务所共同指向的对象。客体体现了经济法主体之间建立经济法律关系所要达到的经济目的,如果没有客体,经济权利和经济义务就失去了依附的目标和载体,经济法律关系的设立就毫无意义。因此,客体也是经济法律关系不可缺少的三要素之一。

2. 经济法律关系客体的种类

经济法律关系客体主要包括物、行为和智力成果。

1)物

物是指具有经济价值而又能够为人所控制和支配的物质财富。物还应包括货币和有价证券,是具体有形的物。人们参与经济活动,与他人形成经济法律关系,在很多情况下追求的就是物。物作为经济法律关系的客体须具备下述特征。①有用性。即经济法律关系客体的物须有某种使用价值,能满足人们生产生活的需要。②稀缺性。即该物须是不能无限供给的。③可支配性。即该物须能为人所支配、控制,否则不具有法律意义。物作为经济法律关系的客体十分广泛,包括生产资料和生活资料。

2)行为

行为是人们有意识从事的活动。行为作为经济法律关系的客体,是指经济法主体为实现一定经济目的而进行的有意识的活动,具体包括经济管理行为、完成工作的行为和提供劳务的行为三种。

(1)经济管理行为。是指经济法主体为实施经济管理职能而依法进行的有意识、有目的的活动。经济管理行为因行为主体不同,又可分为国家经济行政管理机关的经济管理行为和企业的经营管理行为。前者主要是经济行政管理机关为管理、协调市场经济活动而进行的经济行政行为,表现为国家对市场经济活动的调控、监督、检查、决策等行为;后者主要是企业对其财产或国家授权经营财产的管理行为,表现为企业为实现其经营目标,对其财产和人员的监督、组织、指挥、协调和决策等行为。

(2)完成工作的行为。是指经济法主体为满足他方主体的要求而进行的行为。这种行为主要表现为完成一定的工作任务或提供某种特定的物质成果的活动。如完成指令性计划任务、经济资料的统计和上报、提供定作物等。

(3)提供劳务的行为。是指经济法主体利用自己的劳动和设备为他方提供与自己劳动不可分离的某种非物质成果的行为。提供劳务的行为与完成工作的行为不同，一般不产生新的物质成果，如运输、保管等。

3）智力成果

智力成果是指人们脑力劳动创造的能够带来经济价值的精神财富。智力成果因凝聚了人们的创造性劳动而具有价值，因能给人们带来经济利益而具有交换价值，所以智力成果也是经济法律关系的客体。智力成果作为经济法律关系的客体通常包括以下内容。

（1）专利。是指受专利法保护的发明创造，包括发明、实用新型和外观设计。

（2）商业秘密。是指不为公众所知悉、具有商业价值并经权利人采取相应保密措施保护的技术信息和经营信息等商业信息。前者又被称为专有技术，是指没有取得专利权的秘密技术成果。专有技术因其不受专利法保护，其技术持有人须依照其他法律自我保护。

（3）商标。包括注册商标和未注册商标，注册商标受商标法保护；未注册商标则不受商标法保护。因此，通常认为注册商标才是经济法律关系的客体。

（4）作品。是指计算机软件、工程设计、产品设计图纸及说明、影视作品等。

（5）经济信息。随着科学技术的进步，信息传递日益广泛，及时地掌握一定的经济信息往往会给人们带来经济利益。所以，经济信息也是一种无形财产。

（6）地理标志、集成电路布图设计、植物新品种和法律规定的其他客体。

2.3　经济法律关系的确立和保护

2.3.1　经济法律关系的确立

1. 经济法律关系的确立概念

经济法律关系的确立是指经济法律关系的发生、变更和终止。经济法律关系的发生是指由于一定客观情况的出现而在经济法主体之间形成一定的经济权利和经济义务关系。经济法律关系的变更是指由于一定客观情况的出现，而使已有经济法律关系的主体、内容和客体产生了变化。经济法律关系的终止是指由于一定客观情况的出现而使经济法主体之间的经济权利和经济义务关系消灭。

经济法律关系的发生、变更和终止都是因为一定客观情况的出现，这种客观情况称为经济法律事实。能够引起经济法律关系的发生、变更和终止的经济法律事实是由经济法律规范规定的。

2. 经济法律事实

经济法律事实是指由经济法律规范规定的，能够引起经济法律关系发生、变更和终止的客观情况。经济法律规范、经济法律事实和经济法律关系是三个关系密切的概念。经济法律规范是认定经济法律事实和确立经济法律关系的前提或依据，经济法律事实是确立经济法律关系的原因，经济法律关系则是由经济法律事实引发的结果。因此，只要有某种具体的经济法律事实出现，则必然会导致经济法律关系的发生、变更或消灭。

根据是否由当事人的主观意志所决定，经济法律事实可以分为事件和行为两大类。

1) 事件

事件是指不以当事人的意志为转移的，能够引起经济法律关系发生、变更或终止的客观情况。事件可以是地震、火灾等不以人的意志为转移的自然事件，也可以是战争、国家法律颁布或修订、军事行动或政府禁令等社会现象。事件虽然不以当事人的主观意志为转移，但其一旦发生，在当事人之间便会依法产生、变更和终止经济法律关系。

2) 行为

行为是指经济法律关系主体为了达到一定的经济目的而有意识进行的具有法律效力的活动。行为在经济法上称为经济行为。经济法律关系的设立、变更和终止，在大多数情况下都是经济法主体为实现一定经济目的而进行的有意识的活动的结果，即由当事人的主观意志所决定的。所以，经济行为是最常见的经济法律事实。经济行为按其性质可以划分为经济合法行为和经济违法行为。

(1) 经济合法行为是符合经济法规定的行为。它可以分为经济监管行为、经济法律行为、经济纠纷解决行为等。

经济合法行为应具备 4 个构成要件。①经济法主体须具有合法资格，即具有相应的权利能力和行为能力。②经济行为的内容须合法，即要求经济行为不违反法律、行政法规的强制性规定，不违背公序良俗。③意思表示真实。意思表示是指当事人将其内部意愿表现于外部的行为。意思表示真实要求经济法主体从事经济行为时，主体的内部意愿与其外部表现应当一致。否则，其经济行为就是无效的或有瑕疵的。④经济行为须符合法定形式和程序。法律规定了经济行为的形式和程序的，当事人必须依法办理，否则可能导致行为无效或不能对抗第三人。

(2) 经济违法行为是指违反经济法规定的行为。经济违法行为按其危害后果和应承担的法律责任的性质不同，可以分为一般经济违法行为和严重经济违法行为。所谓一般经济违法行为，是指违反经济法规定，但危害后果不大，尚未触犯刑律，应承担经济责任或行政责任的经济违法行为，如侵权损害赔偿、违反合同、造成环境污染、虚假广告、非法垄断、侵犯商业秘密等。而严重经济违法行为是指违反经济法规定，社会危害性较大，触犯刑律，应承担刑事责任的经济违法行为。因此，严重经济违法行为就是经济犯罪行为，如破坏市场经济秩序罪、侵犯财产罪、贪污贿赂罪等。

2.3.2 经济法律关系的保护

1. 经济法律关系保护的概念

经济法律关系的保护是指国家通过监督经济法主体正当行使经济权利和切实履行经济义务，并依法及时解决所发生的经济纠纷，以保护经济法主体的合法权益，保障国家宏观经济调控的顺利实现，维护我国社会主义市场经济的正常秩序。

保护经济法律关系，一方面要依法肯定和保护经济法主体的经济权利；另一方面是依法明确经济法主体的经济义务，并在不履行义务时追究其应承担的法律责任。两方面的关系是相辅相成的。实质上，保护经济法律关系就是对经济法主体的经济权利的保护。

2. 经济法律关系保护的途径

按保护机构的不同，经济法律关系保护的途径主要有以下三种。

1) 行政途径

行政途径是指国家行政机关对经济法主体的经济违法行为，按照行政程序依法加以处理，以保护权利主体经济权利的一种方法。市场监督管理部门、税务部门、审计部门和金融监管机构等国家行政机关都有权在各自的职责范围内保护经济法律关系。通过行政途径保护经济法律关系主要是追究经济违法行为人的经济责任和行政责任。

经济法律关系的行政保护途径通常有三种形式：①行政处分，即行政主管机关或企业、事业单位对其所属单位或成员的经济违法行为依行政程序给予的制裁；②行政处罚，即国家经济行政监督机关对经济法律关系主体的经济违法行为依行政程序给予的制裁；③行政复议，即经济法律关系主体不服行政处罚或处分决定，依法申请有权机关复核的制度。

2) 仲裁途径

仲裁途径是指仲裁机构根据当事人之间达成的书面仲裁协议，以第三者的身份，按照仲裁程序对特定的经济纠纷进行裁决，以保护权利主体经济权利的一种方法。经济法律关系仲裁保护的方式主要是追究经济违法人的经济责任。

3) 司法途径

司法途径是指国家司法机关依法保护经济法律关系的一种方法。经济法律关系的司法保护有两种情形。①经济审判，即各级人民法院通过对经济纠纷案件的审理，依法作出调解或判决，从而实现经济法律关系的保护。②经济检察，即各级人民检察院依法行使检察权，对经济犯罪案件立案、侦查、起诉和出庭支持公诉，从而实现经济法律关系的保护。经济法律关系司法保护的方式主要是追究违法行为人的民事责任和刑事责任。

3. 经济法律责任

1) 经济法律责任的概念

经济法律责任是指经济法主体，由于违反经济法律规范的规定、违反当事人的约定或者基于经济法的规定，而应承受的某种不利的法律后果。

经济法律责任具有以下特征。

(1) 经济法律责任与经济违法行为紧密相连。经济违法行为是经济法律责任的前提，没有经济违法行为就谈不上追究经济法律责任。

(2) 经济法律责任必须以有关经济法律规范为依据。无经济法规定则无经济违法行为，而无经济违法行为则无经济法律责任。因此，经济违法者只在经济法规定的范围内对受损害的一方承担经济法律责任。

(3) 经济法律责任形式多样，适用责任机关广泛。经济活动的多样性决定了经济法律关系的多样性，进而决定了经济违法行为及所承担的经济法律责任的多样性。经济法律责任包括民事责任、行政责任和刑事责任。经济法律责任的多样性决定了适用责任机关的广泛性。

(4) 经济法律责任由国家强制力保证执行。承担法律责任意味着国家强制违法者以自己的财产、行为和资格作为代价，补偿受害一方的损害，消除违法行为的消极后果。

2) 经济法律责任的种类与方式

我国的经济法律责任是一种具有多样性特征的法律责任，包括民事责任、行政责任和刑事责任。

(1) 民事责任是一种对权利受害人承担的，以补偿性的财产责任为主的法律责任。根据我国法律的有关规定，经济法主体承担民事责任的方式主要有：停止侵害；排除妨碍；消除危险；返还财产；恢复原状；修理、重作、更换；继续履行；赔偿损失；支付违约金；消除影响、恢复名誉；赔礼道歉。法律规定惩罚性赔偿的，依照其规定。承担民事责任的方式，可以单独适用，也可以合并适用。

（2）行政责任是由国家行政机关或经授权的有关单位依照行政程序采取的，对经济违法者追究的法律责任。经济法主体承担行政责任的方式主要分为行政处罚和行政处分两大类。①行政处罚，是由特定行政机关对违反经济行政管理方面的法律、法规的个人和单位所给予的一种行政制裁。行政处罚的方式主要有罚款、没收财产、责令停产、责令停业、吊销营业执照、停发许可证、追缴税款等。②行政处分，是由国家行政机关或者经授权的有关单位依照行政隶属关系，对经济违法失职的个人所实施的行政制裁措施。行政处分的方式主要包括通报批评、警告、记过、记大过、降级、降职、撤职、留用察看、开除公职等。

（3）刑事责任是指对于在经济活动中严重违反经济法并触犯刑律的单位或直接责任人，由人民法院依法追究的法律责任。根据我国现行刑法的规定，刑事责任主要分为主刑和附加刑两类。①主刑，也称为基本刑罚，是对犯罪行为适用的主要刑罚方法。主刑只能独立适用，不能附加适用，对一种犯罪只能判处一种主刑。主刑的方式有管制、拘役、有期徒刑、无期徒刑、死刑。②附加刑，也叫从刑，是补充主刑适用的刑罚方法。在我国，附加刑既可以附加适用，也可以独立适用。附加刑的方式包括罚金、剥夺政治权利和没收财产。

2.4 法人制度

2.4.1 法人的产生

法人制度基于以下两大原因而产生。

（1）在以前社会，经济组织一般为个人独资经营和合伙经营，其责任形式为无限责任和无限连带责任。这一责任方式虽然有效地保护了债权人的合法权益，但却使投资人的风险过大，限制了经济组织的发展。承担有限责任的组织制度应运而生。

（2）方便经济组织独立从事经济活动，从而有效保护了该经济组织和相对人的合法权益。如不承认该经济组织的独立经济活动能力，即法人资格，则该组织遭遇侵权或对别人构成侵权时，由于其资格问题而使双方利益都可能难以得到有效保护。

随着市场经济的发展，需要赋予经济组织在法律方面的人格权，法人制度从而建立并逐渐完备起来。最早的企业法人形式是17世纪初的东印度公司；1900年实施的德国民法典第一次对法人制度作了明确的规定。我国在1986年4月12日通过的《中华人民共和国民法通则》也规定了法人制度，并在2017年3月15日通过的《中华人民共和国民法总则》，以及2020年5月28日通过的《中华人民共和国民法典》（以下简称《民法典》），对法人制度进行了进一步的完善和补充。

2.4.2 法人的概念和特征

1. 法人的概念

法人是具有民事权利能力和民事行为能力，依法独立享有民事权利和承担民事义务的组织。法人是社会组织在法律方面的拟人化。

法人是民法上的概念，经济法借用之。所谓"民事"，是指平等主体的自然人、法人和非法人组织之间因财产或人身而发生的事务。当事人在民事方面所享有的权利能力和行为能力为民事权利能力和民事行为能力，而其享有的权利和承担的义务则为民事权利和民事义务。

2. 法人的特征

(1) 法人是一社会组织。法人是一社会组织，有别于自然人。法人虽由自然人组成，但这些自然人的变动，包括其重要成员如厂长、经理等的变动不影响法人的存在。另外，组成法人的自然人成员的非职务行为不是法人的行为，这些成员的财产也不是法人的财产。

(2) 法人是一特殊的社会组织。法人具有独立的财产，有法律确认的独立的人格地位。法人从事经济活动时，独立享有财产权、人身权和知识产权等。当法人遭到他人侵权后，也可以独立行使请求权和诉讼权，以保护其合法权益。法人的这些特征明显不同于其他社会组织和社会组织的内部组织。

3. 法人分类

法人分类的依据不同，所划分的法人类别也不同。

(1) 按照法人设立依据的是何种法律，法人可分为公法人和私法人。依据公法设立的法人叫公法人，如各种国家机关。依照民法、商法设立的法人叫私法人，如各种公司、企业等。

(2) 按法人的内部结构划分，法人可分为社团法人和财团法人。社团法人是以社员权为基础的法人，可以是营利性的，也可以是公益性的。财团法人是为一定目的而设立的，并由专门委任的人按照规定的目的进行使用的各种基金、财产性法人。

(3) 以法人活动性质划分，法人可分为营利性法人和公益性法人。以营利为目的的法人称为营利性法人，如各类企业、公司等。以公益为目的的法人称为公益法人，如各类学术团体、文化团体、体育、卫生、宗教、慈善组织等。财团法人大多是公益性法人。

(4)《民法典》将法人分为营利法人、非营利法人和特别法人三大类。

营利法人是指以取得利润并分配给股东等出资人为目的成立的法人。营利法人包括有限责任公司、股份有限公司和其他企业法人等。

非营利法人是指为公益目的或者其他非营利目的成立，不向出资人、设立人或者会员分配所取得利润的法人。非营利法人包括事业单位、社会团体、基金会、社会服务机构等。①为适应经济社会发展需要，提供公益服务设立的事业单位，依法取得事业单位法人资格。事业单位法人主要指文教体卫等组织，如学校、医院、幼儿园等，这些组织，有的靠国家财政拨款作为自己的活动经费，有的靠自己的服务收入作为自己的活动经费。②基于会员共同意愿，为公益目的或者会员共同利益等非营利目的设立的社会团体，依法取得社会团体法人资格。社会团体法人，主要指各类学术团体、文化团体、社会公益团体、群众团体等，如工会、妇联、团组织等。这些团体其经费主要来源于社会集资、成员出资，也有政府资助。③为公益目的以捐助财产设立的基金会、社会服务机构等，依法取得捐助法人资格；依法设立的宗教活动场所，具备法人条件的，可以申请法人登记，取得捐助法人资格。法律、行政法规对宗教活动场所有规定的，依照其规定。

机关法人、农村集体经济组织法人、城镇农村的合作经济组织法人、基层群众性自治组织法人，为特别法人。有独立经费的机关和承担行政职能的法定机构从成立之日起，具有机关法人资格；机关法人主要指各级国家机关和机构，如国务院各部委、各级人民政府、各级人民法院、检察院等。它们都是根据国家宪法、法律、行政命令而成立的，以国家财政提供的经费承担法律责任。农村集体经济组织、城镇农村的合作经济组织依法取得法人资格，法律、行政法规对其另有规定的，依照其规定。居民委员会、村民委员会具有基层群众性自治组织法人资格，可以从事为履行职能所需要的民事活动。未设立村集体经济组织的，村民委员会可以依法代行村集体经济组织的职能。

2.4.3 取得法人资格的条件

1. 依法成立

依法成立是指设立法人必须依照法律的规定而成立。包含两层含义：①设立法人本身不能违法，如设立法人，从事走私、贩毒等，这是法律所不允许的；②设立法人应依照法定程序成立。如设立企业法人，须到市场监督管理部门登记注册，并领取营业执照后才能成立。

2. 有必要的财产和经费

财产和经费是法人从事经济活动，并承担法律责任的物质基础。法人的种类不同，承担的社会职能和经营范围不同，必要的财产和经费也不同。如设立公司，注册资本一般必须符合公司章程的规定。但如果设立全国性的商业银行，其注册资本不得低于10亿元人民币。

3. 有自己的名称、组织机构和场所

法人应有自己独特的名称，以区别于其他法人。法人名称在一定范围内不能相同或近似，且往往能体现其所属地区、经营规模和主要经营项目等。

法人是一严密的社会组织体，必须有一定的组织机构。法人应具有哪些组织机构，法律一般不作规定。但对于比较重要的法人，法律也规定其必须具有一定的组织机构，如股份有限公司，必须建立股东大会、董事会、监事会、经理等机构。

法人要进行正常运转，必须有相对稳定的活动场所，以杜绝"皮包公司"的设立。

4. 能够独立承担法律责任

法人在享有各种权利的同时，也应承担相应的义务。法人在对他人造成损害时，必须独立承担法律责任。法人以其全部财产独立承担法律责任。

国有企业建立法人制度具有特殊的意义，即国家不再对国有企业承担无限连带责任。

2.4.4 法人的民事权利能力和民事行为能力

1. 法人的民事权利能力

法人的民事权利能力是指法人依法或依其章程享有民事权利、承担民事义务的资格。与自然人相比，法人的民事权利能力具有以下特征。

(1) 法人的民事权利能力开始于法人的成立，消灭于法人的终止。法人是一种特殊的社会组织，其产生与死亡完全取决于法律的规定。法人在依法成立后，即享有在其法定范围内的民事权利能力；在依法终止后，该权利能力便终止。而自然人的民事权利能力却始于出生，终于死亡，属于自然现象。此外，自然人民事权利能力的享有区间往前和往后都可以延伸，如未出生的胎儿享有继承权，已死亡的自然人享有署名权。

(2) 法人的民事权利能力范围受其自身条件限制。作为社会组织的法人，其民事权利能力范围较之于自然人有一定的限制，如与自然人生命相关的生命权、健康权、结婚权、肖像权等就不可享有，仅能享有与其活动相关的财产权及人身权，如商标专用权、职务发明的专利权、商誉权等。

(3) 不同的法人其民事权利能力不同。由于法人设立目的、规模及所有制形式不同，法律赋予其民事权利能力也不同。法人只能在核准的范围内从事活动；否则，其行为无效。但值得注意的是，法人民事权利能力的差别不影响其在从事民事活动时的法律地位，即所有的法人享有的民事法律地位是平等的。而自然人的民事权利能力一律平等，不因其性别、年龄、智力、健康状况等的不同而有所区别。

2. 法人的民事行为能力

法人的民事行为能力是指法人以自己的行为取得民事权利并承担民事义务的资格。与自然人相比，法人的民事行为能力具有以下特征。

(1) 法人的民事行为能力享有时间与法人的存续时间一致。法人是社会组织，其行为能力不受年龄、智力等生理因素的影响。法人依法成立后便具有完全的行为能力，直至法人依法终止。而自然人则不同，由于受年龄、智力、健康等自然因素的影响，自然人行为能力的享有期间比其生存期间要短。如《民法典》规定，年满18周岁、智力健全、精神状态良好的人才具有完全的民事行为能力。

(2) 法人的民事行为能力范围与其民事权利能力范围一致。由于法人的民事行为能力在法人存续期间无任何差别，因此，在法人依法成立后，便可以从事与其设立目的、章程或法律规定范围相一致的所有活动，这就决定了法人的民事行为能力范围和其民事权利能力范围是完全一致的。而自然人由于其民事行为能力有区别，在无民事行为能力和限制民事行为能力阶段，其民事权利能力范围大于民事行为能力范围；在完全民事行为能力阶段，其民事权利能力范围才与民事行为能力范围一致。

(3) 法人的民事行为能力由法人机关或法定代表人行使。作为社会组织，法人的行为能力只能通过某些自然人的行为来行使。法律规定法定代表人是法定行使法人民事行为能力的负责人；法人机关或法人代表在职权范围内代表法人行使民事行为能力；其他主体接受委托也可代理法人行使民事行为能力。

本章小结

- 经济法律关系的特征：经济法律关系体现了国家对市场经济的管理、协调；经济法律关系具有经济行政性质；经济法律关系以经济权利和经济义务为内容。
- 经济法律关系三要素：主体、内容和客体。其主体是经济法律关系中最积极、最活跃的构成要素，经济法律关系的内容和客体通常也是由主体所决定的；其内容，即经济权利和经济义务，是经济法律关系的核心；客体体现了经济法主体之间建立经济法律关系所要达到的经济目的。
- 经济法律关系的确立是指经济法律关系的发生、变更和终止。经济法律规范、经济法律事实和经济法律关系是三个关系非常密切的概念。

- 保护经济法律关系就是对经济法主体的经济权利的保护。保护的途径主要有三种：行政途径、仲裁途径、司法途径。
- 我国的经济法律责任是一种具有多样性特征的法律责任，包括民事责任、行政责任和刑事责任三种。
- 法人是社会组织在法律方面的拟人化。法人分类的依据不同，所划分的法人类别也不同。法人资格的取得须符合法律规定的一定条件。法人具有民事权利能力和民事行为能力。

关键概念

经济法律关系　经济关系　经济权利　经济义务　构成要素　主体　内容　客体　经济法律事实　事件　行为　经济法律责任　法人　民事权利能力　民事行为能力

复习思考题

1. 试述经济法律关系的概念和特征。
2. 应如何理解经济法律关系的构成要素？
3. 简述经济权利和经济义务的含义。
4. 试述经济法律关系的确立。
5. 简述经济合法行为的构成要件。
6. 试述法人的概念、特征和设立条件。

【案例分析】

案例1：2019年5月，张某刚满17岁，在A县啤酒厂当临时工，每月收入3 000元。为上班方便，张某在A县城租房居住。7月份，张某未经其父母同意，欲花2 000元钱购买李某的一辆旧摩托车，此事遭到了父母的强烈反对，但张某还是买了下来。同年10月，张某因患精神分裂症丧失了民事行为能力。随后，其父找到李某，认为他们之间的买卖无效，要求李某返还钱款，拿走摩托车。

试分析：(1) 此买卖是否有效？简要说明理由。(2) 本案中买卖法律关系的构成要素。

案例2：A设备工程有限公司（以下称A公司）与B工程设备安装公司（以下称B公司）签订协议，约定：A公司负责跟踪、谈判电梯项目直至签约，B公司代表A公司与C电梯公司（以下称C公司）签订具体项目代理协议书，并向C公司开具相应的代理费发票；A公司负责跟踪C公司付款情况，并及时通知B公司，以便B公司收到每一笔C公司支付的具体项目代理费后3日内扣除代理费的10%，其余部分立即付给A公司，同时A公司开具相应的发票给B公司。在协议中双方还约定了电梯的总数量、四份电梯合同号及相应佣金数额。B公司在此之前与C公司签订了四份电梯代销具体项目协议，均载明由B公司提供信息并随之促销成功，佣金总金额合计84 865元，协议中所载电梯合同号及佣金金额与A、B公司的协议中关于电梯的内容完全一致。后因佣金的支付发生纠纷，A公司将B公司诉至法院。

试分析：A、B公司之间的法律关系是委托合同关系还是居间合同关系？并说明理由。

案例3：高飞在某县城经营一粮油门市部，经常赊销给蒲掌乡粮油经销户王来各种粮油产品，经过结算几年间王来共欠高飞货款56 500元。后王来外出打工，不再经销粮油产品。高飞多次去王来家讨要欠款，都未能见到王来的面。于是高飞同王来的儿子王小来协商，看能不能替父偿还债务，并提出条件，如果王小来愿意承担父亲王来的债务50 000元，即可免除王来剩余债务6 500元。王小来同意后，高飞将王来书写的56 500元欠条交给了王小来销毁，让王小来重新给其书写了50 000元的欠条。后因王小来在约定的期限内只偿还了10 000元，高飞持王小来书写的欠条向人民法院起诉，要求王小来偿还欠款40 000元。

试分析：(1) 王小来与高飞之间达成的协议是何种关系的协议？并说明理由。(2) 王小来书写欠条后可否撤回？他是否应偿还欠款？并说明理由。

案例4：李东（乙方）与某村经济合作社（甲方）达成协议，承租后者集体所有的厂房。后双方又签订一份补充协议，其第二条规定："因厂房需要维修，甲方委托乙方进行维修，维修范围包括行条栓、油毡、油漆、瓦片、门窗等，维修时间为45天。其中材料费用、人工费用等为5.5万元，该费用折承包期60天。"李东遂出资请李西等人进行维修。2018年5月29日，李西在维修厂房时从房顶跌落致伤，当即被送往医院住院治疗，花去医疗费用50余万元。2019年8月12日，李西因医治无效死亡。李西的亲属要求李东赔偿损失等共计84万元，并要求某村经济合作社承担连带赔偿责任。

试分析：本案李东与某村经济合作社之间是委托关系还是承揽关系？并说明理由。

第3章 财产所有权

【学习目标】
学完本章后，你应该能够：
- 知晓财产所有权的概念、特征和种类；
- 理解财产所有权法律关系；
- 掌握财产所有权的取得和消灭；
- 领会财产所有权的保护方法。

3.1 财产所有权的概念、特征和种类

3.1.1 财产所有权的概念

财产所有权是指财产所有人依法对其财产享有的占有、使用、收益和处分的权利。表面上看，财产所有权表现了人与物的关系，即何人为财产主人的关系；实质上却反映了人们在对自己财产占有、使用、收益和处分过程中，人与人之间的关系，即所有人对其财产行使所有权时，其他人都负有不得侵犯其合法权益的义务。

财产所有权是一种十分重要的权利，同每个人的权益都紧密相关，它在静态上确定了财产的归属，是人们进行生产、分配、交换和消费的前提。财产所有权也是国家监督、管理经济活动是否合法的重要依据。财产所有权处理不好，会增加市场的交易成本，对市场经济发展产生不利影响。

3.1.2 财产所有权的特征

财产所有权既是一种民事权利，又是一种经济权利，其法律特征如下。

1）独立性

在物权体系中，财产所有权是独立的，不依赖于其他物权而存在，而租赁权、抵押权、经营权等其他物权大都是在财产所有权的基础上产生的。

财产所有权的独立性决定了其是十分重要的基础性物权。

2）自物权性

财产所有权是权利人对自己的财产享有的权利，属于自物权；除此以外的其他物权，如承包经营权、租赁权、相邻权等，都是对他人财产享有的权利，称为他物权。

财产所有权的自物权性反映其具有当然合理性，是经济法主体的一种可靠财产权利。

3）排他性

财产所有权是指特定的所有人对其财产享有的充分权利,从而排斥了其他人成为财产的主人,不能对财产享有所有权。所谓"一物一主""一物不容二主"就是对财产所有权排他性的另一种表述。

有时几个人或单位可以共同对某件财产拥有所有权,即共有,但他们只能拥有一个完整的所有权,这同财产所有权的排他性并不矛盾。

4）绝对性

财产所有人在行使所有权时,一般不需要其他人的协助,并可以此权利对抗世界上的任何侵权人。因此,财产所有权是绝对属于财产所有人的,具有绝对性,又称为"对世权"。18世纪英国首相威廉·皮特所说的"风能进,雨能进,国王不能进"是对财产所有权绝对性的具体诠释。而债权只能相对于债务人来行使,具有相对性,又称为"对人权"。

财产所有权的排他性、绝对性决定了其权利的神圣不可侵犯性。

5）充分性

财产所有权包括占有、使用、收益和处分4项权能,是最充分的物权,被称为"完全物权";而其他物权只具有所有权的某一项或某几项权能,如土地使用权、抵押权、租赁权等,所以又被称为"限制物权"。

财产所有权的充分性决定了所有权是最充分、最完整的财产权利。财产所有权具有充分性,并不是指财产所有权无边无界,所有人在行使财产所有权时,也受到一定的限制,即不得妨害社会公共利益,不能损害他人的合法权益。

6）恒久性

财产所有权的存在无期限限制,只要所有物不灭失,财产所有权就存在,所以被称为"无期物权"。而其他物权一般是有期限的,如租赁权、土地使用权、抵押权等,又被称为"有期物权"。

3.1.3 财产所有权的种类

按所有权的形式进行划分,我国现阶段财产所有权主要有国家所有权、集体所有权和私人所有权三种基本形式。

1. 国家所有权

国家所有权作为社会主义国家一种十分重要的所有权形式,是国家对国有财产所享有的占有、使用、收益和处分的权利,是社会主义全民所有制在法律上的表现。国家所有权只能由国家享有,国有财产是神圣不可侵犯的。国家可以授权将财产交由各级政府部门管理,交由各国有企业、事业单位经营管理,以实现财产的保值增值,更好地发挥国有财产的社会效能。

国有财产的种类是十分广泛的。我国法律规定,矿藏、水流、海域、无居民海岛、城市土地、无线电频谱、国防财产等都属于国家所有。法律规定了行使国家所有权的一般准则,而且采用特别的方法来保护国有财产的完整。

2. 集体所有权

集体所有权是指集体组织依法对其财产所享有的占有、使用、收益和处分的权利,是集体所有制在法律上的表现。集体所有制经济是我国公有制经济的重要组成部分。集体所有权只能是由该集体成员全体享有,法律规定了其所有权的行使准则和具体方式,禁止任何组织或个人侵占、哄抢、私分、破坏，或者非法查封、扣押、冻结和没收。

集体所有的财产种类比较广泛。我国法律规定，集体所有的土地、山岭、草原、滩涂，建筑物、生产设施，教育、文化、卫生、体育设施等动产和不动产属于集体财产。但专属于国家的财产，集体不能取得所有权。

3. 私人所有权

私人所有权是自然人对其财产依法享有的占有、使用、收益和处分的权利，是个人所有制在法律上的表现。平等有效地保护私人所有权是发展社会主义市场经济的必然要求，因为只有如此，才能有效保护公民的财产权益，巩固改革开放的成果，维护社会经济秩序的稳定，创造多元高效的投资环境，促进社会主义市场经济的健康发展。

我国法律规定，私人对其合法的收入、房屋、生活用品、文物、图书资料、生产工具、原材料等动产和不动产享有所有权。私人的合法财产受法律保护，禁止任何组织或个人侵占、哄抢、破坏，或者非法查封、扣押、冻结和没收。自然人在其所有权受到侵犯时，有权要求侵权行为人停止侵害并赔偿损失，或者依法向人民法院提起诉讼。

3.2 财产所有权法律关系

3.2.1 财产所有权法律关系的概念

财产所有权法律关系，是指特定的所有人与不特定的义务人依法在特定的财产上形成的权利和义务关系，即所有人在对其财产行使所有权时，其他人都要承担不能非法妨碍干扰的义务。

3.2.2 财产所有权法律关系的构成要素

财产所有权法律关系由主体、内容、客体三个要素构成。

1. 财产所有权法律关系的主体

财产所有权法律关系的主体，是指财产所有权法律关系中权利的享有者和义务的承担者。财产所有权法律关系的主体包括权利主体和义务主体两类。

1) 权利主体

财产所有权法律关系的权利主体，亦称为财产所有人，是指财产所有权法律关系中权利的享有者。财产所有人的种类是广泛的，其资格与行为能力无关。除单位的内部机构之外，几乎所有的单位和个人都可以成为财产所有人。

财产所有人可以是单一的，为某个特定的自然人或单位；也可以是复合的，即由多个自然人或单位对某一财产享有一完整的所有权，此时称为共有。

共有由共同投资、家庭血缘等因素引起，可分为按份共有（如合伙企业合伙人共同投资形成的共有财产）和共同共有（如家庭的共有财产）。

2) 义务主体

财产所有权法律关系的义务主体，是指财产所有权法律关系中义务的承担者。义务主体具有不特定性，即所有人之外的其他任何人，都是该所有权的义务主体，都要承担不能非法妨碍干扰所有人行使财产所有权的义务。

2. 财产所有权法律关系的内容

财产所有权法律关系的内容，是指财产所有权法律关系中，特定的权利主体所享有的权利和不特定的义务主体所承担的义务。简言之，财产所有权法律关系的内容由权利和义务两部分组成。

1) 权利

权利主体所享有的权利，即财产所有人的权利，是一种最充分、最完整的权利，是由占有权、使用权、收益权和处分权构成的权利集合。

(1) 占有权。占有权是指权利主体对财产享有的实际控制、支配的权利。占有权是所有权的基本权能，是行使使用权、处分权的基础。依照所有人的意志，占有权可与所有人分离。

非所有人的他人占有可分为合法占有和非法占有。其中，合法占有，即依据法律规定或合同约定而占有，如保管、借用等；非法占有，即没有合法依据而占有。

非法占有又可分为善意占有和恶意占有。其中，善意占有，即不知道或不可能知道其占有是非法的占有，如错拿等；恶意占有，即知道或应当知道其占有为非法的占有，如偷盗等。善意占有人主观上无过错，其占有可受法律保护，如善意占有在一定条件下可取得财产所有权，在返还原物时一般不返还孳息，并可请求补偿保管、维修等必要费用；恶意占有人主观上有过错，其占有不受法律保护。

(2) 使用权。使用权是指权利主体按照物的性能和用途对财产进行利用的权利。使用权是财产所有权的一项独立权能，可以由所有人行使，也可以由其决定让他人行使。

非所有人行使所有权有两种情况：一种为合法使用，即依据法律规定或合同约定而使用财产，如租赁、借用等，但使用不当造成财产损害的应给予赔偿；另一种为非法使用，即没有法律依据而使用，如挪用公款等。

使用权的行使必须以对财产的占有为前提，但占有财产并不一定能使用，如保管财物就只能占有，而不能使用其财物。

(3) 收益权。收益权是指权利主体在财产上收取经济利益的权利。此处的收益是指收取所有物产生的利益，包括收取所有物的孳息。孳息分为天然孳息（如果树所产的果实）和法定孳息（如银行存款的利息）。

收益权是所有人实现财产利益的基本手段，直接体现了所有人的利益，所以收益权不能与所有人完全分离。例如，在果园的承包中，承包者在获得一定利益的同时，必须向园主缴纳一定数额的承包费，此时果园的收益权就与园主部分分离。

(4) 处分权。处分权是指权利主体对其财产依法进行处置，决定财产命运的权利。所有人对财产的处分包括事实上的处分和法律上的处分两种。事实上的处分是指在生产或生活中直接消耗财产，以决定其命运，如消费、加工、毁损等；而法律上的处分是指通过法律行为处置财产，如转让、抵押等。

处分权决定着财产的命运，是所有权的核心。处分权通常只能由所有人来行使，非所有人不得随意处分他人的财产。只有在法律特别规定的场合，非所有人才能处分他人的财产，如受托拍卖、铁路部门处理逾期货物等。

2) 义务

财产所有权法律关系的不特定义务主体承担的是不作为的义务，即在所有人依法行使所有权时，其他主体承担不得非法干涉的义务。

3. 财产所有权法律关系的客体

财产所有权法律关系的客体是指财产所有权法律关系主体享有的权利和承担的义务共同指向的对象,即表现为财产的物。此处的物,必须存在于人身之外,如人的活体器官禁止市场交易;它必须为人力所能支配并必须具有使用价值,才可以成为主体追求的目标;必须为有形财产,以区别于专利、商标、作品等智力成果。

财产所有权法律关系的客体可以分为以下 6 种类别。

1) 流通物和限制流通物

按照是否可以在市场上自由流转,物可分为流通物和限制流通物。凡在市场上可自由流转的物是流通物;而限制流通物是指在市场流转时由法律进行诸多限制,不能自由流通的物。限制流通物,如枪支、精神类药物等,在市场上流转时应注意当事人的资格,以满足法律要求的流转范围。

2) 特定物和种类物

按照是否特定化,物可分为特定物和种类物。凡具有独特特征,已特定化,不能用同类物替代的物是特定物;而种类物具有共同特征,是可以相互替代的。在市场交易时,特定物不允许替代,只能交付该物;而种类物则无此限制。

3) 主物和从物

按照在用途上客观存在的主从关系,物可分为主物和从物。凡物与物之间相互配合,能更好地完成其功能的物是主物和从物。在两物中,发挥主要功能的物是主物,而起辅助作用的物是从物。例如,锁和钥匙、船和桨、电视机和遥控器,前者是主物,后者是从物。在市场交易中,如果当事人无特别约定的,从物随主物一并移转。

4) 原物和孳息

按照衍生关系,物可分为原物和孳息。凡可以被使用并能产生收益的物为原物;而由原物所产生的收益物是孳息。围绕孳息的产权问题经常引发当事人之间的纠纷,注意必须依法取得孳息的所有权。

5) 可分物和不可分物

按照实物分割是否较大程度地影响物的功能和价值,物可分为可分物和不可分物。凡分割后不改变其功能和价值的物是可分物,如面粉、汽油等;而分割后功能和价值影响较大的物是不可分物,如汽车、电视机等。在分家析产时,不可分物只能由一方得之,同时给予其他各方以合理补偿;而可分物只要合理分配即可。

6) 动产和不动产

按照其自然性质或法律规定是否可以自由移动,物可分为动产和不动产。不动产是指具有固定位置,移动成本较大或移动影响其经济价值的物,如土地、建筑物等;而移动方便并不影响其经济价值的物是动产,如衣物、食品等。注意调整不动产关系适用不动产的法律。

3.3 财产所有权的取得和消灭

3.3.1 财产所有权的取得

财产所有权的取得是指主体依据一定法律事实而获得财产的所有权。法律规定,财产所有权的取得，必须遵守法律，尊重社会公德，不得损害公共利益和他人合法权益。按照财产所有权的取得是否依赖他人的财产所有权，可将财产所有权的取得分为原始取得和继受取得。

1. 原始取得

原始取得又称为最初取得，是指第一次取得财产所有权或不依原所有人的意志而取得所有权。原始取得所有权有以下几种方法。

1）生产

自然人或社会组织通过自己的劳动，生产出产品，一般即取得该产品的第一次所有权。生产是现代社会取得所有权的最重要方式。

2）收益

收益取得财产所有权是指收取原物的孳息。法律规定，天然孳息的所有权由原物所有权人取得；有用益权人的，由用益权人取得；当事人另有约定的，按照约定取得。法定孳息的所有权，一般按照交易习惯取得；当事人有约定的，按照约定取得。

3）添附

添附是指把不同所有人的财产或劳动成果合并在一起，从而形成一种新形态的财产。添附后，如果恢复原状在事实上不可能或在经济上不合理，在此情况下，则要确认该新财产的归属问题。添附主要有混合、附合和加工三种方式。混合是指不同所有人的财产相互混杂，难以分开并形成新财产，如不同面粉的混合。附合是指不同所有人的财产密切结合，非经拆毁不能分离的新财产，如在他人房屋铺上瓷砖等。加工是指将他人财产加工改造为具有更高价值的新财产，如在他人木板上作画等。

对于添附后新财产所有权的归属，我国《民法典》第三百二十二条规定：因加工、附合、混合而产生的物的归属，有约定的，按照约定；没有约定或者约定不明确的，依照法律规定；法律没有规定的，按照充分发挥物的效用以及保护无过错当事人的原则确定。因一方当事人的过错或者确定物的归属造成另一方当事人损害的，应当给予赔偿或者补偿。

4）善意取得

善意取得财产所有权，是指无权处分他人财产的占有人，将财产非法转让于第三人时，如果第三人取得该财产时出于善意，并满足一定条件则可以取得该财产的所有权。

我国《民法典》第三百一十一条规定：无处分权人将不动产或者动产转让给受让人的，所有权人有权追回；除法律另有规定外，符合下列情形的，受让人取得该不动产或者动产的所有权：①受让人受让该不动产或者动产时是善意的；②以合理的价格转让；③转让的不动产或者动产依照法律规定应当登记的已经登记，不需要登记的已经交付给受让人。

另外，遗失物、漂流物、埋藏物或隐藏物被转让后，自原所有权人知道或应知道受让人之日起2年内，没有请求返还该物的，受让人善意取得遗失物的所有权。

5）没收

没收是指国家依法采取强制手段，剥夺个人或其他主体所有的财产归国家所有。没收是针对违法犯罪行为的惩处手段，具有不承认原所有人权利、不考虑原所有人的意志、依法直接取得的特点，是直接凭借国家强制力取得的财产所有权。

6）无主财产

无主财产是指所有人不明或无所有人的财产。无主财产包括所有人不明的埋藏物和隐藏物,无人认领的遗失物、漂流物和走失物,无人继承的财产和抛弃物。

所有人不明的埋藏物、隐藏物,无人认领的遗失物、漂流物和走失物,归国家所有;对于上缴该类物品的个人和单位,国家应给予表扬和适当的物质奖励。无人继承又无人受遗赠的遗产,归国家或集体组织所有。抛弃物的财产所有权,一般采用先占原则来确定,由先占人取得财产所有权。对于类似乌木、陨石等自然发现物的所有权归属,法律无明确界定,学界也颇有争议,从藏富于民的角度出发,应给予发现人及相关利益方相应的所有权。

2. 继受取得

继受取得又称为传来取得,是指通过一定法律行为或其他法律事实,从原所有人处受让所有权的所有权取得方式。在市场经济社会中,继受取得是最基本、最普遍的所有权取得方式。

继受取得主要包括买卖、互易、赠与、继承、遗赠、消费借贷等。在继受取得中,所有权移转时间因标的物的性质不同而不同。不动产所有权从登记时起移转,动产所有权从交付或移转占有时移转。

3.3.2 财产所有权的消灭

财产所有权的消灭又称为财产所有权的终止,是指因一定的法律事实使所有人丧失对其财产的所有权。财产所有权可因以下情况而消灭。

(1) 所有权主体消灭。所有权主体消灭可以引发财产的继承、受遗赠或财产的被依法处理,这样原所有权就消灭了。

(2) 所有权的转让。财产转让后,受让人取得财产所有权,转让人所享有的原所有权就消灭了。

(3) 所有权的抛弃。这是一种单方法律行为,主体可以通过口头、书面或以行为来抛弃其财产所有权。财产一经抛弃,即丧失所有权,这样原所有人的所有权就消灭了。

(4) 国家的强制措施。由于国家采取一定的强制措施,如违法财产的没收、土地的征用等,而使所有人丧失其财产所有权。

(5) 所有权客体消灭。所有权的客体,即物灭失了,财产所有权也就不存在了。

3.4 财产所有权的保护

3.4.1 财产所有权的保护概述

财产所有权的保护是指国家通过法定的程序和方法保障所有人依法行使所有权的制度。为适应社会主义市场经济的发展要求,我国法律对各经济法主体的财产所有权实行平等保护的原则。

财产所有权受到侵害后,所有人可以请求侵权人承担法律责任,也可以向有关行政机关请求权利救济,还可以向人民法院提起诉讼,依法保护其享有的财产所有权。

3.4.2 财产所有权的保护方法

我国法律对财产所有权主要采取以下几种方法保护。

1) 确认所有权

当财产归属发生争议，处于不确定状态时，要保护财产所有权，就必须首先确认所有权的归属。在所有权的归属问题未得到确定前，其他所有权的保护方法无法适用。

确认财产所有权一般须向人民法院提出，并通过诉讼程序解决。

2) 请求返还原物

在财产被他人非法占有时，财产所有人可依法请求返还原物。在请求返还原物时，应注意：①有权请求返还原物的人，一般是物的所有人；②请求只能针对非法占有人提出；③财产如被转让，除受让人可善意取得所有权外，所有人仍可请求返还；④请求返还原物，必须是原物依然存在并在经济上返还具有合理性。

3) 排除妨害

在所有权的行使遭到或将要遭到妨害时，所有人可依法请求排除之。请求排除妨害时，妨害必须是非法的；排除的妨害既可以是已经存在的，也可以是将要发生的，所有人可以请求排除妨害或者消除危险。排除妨害可以由所有人或合法占有人提出，其排除费用由妨害人承担。

4) 请求修理、重作、更换或者恢复原状

在财产被他人非法毁损时，所有人可以依法请求修理、重作、更换；如能修复，所有人可依法要求恢复原状。恢复原状，在事实上要有可能，在经济上也要合理。非侵权人恢复原状的，恢复费用应由侵害人承担。

5) 赔偿损失

在财产遭到非法侵害时，不能采取其他保护方法或采用后仍不能弥补其损失时，所有人可依法请求赔偿损失。

上述五种方法中，前四种属于物权的保护方法，赔偿损失属于债权的保护方法。

财产所有权的保护方法，可以单独适用，也可以根据所有权被侵害的情形合并适用。侵害财产所有权，除承担民事责任外，违反行政管理规定的，依法承担行政责任；构成犯罪的，依法追究刑事责任。

本 章 小 结

● 财产所有权是指财产所有人依法对其财产享有的占有、使用、收益和处分的权利。我国现阶段财产所有权主要有国家所有权、集体所有权和私人所有权三种；调整财产所有权的法律主要是《民法典》。

● 财产所有权法律关系由主体、内容、客体三个要素构成。主体包括权利主体和义务主体两类；内容由权利和义务两部分组成；客体即表现为财产的物。

● 财产所有权的合法取得分为原始取得和继受取得。原始取得主要包括生产、收益、添附、善意取得、没收及无主财产；继受取得主要包括买卖、互易、赠与、继承、

> 遗赠、消费借贷等。
> ● 财产所有权的消灭又称为财产所有权的终止，是指因一定的法律事实使所有人丧失对其财产的所有权。
> ● 我国法律对财产所有权的保护方法有确认所有权、请求返还原物、排除妨害、恢复原状、赔偿损失。

关键概念

财产所有权　财产所有权法律关系　原始取得　继受取得　财产所有权的消灭　财产所有权的保护　占有　使用　收益　添附　善意取得

复习思考题

1. 简述财产所有权的概念及特征。
2. 简述财产所有权法律关系的构成要素。
3. 财产所有权的合法取得方式有哪些？
4. 简述财产所有权消灭的原因。
5. 简述财产所有权的保护方法。

【案例分析】

案例1：2016年10月，邓某以90万元购得一套商品房。万某找对象无房居住，邓某出于朋友之情，让其好友万某登记为房屋共有人，房管部门登记资料显示：该房系邓某、万某共有。此后，房屋一直由邓某作为小卖部经营。2017年5月，万某因结婚借住该套商品房一间。2019年端午节期间，邓某的妻子与万某夫妇因家庭琐事发生口角，因此邓某要求万某夫妇搬出去。万某认为自己也是房屋产权登记共有人，对房屋享有所有权，拒绝搬出。经协商未果，无奈，邓某诉至法院，要求法院确认房屋所有权，判令万某搬出该商品房。

试分析：法院应如何审理？简要说明理由。

案例2：陈大丽在外地工作，准备在原籍某镇建房。经申请，当地政府出让给陈大丽三分国有土地。2018年春，陈大丽出资10万元委托其弟陈小虎在所受让的国有土地上建房三间。同年5月，房屋建好后，王某见无人居住，愿以50万元买下这三间房屋。陈小虎见有利可图，便背着其姐，私下同王某签订了房屋买卖合同。合同约定：此三间房屋以50万元价格卖给王某，买卖成立后，不得反悔；如果出了问题，由陈小虎负责。同年8月，王某搬入此房居住，安装了水管，建了厕所。房屋出卖后，陈小虎始终未告知他姐。

2019年春节，陈大丽回原籍探亲时发现自己的房屋被弟弟卖掉，很生气，责令其赶快追回。陈小虎找王某协商多次未果，便找了几个人将东院墙拆毁。王某以房屋买卖契约为凭，诉至人民法院，要求依法保护所有权。法院受理后，通知第三人陈大丽参加诉讼。第三人认为原告、被告之间的买卖行为是违法的，侵犯了她的所有权，要求宣告买卖行为无效，尽快追回房屋。

试分析：（1）被告陈小虎与原告王某之间的房屋买卖合同是否成立？（2）该房屋买卖合同是否有效？为什么？（3）原告王某能否取得房屋所有权？为什么？（4）王某安装水管、建厕所等行为在民法上属于何种性质的行为？（5）陈小虎拆毁东院墙的行为属于何种性质的行为？（6）法院应如何处理该项房屋买卖纠纷？（7）假设陈大丽回原籍探亲时追认了陈小虎的行为，本案应如何处理？

案例3： 李某（原告）在某摩托车专卖行（被告）中闲逛，发现有自己非常喜爱的一款摩托车，很想买但钱未带够，又怕仅剩的两辆会被卖完，便与售货员商量，想预付2 000元让车行留给他一辆，第二天再来付足余款取车。经过原告一再恳求，售货员答应了他的要求，原告便在两辆车中指定了一辆。不料，当夜车行发生了盗窃案，这两辆车全部被盗。第二天，原告带钱来取车时得知了此情，便要求车行退还其预付款，或者自己补足差额，待车行再购进此款新车时给自己一辆。车行拒不答应，认为摩托车已被原告买下，所有权已经发生了转移，丢车的损失应由原告自负，并要求原告补足差额。原告要不回车款，遂向人民法院提起诉讼，要求被告退还其预付车款2 000元。

试分析： 法院应如何审理？并简要说明理由。

案例4： 甲某（男）与丁某（女）系夫妻关系，共同拥有红旗轿车一辆。丁某以18万元的价格将该轿车卖给乙某，并于当天到市交通部门，谎称其夫外出办事，办理了汽车买卖手续，车籍转到了乙某名下，但互相没有交付车款和汽车。后丁某觉得价格太低，遂又将汽车以20万元的价格卖给丙某。当天，丙某将车款全部付给了丁某，丁某将车交给了丙某，未办理车籍转移手续。次日，此事被甲某发现，便将行驶证扣留。随后，甲某向某市人民法院起诉。诉称：其与丁某发生口角，丁某即与他人合谋，擅自将家庭共同财产红旗轿车一辆卖给乙某，后又卖给丙某，请法院对该轿车予以确权，并判决轿车买卖关系都无效。

试分析： 法院应如何审理？并简要说明理由。

第 4 章 代理和诉讼时效

【学习目标】
学完本章后，你应该能够：
- 知晓代理概念及其适用范围；
- 理解代理的关系和分类；
- 领会诉讼时效的概念和分类；
- 领会诉讼时效的起算、中止及中断。

4.1 代　　理

4.1.1 代理的概念与法律特征

1. 代理的概念

代理是指一方（代理人）为他方（被代理人或本人）在权限范围内，与第三人（相对人）进行法律行为，行为的后果由他方承担的法律制度。此为广义的代理。狭义的代理，是指代理人必须以被代理人的名义从事代理行为。在日常生活中，当人们的精力不够、能力欠缺或缺乏行为意识时，都可让别人代理自己从事法律行为。

代理涉及三个方面的法律关系：代理人与被代理人之间的关系，这是产生代理的基础关系；代理人与第三人之间的关系，此涉及代理的行为问题；被代理人与第三人之间的关系，这涉及代理的法律后果问题。

2. 代理的法律特征

代理具有以下法律特征，以区别于其他相近的法律行为。

1) 代理是具有法律意义的行为

代理行为能够引起法律后果，能够在代理人、被代理人与第三人之间产生、变更或消灭某种民事法律关系，如代订合同而建立了买卖关系、代为履行债务而消灭了债权与债务关系，这表明代理行为具有法律上的意义，同样是以意思表示作为构成要素。因此，代理行为区别于事务性的委托承办行为。例如，代为整理资料、校阅稿件等行为不能在委托人与第三人之间产生民事法律关系，不属于民法上的代理行为。

2) 代理人在代理权限范围内独立为意思表示

代理人与被代理人是两个不同的法律主体。在代理过程中，代理人有权并独立为意思表示，才能有效实施代理行为，切实保障被代理人的利益。所以，代理人在代理权限范围内做出的意思表示才符合被代理人的利益。超过代理权限范围所做出的意思表示不真实反映被代理人的意志，其代理行为也应依法无效、被撤销或被追认。

代理的这些特征使其区别于代表行为，如厂长、经理是企业的组成部分，其所表示的意思就是企业的意思。代理也不同于居间、传达行为，居间人只是接受委托，为双方当事人建立法律关系提供条件，并不参加该法律关系，也不独立表达其意思；传达人则限于原封不动地传递委托人的意思表示，不提出自己的意思。

3）代理人为被代理人从事代理活动

代理行为虽然涉及代理人自己的利益，如商务代理活动可以收取代理费，代理时既可以被代理人名义，也可以代理人名义进行，但代理是为被代理人实施的，所追求的是被代理人期望的法律后果。所以，从根本上说代理是为被代理人利益服务的。

4）代理的法律后果由被代理人承担

代理行为是代理人为被代理人实施的，在法律上一般视为被代理人的行为，其效力直接或间接及于被代理人，所以代理的法律后果理所应当由被代理人承担，此处的后果既包括有利的法律后果，也包括不利的法律后果。

4.1.2 代理的适用范围

1．适用代理的行为

代理适用的范围较为广泛，可代理的行为种类较多，具体包括以下三个方面。

（1）代理大多数民事法律行为。买卖、租赁、借贷、继承及接受遗赠等，公民、法人均可以委托代理人代为办理。

（2）代理某些经济行政事务。房屋产权登记、法人登记、商标注册、专利申请、税务登记、交纳税款等事务，也可以委托他人代为办理。

（3）代理仲裁和诉讼活动。申请仲裁或提起诉讼，法律技巧较强，可以委托律师代理。

2．不适用代理的行为

然而，并非一切法律行为都可以适用代理。法律规定，以下行为不适用于代理。

（1）按照法律行为的性质，应当由本人亲自实施的，如立遗嘱、婚姻登记、收养子女等行为，与人身紧密相关，不得适用代理。

（2）法律规定或双方当事人约定应当由特定人亲自为之的，不得进行代理。预约撰稿、演出、授课等行为，约定应当由特定人亲自为之，必有其特殊的要求，其他人不能代替，应当按照约定办理。

（3）被代理人无权进行的行为不得代理。当事人无资格从事的法律行为、违法行为都为国家法律所不允许，当然也不能进行代理。

4.1.3 代理的种类

1．委托代理和法定代理

按照代理权产生原因，代理可以分为委托代理和法定代理。

1）委托代理

委托代理是指基于委托而产生的代理。在委托代理中，代理人是被委托人，被代理人是委托人；代理人的代理权是由被代理人授予的，是由被代理人的意思决定的，所以委托代理也被称为授权代理或意定代理。

被代理人的授权行为是一种单方的法律行为。授权可以采用书面形式，也可以采用口头形式。授权委托书应当载明代理人的姓名或名称、代理事项、权限和期间，并由被代理人签名或盖章。行为人持有盖有单位公章的介绍信、盖有公章或合同专用章的空白合同书时，为该单位从事的代理行为有效。执行法人或者非法人组织工作任务的人员，就其职权范围内的事项，以法人或者非法人组织的名义实施民事法律行为，对法人或者非法人组织发生效力。法人或者非法人组织对执行其工作任务的人员职权范围的限制，不得对抗善意相对人。

在委托代理中，代理人为了被代理人的利益，必要时可将部分或整个受托事项再委托给他人办理，此时的代理被称为转托代理、再代理或复代理。因代理人的转托而享有代理权的人称为转托代理人、再代理人或复代理人。

转托代理的成立须具备以下条件：①须是为了被代理人的利益；②须经代理人的授权，代理人对转托代理人的授权不得超出自己的代理权限；③须事先征得被代理人的同意或事后取得被代理人的追认。转委托代理经被代理人同意或者追认的，被代理人可以就代理事务直接指示转委托的再代理人，代理人仅就再代理人的选任以及对再代理人的指示承担责任。在没有征得被代理人同意或追认的情况下，转托代理的后果由代理人承担，但紧急情况下代理人为了维护被代理人的利益需要转委托再代理人代理的除外。

2）法定代理

基于法律的直接规定而产生的代理是法定代理。法定代理源于法律的直接规定，同被代理人的意志无关。

法定代理主要是为无民事行为能力人和限制民事行为能力人设定的。法定代理的原因是因为代理人与被代理人之间存在的血缘关系、婚姻关系或组织关系等，父母、配偶等是无民事行为能力或者限制民事行为能力的未成年人和成年人的法定代理人（或监护人），工会在签订集体劳动合同时也是单位职工的法定代理人。

在没有监护人或对监护人的确定有争议的，由被监护人住所地的居民委员会、村民委员会或者民政部门指定监护人，有关当事人对指定不服的，可以向人民法院申请指定监护人；有关当事人也可以直接向人民法院申请指定监护人。

2. 直接代理和间接代理

按照是否以被代理人名义进行代理活动，代理可以分为直接代理和间接代理。

1）直接代理

直接代理，又称为狭义的代理，是指代理人以被代理人名义进行的代理活动。其代理后果直接由被代理人承担。

2）间接代理

间接代理是指代理人以自己的名义为被代理人进行的代理活动。间接代理的行为后果一般由代理人转移至被代理人，即被代理人间接承担其代理行为的法律后果。间接代理又分为第三人（相对人）知道的间接代理和第三人不知道的间接代理。

（1）第三人知道的间接代理。代理人从事代理行为时，第三人知道被代理人和代理人的委托代理关系的是第三人知道的间接代理。此时的代理一般产生同直接代理相同的法律后果，代理行为直接对委托人（被代理人）和第三人具有法律约束力。

（2）第三人不知道的间接代理。代理人从事代理行为时，第三人不知道被代理人和代理人的委托代理关系的为第三人不知道的间接代理。在此代理合同履行过程中，代理人如因第三人的原因不履行义务时，被代理人享有合同介入权，即代理人应向被代理人披露第三人情况，被代理人可以行使代理人对第三人的权利，但第三人与代理人订立合同时，如果知道该委托代理关系就不会订立合同的除外。第三人此时享有抗辩权，即可以向被代理人主张其对代理人的抗辩。同样，代理人如因被代理人的原因不履行合同义务，代理人应向第三人披露被代理人情况，第三人享有选择权，即可以选择代理人或被代理人主张其权利，但第三人一经选定则不得变更。如第三人对被代理人主张权利的，被代理人享有抗辩权，即可以向第三人主张其对代理人的抗辩以及代理人对第三人的抗辩。

行纪行为所形成的间接代理合同，行纪人对该合同直接享有权利、承担义务，第三人不履行义务致使被代理人受到损害的，行纪人应当承担损害赔偿责任，但行纪人与被代理人另有约定的除外。

3. 一般代理和特别代理

按照代理人的代理权限范围，代理可分为一般代理和特别代理。

1) 一般代理

一般代理又称为概括代理或全权代理，是指代理人的权限范围及于整个代理事项的全部。让代理人全权代理时，委托人一定应谨慎为之。

2) 特别代理

特别代理又称为部分代理或特定代理，是指代理权限被限定在一定范围的代理。

在实践中，如未指明为特别代理时则视为一般代理。另外，代理还可分为单独代理和共同代理、本代理和再代理等。

4.1.4 代理的终止

代理终止又称为代理的消灭，是指代理人的代理权被消灭，从而使代理人与被代理人的代理关系被终止的情况。代理终止后，代理人不再有资格进行代理活动，否则即构成无权代理。

委托代理终止的原因有：①代理期间届满或代理事务完成；②被代理人取消委托或代理人辞去委托；③代理人丧失民事行为能力或死亡；④被代理人死亡；⑤作为代理人或被代理人的法人、非法人被终止。

被代理人死亡后，有下列情形之一的，委托代理人实施的代理行为有效：①代理人不知道并且不应当知道被代理人死亡；②被代理人的继承人予以承认；③授权中明确代理权在代理事务完成时终止；④被代理人死亡前已经实施，为了被代理人的继承人的利益继续代理作为被代理人的法人、非法人组织终止的，参照适用该规定。

法定代理终止的原因有：①被代理人取得或者恢复完全民事行为能力；②代理人丧失民事行为能力；③代理人或者被代理人死亡；④法律规定的其他情形。

4.1.5 代理的法律责任

1. 无权代理的法律责任

1) 无权代理的概念

无权代理是指行为人无代理权而为本人进行代理的行为。

无权代理分为三种情况：①行为人自始就没有代理权而进行的代理；②行为人原有代理权消灭后进行的代理；③行为人超越代理权限范围的代理。

2）无权代理的法律责任

无权代理行为并非对本人全无利益，本人可以追认，也可以不追认，但两者产生的法律后果是不一样的。因此，无权代理行为是一种效力未定行为。

（1）无权代理被追认。无权代理被本人追认后，即产生代理的法律后果。即追认后的无权代理，其法律后果由被代理人承担。

（2）无权代理不被追认。无权代理如果不被追认，则行为后果由无权代理的行为人自己承担。

如果无权代理行为的法律效力长期不确定，则对第三人（相对人）是不利的。为了公平，法律赋予第三人以催告权和撤销权。所谓催告权，是指第三人可以给定本人一个月期限，催告本人在该期限内作出是否追认无权代理行为的意思表示。第三人享有的该权利就是催告权。本人逾期而不答复的则视为不追认。所谓撤销权，是指无权代理行为未被本人追认前，第三人享有可以撤销该行为的权利。但第三人在行为时明知该事项属于无权代理的，不得行使撤销权。撤销应当以通知的方式作出。

行为人实施的行为未被追认的，善意第三人有权请求行为人履行债务或者就其受到的损害请求行为人赔偿，但是赔偿的范围不得超过被代理人追认时第三人所能获得的利益。

（3）第三人明知的无权代理。无权代理中，如果第三人明知行为人是无权代理，却仍与其进行法律行为，造成他人损害的，行为人和第三人按照各自的过错承担责任。

3）表见代理

表见代理是指行为人无代理权而以本人名义与第三人为法律行为，但依行为人与本人之间的某种关系的存在，如企业营销部门与某主要客户的经办人、持有本人盖有公章的业务介绍信等，使第三人有理由相信行为人有代理权的，这种无权代理行为则是表见代理。

表见代理产生代理的法律后果直接由本人承担，本人不得以无权代理、行为人故意或有过失、自己没有过错等理由抗辩。

在表见代理中，因为本人和行为人均有责任，第三人可以主张表见代理，选择本人承担法律责任；也可以主张无权代理，选择由第三人承担责任。

2. 滥用代理权的法律责任

1）滥用代理权的概念

滥用代理权是指代理人违背代理权的设定宗旨和代理行为的基本准则，在行使代理权时实施损害被代理人利益的行为。在代理的过程中，代理人应本着诚实信用的原则，勤勉谨慎地亲自处理所代理的事务，不得滥用代理权。

滥用代理权主要有三种情形：①自己代理，代理人以本人名义与自己实施法律行为，但行纪行为、被代理人同意或追认的情形除外；②双方代理，代理人同时代理双方实施某法律行为，但经被代理的双方同意或追认的除外；③恶意串通，代理人与第三人恶意串通，实施损害被代理人利益的行为。

2）滥用代理权的法律责任

在自己代理或双方代理中，代理人造成一方或双方损害的，应当承担赔偿责任。

代理人与第三人恶意串通，损害被代理人利益的，代理人和第三人承担连带责任。

另外,代理人不履行或者不完全履行职责,造成被代理人损害的,应当承担赔偿责任。

3. 代理授权不明的法律责任

在委托代理中,其授权的权限范围不明确的,视为全权代理,被代理人应当向第三人承担法律责任,但代理人也有过错,所以承担连带责任。

4. 违法代理的法律责任

在代理过程中,代理人知道代理事项违法仍然进行代理的,或者被代理人知道代理人的代理行为违法不表示反对的,由被代理人和代理人承担连带责任。

4.2 诉讼时效

4.2.1 时效概述

1. 时效的概念

时效是指法律确认的某种状态持续存在一定时间,即产生一定法律后果的法律制度。

时间本身也是一种法律事实,能够引起一定的法律后果。例如,公民年满18周岁为成年人,当事人不按约定履行合同义务就要承担违约责任,当事人超过上诉期限就不能上诉等。

时效应具备两个条件:①有法律规定的一定事实状态存在,如债权到期债权人不行使请求权等;②该事实状态持续存在一定的时间。

时效属于法律事实,能够引发一定的法律后果。时效属于法律事实中的自然事件,与当事人的意志无关。时效具有强制性,不因当事人的意志而转移。

2. 时效的分类

时效分为取得时效和消灭时效两种。

1) 取得时效

取得时效也称为占有时效,是指自主、和平、公然占有他人财产,持续达到法定期限,即可取得该项财产的所有权的时效制度。例如,法国民法典中将取得时效分为普通时效和短期时效,普通时效为30年,短期时效为10~20年,短期时效要求占有人为善意。在动产的情况下,如果占有人为善意,即符合即时取得的要件,则适用即时取得制度;如果占有人为非善意,则适用30年取得时效。我国法律未规定取得时效制度。

2) 消灭时效

消灭时效也称为诉讼时效,是指权利人在法定期限内不行使其权利,则发生该权利不受人民法院保护的时效制度。我国法律规定了消灭时效的法律制度。

3. 时效的作用

时效制度是一个既有理论意义,又有实践意义的法律概念,在实践中具有以下重要作用。

(1) 维护社会经济秩序的稳定。事实状态与法律状态如果长期不一致,将导致当事人的权利、义务长期不稳定,影响市场经济的稳定发展。时效制度就是要将事实状态在法律上固定下来,以稳定社会经济秩序,确保市场经济的交易安全。

(2) 督促权利人及时行使权利。权利人及时行使权利，可加速社会资源流通，有利于其优化配置和有效利用，所以督促权利人及时行使权利可以促进市场经济的发展；否则，该权利对权利人可有可无，就应该配置予他人利用，国家自然无保护的必要。

当然，如果权利人不能行使或及时行使请求权，义务人仍不履行义务的，时效制度也有配套的规定，即时效将中止或中断。

(3) 避免证据灭失，有利于人民法院及时正确地审结案件。事实状态长期持续，必将导致证据毁灭，证人记忆不清，不利于法院及时正确地审理案件。实行时效制度，避免了当事人的举证不能或举证困难，节省了社会的诉讼成本，同时也有利于人民法院的案件审结。

4.2.2 诉讼时效概述

1. 诉讼时效的概念

诉讼时效是指权利人在法定期限内不行使其权利，即丧失请求人民法院依诉讼程序强制义务人履行义务的权利的时效制度。简单地理解，诉讼时效是人民法院保护当事人合法权益的有效期限。

诉讼时效届满，义务人可以提出不履行义务的抗辩，即消灭了权利人的胜诉权，没有消灭起诉权，更没有消灭权利本身。该权利本身还存在，只是不受人民法院保护，债权就被称为"自然之债"。诉讼时效届满，义务人同意履行或已自愿履行义务、权利人向义务人主张权利，如债权人讨债或主张抵销等，均不受其影响；而且人民法院不得主动适用诉讼时效的规定。

2. 诉讼时效的适用范围

诉讼时效适用于债权与债务关系。但是下列请求权不适用诉讼时效的规定：①请求停止侵害、排除妨碍、消除危险；②不动产物权和登记的动产物权的权利人请求返还财产；③请求支付抚养费、赡养费或者扶养费；④依法不适用诉讼时效的其他请求权，如未授权给公民、法人经营管理的国家财产受到侵害的，不受诉讼时效期间的限制。法律、法规对于索赔时间和产品质量等提出异议的时间有特殊规定的，按特殊规定办理。此外，各种人身权的法律保护也不受时效限制。例如，公民、法人请求人民法院保护其姓名权、荣誉权、知识产权中的署名权等不受时效限制。

3. 诉讼时效的种类

诉讼时效分为一般诉讼时效和特别诉讼时效两种。

1) 一般诉讼时效

一般诉讼时效，也称为普通诉讼时效，是指法律统一规定的普遍适用于一般法律权利的诉讼时效。我国的一般诉讼时效期间为3年。凡是法律没有特殊规定的权利，都以3年为其诉讼时效。

2) 特别诉讼时效

特别诉讼时效，也称为特殊诉讼时效，是指由法律特别规定的，仅适用于特殊情形下的诉讼时效。目前在我国，特别诉讼时效分为长期诉讼时效和最长诉讼时效。

(1) 长期诉讼时效。长期诉讼时效是指时效期间长于3年不足20年的诉讼时效。我国《民法典》合同编规定，因国际货物买卖合同和技术进出口合同争议提起诉讼或者申请仲裁的期限为4年。

(2) 最长诉讼时效。最长诉讼时效是指诉讼时效期间为 20 年的诉讼时效。我国《民法典》总则编规定，从权利受到侵害之日超过 20 年的，人民法院不予保护。有特殊情况的，人民法院可以根据权利人的申请决定延长。

4. 诉讼时效的起算、中止、中断、缩短和延长

1) 诉讼时效的起算

诉讼时效期间从当事人知道或者应当知道其权利受到侵害之日起开始计算。法律另有规定的，依照其规定。但最长诉讼时效期间从权利受到侵害之日起开始计算。

2) 诉讼时效的中止与中断

(1) 诉讼时效的中止。这是指在诉讼时效期间进行到最后 6 个月内，因不可抗力或者其他障碍致使权利人不能行使请求权的，诉讼时效期间暂停计算，从中止时效的原因消除之日起，时效期间继续计算。

(2) 诉讼时效的中断。这是指诉讼时效开始后，因法定事由使已经进行的时效期间全部归于无效，中断事由消除后，时效期间重新计算的制度。

这里的法定事由包括：①提起诉讼或申请仲裁；②与提起诉讼或者申请仲裁具有同等效力的其他情形；③权利人向义务人提出履行请求；④义务人同意履行义务，包括部分履行、支付利息、请求延期等，可以明示，也可以默示。

诉讼时效的中止与中断的区别如表 4-1 所示。

表 4-1 诉讼时效的中止与中断

	时间	原因	结果
中止	最后 6 个月	不可抗力或其他障碍	前、后时效期间合并计算
中断	整个期间	4 种法定事由	重新计算时效期间

3) 诉讼时效的缩短和延长

(1) 诉讼时效的缩短。因诉讼时效的缩短和其设立的宗旨一致，因此有的国家允许当事人可约定缩短其权利适用的诉讼时效期间。

(2) 诉讼时效的延长。因诉讼时效的延长和其设立的宗旨不一致，因此一般不允许当事人约定延长其权利适用的诉讼时效期间。

我国法律规定，诉讼时效的期间、计算方法以及中止、中断的事由由法律规定，当事人约定无效。当事人对诉讼时效利益的预先放弃无效。法律对仲裁时效有规定的，依照其规定；没有规定的，适用诉讼时效的规定。

本章小结

● 代理是指代理人为被代理人，在代理权限内与第三人进行法律行为，其法律后果直接由被代理人承担的法律制度。

● 代理是具有法律意义的行为；代理人在代理权限范围内独立为意思表示；代理

人为被代理人从事代理活动；代理的法律后果由被代理人承担。
- 代理的种类有：委托代理和法定代理；直接代理和间接代理；一般代理和特别代理。
- 诉讼时效分为一般诉讼时效和特别诉讼时效两种。特别诉讼时效可分为长期诉讼时效和最长诉讼时效。
- 诉讼时效的起算时间是从当事人知道或应当知道其权利受到侵害之日起开始计算。
- 诉讼时效基于法定、客观的事由而中止、中断和延长。

关键概念

代理　委托代理　法定代理　直接代理　间接代理　一般代理　特别代理　表见代理　时效　诉讼时效　诉讼时效中止　诉讼时效中断

复习思考题

1. 简述代理的概念、特征和适用范围。
2. 简述无权代理和滥用代理权的法律责任。
3. 代理的种类有哪些？
4. 简述诉讼时效的概念和作用。
5. 简述诉讼时效的中止和中断。

【案例分析】

案例1：2014年12月6日，张某骑摩托车与某单位的一辆桑塔纳轿车相撞，造成交通事故。经交警部门调查后作出双方负同等责任的交通事故责任认定书，并于2015年1月29日向张某宣布，同时书面告知其可以在15日内向上级机关申请重新认定。张某于2015年1月30日委托某法律服务所的法律工作者赵某为代理人，双方签订了书面委托代理协议书，约定："我与某单位车辆相撞纠纷在交警队肇事股处理期间委托赵某为代理人，代理权限为代为承认、放弃、变更诉讼请求，参加和解，直至一审终结。"后赵某未在法定期间内代理张某向上一级行政机关就交通事故责任认定申请复议，张某以赵某未较好地履行委托代理合同为由，向A市殷都区人民法院提起诉讼，要求赵某赔偿因不能复议而给其带来的经济损失5 000元，并退还代理费500元。

试分析：(1) 赵某能否以授权不明为由，要求对自己的行为免责？简要说明理由。(2) 赵某未在法定的期限内代张某提起行政复议，是否构成违约？简要说明理由。(3) 原告要求赵某赔偿经济损失有无法律依据？简要说明理由。

案例2：两被告潘某与简某原系夫妻关系，二人于2009年12月22日登记结婚，2013年11月4日，潘某购置尼桑阳光轿车一部，车价款为172 800元，登记车主为潘某。2014年4月2日，潘某与简某协议离婚，离婚协议中写明：财产分割完毕，无争议。2015年11月5日，原告董某与被告简某签订购车协议书，约定潘某（甲方）将该车卖给原告（乙方），约定总价款为 108 000 元，简某作为代办人签字并代表潘某签字。当日，原告董某向简某支付全部车款，被告简某向原告董某交付了下列材料：车辆购置税缴税收据、车船税完税证明、购车发票、机动车行驶证，并向原告交付潘某身份证原件，同时简某还向原告董某出示了其与潘某婚姻关系存续证明及潘某的户口本。2015 年 11 月 10 日，原告持简某给付的潘某身份证被公安机关扣押，经核验，该身份证系伪造。后原告找到被告潘某要求办理车辆过户手续，遭到潘某拒绝。另外，法院还查明，被告潘某曾分别于 2014 年 4 月 24 日、2015 年 11 月 10 日向昌平公安分局报案称其妻开走其所有的尼桑阳光牌轿车，至今未还，公安机关认为简某的行为不属于犯罪行为，没有立案。

试分析：该案应当适用善意取得还是表见代理？简要说明理由。

案例 3：2013 年 6 月，张某以威胁、恐吓手段逼迫陈某将一片 78 亩的杉木山场低价转让给自己。2015 年 9 月，张某被法院以强迫交易罪判处有期徒刑 3 年，缓刑 4 年。陈某得知张某被判刑后，于 2015 年 11 月向法院提起民事诉讼，要求张某赔偿被迫低价转让杉木山场的损失。

在审理过程中，对该案诉讼时效的适用产生了分歧。第一种观点认为，本案原则上可适用刑事法律的有关规定；第二种观点认为，本案应适用民法的一般诉讼时效；第三种观点认为，本案应适用诉讼时效中止的原则。

试分析：本案的诉讼时效应适用哪种情况？简要说明理由。

案例 4：2012 年 3 月，被告人张某因琐事将其邻居周某打成重伤，后逃跑。当月，公安机关接被害人报案，经审查将该案作为刑事案件立案侦查。2014 年 12 月，张某在外地被抓获归案。2015 年 4 月，公诉机关将该案起诉到法院，被害人周某受告知提起附带民事诉讼。该案审理中，被告人的附带民事诉讼代理人认为，被害人在权利受到侵犯 3 年后才提起诉讼，已超过诉讼时效，请求法院不予支持；而原告人的诉讼代理人则认为应适用"先刑后民"原则，在刑事案件没有得到处理之前，民事部分应当中止，诉讼时效也中止，在案件提起公诉时诉讼时效才继续计算。

试分析：刑事案件中附带民事部分的诉讼时效应如何计算？简要说明理由。

第2编　经济法主体法

第5章　公司法律制度

【学习目标】

学完本章后，你应该能够：
- 知晓企业法、公司法的相关概念；
- 领会有限责任公司及股份有限公司的设立、组织机构的相关规定；
- 理解一人有限责任公司的特别规定，有限责任公司的股份回购；
- 领会公司股票和公司债券的异同；
- 领会对公司董事、监事和高级管理人员的要求；
- 领会公司财务会计的相关规定；
- 了解公司合并、分立、资本增减和解散、清算的相关规定；
- 了解外国公司分支机构的相关规定。

5.1　企业法概述

5.1.1　企业的概念和种类

1. 企业的概念

1) 企业的定义

企业是指依法成立、自主经营、自负盈亏、独立核算，从事生产经营活动的经济组织。企业自主经营、自负盈亏，在法律上具有独立的地位。企业作为一种经济组织，从事着物质资料的生产、流通、分配、消费等活动，在经济发展中最为活跃。在现代市场经济中，企业是最重要的市场主体。

2) 企业的法律特征

(1) 企业是从事生产经营活动的经济组织。企业是经济组织，有自己的组织机构和工作程序要求。企业从事的生产经营活动是有计划、有组织、有控制的，在内容上具有确定性，在时间上具有连续性。

(2) 企业是以营利为目的的独立的经济组织。企业的营利性，使其区别于国家机关、事业单位、社会团体等社会组织。而其独立性使其区别于分厂、车间等企业内部机构。

(3) 企业是依照企业法设立的经济组织。企业必须按照企业法规定的条件和程序设立，而以其他法设立的组织不是企业。

2. 企业的种类

（1）按其经济活动领域不同，企业可以分为工业企业、商业企业、农业企业、交通运输企业等。企业生产经营的领域不同，国家对其调控的产业政策及管理的经济手段也有区别。如对农业企业，国家对其扶持，采用减免税收、给予补贴的手段，促其发展。

（2）按生产资料所有制不同，企业可以分为国有企业、集体企业、私营企业、外商投资企业等。所有制不同的企业，其生产经营准入的领域不同。但在现代市场经济制度下，所有市场主体的地位应该平等，其经济利益也应该受到同等保护。

（3）按企业规模不同，企业可以分为大型企业、中型企业和小型企业。企业生产经营的规模不同，则实力不同，国家对其的关注度也不同。对于大型企业，国家主要防止其垄断，以保持社会正常的竞争秩序；对于中小型企业，国家应放活经营，创造良好的创新机制，以促进其创业发展，从而缓解目前严峻的就业压力。

（4）按是否具备法人资格，企业可以分为非法人企业和法人企业。法人企业具有独立的法律人格，如有限责任公司和股份有限公司等。非法人企业虽有一定的市场主体地位，但在企业不能清偿到期债务时，投资人一般要承担连带清偿责任，如个人独资企业等。

5.1.2　企业法的概念和调整对象

1. 企业法的概念

企业法是调整企业在设立、变更、终止时和其在生产经营过程中所发生的各种经济关系的法律规范的总称。企业法的主要内容包括：①企业的性质、任务和法律地位；②企业的权利和义务；③企业的内部管理制度和生产经营责任等。

2. 企业法的调整对象

企业法所调整的社会关系为企业在设立、变更、终止时和其在生产经营过程中所发生的经济关系，具体包括以下三种。

（1）企业的组织关系，它主要规定企业的主体资格、法律地位、产权形式，以及企业的设立、变更和终止等。

（2）企业的经营管理关系，主要规定企业的经营管理方式、内部经营管理机构、企业的权利和义务等。

（3）企业的责任关系，主要规定企业经营失败或违法经营所应承担的法律责任。

5.1.3　我国现行的企业法

改革开放以来，我国已经建立了比较完备的企业法体系，现行的法律、法规主要包括：《中华人民共和国全民所有制工业企业法》（1988年通过，2009年修正）、《中华人民共和国公司法》（1993年通过，2018年第4次修正）、《中华人民共和国合伙企业法》（1997年通过，2006年修订）、《中华人民共和国个人独资企业法》（1999年）、《中华人民共和国企业法人登记管理条例》（1988年发布，2019年修正）、《全民所有制工业企业转换经营机制条例》（1992年发布，2011年修订）、《中华人民共和国乡村集体所有制企业条例》（1990年发布，2011年修订）、《中华人民共和国城镇集体所有制企业条例》（1991年发布，2016年第2次修改）、《中华人民共和国公司登记管理条例》（1994年发布，2016年第3次修正）等。

5.2 公司法概述

5.2.1 公司

1. 公司的概念

公司是依照公司法设立的企业法人。在现代企业制度中，公司是企业的主要形式。公司制度具有管理科学、权责明确、约束与激励相结合的特点，在我国国民经济建设中发挥着非常大的作用，成为我国国有企业改制的一般目标形态。

公司具有下列法律特征。

(1) 公司是依法成立的经济组织。设立公司必须依照公司法规定的条件和程序，不依法定条件和程序设立的公司不受法律的承认和保护。依照其他企业法成立的是其他企业，而不是公司。

(2) 公司是企业法人。公司以营利为目的，区别于国家机关、事业单位和社会团体。公司是法人型企业，区别于个人独资企业等非法人企业。

(3) 公司一般为社团法人。公司（company，corporation）在英语中有会合之意，日语中称其为会社，表示其投资主体多元化，也就是说，公司一般由两个以上的股东出资设立，此点区别于独资企业。但我国公司法承认国有独资公司和一人有限责任公司，即一人公司的存在，这在一定程度上突破了公司的社团性。

2. 公司的种类

公司可以从不同的角度进行分类。

1) 无限公司、有限责任公司、两合公司、股份有限公司和股份两合公司

根据股东对公司所负责任形式的不同，公司可以分为以下几种形式。

(1) 无限公司：两个以上股东对公司债务承担无限连带责任的公司。

(2) 有限责任公司：两个以上股东均以其出资额为限对公司债务承担有限责任的公司。

(3) 两合公司：由无限责任股东和有限责任股东共同组成的公司。

(4) 股份有限公司：公司注册资本划分为等额股份，股东以其所持有的股份为限对公司债务承担有限责任的公司。

(5) 股份两合公司：公司注册资本划分为等额股份，并由无限责任股东和有限责任股东共同组成的公司。

2) 人合公司和资合公司

根据信用标准，公司可以分为以下两种形式。

(1) 人合公司：以股东个人信用为基础的公司。无限公司是典型的人合公司。

(2) 资合公司：以公司资本信用为基础的公司。股份有限公司是典型的资合公司。

3) 母公司和子公司

根据公司的控制和依附关系，公司分为以下两种形式。

(1) 母公司：持有另一公司半数以上股份（绝对控股）并因此可以控制其经营的公司。

(2) 子公司：受母公司实际控制的公司。子公司具有独立的法人资格。

4）总公司和分公司

根据公司的管辖不同，公司分为以下两种形式。

(1) 总公司：管辖公司全部组织的公司。

(2) 分公司：受总公司管辖的分支公司。分公司不具备法人资格。

此外，公司还可分为本国公司和外国公司、上市公司和不上市公司、多股东公司和一人公司等。而我国现行《公司法》将公司分为有限责任公司和股份公司两种。

5.2.2 公司法

1. 公司法的概念

公司法是调整公司设立、变更、终止以及公司的经营管理活动过程中所发生的经济关系的法律规范的总称。此为广义的公司法。广义的公司法包括狭义的公司法，以及《公司登记管理条例》《上市公司股权激励管理办法》等一系列法律法规。狭义的公司法是指1993年第八届全国人大常委会第五次会议通过的、1994年7月1日实施的《中华人民共和国公司法》（于1999年和2004年2次修正、2005年修订、2013年第3次修正、2018年第4次修正；以下简称《公司法》）。

2. 公司法的特征

同其他法律相比较，公司法具有下列特征。

1）公司法兼具组织法和行为法的性质

公司法规定了公司的设立、变更、终止，法律地位和组织机构等，表明其为组织法。公司法规定了公司的财务会计管理，股票的发行、交易，公司债券的发行等，表明公司法又是行为法。因此，公司法具有组织法和行为法的特征。

2）公司法是实体法与程序法相结合的法律

公司法规定了股东和股东（大）会、董事会、监事会、清算组等的权利义务、公司设立的条件、公司股票和债券的发行条件等大量的实体性规范；同时，公司法又规定了大量的程序性规范，如公司设立、变更、终止的程序，发行公司股票和债券的程序等。由此表明，公司法既是实体法，又是程序法。

3）公司法具有较多的强制性规范

公司制度是一种最重要的企业制度。随着市场经济的发展，公司在经济生活中的地位日趋重要，为保证交易安全，维护有关各方当事人利益，国家对公司的干预也日益增加，强制性规范较多地体现在公司法领域。各国公司法对公司尤其是股份公司的设立、类型、机构、股票的发行和转让等大都作出了强制性规定。因此，公司法具有较多的强制性规范。

4）公司法是具有一定国际性的国内法

从本质上讲，公司法是国内法，主要调整有关本国公司的经济关系。但随着国际经济技术合作与交流的不断发展，公司法在立法中大量吸收和借鉴外国公司法的成功经验，并规定外国公司、跨国公司相应内容，使公司法具有了一定的国际性。

3.《公司法》的适用范围

我国《公司法》适用于在中国境内设立的有限责任公司和股份有限公司。我国境内外商投资设立的有限责任公司和股份有限公司同样适用于《公司法》，但《中华人民共和国外商投资法》另有规定的，适用其有关规定。

5.3 有限责任公司法律制度

5.3.1 有限责任公司的概念

有限责任公司,又称为有限公司,是指股东以其认缴的出资额为限对公司承担责任,公司以其全部财产对公司债务承担责任的企业法人。我国的有限责任公司包括一般有限责任公司和特殊有限责任公司,特殊有限责任公司是指一人有限责任公司和国有独资公司。

有限责任公司具有以下法律特征。

1. 股东责任的有限性

有限责任公司的股东对公司的责任仅以其认缴的出资额为限承担有限责任,对公司债权人不负直接责任,而公司以全部法人财产对其债权人独立承担清偿责任。

2. 股东出资的非股份性

这是有限责任公司和股份有限责任公司的重要区别之一。有限责任公司的股东出资不划分为等额的股份,股东的权利义务一般是以其出资额计算的。而股份有限责任公司的资本划分为等额的股份;股东出资须认缴股份,其权利义务也是以所持的股份计算的。

3. 公司资本和经营活动的封闭性

有限责任公司的资本只能由全体股东认缴,不能向社会公开募集股份,不能发行股票,具有资本来源的封闭性。股东持有的是股单而非股票,股东转让其出资受到诸多限制,不能上市交易。公司在生产经营中,不需公开其财务状况、生产经营情况和重大诉讼等重要信息,其经营活动也具有封闭性。

4. 股东人数有最高数额的限制性

设立有限责任公司,股东相互之间必须信任,这就决定股东人数不可能太多。因此,我国《公司法》规定,有限责任公司的股东人数为50人以下。如果要突破有限责任公司的股东人数上限,就应考虑变更公司的形式为股份有限公司。

5. 公司设立的程序和组织的简单性

有限责任公司的设立程序简便,只有发起设立,而无募集设立。有限责任公司的组织机构相对于股份有限公司来说也比较简单、灵活,可以设立董事会、监事会,规模较小的,也可以只设1名执行董事或监事。设立股东会的,股东会的召集方法及决议形式也比较简便。

5.3.2 有限责任公司的设立

1. 有限责任公司的设立条件

我国《公司法》规定,设立有限责任公司必须具备以下条件。

1) 股东符合法定人数

有限责任公司的股东须为50人以下。国家授权的投资机构和部门可以单独投资设立国有独资的有限责任公司,其他主体也可以设立一人有限责任公司。

2) 有符合公司章程规定的全体股东认缴的出资额

法定资本又称为注册资本,是公司在公司登记机关登记的全体股东认缴的出资额。法定资本是公司成为法人的基本要求，也是公司对外承担法律责任的物质保证。我国《公司法》规定，有限责任公司的注册资本应符合公司章程的规定，法律、行政法规以及国务院决定对有限责任公司注册资本实缴和最低限额另有规定的，从其规定。

3）股东共同制定公司章程

公司章程是关于公司组织关系和经营管理活动的基本规则的重要法律文件，应由公司股东共同制定。制定公司章程既是公司内部管理的需要，也是外部对公司进行监督和交往的需要。我国《公司法》规定，有限责任公司章程应当载明下列事项：①公司名称和住所；②公司经营范围；③公司注册资本；④股东的姓名或者名称；⑤股东的出资方式、出资额和出资时间；⑥公司的机构及其产生办法、职权、议事规则；⑦公司法定代表人，可由公司的董事长、执行董事或经理担任；⑧股东会会议认为需要规定的其他事项。股东应当在公司章程上签名、盖章。公司章程对公司、股东、董事、监事及高级管理人员具有约束力。

4）有公司名称、建立符合有限责任公司要求的组织机构

公司名称是公司的特定称谓，是公司区别于其他市场主体的必要条件之一。有限责任公司的名称必须标明有限责任公司或者有限公司字样，其依法经公司登记机关核准登记后，受国家法律保护。有限责任公司须依照公司法规定设立股东会、董事会、监事会等与其公司性质和经营活动相适应的组织机构。

5）有公司住所

公司的住所是指公司主要办事机构所在地。经公司登记机关登记的公司住所只能有一个。公司住所对于诉讼管辖、登记管辖和履行权利义务等都具有重要意义。

2. 有限责任公司的股东和出资

1）有限责任公司的股东

有限责任公司的股东就是公司的出资人。我国公司法对有限责任公司股东资格未作特别规定，因此有限责任公司股东可以是自然人，也可以是法人。有限责任公司股东依法享有参与公司重大决策；了解公司财务、经营管理状况，查阅、复制相关资料；分取红利；新增资本，优先认缴出资等权利。股东的主要义务是遵守公司章程；缴纳所认缴的出资；以其出资额为限对公司债务承担责任；公司设立登记后，不得抽回出资。

2）有限责任公司股东的出资方式

有限责任公司的股东可以采用货币和非货币财产两种方式向公司出资。

（1）货币出资。股东以货币出资的，应当将足额的出资货币存入准备设立的有限责任公司在银行开设的临时账户。

（2）非货币财产出资。公司股东也可以用实物、工业产权、非专利技术或土地使用权等可以用货币估价并可以依法转让的非货币财产作价出资，但法律、行政法规规定不得作为出资的财产除外。非货币财产出资时应当依法如实评估作价。股东以非货币财产出资的，应当依法办理其财产权的转移手续。公司成立后，发现非货币财产的实际价额显著低于公司章程所定价额的，应当由交付该出资的股东补足其差额，公司设立时的其他股东承担连带责任。

设立公司时，股东不得以信用、劳务、自然人姓名、商誉、特许经营权或者设定担保的财产等作价出资。

3）有限责任公司股东的出资数额和期限

股东应当按照有限责任公司章程规定期限和方式足额缴纳各自所认缴的出资额。股东未

按规定缴纳出资的,除应当向公司足额缴纳外,还应当向已按期足额缴纳出资的股东承担违约责任。

4) 有限责任公司的出资证明书、股东名册和股东登记

出资证明书是有限责任公司向股东签发的证明其已按公司章程缴纳出资的书面证明。公司成立后,应当向股东签发出资证明书。出资证明书应当载明:①公司名称;②公司成立日期;③公司注册资本;④股东的姓名或者名称、缴纳的出资额和出资日期;⑤出资证明书的编号和核发日期。出资证明书由公司盖章后生效。

股东名册是有限责任公司置备并保存的,用以证明股东基本情况的文件。股东名册记载下列事项:①股东的姓名或者名称及住所;②股东的出资额;③出资证明书编号。股东可以依出资证明和股东名册向公司主张行使股东权利。

股东登记是指有限责任公司将股东的姓名或者名称向公司登记机关所做的登记。有限责任公司应向公司登记机关登记股东的姓名或者名称。登记事项发生变更的,应当办理变更登记。未经登记或者变更登记的,不得对抗第三人。

3. 有限责任公司的设立程序

我国有限责任公司的设立主要采用准则主义原则,即除了法律、行政法规规定须经审批机关审批的外,一般只要具备有限责任公司的设立条件即可向公司登记机关直接办理公司注册登记。

1) 发起人发起

发起人发起是有限责任公司设立的预备阶段。在此阶段,发起人要明确设立公司的意向,对拟设立的有限责任公司进行可行性研究,并做设立公司的必要准备。当发起人有数人时,发起人之间应签订书面的投资协议,以明确各发起人在设立公司过程中的权利和义务。发起人应当依照该协议就设立公司过程中对第三人产生的债务承担无限连带责任。

2) 公司名称的预先核准

公司名称的预先核准是为了规范对公司名称的合理使用。在设立有限责任公司时,发起人应向公司登记机关申请拟设立公司的名称的预先核准。在公司名称核准后,再进行设立公司的其他工作。

3) 制定公司章程

有限责任公司的发起人应当共同起草章程,商定章程的内容,并由全体发起人通过。全体发起人应当在公司章程上签名、盖章。

4) 报经审批

发起人如要设立需要报经审批的有限责任公司,则应当按照有关的法律、行政法规的规定,办理必要的审批手续。如设立经营证券业务的有限责任公司必须经国务院证券监督管理机构审查批准。公司申请登记的经营范围中有属于法律、行政法规或者国务院决定等规定在登记前须经批准的经营项目(简称为前置许可经营项目)的,应当在申请登记前报经有关部门批准后,凭审批机关的批准文件、证件向公司登记机关申请登记。公司申请登记的经营范围中有属于法律、行政法规或者国务院决定等规定在登记后须经批准的经营项目(简称为后置许可经营项目)的,依法经公司登记机关核准登记后,应当报经有关部门批准方可开展后置许可经营项目的经营活动。

5) 缴纳出资

设立有限责任公司，发起人应依章程的规定缴纳出资。有限责任公司成立后，应当向股东签发经由公司盖章的出资证明书。

6) 申请设立登记

全体发起人指定代表或共同委托代理人向公司登记机关申请设立登记，同时提交公司登记申请书、公司章程等文件。法律、行政法规规定需要经有关部门审批的，应当在申请设立登记时提交批准文件。如在设立有限责任公司的同时设立分公司的，应当就所设分公司向公司登记机关申请登记。

7) 登记机关签发营业执照

公司登记机关对公司设立登记申请进行审查，对符合公司法规定条件的，予以登记，发给公司营业执照；对不符合公司法规定条件的，不予以登记。公司营业执照签发之日，为有限责任公司成立之日。

5.3.3 有限责任公司的组织机构

1. 有限责任公司的股东会

1) 股东会的概念

有限责任公司的股东会是由全体股东组成的公司的权力机构。公司的一切重大事务均由股东会决定，但股东会对外不代表公司，对内不执行业务。在我国，除国有独资公司、一人有限责任公司和外商投资的有限责任公司外，有限责任公司的股东会是必设机关。

2) 股东会的职权

有限责任公司的股东会依法行使下列职权：①决定公司的经营方针和投资计划；②选举和更换非由职工代表担任的董事、监事，决定有关董事、监事的报酬事项；③审议批准董事会的报告；④审议批准监事会或监事的报告；⑤审议批准公司的年度财务预算方案、决算方案；⑥审议批准公司的利润分配方案和弥补亏损方案；⑦对公司增加或减少注册资本作出决议；⑧对发行公司债券作出决议；⑨对公司合并、分立、变更公司形式、解散和清算等事项作出决议；⑩修改公司章程；⑪公司章程规定的其他职权。

3) 股东会的议事规则

股东会通过召开股东会会议行使职权。股东会会议分为定期会议和临时会议。定期会议，应当依照公司章程的规定按时召开；代表1/10以上表决权的股东，1/3以上的董事、监事会或者不设监事会的公司的监事提议召开临时会议的，应当召开临时会议。召开股东会会议，除公司章程另有规定或者全体股东另有约定的外，应当于会议召开15日前通知全体股东。

首次股东会会议由出资最多的股东召集和主持。此后，设立董事会的公司股东会会议由董事会召集，董事长主持，董事长不能履行职务或者不履行职务的，由副董事长主持；副董事长不能履行职务或者不履行职务的，由半数以上董事共同推举一名董事主持；有限责任公司不设董事会的，股东会会议由执行董事召集和主持。董事会或者执行董事不能履行或者不履行召集股东会会议职责的，由监事会或者不设监事会的公司监事召集和主持；监事会或者监事不召集和主持的，代表1/10以上表决权的股东可以自行召集和主持。

股东会的议事方式和表决程序，除公司法有规定的外，由公司章程规定。股东会会议由股东按照出资比例行使表决权，但公司章程另有规定的除外。股东会应当对所议事项的决定做成会议记录，出席会议的股东应当在会议记录上签名。股东会职权内的事项，股东以书面形式一致表示同意的，可以不召开股东会会议，直接作出决定，并由全体股东在决定文件上签名、盖章。股东会会议对于修改公司章程，增加或者减少注册资本，公司的合并、分立、解散，变更公司形式作出的决议，必须经代表2/3以上表决权的股东通过。

2. 有限责任公司的董事会

1) 董事会的概念

有限责任公司的董事会，是指负责公司日常经营决策的业务执行机构。董事会由全体董事组成，向股东会负责。两个以上的国有企业或者其他国有投资主体设立的有限责任公司，其董事会成员中应当有公司职工代表；其他有限责任公司董事会成员中可以有公司职工代表。有限责任公司设董事会，其成员为3~13人。

有限责任公司的非由职工代表担任的董事由股东会选举和更换；职工代表担任的董事由公司职工民主选举产生。董事任期由公司章程规定，但每届任期不得超过3年。董事任期届满，连选可以连任。董事任期届满未及时改选，或者董事在任期内辞职导致董事会成员低于法定人数的，在改选出的董事就任前，原董事仍应当依照法律、行政法规和公司章程的规定，履行董事职务。有限责任公司的董事会设董事长一人，可以设副董事长。董事长、副董事长的产生办法由公司章程规定。

2) 董事会的召开和职权

董事会会议由董事长召集和主持；董事长不能履行职务或者不履行职务的，由副董事长召集和主持；副董事长不能履行职务或者不履行职务的，由半数以上董事共同推举一名董事召集和主持。董事会的议事规则，除公司法有规定的外，由公司章程规定。董事会应当对所议事项的决定做成会议记录，出席会议的董事应当在会议记录上签名。董事会决议的表决，实行一人一票制。

董事会依法行使下列职权：①召集股东会会议，并向股东会报告工作；②执行股东会的决议；③决定公司的经营计划和投资方案；④制订公司的年度财务预算方案、决算方案；⑤制订公司的利润分配方案和弥补亏损方案；⑥制订公司增加或者减少注册资本以及发行公司债券的方案；⑦制订公司合并、分立、解散或者变更公司形式的方案；⑧决定公司内部管理机构的设置；⑨决定聘任或者解聘公司经理及其报酬事项，并根据经理的提名决定聘任或者解聘公司副经理、财务负责人及其报酬事项；⑩制定公司的基本管理制度；⑪公司章程规定的其他职权。

3) 执行董事

有限责任公司的股东人数较少或者规模较小的，可以设一名执行董事，不设董事会。执行董事可以兼任公司经理。执行董事的职权由公司章程规定。

3. 有限责任公司的经理

有限责任公司可以设经理，经理由董事会决定聘任或者解聘。有限责任公司的经理负责公司日常经营管理工作。

经理列席董事会会议，对董事会负责，行使下列职权：①主持公司的生产经营管理工作，组织实施董事会决议；②组织实施公司年度经营计划和投资方案；③拟订公司内部管理机构设置方案；④拟订公司的基本管理制度；⑤制定公司的具体规章；⑥提请聘任或者解聘公司副经理、财务负责人；⑦决定聘任或者解聘除应由董事会决定聘任或者解聘以外的负责管理人员；⑧董事会授予的其他职权。此外，公司章程对经理职权另有规定的，从其规定。

   4. 有限责任公司的监事会
   1) 监事会的设置和组成

有限责任公司的监事会是公司设置的内部监督机构。有限责任公司设监事会，其成员不得少于3人；监事会设主席1人，由全体监事过半数选举产生。有限责任公司的股东人数较少或者规模较小的，可以设1~2名监事，不设监事会。监事会由股东代表和职工代表组成，股东代表由股东会选举产生，职工代表由公司职工民主选举产生。监事会中职工代表的具体比例由公司章程规定，但不得低于1/3。监事的任期为每届3年，任期届满后连选可以连任。监事任期届满未及时改选，或者监事在任期内辞职导致监事会成员低于法定人数的，在改选出的监事就任前，原监事仍应当依照法律、行政法规和公司章程的规定，履行监事职务。董事、高级管理人员不得兼任监事。

   2) 监事会的召开和职权

监事会会议由监事会主席召集和主持；监事会主席不能履行职务或者不履行职务的，由半数以上监事共同推举1名监事召集和主持监事会会议。监事会每年度至少召开一次会议，监事可以提议召开临时监事会会议。监事会的议事规则，除公司法有规定的外，由公司章程规定。监事会决议应当经半数以上监事通过。监事会应当对所议事项的决定做成会议记录，出席会议的监事应当在会议记录上签名。

监事会、不设监事会的公司的监事依法行使下列职权：①检查公司财务；②对董事、高级管理人员执行公司职务的行为进行监督，对违反法律、行政法规、公司章程或者股东会决议的董事、高级管理人员提出罢免的建议；③当董事、高级管理人员的行为损害公司的利益时，要求董事、高级管理人员予以纠正；④提议召开临时股东会会议，在董事会不履行公司法规定的召集和主持股东会会议职责时召集和主持股东会会议；⑤向股东会会议提出提案；⑥当有限责任公司的董事、高级管理人员执行公司职务时违反法律、行政法规或者公司章程的规定，给公司造成损失的，依法对董事、高级管理人员提起诉讼；⑦公司章程规定的其他职权。监事可以列席董事会会议，享有质询、建议权；监事会、不设监事会的公司监事发现公司经营情况异常，可以进行调查；必要时，可以聘请会计师事务所等协助其工作。监事会、不设监事会的公司监事行使职权所必需的费用，由公司承担。

5.3.4 一人有限责任公司和国有独资公司的特别规定

   1. 一人有限责任公司
   1) 一人有限责任公司的概念

一人有限责任公司，简称为一人公司，是指只有一个自然人股东或者一个法人股东的有限责任公司。一人有限责任公司的主要特征是：①由一个股东出资设立，这区别于普通有限责任公司的社团性；②股东对公司负有限责任。与个人独资企业不同，一人公司财产应当独立于股东个人财产，股东以出资为限对公司承担有限责任。但是，一人公司的股东不能证明公司财产独立于股东自己的财产的，则应对公司债务承担连带责任。

   2) 一人有限责任公司的设立

一个自然人只能投资设立一个一人有限责任公司。该一人有限责任公司不能投资设立新的一人有限责任公司。一人有限责任公司应当在公司登记中注明自然人独资或者法人独资，并在公司营业执照中载明。

3) 一人有限责任公司的章程和股东职权行使

一人有限责任公司的章程由股东制定。由于一人公司只有一个股东，所以一人有限责任公司不设股东会。股东行使公司法规定的有限责任公司股东会职权作出决定时，应当采用书面形式，并由股东签名后置备于公司。

4) 一人有限责任公司的财务会计

一人有限责任公司应当在每一会计年度终了时编制财务会计报告，并经会计师事务所审计。一人有限责任公司的设立和组织机构的其他事项，适用我国公司法关于有限责任公司的一般规定。

2. 国有独资公司的特别规定

1) 国有独资公司的概念

国有独资公司，是指国家单独出资、由国务院或者地方人民政府授权本级人民政府国有资产监督管理机构履行出资人职责的有限责任公司。

国有独资公司具有以下法律特征。①股东的单一性。国有独资公司的投资主体只有一个，即国家；公司成立后的股东仅1人。因此，国有独资公司属于一人公司的范畴，在组织机构的设置和管理权的分配方面均与一般的有限责任公司不同。②投资主体的独特性。国有独资公司的投资主体是国务院或者地方国有资产监督管理机构。非国家或者地方的国有资产监督管理机构不能设立国有独资公司。③适用范围的特定性。国有独资公司仅适用于生产特殊产品的公司或属于特定行业的公司。一般是关系到国家安全或国计民生的国有企业，采用国有独资公司形式。至于生产特殊产品或属于特定行业的公司的具体范围，则由国务院确定。

2) 国有独资公司的设立

国有独资公司设立的条件与程序和其他有限责任公司基本相同。但基于其投资主体的单一性和独特性，其设立也有自己的特殊之处，主要体现在以下两个方面。

(1) 国有独资公司是由国有资产监督管理机构单独出资设立的。此外，在公司法实施以前已设立的投资主体单一的国有企业，在符合有限责任公司设立条件后，可改建为国有独资公司。国有企业改建为公司的实施步骤和具体办法，由国务院另行规定。

(2) 公司章程由投资主体或董事会制定。国有独资公司的章程有两种产生办法：①由国有资产监督管理机构依照公司法制定；②由董事会制定，报国有资产监督管理机构批准。

3) 国有独资公司的组织机构

国有独资公司不设股东会，股东会职权由履行出资人职责的国有资产监督管理机构行使。国有资产监督管理机构可以授权公司董事会行使股东会的部分职权，决定公司的重大事项，但公司的合并、分立、解散、增加或者减少注册资本和发行公司债券，必须由国有资产监督管理机构决定。其中，重要的国有独资公司合并、分立、解散、申请破产的，应当由国有资产监督管理机构审核后，报本级人民政府批准。

国有独资公司设立董事会，其董事会行使有限责任公司董事会职权，并根据国有资产监督管理机构的授权行使有限责任公司股东会的部分职权。国有独资公司董事会成员中应当有公司职工代表。董事会成员由国有资产监督管理机构委派；但是，董事会成员中的职工代表由公司职工代表大会选举产生。国有独资公司董事每届任期不得超过3年。董事会设董事长1人，可以设副董事长。董事长、副董事长由国有资产监督管理机构从董事会成员中指定。

国有独资公司设经理，其经理由董事会聘任或者解聘。经国有资产监督管理机构同意，董事会成员可以兼任经理。国有独资公司的经理行使有限责任公司经理职权。

国有独资公司的董事长、副董事长、董事、高级管理人员，未经国有资产监督管理机构同意，不得在其他公司或者经济组织兼职。

国有独资公司设监事会。监事会成员不得少于5人，由国有资产监督管理机构委派的人员和公司职工代表大会选举的职工代表组成。监事会中职工代表的具体比例由公司章程规定，但不得低于1/3。监事会主席由国有资产监督管理机构从监事会成员中指定。监事会依法规定行使下列职权：①检查公司财务；②对董事、高级管理人员执行公司职务的行为进行监督，对违反法律、行政法规、公司章程或者股东会决议的董事、高级管理人员提出罢免的建议；③当董事、高级管理人员的行为损害公司利益时，要求董事、高级管理人员予以纠正；国务院规定的其他职权。

国有独资公司的设立和组织机构的其他事项，适用公司法关于有限责任公司的一般规定。

5.3.5 有限责任公司的股权转让

1. 有限责任公司股权转让的概念

股权转让，是指有限责任公司股东将其在公司基于出资而享有的权利，即股权的全部或者部分转让给他人的行为。股权的财产权属性决定了股权的可交换性，即股东可以根据自己的意愿持有或转让股权。有限责任公司的经营是以股东之间相互信任为基础的。因此，有限责任公司的股权转让既要保障股权出让人的利益，又要维护股权转让后其他股东和公司的正当利益。

2. 有限责任公司股权的自愿转让

股权的自愿转让，是指有限责任公司的股东根据自己的意愿转让股权的行为。股权可以依法在公司股东之间转让，也可以向公司以外的人转让。

1) 股东之间转让股权

有限责任公司的股东之间可以相互转让其全部或者部分股权。

2) 股东向股东以外的人转让股权

有限责任公司的股东向股东以外的人转让股权的，应当经其他股东过半数同意。转让股权的股东应就其股权转让事项书面通知其他股东，并征求同意。其他股东应自接到该书面通知之日起满30日内作出答复，未答复的视为同意转让。其他股东半数以上不同意转让的，不同意的股东应当购买该转让的股权；不购买的，视为同意转让。

经股东同意转让的股权，在同等条件下，其他股东有优先购买权。两个以上股东主张行使优先购买权的，协商确定各自的购买比例；协商不成的，按照转让时各自的出资比例行使优先购买权。

公司章程对股权转让另有规定的，按规定转让。

3. 有限责任公司股权的强制转让

股权的强制转让,是指人民法院依法强制转让有限责任公司股东的股权。人民法院依法对股东的股权强制转让时,应当通知公司及全体股东,其他股东在同等条件下有优先购买权。其他股东自人民法院通知之日起满 20 日不行使优先购买权的,视为放弃优先购买权。

4. 有限责任公司股权转让后的手续

无论自愿转让还是强制转让,有限责任公司的股权转让后,公司应当注销原股东的出资证明书,向新股东签发出资证明书,并相应修改公司章程和股东名册中有关股东及其出资额的记载。对公司章程的该项修改不需再由股东会表决。

5. 有限责任公司的股权回购

股权回购,是指有限责任公司收购本公司的股权。股权回购从形式上看是股东将股权转让给公司,但实质上是股东撤回投资或退股。

公司成立后,股东通常不得抽回出资,但为了保护中小股东或少数股东的合法权益,公司法规定在特殊情形下,股东可以请求公司收购其股权。我国《公司法》规定,有下列情形之一的,对股东会该项决议投反对票的股东可以请求公司按照合理的价格收购其股权:①公司连续 5 年不向股东分配利润,而公司该 5 年连续盈利,并且符合法定的分配利润条件的;②公司合并、分立、转让主要财产的;③公司章程规定的营业期限届满或者章程规定的其他解散事由出现,股东会会议通过决议修改章程使公司存续的。

股权回购须由股东与公司签订股权收购协议。自股东会决议通过之日起 60 日内,股东与公司不能达成股权收购协议的,股东可以自股东会决议通过之日起 90 日内向人民法院提起诉讼。

6. 有限责任公司股权继承

自然人股东死亡后,其合法继承人可以继承股东资格;但是,公司章程另有规定的除外。

5.4 股份有限公司法律制度

5.4.1 股份有限公司的概念

股份有限公司,又称为股份公司,是指公司的全部资本划分为等额股份,股东以其所持有的股份为限对公司承担责任,公司以其全部资产对公司债务承担责任的企业法人。我国股份有限公司包括一般股份有限公司(非上市公司)和上市公司两种。

股份有限公司具有以下法律特征。

(1) 全部资本划分为等额股份。与有限责任公司和其他经济组织不同,股份公司的全部资本划分为等额股份。股份是公司资本的最小构成单位,是股东享有权利、承担义务的基础。资本股份化既有利于公司公开发行股份,向社会募集资金,也便于公司的资本计算和股东权利的确定和行使。

(2) 股东负有限责任。股份有限公司的股东以其认购的股份为限对公司承担责任,减少了出资人风险,有利于公司向社会募集资金。这区别于出资人承担无限责任的经济组织。

(3) 是典型的资合公司。股份有限公司的经营以资本信用为基础,与股东的信用关系不大,股东转让股份也无须其他股东同意。因此,股份公司是典型的资合公司。

(4) 设立条件和程序较为严格。由于股份有限公司的社会影响大,比较重要,所以公司法对公司的设立条件和设立程序,如发起人、组织机构、股份的募集和认购、创立大会的召开、章程的制定等都有较为严格的规定。

5.4.2 股份有限公司的设立

1. 股份有限公司的设立条件

根据我国《公司法》的规定,设立股份有限公司,应当具备以下条件。

1) 发起人符合法定人数

为了便于公司向社会募集资金,股份有限公司的股东没有上限限制。但是,为了减少公司其他股东的出资风险,各国公司法都对设立股份有限公司的发起人规定了一定的限制条件。我国《公司法》规定,设立股份有限公司,应当有2人以上200人以下为发起人,其中须有半数以上的发起人在中国境内有住所。

2) 有符合公司章程规定的全体发起人认购的股本总额或者募集的实收股本总额

股份有限公司的法定资本就是公司的注册资本。公司采取发起设立方式设立的,注册资本为在公司登记机关登记的全体发起人认购的股本总额;采取募集设立方式设立的,其注册资本为在公司登记机关登记的实收股本总额。股份有限公司应有符合公司章程规定的注册资本。法律、行政法规以及国务院决定对股份有限公司注册资本的实缴和最低限额另有规定的,从其规定。

3) 股份发行、筹办事项符合法律规定

发起人设立股份有限公司,必须按照法律规定发行股份并进行其他筹办事项,如向社会公开募集股份要报经国务院证券管理部门批准等。

4) 发起人制定公司章程,采用募集方式设立的经创立大会通过

股份有限公司的章程是规范公司组织和行为的基本准则,也是公司经营管理活动的基本依据。股份有限公司章程由全体发起人负责制定、发起设立的,由全体发起人签字盖章确认;募集设立的,要经出席创立大会的代表股份总数半数以上的认股人同意通过。

我国《公司法》规定,股份有限公司的章程应当载明下列事项:①公司名称和住所;②公司经营范围;③公司设立方式;④公司股份总数、每股金额和注册资本;⑤发起人的姓名或者名称、认购的股份数、出资方式和出资时间;⑥董事会的组成、职权和议事规则;⑦公司法定代表人,可由公司的董事长或经理担任;⑧监事会的组成、职权和议事规则;⑨公司利润分配办法;⑩公司的解散事由与清算办法;⑪公司的通知和公告办法;⑫股东大会会议认为需要规定的其他事项。

5) 有公司名称,建立符合股份有限公司要求的组织机构

股份有限公司的名称应当符合法律规定,在其名称中须标明股份有限公司或者股份公司字样。公司名称依法经公司登记机关核准登记后,受国家法律保护。同时,股份公司必须建立符合公司法要求的股东大会、董事会、经理、监事会等组织机构。

6) 有公司住所

股份有限公司以其主要办事机构为公司住所。

2. 股份有限公司的设立方式

股份有限公司的设立方式有两种，分别为发起设立和募集设立。除法律有明确限定的以外，设立人可选择其中的一种。

1) 发起设立

发起设立是指由股份有限公司的发起人认购公司应发行的全部股份而设立公司。由于不向发起人以外的组织或个人募集股份，所以发起设立的筹资成本较低，设立风险较小，要求的设立程序也较简单。发起设立股份有限公司，发起人的出资方式和期限要求与有限责任公司股东的出资方式和期限要求相同。

2) 募集设立

募集设立是指股份有限公司的发起人仅认购公司应发行股份的一部分，其余股份向社会公开募集或者向特定对象募集而设立公司。除发起人按法定比例认购部分公司股份外，其余部分可以向不特定的社会公众募集，也可以向特定的发行对象募集，如机构投资者等。募集设立由于拓宽了筹资范围，既可以大量筹集资金，又为中小投资者提供了投资渠道。

3. 股份有限公司的发起人

1) 发起人的概念和资格

股份有限公司的发起人是指按照公司法的规定，认购公司的股份并承担公司设立事务的人。股份公司成立后，发起人为公司第一批股东。从发起人资格上讲，大多数国家并无限制，法人和自然人、本国人和外国人、在当地居住的人和不在当地居住的人均可以成为公司的发起人。我国《公司法》规定，自然人作为股份有限公司的发起人，应当具有完全的民事行为能力，并不能是国家机关的公务员。

2) 发起人的法律地位

发起人所从事的发起行为是公司设立活动的开始，是一种共同的法律行为。在公司设立过程中，发起行为有时是以行为人自己的名义进行，有时是以尚未成立的公司名义进行。一般认为，发起人的行为是设立中的公司的行为，对外代表设立中的公司。如果公司能有效成立，发起人即转为股东，其发起行为所产生的权利与义务转由公司承受；如果公司设立不成功，其行为所产生的权利义务无法转归公司，只能由发起人集体承担。

3) 发起人的权利与义务

发起人的权利主要为：①有权签署发起协议，明确各自之间在公司设立过程中的权利和义务；②有权首先认购公司的股份；③有权制定公司的章程；④有权为其设立活动领受报酬。

发起人的义务主要是：①设立活动尽职尽责，忠诚努力；②履行公司设立的各种报批手续；③缴付认购的股份款项。

在发起设立股份有限公司的过程中，发起人应承担下列法律责任。

(1) 足额出资责任。股份有限公司成立后，有下列情形之一的，发起人应当补缴出资或补足差额，其他发起人承担连带责任：①发起人未按照公司章程的规定缴足出资额的，应当补缴；②发现作为设立公司出资的非货币财产的实际价额显著低于公司章程所定价额的，应当由交付该出资的发起人补足其差额。

(2) 公司不能成立和损害公司利益责任。股份有限公司的发起人应当承担下列责任：①连带债务责任。公司不能成立时，对设立行为所产生的债务和费用负连带责任。②返还股款及利息责任。公司不能成立时,对认股人已缴纳的股款,负返还股款并加算银行同期存款利息的连带责任。③损害赔偿责任。在公司设立过程中,由于发起人的过失致使公司利益受到损害的,应当对公司承担赔偿责任。

4. 股份有限公司的设立程序

1) 发起设立股份有限公司的程序

(1) 发起人共同签署发起协议。发起协议应当是书面协议,主要约定公司的组建方案,公司设立的宗旨,公司的注册资本总额与股份总额,发起人认购的份额,交付实物和缴纳股款的时间和方案,发起人之间的职责分工等。

(2) 发起人或受委托的人向工商管理机关申报公司名称预先核准。

(3) 制定公司章程。公司章程是公司设立和活动的基本准则,须由全体发起人共同制定并签署。

(4) 履行审批手续。在我国,如设立有些限定行业的股份有限公司,应报经人民政府相应的管理部门批准。公司申请登记的经营范围中有属于前置许可经营项目的,应当在申请登记前报经有关部门批准后,凭审批机关的批准文件、证件向公司登记机关申请登记。公司申请登记的经营范围中有后置许可经营项目的,依法经公司登记机关核准登记后,应当报经有关部门批准方可开展后置许可经营项目的经营活动。

(5) 出资。发起人以书面认足公司章程规定发行的股份并缴纳约定比例股款。

(6) 组建公司管理机构并申请公司设立登记。选举董事会和监事会,组建公司相应的管理机构。由董事会向公司登记机关报送设立公司的批准文件、公司章程等文件,申请设立登记。如果公司经营范围中涉及政府其他部门监管并需批准的,应在登记申请前办理批准手续,申请登记时一并提交有关文件。此外,还须提交公司住所使用证明、公司名称预先核准通知书等文件。

(7) 公司核准设立。经公司登记机关核准登记并发给《企业法人营业执照》后,公司即告成立。公司持营业执照办理开户登记、税务登记、刻制公章等事宜,并开展生产经营活动。

2) 募集设立股份有限公司的程序

(1) 符合法定要求的发起人共同签署发起协议。

(2) 发起人或受托人向工商管理机关申报公司名称预先核准。

(3) 发起人共同制定并签署公司章程。发起人制定并签署的公司章程,尚不是公司的正式章程,在公司全部股份募足后,还应召开公司创立大会,对公司章程进行讨论,最后经出席会议的认股人所持表决权的半数以上通过,方成为公司的正式章程。

(4) 履行审批手续。在我国,如设立有些限定行业的股份有限公司,应报经人民政府相应的管理部门批准。公司申请登记的经营范围中有属于前置许可经营项目的,应当在申请登记前报经有关部门批准后,凭审批机关的批准文件、证件向公司登记机关申请登记。公司申请登记的经营范围中有后置许可经营项目的,依法经公司登记机关核准登记后,应当报经有关部门批准方可开展后置许可经营项目的经营活动。

(5) 发起人认购股份并出资。全体发起人应以书面形式认购公司章程确定的占股本总额35%以上的股份。认购符合法定要求时,应立即缴纳全部认购部分的股款。以实物、知识产权、土地使用权等抵作股款的,应进行估价并办理财产转移手续。

(6) 发起人募股。发起人向社会公开募集股份或向特定对象募集股份，筹集公司注册资本的其余股份。由于向社会公开募集股份，直接关系到社会公众尤其是投资者的切身利益，关系到正常社会经济秩序的维护，我国《公司法》和《证券法》对公开募股活动均采取严格的管制措施，具体要求如下：

① 报请国务院证券监督管理机构核准。设立股份有限公司公开发行股票，应依法向国务院证券监督管理机构报送募股申请和有关文件，并按规定预先披露有关申请文件。国务院证券监督管理机构应当自受理证券发行申请文件之日起3个月内，依法作出予以核准或者不予核准的决定。

② 公告招募说明并制作认股书。发起人向社会公开募集股份，必须公告招股说明书，并制作认股书。招股说明书应当附有发起人制定的公司章程，并载明下列事项：发起人认购的股份数；每股的票面金额和发行价格；无记名股票的发行总数；募集资金的用途；认股人的权利、义务；本次募股的起止期限及逾期未募足时认股人可以撤回所认股份的说明。认股书应当载明招股说明书所列事项和公司章程。

③ 发起人与证券公司、银行签订协议。发起人向社会公开募集股份，应当同依法设立的证券公司签订承销协议，由证券公司承销股份；应当同银行签订代收股款协议。代收股款的银行应当按照协议代收和保存股款，向缴纳股款的认股人出具收款单据，并负有向有关部门出具收款证明的义务。

④ 缴纳股款。认股人应当在认股书上填写认购股数、金额、住所，并签名、盖章，按照所认购股数缴纳股款。发起人、认股人缴纳股款或者交付抵作股款的出资后，除有下列情形外，不得抽回其股本：一是未按期募足股份、发起人未按期召开创立大会；二是创立大会决议不设立公司。

发行股份的股款缴足后，必须经依法设立的验资机构验资并出具证明。

(7) 召开公司创立大会。股份有限公司的注册资本全部到位后，应在30日内由全体发起人召集公司创立大会。未在法定期间召集创立大会的，认股人可要求退还股金及加算银行同期存款利息。创立大会由全体认股人参加，发起人应在开会日15日前将会议时间通知认股人或公告通知。创立大会由代表股份总数1/2以上的认股人出席，即可举行。

创立大会的职责是：①审议发起人关于公司筹办情况的报告；②通过公司章程；③选举董事会成员；④选举监事会成员；⑤对公司的设立费用进行审核；⑥对发起人用于抵作股款的财产的作价进行审核；⑦因发生重大情势变化或不可抗力因素致使公司难以设立的，可作出不设立公司的决议。

创立大会对前款所列事项形成决议，须经出席会议的认股人所持表决权的半数以上通过。创立大会决议成立公司的，由公司的股东大会代替创立大会；创立大会决议公司不设立的，公司就不能成立，由发起人负责处理善后事宜。

(8) 申请公司设立登记。公司创立大会决议成立公司的，在创立大会结束后30日内，由创立大会选举的董事会向公司登记机关申请登记成立。募集方式设立的股份有限公司公开发行股份的，还应该向公司登记机关报送国务院证券管理机构的核准文件。登记机关在收到全部文件后30日内作出登记与否的决定。公司被核准登记，由登记机关核发《企业法人营业执照》。

(9) 进行公告。股份有限公司领取营业执照后，应在全国性报刊上公告成立，昭示社会各界。另外,由于公司是采取募集方式设立的,应当将股份募集的情况报国务院证券管理部门备案。

5.4.3 股份有限公司的管理机构

1. 股份有限公司的股东大会

1) 股东大会的性质

股份有限公司股东大会,是由全体股东组成的,决定公司重大事项的公司权力机构。股份有限公司的重大决策均应由股东大会以会议形式作出,股东大会是公司的最高权力决定机关和必设机关。但由于股东大会并非经常召开,因此股东大会是公司的非常设机关。

我国《公司法》关于有限责任公司股东会职权的规定,适用于股份有限公司股东大会。

2) 股东大会的召开

股份有限公司股东大会分为年会和临时会议。年会,即每年召开一次的股东大会。临时会议是因法定事由的出现而不定期召开的股东大会。依照我国《公司法》规定,有下列情形之一的,应当在 2 个月内召开临时股东大会:①董事人数不足本法规定人数或者公司章程所定人数的 2/3 时;②公司未弥补的亏损达实收股本总额的 1/3 时;③单独或者合计持有公司 10%以上股份的股东请求时;④董事会认为必要时;⑤监事会提议召开时;⑥公司章程规定的其他情形。

股东大会会议由董事会召集,董事长主持;董事长不能履行职务或者不履行职务的,由副董事长主持;副董事长不能履行职务或者不履行职务的,由半数以上董事共同推举一名董事主持。董事会不能履行或者不履行召集股东大会会议职责的,监事会应当及时召集和主持。监事会不召集和主持的,连续 90 日以上单独或者合计持有公司 10%以上股份的股东可以自行召集和主持。

召开股东大会会议,应当将会议召开的时间、地点和审议的事项于会议召开 20 日前通知各股东;临时股东大会应当于会议召开 15 日前通知各股东;发行无记名股票的,应当于会议召开 30 日前公告会议召开的时间、地点和审议事项。

单独或者合计持有公司 3%以上股份的股东,可以在股东大会召开 10 日前提出临时提案并书面提交董事会;董事会应当在收到提案后 2 日内通知其他股东,并将该临时提案提交股东大会审议。临时提案的内容应当属于股东大会职权范围,并有明确议题和具体决议事项。股东大会不得对会议通知和临时提案中未列明的事项作出决议。无记名股票持有人出席股东大会会议的,应当于会议召开 5 日前至股东大会闭会时将股票交存于公司。

3) 股东大会的议事规则

股东出席股东大会会议,所持每一股份有一表决权。股东可以委托代理人出席股东大会会议,代理人应当向公司提交股东授权委托书,并在授权范围内行使表决权。但是,公司持有的本公司股份没有表决权。股东大会作出决议,必须经出席会议的股东所持表决权过半数通过。股东大会就下列事项作出决议的,必须经出席会议的股东所持表决权的 2/3 以上通过:①股东大会修改公司章程;②增加或者减少注册资本;③公司合并、分立、解散;④变更公司形式。

股东大会选举董事、监事,可以依照公司章程的规定或者股东大会的决议,实行累积投票制。累积投票制是指股东大会选举董事或者监事时,每一股份拥有与应选董事或者监事人数相同的表决权，股东拥有的表决权可以集中使用。

此外，公司法和公司章程规定公司转让、受让重大资产或者对外提供担保等事项必须经股东大会作出决议的，董事会应当及时召集股东大会会议，由股东大会就上述事项进行表决。

股东大会应当对所议事项的决定做成会议记录，主持人、出席会议的董事应当在会议记录上签名。会议记录应当与出席股东的签名册及代理出席的委托书一并保存。

2. 股份有限公司的董事会

1) 董事会的性质和组成

股份有限公司董事会是指股东依照公司法和公司章程选举的董事组成的，公司的日常经营决策和业务执行机构。在股份有限公司中，董事会是必设机关，董事会对内执行公司业务，对外代表公司向公司的股东大会负责。同时，董事会又是常设机关，在股份有限公司的经营活动存续期间，董事会始终存在。

股份公司董事会成员为 5~19 人，可以有公司职工代表。董事会中的职工代表由公司职工通过职工代表大会、职工大会或者其他形式民主选举产生。股份公司董事的任期和董事会职权，适用我国《公司法》关于有限责任公司董事的任期和董事会职权的规定。

董事会设董事长 1 人，可以设副董事长。董事长和副董事长由董事会以全体董事的过半数选举产生。董事长召集和主持董事会会议，检查董事会决议的实施情况。副董事长协助董事长工作，董事长不能履行职务或者不履行职务的，由副董事长履行职务；副董事长不能履行职务或者不履行职务的，由半数以上董事共同推举一名董事履行职务。

2) 董事会的召开

股份有限公司的董事会每年度至少召开两次会议，每次会议应当于会议召开 10 日前通知全体董事和监事。董事会临时会议可由代表 1/10 以上表决权的股东、1/3 以上董事或者监事会提议召开。董事长应当自接到提议后 10 日内，召集和主持董事会会议。董事会召开临时会议的通知方式和时限，可由公司章程、股东大会决议或董事会决议等方式另定。

董事会会议应有过半数的董事出席方可举行。

3) 董事会的议事规则

董事会开会时，对其决议的表决实行一人一票制。董事会作出决议，必须经全体董事的过半数通过。董事会会议，应由董事本人出席；董事因故不能出席，可以书面委托其他董事代为出席，委托书中应载明授权范围。董事会应当对会议所议事项的决定做成会议记录，出席会议的董事应当在会议记录上签名。

董事会的决议违反法律、行政法规或者公司章程、股东大会决议，致使公司遭受严重损失的，参与决议的董事对公司负赔偿责任。但经证明在表决时曾表明异议并记载于会议记录的，该董事可以免除责任。

3. 股份有限公司的经理

股份有限公司的经理是负责公司日常经营管理工作的机构。经理是股份有限公司中的必设职位。经理对董事会负责，是董事执行业务时的辅助机构。

经理由董事会聘任或者解聘，公司的董事可兼任经理。在执行职务时，经理对公司负有义务、承担责任与董事相同，即应当对公司负忠实义务和注意义务。因此，经理应当遵守公司章程，忠实履行职务，维护公司利益，不得利用在公司的地位和职权为自己谋取私利。

如果经理执行公司职务时违反法律、行政法规或公司章程的规定，给公司造成损害的，应当承担赔偿责任；如果执行公司职务时致使他人受到损害的，也应当对受害人承担赔偿责任。

4. 股份有限公司的监事会

1) 监事会的性质和组成

股份有限公司监事会，是公司的内部监督机构，由股东代表和职工代表组成，对董事会及其成员和经理等公司管理人员执行公司业务的活动实行监督和检查。股份公司监事会成员不得少于3人，其中职工代表的比例不得低于1/3。股份有限公司监事会中的职工代表由公司职工通过民主选举方式产生，其具体比例由公司章程规定。监事会设主席1人，可以设副主席。监事会主席和副主席由全体监事过半数选举产生。公司董事、高级管理人员不得兼任监事。

2) 监事会的召开和议事规则

监事会每6个月至少召开1次会议，监事可以提议召开临时监事会会议。监事会会议由主席召集和主持；监事会主席不能履行职务或者不履行职务的，由监事会副主席召集和主持；监事会副主席不能履行职务或者不履行职务的，由半数以上监事共同推举1名监事召集和主持。监事会的议事方式和表决程序，除《公司法》另有规定的外，由公司章程规定。监事会决议应当经半数以上监事通过。监事会应当对所议事项的决定做成会议记录，出席会议的监事应当在会议记录上签名。监事会行使职权所必需的费用，由公司承担。

股份公司监事的任期、监事会职权，适用我国《公司法》关于有限责任公司监事任期、监事会职权的规定。

5. 上市公司组织机构的特别规定

1) 上市公司的概念

上市公司是指股票在证券交易所公开挂牌并进行公开交易的股份有限公司。股份有限公司所发行的股票要在我国证券交易所上市挂牌交易，必须经国务院或者国务院证券管理部门的批准，其股票可分为人民币股（A股）和以人民币标明面值但需以外币认购和交易的股票（B股），以及以人民币标明面值并在香港联合交易所上市且需以港元认购和交易的股票（H股）。由于上市公司规模大、实力强，关系到不特定投资人的利益，社会影响面非常广，是一种特别重要的股份有限公司，所以国家对上市公司的组织机构进行了特别规定，以保障相关权利人尤其是投资人合法利益的实现。

2) 股东大会特别决议

上市公司买卖重大资产或者对外提供大额担保的，须召开股东大会作出决议。依照我国《公司法》规定，上市公司在1年内购买、出售重大资产或者担保金额超过公司资产总额30%的，应当由股东大会作出决议，并经出席会议的股东所持表决权的2/3以上通过。

3) 独立董事

上市公司的独立董事，是指不在公司担任除董事外的其他职务，并与其所受聘的上市公司及其主要股东不存在可能妨碍其进行独立客观判断的关系的董事。上市公司的董事会成员中应当至少有1/3的独立董事。上市公司董事会、监事会、单独或者合并持有上市公司已发行股份1%以上的股东可以提出独立董事候选人，经中国证券监督管理委员会审核无异议，由股东大会选举产生公司独立董事。

在选举独立董事的股东大会召开前,上市公司应将所有被提名人的有关材料同时报送中国证监会、公司所在地中国证监会派出机构和公司股票挂牌交易的证券交易所。中国证监会在15个工作日内对独立董事的任职资格和独立性进行审核。在召开股东大会选举独立董事时,上市公司董事会应对独立董事候选人是否被中国证监会提出异议的情况进行说明。独立董事每届任期与其他董事任期相同,连选可以连任,但最长不得超过6年。

独立董事对上市公司及全体股东负有诚信与勤勉义务,依法独立履行职责,不受上市公司主要股东、实际控制人或者其他与上市公司存在利害关系的单位或个人的影响,以维护公司整体利益和中小股东的合法权益。为建立和规范独立董事制度,我国《公司法》规定:"上市公司设立独立董事,具体办法由国务院规定。"中国证券监督管理委员会2001年8月16日发布了《关于在上市公司建立独立董事制度的指导意见》,对独立董事制度的建立、任职条件、独立性、产生办法及其作用作了具体规定。

4)董事会秘书

上市公司的董事会秘书,是指负责公司股东大会和董事会会议的筹备、文件保管以及公司股东资料的管理,办理信息披露事务等事宜的公司高级管理人员。董事会秘书应当具有必备的专业知识和经验,由董事长提名,经董事会聘任或者解聘。公司董事或者其他高级管理人员可以兼任公司董事会秘书。董事兼任董事会秘书的,不得以双重身份同时作出需由董事、董事会秘书分别作出的行为。董事会秘书对董事会负责。

董事会秘书的主要职责是:①准备和递交国家有关部门要求的董事会和股东大会出具的报告和文件;②筹备董事会会议和股东大会,并负责会议的记录和会议文件、记录的保管;③负责公司信息披露事务,保证公司信息披露的及时、准确、合法、真实和完整;④保证有权得到公司有关记录和文件的人及时得到有关文件和记录;⑤公司章程和公司股票上市的证券交易所上市规则所规定的其他职责。此外,公司还应当按照股票上市的证券交易所上市规则中关于董事会秘书的规定,在章程中对董事会秘书的任职资格、职责等作出具体规定。

5)关联关系及其决议

关联关系,是指公司的控股股东、实际控制人、董事、监事、高级管理人员与其直接或者间接控制的企业之间的关系,以及可能导致公司利益转移的其他关系。但是,国家控股的企业之间不因为同受国家控股而具有关联关系。

我国《公司法》规定,上市公司董事与董事会会议决议事项所涉及的企业有关联关系的,不得对该项决议行使表决权,也不得代理其他董事行使表决权。该董事会会议由过半数的无关联关系董事出席即可举行,董事会会议所作决议须经无关联关系董事过半数通过。出席董事会的无关联关系董事人数不足3人的,应将该事项提交上市公司股东大会审议。

5.4.4 股份有限公司股份的发行、转让和回购

1. 股份有限公司的股份发行

1)股份发行的概念和原则

股份有限公司的股份是指以股票为表现形式的,组成公司资本的基本构成部分。而股票是股份有限公司签发的证明股东所持股份的凭证。两者是内容与形式的关系,所以股份的发行、转让和回购也就是股票的发行、转让和回购。

股份有限公司发行股份,是指公司以募集资本为目的,以股票形式出售或分配股份的行

为。股份有限公司的股份应按照公平、公正的原则发行，实行同股同权、同股同价。同股同权是指同种类的每一股份应当具有同等权利。同股同价是指同次发行的同种类股票，每股的发行条件和价格应当相同；任何单位或者个人所认购的股份，每股应当支付相同价额。股票可以按票面金额发行，也可以超过票面金额，但不得低于票面金额发行。

2）股票应记载事项

股票采用纸面形式或者国务院证券监督管理机构规定的其他形式。股票应当载明下列主要事项：①公司名称；②公司成立日期；③股票种类、票面金额及代表的股份数；④股票的编号。股票由法定代表人签名，公司盖章。发起人的股票，应当标明发起人股票字样。

3）股票的种类

（1）按股票票面上是否记载股东的姓名，股票可分为记名股票和无记名股票。股份有限公司向发起人、法人发行的股票，应当为记名股票。该记名股票应当记载该发起人、法人的名称或者姓名，不得另立户名或者以代表人的姓名记名。公司发行记名股票的，应当置备股东名册，并记载下列事项：①股东的姓名或者名称及住所；②各股东所持股份数；③各股东所持股票的编号；④各股东取得股份的日期。股份有限公司发行无记名股票的，公司应当记载其股票数量、编号及发行日期。

（2）按股东享有权利的不同，股票可分为普通股和特别股。普通股是指股东权利平等而无差别待遇的股份。特别股是股东权利由法律和章程作出有别于普通股股权的股份，它又可以分为在股息红利分配、剩余财产分配和表决权行使等方面的权利优于普通股的优先股和权利劣于普通股的劣后股。普通股具有股息不固定、红利股息及公司剩余财产的分配次于优先股之后，股东享有表决权等特点。而特别股则在股息红利及剩余财产的分配、股东表决权等方面优先或劣后于普通股。我国《公司法》没有对特别股进行明确的规定。

（3）按票面是否记载金额，股票可分为额面股和无额面股。额面股是在股票票面表示一定金额的股份。无额面股又称比例股，是指股票票面不表示一定金额，而只表示其占公司资本总额一定比例的股份。无额面股的价值随公司财产的增减而增减。允许发行无额面股的国家现已为数不多，如美国、日本等国家，且大都对其发行加以限制性规定。我国《公司法》禁止发行无额面股，只允许发行额面股。

另外，股票还可分为国有股、法人股、个人股和外资股，流通股和非流通股，A股、B股、H股、N股等。

4）新股发行

股份有限公司成立后为增加资本而发行股份称为新股发行。公司发行新股，可以根据其经营情况和财务状况，确定其作价方案，并由股东大会就新股发行事项作出决议。公司如公开发行新股，须报经国务院证券监督管理机构核准，公告新股招股说明书和财务会计报告，并制作认股书；随后应与证券公司签订承销协议、与银行签订代收股款协议。公司发行新股募足股款后，必须向公司登记机关办理变更登记并公告。

5）失票补救

失票，在这里是指记名股票非因法律规定或股东意愿而脱离股东的实际控制，即记名股票的丧失，包括被盗、遗失、灭失等情形。股东失票后，可以依法定的公示催告程序，请求人民法院宣告该股票失效。人民法院宣告该股票失效后，股东可以向公司申请补发股票。

2. 股份有限公司的股份转让

股份有限公司的股份转让是指公司股东将其持有的股份让与他人的行为。依照我国《公司法》规定，股东持有的股份可以依法转让。股东转让其股份，应当在依法设立的证券交易场所进行或者按照国务院规定的其他方式进行。

1) 股份转让方式

（1）记名股票由股东以背书方式或者法律、行政法规规定的其他方式转让。记名股票转让后，由公司将受让人的姓名或者名称及住所记载于股东名册。但是，股东大会召开前20日内或者公司决定分配股利的基准日前5日内，除法律另有规定的外，不得进行股东名册的变更登记。

（2）无记名股票。股东将该股票交付给受让人后即发生转让的效力。

2) 上市公司股票交易和信息公开

上市公司的股票，依照有关法律、行政法规及证券交易所交易规则上市交易。上市公司必须依照法律、行政法规的规定，公开其财务状况、经营情况及重大诉讼，在每一会计年度内半年公布一次财务会计报告。

3) 股份转让的限制

为了保障相关权利人的合法权益，维护社会正常的经济秩序，我国《公司法》对股份有限公司的股份转让进行了如下限制：①发起人持有的本公司股份，自公司成立之日起1年内不得转让；②公司公开发行股份前已发行的股份，自公司股票在证券交易所上市交易之日起1年内不得转让；③公司董事、监事、高级管理人员应当向公司申报所持有的本公司的股份及其变动情况，在任职期间每年转让的股份不得超过其所持有本公司股份总数的25%；所持本公司股份自公司股票上市交易之日起1年内不得转让；上述人员离职后半年内，不得转让其所持有的本公司股份。此外，公司章程可以对公司董事、监事、高级管理人员转让其所持有的本公司股份作出其他限制性规定。

3. 股份有限公司的股份回购

股份回购是指股份有限公司以公司资金向股东收购本公司股份的行为。股份有限公司一般情况下不得收购本公司股份；但是，发生下列情形之一的，公司可以进行股份回购：①减少公司注册资本；②与持有本公司股份的其他公司合并；③将股份用于员工持股计划或者股权激励；④股东因对股东大会作出的公司合并、分立决议持异议，要求公司收购其股份的；⑤将股份用于转换上市公司发行的可转换为股票的公司债券；⑥上市公司为维护公司价值及股东权益所必需。

公司因第①项、第②项的情形收购本公司股份的，应当经股东大会决议；公司因第③项、第⑤项、第⑥项的情形收购本公司股份的，可以依照公司章程的规定或者股东大会的授权，经2/3以上董事出席的董事会会议决议。公司依法收购本公司股份后，属于第①项情形的，应当自收购之日起10日内注销；属于第②项、第④项情形的，应当在6个月内转让或者注销；属于第③项、第⑤项、第⑥项情形的，公司合计持有的本公司股份数不得超过本公司已发行股份总额的10%，并应当在3年内转让或者注销。上市公司收购本公司股份的，应当依照《中华人民共和国证券法》的规定履行信息披露义务。上市公司因第③项、第⑤项、第⑥项规定的情形收购本公司股份的，应当通过公开的集中交易方式进行。此外，公司不得接受本公司的股票作为质押权的标的。

5.5 公司董事、监事、高级管理人员的资格和义务

5.5.1 公司董事、监事、高级管理人员的概念和资格

1. 公司董事、监事、高级管理人员的概念

公司董事是公司的日常经营决策和业务执行机构，即董事会的组成人员。公司监事是公司法定的内部监督检查机构，即监事会的组成人员。高级管理人员，是指公司的经理、副经理、财务负责人、上市公司董事会秘书和公司章程规定的其他人员。

2. 公司董事、监事、高级管理人员的资格

公司董事、监事和高级管理人员在公司是处于重要地位，并且具有相应的职权，其个人品德、工作能力和自身经历等，直接关系到公司的经营管理活动和业绩。因此，公司法有必要对其任职的基本资格作出规定。

我国《公司法》规定，有下列情形之一的，不得担任公司的董事、监事及高级管理人员：①无民事行为能力或者限制民事行为能力；②因贪污、贿赂、侵占财产、挪用财产或者破坏社会主义市场经济秩序，被判处刑罚，执行期满未逾5年，或者因犯罪被剥夺政治权利，执行期满未逾5年；③担任破产清算的公司、企业的董事或者厂长、经理，对该公司、企业的破产负有个人责任的，自该公司、企业破产清算完结之日起未逾3年；④担任因违法被吊销营业执照、责令关闭的公司、企业的法定代表人，并负有个人责任的，自该公司、企业被吊销营业执照之日起未逾3年；⑤个人所负数额较大的债务到期未清偿。另外，除政府有关部门的批准，国家公务员也不能担任公司的董事、监事和高级管理人员。

公司违反上述规定选举、委派董事、监事或者聘任高级管理人员的，该选举、委派或者聘任无效。董事、监事、高级管理人员在任职期间出现上述情形的，公司应当解除其职务。

5.5.2 公司董事、监事、高级管理人员的义务

1. 遵守法律、行政法规和公司章程的义务

公司董事、监事、高级管理人员是公司经营决策、执行业务、监督管理和主持日常经营活动的人员，他们所进行的职务活动必须严格遵守国家法律、行政法规和公司章程。董事、监事、高级管理人员执行公司职务时违反法律、行政法规或者公司章程的规定，给公司造成损失的，应当承担赔偿责任。

2. 对公司忠实、勤勉的义务

忠实、勤勉是公司董事、监事、高级管理人员的一项基本义务，我国《公司法》对公司董事、监事和高级管理人员的忠实、勤勉义务作了较具体的规定。董事、监事及高级管理人员不得利用职权收受贿赂或者其他非法收入，不得侵占公司的财产。董事、高级管理人员不得有下列行为：①挪用公司资金；②将公司资金以个人名义或者以其他个人名义开立账户存储；③违反公司章程的规定，未经股东会、股东大会或者董事会同意，将公司资金借贷给他人或者以公司财产为他人提供担保；④违反公司章程的规定或者未经股东会、股东大会同意，与本公司订立合同或者进行交易；⑤未经股东会或者股东大会同意，利用职务便利为自

己或者他人谋取属于公司的商业机会，自营或者为他人经营与所任职公司同类的业务；⑥接受他人与公司交易的佣金归为己有；⑦擅自披露公司秘密；⑧违反对公司忠实义务的其他行为。董事、高级管理人员违反上述规定所得收入应当归公司所有。

3. 列席股东（大）会，接受质询的义务

公司的董事参与公司的日常经营决策，熟悉公司经营状况；监事负责公司的内部监督工作，熟悉公司财务状况和董事、高级管理人员执行职务和履行义务的情况；高级管理人员主持或协助公司日常生产经营工作，或负责公司重要部门工作，熟悉公司经营活动的具体情况。这些人员熟悉公司内情，具有相应职权，其职务活动应对公司并最终对股东负责。因此，股东（大）会召开会议要求董事、监事、高级管理人员列席会议的，董事、监事、高级管理人员应当列席并接受股东的质询。

4. 协助监事会行使职权的义务

监事会是公司的内部监督机构，其监事应有效履行对公司经营管理活动的内部监督检查职责。监事会或者不设监事会的有限责任公司的监事在行使监督检查职权，了解相关情况、查阅有关资料时，董事、高级管理人员应当积极配合，如实提供有关情况和资料，不得妨碍监事会或者监事行使职权。

5.5.3 股东的司法救济

1. 股东代表诉讼

股东代表诉讼，也称为股东间接诉讼，是指当董事、监事、高级管理人员或者其他人违反法律、行政法规或公司章程的行为给公司造成损失，公司拒绝或者怠于向该违法行为人请求损害赔偿时，具备法定资格的股东有权代表其他股东，代替公司提起诉讼，请求违法行为人赔偿公司损失的行为。股东代表诉讼的目的，是保护公司和股东的整体利益，而不仅仅是个别股东的利益。

1）股东代表诉讼的原告资格

股东代表诉讼的原告是指向法院提起代表诉讼的股东。我国《公司法》规定，代表诉讼的原告须是有限责任公司的股东、股份有限公司连续 180 日以上单独或者合计持有公司 1% 以上股份的股东。对股东代表诉讼的原告资格作出限制是为了防止个别股东进行滥诉。

2）股东代表诉讼的被告范围

违反法律、行政法规或者公司章程的规定，给公司造成损失的公司董事、监事和高级管理人员；或其他侵犯公司合法权益给公司造成损失的人。

3）股东代表诉讼的诉讼事由

董事、监事、高级管理人员执行公司职务时违反法律、行政法规或者公司章程的规定，给公司造成损失；他人侵犯公司合法权益，给公司造成损失。股东代替公司要求其就公司损失进行赔偿。

4）股东代表诉讼的前置程序

具备原告资格的公司股东一般不能直接向人民法院提起诉讼。对董事、高级管理人员的诉讼，可以书面请求监事会或者不设监事会的有限责任公司的监事向人民法院提起诉讼；对监事的诉讼，股东可以书面请求董事会或者不设董事会的有限责任公司的执行董事向人民法院提起诉讼。监事会、不设监事会的有限责任公司的监事，或者董事会、执行董事应于自收到股东书面请求之日起 30 日内提起诉讼。

5) 提起股东代表诉讼

发生下述情形的，具备代表诉讼资格的股东，有权为了公司的利益以自己的名义直接向人民法院提起诉讼：①监事会、不设监事会的有限责任公司的监事，或者董事会、执行董事收到股东书面请求后拒绝提起诉讼；②监事会、不设监事会的有限责任公司的监事，或者董事会、执行董事自收到请求之日起 30 日内未提起诉讼；③情况紧急、不立即提起诉讼将会使公司利益受到难以弥补的损害的。

2. 股东诉讼

股东诉讼为股东直接诉讼，是指股东为了维护自身利益，对公司董事、高级管理人员提起的诉讼。我国《公司法》规定："董事、高级管理人员违反法律、行政法规或者公司章程的规定，损害股东利益的，股东可以向人民法院提起诉讼。"

5.6 公司债券和财务、会计

5.6.1 公司债券

1. 公司债券的概念

公司债券是指公司依照法定程序发行，约定在一定期限还本付息的有价证券。公司债券作为债权凭证，其主要特征是：①发行人是公司；②必须依法定程序发行；③具有流通性，可以依法转让、质押、继承。我国《公司法》将公司债券分为记名债券和无记名债券。

公司债券和公司股票同属有价证券，二者的主要区别如下。①性质不同：股票是股权凭证，其持有人是公司的股东；债券是债权凭证，其持有人是公司的债权人。②收益不同：股票持有人从公司利润中分取股息、红利，其收益不固定；债券持有人依照约定取得固定利息。③承担的风险不同：债券的清偿顺序要优先于股票，所以债券持有人承担的风险小于股票持有人承担的风险。④对公司经营管理享有的权利不同。股票持有人通过在股东（大）会上行使表决权参与公司的经营管理，而债券持有人则无权参与公司的经营管理。

2. 公司债券的发行

1) 发行公司债券的条件

公司公开发行债券，必须符合下列条件：①股份有限公司的净资产额不低于人民币 3 000 万元，有限责任公司的净资产额不低于人民币 6 000 万元；②累计债券余额不超过公司净资产额的 40%；③最近 3 年平均可分配利润足以支付公司债券 1 年的利息；④筹集的资金投向符合国家产业政策；⑤债券的利率不超过国务院限定的利率水平；⑥国务院规定的其他条件。

公司发行债券筹集的资金，必须用于审批机关批准的用途，不得用于弥补亏损和非生产性支出。公司有下列情形之一的，不得再次公开发行公司债券：①前一次发行的公司债券尚未募足的；②对已发行的公司债券或者其他债务有违约或者延迟支付本息的事实，且仍处于继续状态的；③违反法律规定，改变公开发行公司债券所募集资金的用途。

2) 发行公司债券的程序

(1) 董事会制订方案,股东会或股东大会作出决议。国有独资公司发行公司债券,应由国有资产监督管理机构作出决定。

(2) 公司向国务院授权的部门或国务院证券监督管理机构申请公开发行公司债券。申请时应当提交下列文件:①公司营业执照;②公司章程;③公司债券募集办法;④资产评估报告和验资报告;⑤国务院授权的部门或国务院证券监督管理机构规定的其他文件。公开发行公司债券依法聘请保荐人的,还应当报送保荐人出具的发行保荐书。

(3) 发行公司债券的申请经批准后,应当公告公司债券募集办法。公司债券募集办法中应当载明下列主要事项:①公司名称;②债券募集资金的用途;③债券总额和债券的票面金额;④债券利率的确定方式;⑤还本付息的期限和方式;⑥债券担保情况;⑦债券的发行价格、发行的起止日期;⑧公司净资产额;⑨已发行的尚未到期的公司债券总额;⑩公司债券的承销机构。公司发行公司债券应当置备公司债券存根簿。

(4) 与证券公司签订债券承销协议,发行公司债券,并进行有关债券募集的登记工作。

3) 发行公司债券的法定记载事项

公司以实物券方式发行公司债券的,必须在债券上载明公司名称、债券票面金额、利率、偿还期限等事项,并由法定代表人签名,公司盖章。

(1) 记名债券的发行。记名债券是指债券上记载持券人姓名或名称的债券。发行记名公司债券的,应当在公司债券存根簿上载明下列事项:①债券持有人的姓名或者名称及住所;②债券持有人取得债券的日期及债券的编号;③债券总额、债券的票面金额、利率、还本付息的期限和方式;④债券的发行日期。记名公司债券的登记结算机构应当建立债券登记、存管、付息、兑付等相关制度。

(2) 无记名债券。无记名债券是指债券上不记载持券人姓名或名称的债券。发行无记名公司债券的,应当在公司债券存根簿上载明债券总额、利率、偿还期限和方式、发行日期及债券的编号。

(3) 可转换为股票的公司债券。即债券持有人在持有公司债券一定时期后,可以按公司在债券募集时规定的办法将其所持公司债券转换为股票。我国《公司法》规定:"上市公司经股东大会决议可以发行可转换为股票的公司债券,并在公司债券募集办法中规定具体的转换办法。"上市公司发行可转换公司债券,应当报国务院证券监督管理机构核准,在债券上标明"可转换公司债券"字样,并在公司债券存根簿上载明可转换公司债券的数额。公司应当按照其转换办法向债券持有人换发股票,但债券持有人对转换股票或者不转换股票有选择权。

3. 公司债券的转让

公司债券的转让,是指债券持有人将其债券让与他人的行为。依我国《公司法》规定,公司债券的转让有两种方式:一是由转让人与受让人约定转让价格;二是在证券交易所上市交易,按照证券交易所的交易规则采用公开的集中交易方式或者国务院证券监督管理机构批准的其他方式转让。

1) 记名公司债券的转让

记名公司债券由债券持有人以背书方式或者法律、行政法规规定的其他方式转让;转让后由公司将受让人的姓名或者名称及住所记载于公司债券存根簿。

2) 无记名公司债券的转让

无记名公司债券由债券持有人将该债券交付给受让人后，即发生债券转让的法律效力。

5.6.2 公司的财务、会计

1. 公司财务、会计的概念

公司财务是指公司在生产经营过程中客观存在的资金运动及其所体现的经济关系。公司会计是指以货币为主要计量单位，对公司生产经营活动真实、准确、全面地进行记录、计算、分析、检查和监督的一种管理活动。公司财务会计制度是调整公司财务、会计行为规范的总称，包括公司财务制度和公司会计制度。公司财务制度是指公司资金管理成本费用的计算、营业收入的分配、货币的管理、公司财务报告、公司的清算和公司的纳税等方面的规程。而公司的会计制度是指有关公司会计记账、会计核算等方面的规程，是公司生产经营过程中各种财务制度的具体反映。公司财务会计制度是现代企业法人制度的重要组成部分，它为公司的生产经营决策提供各种信息保障。鉴于公司财务会计制度的重要性，我国《公司法》规定："公司应当依照法律、行政法规和国务院财政部门的规定建立本公司的财务、会计制度。"

2. 公司的财务会计报告

公司财务会计报告，是指公司对外提供的反映公司某一特定日期的财务状况和某一会计期间的经营成果、现金流量等会计信息的文件。财务会计报告应当依照法律、行政法规和国务院财政部门的规定制作，包括会计报表及其附注和其他应当在财务会计报告中披露的相关信息和资料。会计报表至少应当包括资产负债表、利润表、现金流量表等报表。公司应当在每一会计年度终了时编制财务会计报告。

公司编制的财务会计报告必须依法经会计师事务所审计。公司应当向聘用的会计师事务所提供真实、完整的会计凭证、会计账簿、财务会计报告及其他会计资料，不得拒绝、隐匿、谎报。公司除法定的会计账簿外，不得另立会计账簿；公司资产，不得以任何个人名义开立账户存储。公司聘用、解聘承办公司审计业务的会计师事务所，应依照公司章程的规定，由股东（大）会或者董事会决定。公司股东（大）会或者董事会就解聘会计师事务所进行表决时，应当允许会计师事务所陈述意见。

有限责任公司应当依照公司章程规定的期限将财务会计报告送交各股东。股份有限公司的财务会计报告应当在召开股东大会年会的 20 日前置备于本公司，供股东查阅；公开发行股票的股份有限公司必须公告其财务会计报告。

3. 公司的利润分配

1) 公司的利润分配顺序

公司利润是指公司在一定时期内从事生产经营活动的财务成果，包括营业利润、投资净收益和营业外收支净额。公司应当按以下顺序分配利润：①弥补以前年度的亏损，但不得超过税法规定的亏损弥补期限；②缴纳公司所得税；③法定公积金不足以弥补以前年度亏损的，弥补亏损；④依法提取法定公积金；⑤提取任意公积金；⑥向股东分配利润。

2) 公积金

公司公积金，又称为公司的储备金，是公司从税后利润中提取的积累基金，主要用于扩大再生产和弥补亏损。公积金按来源不同，可以分为资本公积金和盈余公积金。

(1) 资本公积金。资本公积金是公司从非营业收入中提取的公积金、资本（或股本）溢价、接受捐赠资产、拨款转入、外币资本折算差额等项目的基金总和。股份有限公司以超过股票票面金额的发行价格发行股份所得的溢价款以及国务院财政部门规定应列入资本公积金的其他收入，应当列为公司资本公积金。资本公积金不得用于弥补公司的亏损。

(2) 盈余公积金。盈余公积金是公司按照一定比例从税后净利润中提取的公积金，可以用于弥补亏损、转增资本（或股本）等用途。盈余公积金包括以下内容。①法定公积金。法定公积金是按照国家法律规定从税后利润中提取的公积金。公司分配当年税后利润时，应当提取利润的10%列入公司法定公积金。公司法定公积金累计额为公司注册资本的50%以上的，可以不再提取；法定公积金转为资本时，所留存的该项公积金不得少于转增前公司注册资本的25%。②任意公积金。任意公积金是根据公司章程，经股东会或者股东大会决议，从税后利润中提取的公积金。公司提取法定公积金后，还可以提取任意公积金。

3) 股东的利润分配

有限责任公司股东按照实缴的出资比例分配利润，但全体股东约定不按照出资比例分配利润的除外。股份有限公司股东按照股东持有的股份比例分配利润，但公司章程规定不按持股比例分配的除外。股东（大）会、董事会违反规定，在公司弥补亏损和提取法定公积金之前向股东分配利润的，股东必须将违反规定分配的利润退还公司。此外，公司持有的本公司股份不得用来分配利润。

5.7 公司的合并与分立、资本增减、解散与清算

5.7.1 公司的合并与分立

1. 公司合并

1) 公司合并的概念

公司合并，是指两个或两个以上的公司依法合并为一个公司的法律行为。公司合并有两种方式：①吸收合并，即一个公司吸收其他公司，被吸收的公司解散；合并后的公司是吸收其他公司的公司；②新设合并，即两个以上公司合并设立一个新的公司，合并各方解散。合并后的公司是新设立的公司。

2) 公司合并的程序

公司合并必须依照法定程序进行。①由董事会制订合并方案。②股东（大）会对公司合并作出决议，有限责任公司须经代表2/3以上表决权的股东通过；股份有限公司须经出席会议的股东所持表决权的2/3以上通过。③合并各方签订合并协议，并编制资产负债表及财产清单。④通知债权人。公司应当自作出合并决议之日起10日内通知债权人，并于30日内在报纸上公告。债权人自接到通知书之日起30日内，未接到通知书的自公告之日起45日内，可以要求公司清偿债务或者提供相应的担保。⑤办理注册登记。公司合并后，应向公司登记机关办理相应的设立、变更和注销登记。

公司合并后，合并各方的债权、债务，应当由合并后存续的公司或者新设的公司承继。

2. 公司分立

1) 公司分立的概念

公司分立，是指一个公司依法分为两个或两个以上公司的法律行为。公司分立有两种方式。①派生分立，即存续分立，是指公司将其一部分财产分割出去，成立一个或几个新公司的法律行为。新公司取得法人资格，原公司也继续保留法人资格。②新设分立，即解散分立，是指公司将其全部财产分割后，依法成立两个或两个以上公司，并解散原公司的法律行为。

2) 公司分立的程序

公司分立应当按照法定程序进行。①董事会制订分立方案。②股东（大）会作出分立决议。③签订分立协议，并编制资产负债表及财产清单。④通知债权人。公司应当自作出分立决议之日起 10 日内通知债权人，并于 30 日内在报纸上公告，债权人自接到通知书之日起 30 日内，未接到通知书的自公告之日起 45 日内，可以要求公司清偿债务或者提供相应的担保。⑤对原公司财产作相应分割。⑥办理注册登记。派生分立的，原公司办理变更登记，新公司办理设立登记；新设分立的，原公司办理注销登记，新公司办理设立登记。

公司分立前的债务由分立后的公司承担连带责任。但是，公司在分立前与债权人就债务清偿达成的书面协议另有约定的除外。

5.7.2 公司的增资与减资

1. 公司增资

公司增资，是指公司增加注册资本。公司增加注册资本有两种方式：①将公积金或利润转增为注册资本；②新增资本，包括吸收新股东出资和原有股东追加出资。

有限责任公司增加注册资本时，股东认缴新增资本的出资，依照公司法设立有限责任公司缴纳出资的规定执行。股份有限公司为增加注册资本发行新股时，股东认购新股，依照公司法设立股份有限公司缴纳股款的规定执行。

2. 公司减资

公司减资，是指公司减少注册资本。公司需要减少注册资本时，必须编制资产负债表及财产清单。公司应当自作出减少注册资本决议之日起 10 日内通知债权人，并于 30 日内在报纸上公告。债权人自接到通知书之日起 30 日内，未接到通知书的自公告之日起 45 日内，有权要求公司清偿债务或者提供相应的担保。公司增加或者减少注册资本，应当依法向公司登记机关办理变更登记。

5.7.3 公司的解散与清算

1. 公司解散

公司解散，是指由于某种法定事由的出现，而使公司停止营业活动并终止其法人资格的行为。公司解散是公司主体消灭的必经程序。依照我国《公司法》规定，公司由于下列原因而解散：①公司章程规定的营业期限届满或者公司章程规定的其他解散事由出现；②股东会或者股东大会决议解散；③因公司合并或者分立需要解散；④依法被吊销营业执照、责令关闭或者被撤销；⑤人民法院依照公司法规定予以解散。

公司经营管理发生严重困难，继续存续会使股东利益受到重大损失，通过其他途径不能解决的，持有公司全部股东表决权10％以上的股东，可以请求人民法院解散公司。公司发生上述第①种情形但不需解散的，可以通过修改章程而存续。

2. 公司清算

公司清算，是指公司解散后，依照法定程序清理公司债权债务、处理公司财产、了结公司未了结的事务，使公司法人资格归于消灭的行为。公司清算可以分为两种：①普通清算，即公司依法自行组织清算组织进行清算；②特别清算，是由政府有关部门或人民法院介入进行清算。清算期间，公司继续存续，但不得开展与清算无关的经营活动。

公司清算应依公司法规定的程序进行。

1) 组成清算组

除公司因合并、分立而解散外，公司解散应当在解散事由出现之日起15日内成立清算组，开始清算。有限责任公司的清算组由股东组成；股份有限公司的清算组由董事或者股东大会确定的人员组成。逾期不成立清算组进行清算的，债权人可以申请人民法院指定有关人员组成清算组进行清算。人民法院应当受理该申请，并及时组织清算组进行清算。

清算组在清算期间行使下列职权：①清理公司财产，分别编制资产负债表和财产清单；②通知、公告债权人；③处理与清算有关的公司未了结的业务；④清缴所欠税款以及清算过程中产生的税款；⑤清理债权、债务；⑥处理公司清偿债务后的剩余财产；⑦代表公司参与民事诉讼活动。

清算组在公司清算期间代表公司全权处理公司的经济事务和民事诉讼活动，其法律地位十分重要。清算组成员应当忠于职守，依法履行清算义务。清算组成员不得利用职权收受贿赂或者其他非法收入，不得侵占公司财产。清算组成员因故意或者重大过失给公司或债权人造成损失的，应当承担赔偿责任。

2) 通知债权人申报债权

清算组应当自成立之日起10日内通知债权人，并于60日内在报纸上公告。债权人应当自接到通知书之日起30日内，未接到通知书的自公告之日起45日内，向清算组申报债权。债权人申报债权，应当说明债权的有关事项，并提供证明材料。清算组应当对债权情况按有无担保分别进行登记。在申报债权期间，清算组不得对债权人进行清偿。

3) 制订清算方案

清算组应当清理公司财产，编制资产负债表和财产清单，并制订公司清算方案。公司的清算方案应报股东会、股东大会或者人民法院进行确认。清算组发现公司财产不足清偿债务的，应当依法向人民法院申请宣告破产。公司经人民法院裁定破产后，清算组应当将清算事务移交给人民法院。公司被依法宣告破产的，依照《企业破产法》实施破产清算。

4) 分配财产

公司的财产应按照支付清算费用、职工的工资、社会保险费用和法定补偿金，缴纳所欠税款，清偿公司债务的顺序进行清偿。公司财产按上述顺序清偿后的剩余财产，有限责任公司按照股东的出资比例分配，股份有限公司按照股东持有的股份比例分配。公司财产在未依照公司法规定清偿前，不得分配给股东。

5) 注销登记

公司清算结束后，清算组应当制作清算报告，报股东会、股东大会或者人民法院确认，并报送公司登记机关，申请注销公司登记，最后向社会公告公司消灭。

5.8　外国公司的分支机构

5.8.1　外国公司分支机构的概念

1. 外国公司分支机构的概念和特征

外国公司，是指依照外国法律在中国境外设立的公司。外国公司在中国境内设立分支机构，必须向中国主管机关提出申请，并提交其公司章程、所属国的公司登记证书等有关文件，经批准后，向公司登记机关依法办理登记，领取营业执照。外国公司分支机构不具有中国法人资格。外国公司分支机构主要有下述特征。

（1）外国公司分支机构隶属于外国公司。外国公司分支机构是外国公司设立的机构，隶属于设立该分支机构的外国公司。

（2）外国公司分支机构受中国法律管辖。外国公司分支机构虽然隶属于外国公司，但因其设立于中国境内，在中国境内开展业务活动，所以受中国法律管辖。

（3）外国公司分支机构没有独立的财产。外国公司分支机构从事经济业务所需要的资金由外国公司拨付。

2. 外国公司分支机构的法律地位

外国公司分支机构作为外国公司在中国境内设立的分支机构，是外国公司的一部分，分支机构没有独立的财产，从事业务活动所需资金由外国公司拨付，负责该分支机构的代表人或代理人也由外国公司指定。基于以上原因，外国公司分支机构不具有中国法人资格，外国公司对其分支机构在中国境内进行的业务活动承担法律责任。

外国公司分支机构虽然不具备中国法人资格，但具有民事诉讼主体资格。外国公司分支机构可以在中国境内依法参加民事诉讼活动。

5.8.2　外国公司分支机构的设立

1. 外国公司分支机构的设立条件

外国公司在中国境内设立分支机构，必须具备下述条件。

（1）设立人须是外国公司。外国公司分支机构由外国公司设立，该外国公司必须是依照其本国法律设立的公司。

（2）外国公司指定分支机构的代表人或代理人。分支机构在中国境内从事的业务活动，须符合外国公司的意志。因此，外国公司为使其分支机构顺利开展业务，必须在中国境内指定负责该分支机构的代表人或代理人。

（3）具有与经营活动相适应的资金。外国公司分支机构虽然没有独立的财产，但为了正常开展业务活动，保障交易安全，外国公司应向该分支机构拨付与其所从事的经营活动相适应的资金。我国《公司法》规定："对外国公司分支机构的经营资金需要规定最低限额的，由国务院另行规定。"

（4）分支机构应标明外国公司的国籍、责任形式并置备外国公司章程。外国公司分支机构由外国公司设立，隶属于该外国公司，不具备法人资格。为了便于分支机构的经营活动和有关部门管理,并保障相关权利人的合法权益,外国公司分支机构应在其名称中标明该外国公司的国籍及责任形式,并在本机构内置备该外国公司章程备查。

2. 外国公司分支机构的设立程序

外国公司在中国境内设立分支机构的程序如下。

1) 提出申请

外国公司在中国境内设立分支机构,必须向中国主管机关提出申请,并提交其公司章程、所属国的登记证书等有关文件。外国公司向中国主管机关提交的申请文件主要包括:①经由外国公司法定代表人签署的设立分支机构申请书;②其他有关文件。包括该外国公司章程、所属国家或地区的有关当局出具的合法开业证书、有关金融机构出具的资信证明、分支机构(代表人或者代理人的授权书、简历和身份证明),以及主管机关要求的其他资料。

2) 主管机关审批

外国公司在我国设立分支机构须经中国主管机关审批,审批办法由国务院另行规定。目前,我国对外国公司分支机构的审批机关是国务院或省级外资主管机关和行业主管机关。按我国现行审批制度:贸易商、制造厂商、货运代理商,由商务部批准;金融业、保险业,分别由中国银行保险监督管理委员会批准;海运业、海运代理商,由交通部批准;航空运输业由中国民用航空局批准;其他行业,按照业务性质,报请中国政府的主管委、部、局批准。

3) 设立登记

外国公司分支机构经中国主管机关批准后,应当自批准之日起30日内向公司登记机关申请设立登记。外国公司设立分支机构应当向公司登记机关提交下列文件:①中国主管机关的批准证件及其申请审批时提交的证件和材料;②外国公司法定代表人签署的设立登记申请书;③营业场所使用证明;④分支机构负责人的任职文件和身份证明;⑤公司登记机关要求提交的其他文件。公司登记机关对外国公司所提交的申请文件进行审查,符合我国法律、行政法规规定条件的,予以核准登记,颁发营业执照。

经批准设立的外国公司分支机构,在中国境内从事业务活动,必须遵守中国的法律,不得损害中国的社会公共利益,其合法权益受中国法律保护。

5.8.3 外国公司分支机构的撤销

外国公司分支机构的撤销,是指终止已经设立的外国公司分支机构的业务活动,消灭其民事主体资格的行为。外国公司分支机构可以由于下列原因而撤销:①经营期限届满;②设立该分支机构的外国公司决定撤销;③设立该分支机构的外国公司破产或解散;④因无故歇业被撤销;⑤因违法行为被撤销,如被依法责令关闭、吊销营业执照等。

外国公司撤销其在中国境内的分支机构时,必须依法清偿债务,并按照有关公司清算的规定进行清算。未清偿债务之前,不得将其分支机构的财产移至中国境外。外国公司撤销其分支机构,应当依法由原批准机关备案或报请原批准机关确认,并于债务、税务和其他有关事宜清理完毕后,向原发登记证机关办理注销登记。

分支机构撤销后,外国企业对其分支机构的未了事宜应当继续承担法律责任。

本章小结

- 企业法的主要内容有：企业的性质、任务和法律地位；企业的权利和义务；企业的内部管理制度和生产经营责任等。改革开放以来，我国已经建立了比较完备的企业法律体系。
- 公司是依照公司法设立的企业法人。公司可以从不同的角度进行分类。如无限公司、有限责任公司、两合公司、股份有限公司和股份两合公司；人合公司和资合公司；母公司和子公司；总公司和分公司。
- 公司法有广义和狭义之分。狭义的公司法是指《中华人民共和国公司法》，其适用范围是在中国境内设立的有限责任公司和股份有限公司。
- 我国的有限责任公司包括一般有限责任公司和特殊有限责任公司，特殊有限责任公司是指一人有限责任公司和国有独资公司。设立有限责任公司必须符合《公司法》的规定。其组织机构包括股东会、董事会、经理、监事会。
- 有限责任公司的股权转让既要保障股权出让人的利益，又要维护股权转让后其他股东和公司的正当利益。股权转让分为自愿转让和强制转让。股权回购从形式上看是股东将股权转让给公司，但实质上是股东撤回投资或退股。
- 我国股份有限公司包括一般股份有限公司（非上市公司）和上市公司两种。股份有限公司的设立方式有发起设立和募集设立两种，其设立的条件、程序等必须符合法律的规定。股份公司的管理机构有股东大会、董事会、经理及监事会；其中，股东大会是股份公司的最高权力机构。上市公司还设立独立董事和董事会秘书。公司股份的发行、转让和回购必须符合法律法规的规定。
- 公司董事、监事及高级管理人员依法享有一定的权利，须承担相应的义务，其任职必须符合法律的规定。股东的司法救济途径有股东代表诉讼和股东诉讼。
- 公司债券发行的条件和程序须符合法律的规定。公司利润分配的顺序：弥补以前年度的亏损，但不得超过税法规定的亏损弥补期限；缴纳公司所得税；法定公积金不足以弥补以前年度亏损的，弥补亏损；依法提取法定公积金；提取任意公积金；向股东分配利润。
- 公司的合并、分立、资本增减和解散、清算事务必须符合法律法规的要求。
- 外国公司分支机构不具有中国法人资格，但具有民事诉讼主体资格，外国公司对其分支机构在中国境内进行业务活动须承担相应的法律责任。外国公司分支机构的设立及撤销必须符合我国法律的规定。

关键概念

企业　企业法　公司法　有限责任公司　一人有限公司　国有独资公司　股份有限公司　上市公司　公司章程　股东（大）会　董事会　监事会　经理　公司高管　股东代表诉讼　股东诉讼　公司债券　股份与股票　股份回购　注册资本　公司财务会计　外国公司分支机构

复习思考题

1. 简述企业的概念、特征及分类。
2. 简述企业法的概念和调整对象。
3. 简述公司的概念、特征和分类。
4. 简述公司法的概念、特征。
5. 区分有限责任公司和股份有限公司的概念和特征。
6. 试比较有限责任公司和股份有限公司的设立。
7. 简述公司的财务会计的规定。
8. 简述公司的合并、分立和终止。
9. 简述股份的发行和转让。
10. 叙述公司债券与股票的区别。

【案例分析】

案例1：甲、乙共同成立 A 有限责任公司（简称 A 公司），注册资本 200 万元，其中，甲持有 60% 股权，乙持有 40% 股权。2014 年 8 月 25 日，A 公司聘请李某担任公司总经理，负责公司日常经营管理。双方约定，除基本工资外，李某可从公司每年税后利润中提取 1% 作为奖金。同时，A 公司股东会决议：同意李某向 A 公司增资 20 万元，其中，李某以其姓名作价 10 万元出资，其余 10 万元出资以李某未来从 A 公司应分配的奖金中分期缴纳。

2015 年 1 月 8 日，乙要求退资。经股东会同意，1 月 20 日，A 公司与乙签订退资协议，约定 A 公司向乙返还 80 万元出资款。1 月 28 日，A 公司向乙支付 80 万元后，在股东名册上将乙除名，同时，A 公司宣布减资 80 万元，并向债权人发出了通知和公告。债权人丙接到通知后，当即提出异议，认为股东出资后不得撤回，并要求 A 公司立即清偿债务。A 公司则以丙的债权尚未到期为由拒绝清偿。

试分析：(1) 李某可否以姓名出资？并说明理由。(2) 李某以未来可分得的奖金分期缴纳出资款是否符合法律规定？并说明理由。(3) 丙以股东出资后不得撤回为由反对乙退资的主张是否成立？并说明理由。(4) 丙是否有权要求 A 公司清偿未到期债务？并说明理由。

案例2：甲股份有限公司（简称甲公司）董事会由 7 名董事组成。某日，公司董事长张某召集并主持召开董事会会议，出席会议的共 6 名董事，董事会会议作出如下决议：①增选职工代表李某为监事；②为拓展市场，成立乙分公司；③决定为其子公司丙与 A 企业签订的买卖合同提供连带责任保证，该保证的数额超过了公司章程规定的限额。在讨论该保证事项时，只有董事赵某投了反对票，其意见已被记载于会议记录。其他董事均认为丙公司经营状况良好，信用风险不大，对该保证事项投了赞成票。出席会议的全体董事均在会议记录上签了名。乙分公司依法成立后，在履行与丁公司的买卖合同过程中与对方发生纠纷，被诉至法院。法院判决乙分公司赔付货款并承担诉讼费用。乙分公司无力清偿，丁公司转而请求甲公司承担责任。丙公司在其与 A 企业签订的买卖合同债务履行期届满后未履行债务，A 企业要求甲公司承担保证责任。甲公司因承担保证责任而遭受严重损失。

试分析：(1) 董事会会议决议增选职工代表李某为监事是否符合法律规定？简要说明理由。(2) 丁公司请求甲公司承担责任是否符合法律规定？简要说明理由。(3) 对于甲公司因承担保证责任而遭受的损失，与会董事应如何承担法律责任？

案例3：甲、乙、丙、丁、戊五人共同投资设立一家有限责任公司，甲、乙、丙、丁以货币进行出资，戊用房屋进行出资。戊办理了权属变更手续将该房屋转移登记到公司名下，但一直未实际交付房屋。公司章程约定各股东均等享有表决权。之后，有限责任公司召开临时股东会修改公司章程，其中甲、乙、丙同意，丁和戊不同意。甲提出，戊未实际交付房屋，不享有表决权。

试分析：(1) 有限责任公司章程约定各股东均等享有表决权是否符合规定？简要说明理由。(2) 甲提出戊不享有表决权的异议是否符合规定？简要说明理由。(3) 有限责任公司临时股东会修改公司章程的决议能否通过？简要说明理由。

案例4：甲公司是一家上市公司，其中乙公司持有55%的股份；丙公司持有15%的股份；丁公司持有10%的股份。截至2015年年底甲公司注册资本为8 000万元，经审计的净资产额为12 000万元。甲公司董事会由11名董事组成，其中董事A、董事B、董事C同时为乙公司董事；董事D同时为丙公司董事；董事E同时为丁公司董事。2016年1月20日甲公司召开董事会会议，出席本次董事会会议的董事有包括董事A、董事B、董事C和董事D在内的7名董事。该次会议的召开情况以及讨论的有关问题如下：鉴于2013年5月发行的3年期1 200万元公司债券即将到期，计划于2016年3月再次发行2 000万元公司债券。

试分析：(1) 甲公司发行公司债券的计划是否合法？简要说明理由。

案例5：兴和有限责任公司与嘉实饮食有限责任公司共同组建兴发食品进出口有限责任公司。注册资金80万元。其中：兴和有限责任公司出资现金36万元；嘉实饮食有限责任公司出资现金10万元，商标作价24万元，设备作价10万元。公司章程规定：公司利润分配比例为4：6，兴和有限责任公司为4，嘉实饮食有限责任公司为6。公司重大事项由双方共同协商决定。两年以后，因为人事关系不和，继而为利益发生纠纷，无法继续经营，只得终止合作关系。兴和有限责任公司要求解散公司，进行财产清算。嘉实饮食有限责任公司坚持购买兴和有限责任公司的股权，保留公司，自己继续经营。由于只有2个股东，无法形成股东会决议。

试分析：(1) 在公司存续期间，股东之间关系处理是否存在问题？(2) 一个股东要求退出公司，另一个股东是否可以购买其股权？(3) 不能形成股东决议时，如何处理？

案例6：SAP是一家外国公司，2012年12月，计划在中国设立几个分支机构，开拓中国市场。SAP向有关当局提交申请书、公司章程、有关文件，得到批准。后SAP分支机构向公司登记机关办理登记手续，2013年4月1日，领取了《中华人民共和国企业法人营业执照》。5月25日，SAP分支机构向税务机关办理税务登记手续。2015年4月，SAP分支机构亏损1 200万元。债权人起诉SAP分支机构，要求偿还欠款。

试分析：(1) SAP分支机构在设立过程中，是否有不妥之处？(2) SAP分支机构的亏损如何处理？(3) 债权人如何获得救济？

第 6 章 国有企业法律制度

【学习目标】

学完本章后，你应该能够：
- 理解国有企业的含义、现代企业制度；
- 了解国有企业的设立、变更及终止；
- 领会国有企业的权利、义务及其管理制度、内部管理制度；
- 了解违反国有企业法应负的法律责任。

6.1 国有企业法概述

6.1.1 国有企业法的含义

1. 国有企业

国有企业，又称全民所有制企业，是以生产资料的全民所有制为基础的，依法自主经营、自负盈亏、独立核算的企业法人。但不包括依公司法设立的国有独资公司和国有主体控股的公司企业。国有企业的财产属于全民所有，国家依照所有权和经营权相分离的原则授权企业经营管理，主要由企业法调整；企业对国家授予其经营的财产依法享有企业经营权，即占有、使用和依法处分的权利。国有企业依法取得法人资格，以国家授予其经营管理的财产对外独立承担民事责任。国有企业是我国社会主义经济制度的物质基础，在国民经济中起着主导作用。

2. 国有企业法

国有企业法是调整国有企业在生产经营管理活动中发生的经济关系的法律规范的总称。我国国有企业法主要包括 1988 年 4 月 13 日第七届全国人大通过的《中华人民共和国全民所有制工业企业法》（经 2009 年修改），1992 年 7 月 23 日国务院发布的《全民所有制工业企业转换经营机制条例》（经 2011 年修订）。另外，为了加强对企业国有资产的监督管理，国务院于 2003 年 5 月 27 日颁布了《企业国有资产监督管理暂行条例》（经 2011 年修订）；2008 年 10 月 28 日第十一届全国人大正式通过了《中华人民共和国企业国有资产法》并自 2009 年 5 月 1 日起施行；等等。

6.1.2 国有企业改革与现代企业制度

1. 国有企业改革

我国国有企业的改革，历经了两权分离、承包制、股份制、转机建制的改革阶段，历史证明国有企业改革的出路在于建立现代企业制度。

国有企业改革应从以下方面着手。①改革国有资产管理体制。"要按照国家所有、分级管理、授权经营、分工监督的原则，逐步建立国有资产管理、监督运营体系和机制，建立和健全严格的责任制度"；尤其是实行国有资产的授权经营，建立国有资产管理个人责任制，对国有资产承担保值增值的责任。②规范国有企业内部治理结构，依照责、权、利制约机制，在国有企业的所有者、监督者与经营者之间真正形成有效的利益制衡体系，才能使国有企业改革真正走上规范化的道路，从而实现现代企业制度的改革目标。

2. 现代企业制度

现代企业制度是指以完善的企业法人制度为基础，以有限责任制度为保证，以公司企业为主要形式，以"产权清晰、权责明确、政企分开、管理科学"为条件的新型企业制度。其主要内容包括：企业法人制度、企业自负盈亏制度、出资者有限责任制度、科学的领导体制与组织管理制度。通常认为，国有企业建立现代企业制度必须具备两个基本要素：①所有者支配，也即企业切实为其投资者所控制，并服从其意志和利益经营。政府通过直接或间接控制方式，切实履行好监督管理，形成企业的所有者、监督者与经营者之间相互独立与制约格局。②企业及其资本经营的市场化、契约化，企业所有者自由挑选合意的经营者，"所有权"与"经营权"分离，从而保证企业的有效经营管理及投资的保值增值。此外，还需要一套"高效廉洁的文官制度"作保障。从这可以看出企业法与公司法日益趋同。

6.1.3 国有企业的设立、变更和终止

1. 国有企业的设立

设立国有企业，必须由创建单位提出申请，依照法律规定，报请政府或政府主管部门审核批准，经市场监督管理部门核准登记，领取营业执照，取得法人资格。

审批分两种情况：①国有企业设立者必须是某个全民所有制单位，该单位因设立国有企业而影响到自身国有资产等方面变化的，必须报经其主管部门或者政府审批；②若设立的国有企业涉及特殊经营范围的还必须经有关监督管理部门或者政府批准。

国有企业设立必须具备的条件：①产品为社会所需要；②具备能源、原材料、交通运输的必要条件；③有自己的名称和生产经营场所；④有符合国家规定的资金；⑤有自己的组织机构与人员；⑥有明确的经营范围；⑦法律、法规规定的其他条件。

2. 国有企业的变更

国有企业变更的形式有：①合并，即两个或两个以上的企业联合组成一个企业或者一个企业兼并一个或一个以上企业；②分立，即一个企业分成两个或两个以上的企业；③其他重要事项的变更，如改变名称、住所、经营场所、法定代表人、经济性质、经营范围、经营方式、注册资金、经营期限以及增设或者撤销分支机构等。

国有企业的变更，必须依照法律、行政法规的规定，由政府或者政府主管部门批准，并到市场监督管理部门办理变更登记手续。

3. 国有企业的终止

国有企业终止的原因有：①违反法律、法规被责令撤销；②政府主管部门依照法律、法规的规定决定解散；③依法被宣告破产；④其他原因。企业终止的，应依法向市场监督管理部门办理注销登记手续，缴销营业执照。并向国有资产管理部门办理产权变更或注销登记。

4. 企业终止的清算

企业解散,应当成立清算组织进行清算。企业被撤销、被宣告破产的,应当由主管机关或者人民法院组织有关机关和人员成立清算组织进行清算。

在企业财产不足以偿还企业的全部债务时,一般应在支付必要的清算费用后,按下列顺序清偿:①职工工资;②国家税收;③有担保的债权;④其他债权。

6.2 国有企业的权利和义务

6.2.1 国有企业的权利

国有企业的权利是以企业经营权为核心,包括两类权利:一类是企业作为民事法律主体享有的权利,如企业名称专用权、注册商标专用权等,多由民法来调整;另一类是企业作为经济法律主体享有的权利,由企业法加以规定,主要包括以下内容。

(1) 生产经营决策权。该权利是企业的首要权利,是企业经营权的核心。企业可根据国家宏观计划的指导和市场需要,自主作出生产经营决策,自主决定调整生产经营范围,政府相关管理部门应当给予支持。

(2) 产品、劳务定价权。企业生产的产品、劳务,除有关政府部门规定的价格外,应该由企业自主定价。

(3) 产品销售权。对于指令性计划以外的产品,企业有权在全国范围内自主销售,任何部门和地方政府不得对其采取封锁、限制和其他歧视性措施;而且指令性计划产品任务完成后的超产部分,企业可自行销售。

(4) 物资采购权。企业对指令性计划供应的物资,有权要求与生产企业或者其他供应方签订合同;指令性计划外所需物资,企业可自行选择供货单位、供货形式、供货品种和数量,自主签订订货合同,自主进行物资调剂;企业有权拒绝执行任何部门和地方政府以任何方式为企业指定指令性计划以外的供货单位和供货渠道。

(5) 进出口权。企业可自行选择外贸代理企业从事进出口业务,有权参与同外商的谈判;有权依法在境外承揽工程,进行技术合作或提供其他劳务;依法进口自用设备和物资;有进出口经营权的企业,在获得进出口配额、许可证等方面,享有与外贸企业同等的待遇等。

(6) 投资决策权。企业有权向国内企业、事业单位投资,购买和持有其他企业的股份;经政府部门批准,企业可向境外投资或在境外开办企业;企业以留用资金和自行筹资从事生产性建设,能够自行解决建设和生产条件的,由企业自主决定立项,报政府部门备案并接受监督。

(7) 留用资金支配权。企业在保证企业财产保值、增值前提下,有权自主确定税后留用利润中各项基金的比例和用途;企业有权拒绝任何部门和单位无偿调拨企业留用资金或者强令企业以折旧费、大修理费上缴利润。

(8) 资产处置权。企业对一般固定资产可自主决定出租、抵押或者有偿转让;对关键设备、成套设备或者重要建筑物可以出租,经政府主管部门批准也可以抵押、有偿转让;企业处置固定资产,应按规定进行评估,处置所得收入,必须全部用于设备更新和技术改造。

(9) 联营、兼并权。企业有权自主决定与其他企事业单位实行股权式联营或者契约式联营。企业按照自愿、有偿原则,可兼并其他企业,但须报政府主管部门备案。

(10) 劳动用工权。企业有权自主决定招工时间、条件、方式、数量;国家法律法规有特殊规定的,从其规定;企业有权决定用工形式,有权实行合理劳动组合;有权依法解除劳动合同或辞退、开除职工。

(11) 人事管理权。企业按照德才兼备、任人唯贤原则与责权利相统一的要求,自主行使人事管理权,企业有权在本企业内设置有效的用工制度与专业技术职务。

(12) 工资、奖金分配权。企业工资总额依照政府规定的工资总额与经济效益挂钩的办法确定,企业有权自主使用、分配工资和奖金;有权决定职工工资、奖金的分配档次;有权制定职工晋级增薪、降级减薪办法。

(13) 内部机构设置权。企业有权决定内部机构的设立、调整和撤销,决定企业的人员编制;有权拒绝任何部门和单位提出的设置对口机构、规定人员编制和级别待遇的要求。

(14) 拒绝摊派权。企业有权拒绝任何部门和单位向企业摊派人、物、财;除法律和国务院另有规定外,企业有权抵制任何部门和单位对企业进行检查、评比、评优、达标、升级、鉴定、考试、考核。

企业上述14项经营权受法律保护,任何部门、单位和个人不得干预和侵犯。对于非法干预和侵犯企业经营权的行为,企业有权向政府和政府有关部门申诉、举报,或者依法向人民法院起诉。

6.2.2 国有企业的义务

国有企业的义务包括对国家、社会和职工应尽的义务。

(1) 对国家应尽的义务。主要包括:①企业必须遵守法律、法规,坚持社会主义方向;②必须有效地利用国家授予其经营管理的财产,实现资产增值;③必须依法缴纳税金、费用、利润;④必须完成指令性计划等。

(2) 对社会应尽的义务。主要包括:①企业必须保证产品质量和服务质量,对用户和消费者负责;②必须履行依法订立的合同;③必须做好环境保护工作。

(3) 对职工应尽的义务。主要有:①企业通过职工代表大会和其他形式,实行民主管理;②必须贯彻安全生产制度,改善劳动条件,做好劳动保护工作,安全生产,文明生产;③必须加强职工思想文化教育,支持和鼓励职工进行科学研究、发明创造,开展技术革新、合理化建议和劳动竞赛活动等。

6.3 国有企业的管理制度

6.3.1 政府对国有企业的职能

政府与企业的关系是所有者与经营者、管理与被管理的关系。根据"所有权"与"经营权"分离原则,使企业经营权相对独立,企业资本经营市场化,从而保证企业有效经营管理及投资的保值增值,政府代表国家要行使企业财产的最终所有权和股东权,就必须对企业行使所有权管理职能。又根据政企职责分开原则，政府作为社会经济管理者依法对企业行使公共管理职能，进行宏观调控和行业管理。因此，政府对企业的主要职能包括行使所有权管理职能和实施社会管理职能两方面。

1. 对企业行使所有权管理职能

现行《企业国有资产法》规定，企业国有资产管理体制为：国务院和地方人民政府依照法律、行政法规的规定，分别代表国家对国家出资企业履行出资人职责，享有出资人权益，代表国家行使企业财产的所有权；国务院和地方人民政府应当按照政企分开、社会公共管理职能与国有资产出资人职能分开、不干预企业依法自主经营的原则，由国有资产监督管理机构依法履行出资人职责。国有资产监督管理机构对国家出资企业依法享有资产收益、参与重大决策和选择管理者等出资人权利，有权依照法律、行政法规的规定，制定或者参与制定国家出资企业的章程，委派股东代表参加国有资本控股公司、国有资本参股公司召开的股东（大）会会议等。国有资产监督管理机构应当对本级人民政府负责，保障出资人权益，对国有资产保值增值负责，防止国有资产流失，维护企业作为市场主体依法享有的权利，除依法履行出资人职责外，不得干预企业经营活动。

国有资产监督管理机构进行监督管理的措施有：①考核企业财产保值、增值指标，对企业资产负债和损益情况进行审查和审计监督；②根据国务院的有关规定，决定国家与企业之间财产收益的分配方式、比例或者定额；③根据国务院的有关规定，决定、批准企业生产性建设项目（依法属企业自主投资决策范围的除外）；④决定或者批准企业的资产经营形式和企业的设立、合并（不含兼并）、分立、终止、拍卖，批准企业提出的被兼并申请和破产申请；⑤根据国务院的有关规定，审批企业财产的报损、冲减、核销及关键设备、成套设备或者重要建筑物的抵押、有偿转让，组织清算和收缴被撤销、解散企业的财产；⑥依照法定条件和程序，决定或者批准企业厂长的任免（聘任、解聘）和奖惩；⑦拟定企业财产管理法规，并对执行情况进行监督；⑧维护企业依法行使经营权，保障企业的生产经营活动不受非法干预，协助企业解决实际困难。

2. 对企业实施社会管理职能

1) 加强宏观调控和行业管理

政府部门应加强宏观调整和行业管理，主要的措施有：①制定经济和社会发展战略、方针和产业政策，控制总量平衡，规划和调整产业布局；②运用利率、税率、汇率等经济杠杆和价格政策，调控和引导企业行为；③根据产业政策和规模经济要求，引导企业组织结构调整，实现资源合理配置；④建立和完善适应商品经济发展的企业劳动人事工资制度、财务制度、成本制度、会计制度、折旧制度、收益分配制度和税收征管制度，制定考核企业的经济指标体系；⑤推动技术进步，开展技术和业务培训，为企业决策和经营活动提供信息、咨询。

2) 培育和完善市场体系，发挥市场调节作用

政府在发挥市场调节作用方面，应采取以下措施：①打破地区、部门分割和封锁，建立和完善平等竞争、规范健全的全国统一市场；②统筹规划、协调和建立生产资料市场、劳务市场、金融市场、技术市场、信息市场和企业产权转让市场等，促进市场体系的发展和完善；③发布市场信息，加强市场管理，制止违法经营和不正当竞争。

3) 建立社会保障体系，为企业提供社会福利服务

政府在社会福利服务方面应采取以下措施，以解决企业的负担：①建立和完善养老保险

制度，实行基本养老保险、企业补充养老保险、职工个人储蓄养老保险相结合的制度；②建立和完善职工的待业保险制度，使职工在待业期间能够得到一定数量和一定期限的待业保险金，保证其基本生活；③建立和完善医疗保险、工伤保险和生育保险等保险制度。

4）发展社会中介组织，为企业提供社会服务

政府应采取以下措施为企业提供服务：①发展和完善与企业有关的公共设施和公益事业；②组建和发展会计师事务所、职业介绍所、律师事务所、资产评估机构和信息、咨询服务机构等社会服务组织；③完善就业服务体系，培训待业人员，帮助其再就业；④健全劳动争议仲裁制度，及时妥善处理劳动纠纷，维护企业和职工的合法权益；⑤协调企业与其他单位的关系，保障企业的正常生产经营秩序。

6.3.2 国有企业的内部管理制度

1. 传统的国有企业管理形式

传统的国有企业管理形式，主要是指厂长（经理）负责制和"老三会"。"老三会"是指党委会（即企业党组织）、职工代表大会和工会。

1）厂长（经理）负责制

1984年，第六届全国人大第二次会议决定在国有企业中逐步实行厂长（经理）负责制。厂长（经理）负责制，是指国有企业的生产经营和管理由厂长（经理）全权负责，厂长（经理）是企业的法人代表，在生产经营和管理中处于中心地位。

《中华人民共和国全民所有制工业企业法》规定，厂长（经理）的产生，除国务院另有规定外，由政府主管部门根据企业情况，决定采取以下方式之一：①由政府主管部门委任或招聘；②由企业职工代表大会选举。为体现以国家意志为主导和职工民主参与相结合的原则，凡政府主管部门委任或者招聘厂长（经理），或由主管部门对其委任或招聘的厂长（经理）予以免职或解聘时，均需事先征求职工代表的意见；由职工代表大会选举或罢免厂长（经理）时，则需报政府主管部门批准。

厂长（经理）负责制下，国有企业还可以采用承包经营责任制、租赁经营责任制两种具体经营模式。

2）企业党组织

企业党组织在企业中处于核心地位，起政治保障作用。①保证、监督党和国家的方针政策在本企业中贯彻执行；②发挥党组织的战斗堡垒作用和党员的先锋模范作用，做好思想政治工作和群众工作；③支持厂长（经理）依法行使职权，参与企业重大问题决策，以便在企业中形成统一的决策监督机制。

2015年中央全面深化改革领导小组审议通过《关于在深化国有企业改革中坚持党的领导加强党的建设的若干意见》，进一步强调"党管企业"，并逐步在国有企业的章程中加入"党建工作"的内容，将党组织及其功能内嵌到企业法人治理中。

3）职工代表大会和工会

职工代表大会是国有企业实行民主管理的基本形式，是职工行使民主管理权利的机构。它不是企业的决策机构，其作用是代表职工审议本企业的重大决策，对企业管理人员实行监督，维护职工的合法权益。

职工代表大会依法行使审议建议、审查通过、审议决定、评议监督、选举等职权。主要

包括：①对企业的发展计划和重要经营事项提供意见和建议；②对工资调整方案、奖金分配方案、劳保措施和企业奖惩方法等涉及职工利益的事项有同意或否决的权利；③审议决定关于职工福利的重大事项；④评议、监督企业各级管理人员，提出奖惩和任免的建议；⑤根据政府主管部门的决定选择厂长（经理），或提出罢免，报主管部门批准。同时，应当支持厂长依法行使职权，教育职工履行企业法规定的义务。

职工代表大会至少每半年召开一次，每次会议必须有 2/3 以上的职工代表出席。遇有重大事项，经厂长、企业工会或 1/3 以上职工代表的提议，可召开临时会议；职工代表大会进行选举和作出决议，必须经全体职工代表过半数通过。

职工代表大会的常设机构是企业工会，由其负责职工代表大会的日常工作。

2. 现代的国有企业管理形式

现代的国有企业管理形式，主要是指公司制的法人治理，集中体现在股东（大）会、董事会（局）和监事（会）或外部监事机构制度，即"新三会"。

1）股东（大）会

股东（大）会是公司的权力机构和最高决策机构，在特殊国有企业或国有独资公司中此权力也可以委托董事会代行。

2）董事会（局）

董事会是公司的日常经营决策机构，执行股东会决议，负责公司的日常经营决策，向股东会负责。现代企业制度的发展重要贡献就是"董事会中心主义"，形成高效、权威的决策中心，同时加强对小股东权益保护制度相结合。经理是公司中负责具体业务和行政工作的经营管理人员，在董事会领导下开展企业具体工作。

3）监事（会）或外部监事机构

监事会是公司中专司监督职能的机关。

"新三会"适应国有企业建立现代企业制度的要求，在国有企业、公司法人治理中取得了主导地位，但是"老三会"依然发挥着作用。董事会中心制和厂长负责制之间都体现了公司财产经营管理责任制。

6.3.3 国有企业的分配约束机制

自负盈亏是国有企业的分配约束机制。自负盈亏是指企业在独立经营的前提下，对自己的经营成果承担经济责任。

1. 分配约束机制的原则

其原则包括：①工资总额增长幅度低于本企业经济效益增长幅度；②职工实际平均工资增长幅度低于本企业劳动生产率增长幅度；③企业职工的工资、奖金、津贴、补贴以及其他工资性收入，均应纳入工资总额；④企业职工工资总额的确定与调整，应经政府有关部门审查核准；⑤亏损企业发放的工资总额，不得超过政府核定的工资总额；⑥企业每年应从工资总额的新增部分提取不少于 10% 的数额，作为企业工资储备基金，由企业自主使用。基金累计达到企业一年工资总额的，不再提取。

2. 分配监督机制

企业应建立分配监督机制，其工资调整方案和奖金分配方案应当提请职工代表大会审查同意。厂长提升工资应当报政府有关部门审批。企业工资、奖金的分配应当接受政府有关部门的监督,有条件的可以由经政府有关部门认定的会计师事务所或审计事务所审核。

6.3.4 国有企业的其他监督管理制度

1. 财务管理责任制度

国有企业必须严格执行国家财务会计、税收和国有资产管理的法律、法规,定期进行财产盘点和审计,做到账实相符,如实反映企业经营成果,不得造成利润虚增或者虚盈实亏,确保企业财产的保值、增值。

2. 亏损责任制度

实行承包经营责任制的国有企业未完成上缴利润任务的,应当以企业风险抵押金、工资储备基金、留利补交;实行租赁经营责任制的国有企业达不到租赁经营合同规定的经营总目标或者欠交租金时,应当以企业的风险保证金、预支的生活费或者承租成员的年度收入抵补。

3. 奖惩制度

国有企业连续三年全面完成上缴利润任务,并实现企业财产增值的,以及亏损企业在规定期限内扭亏增盈的,政府主管部门对厂长或者厂级领导给予相应奖励。国有企业由于经营管理不善造成经营性亏损的,经营者和职工应当根据责任大小,承担相应的责任。

6.4 国有企业的特殊监督机构

国有企业的监督机构是指企业外部的监督机构。为了有效制约企业经营权,我国目前同时存在有稽察特派员和国有重点大型企业监事会两种外部监督机构。

1. 稽察特派员

国务院于1998年7月3日发布了《国务院稽察特派员条例》,对稽察特派员的性质、职责、条件、工作方式和管理要求,以及对企业的要求等作出了明确规定。

1) 稽察特派员的性质和职责

稽察特派员是代表国家对国有重点大型企业行使监督权力的人员,对哪些国有重点大型企业派入稽察特派员由国务院决定。稽察特派员与被稽察企业的关系是监督与被监督的关系。稽察特派员以财务监督为核心,对企业财务进行监督,对企业主要负责人员的经营业绩进行评价,不参与、不干预被稽察企业的经营管理活动。稽察特派员由国务院派出,对国务院负责。

稽察特派员履行下列职责:①检查被稽察企业主要负责人员贯彻执行有关法律、法规和国家政策的情况;②查阅被稽察企业的财务报告、会计凭证、会计账簿等会计资料以及与企业经营管理活动有关的其他一切资料,验证被稽察企业的财务报告等资料是否真实反映其财务状况,主要包括资产负债情况、还债能力、获利能力、利润分配、资产运作、国有资产保值增值等;③监督被稽察企业是否发生侵害国有资产所有者权益的情况;④对被稽察企业主要负责人员的经营管理业绩进行评价,对被稽察企业主要负责人员的奖惩、任免提出建议。

2) 稽察特派员的任职条件和管理

稽察特派员由国务院任免,一般由部级、副部级国家工作人员担任,年龄在60周岁以下。担任稽察特派员应具备以下条件:①具有较高的贯彻执行有关法律、法规和国家政策的水平;②能坚持原则,清正廉洁,忠实履行职责,自觉维护国家利益;③熟悉企业情况,有企业经营管理的基本知识。

为保证稽察特派员履行职责,更好地开展工作,国家为稽察特派员配备了助理,并设立了有关工作管理机构。稽察特派员和稽察特派员助理的任期为3年,可以连任,但是对同一企业不得连任。一名稽察特派员一般负责5个企业的稽察工作,一般每年到被稽察企业稽察两次,也可以不定期地到被稽察企业进行专项稽察。

稽察特派员的派出实行回避原则,不得派入其曾管辖行业内的企业,也不得派入其近亲属担任高级管理职务的企业。稽察特派员不得在任何企业兼职。稽察特派员履行职责所需经费,列入国家预算,稽察特派员和稽察特派员助理不得接受被稽察企业的任何馈赠、报酬、福利待遇;不得在被稽察企业报销费用;不得参加有可能影响公正履行职责的宴请、娱乐、旅游等活动;不得通过稽察工作为自己、亲友或者他人牟取私利;不得向被稽察企业透露稽察情况;不得泄露在稽察工作中了解和掌握的被稽察企业的商业秘密。

3) 稽察特派员的工作方式

稽察特派员开展稽察工作,可以采取下列方式:①听取被稽察企业主要负责人员有关企业财务状况和经营管理情况的汇报,并可提出质询;②查阅被稽察企业的财务报告、会计凭证、会计账簿等会计资料以及与企业经营管理活动有关的其他一切资料;③调查、核实被稽察企业的财务状况和经营管理情况,并可要求被稽察企业作出必要的说明;④向被稽察企业的职工了解情况,听取意见;⑤向财政、审计、税务、工商、监察等有关部门和银行调查了解被稽察企业的财务状况和经营管理情况。

4) 违反《国务院稽察特派员条例》的法律责任

稽察特派员和稽察特派员助理有下列行为之一的,依法给予行政处分;构成犯罪的,依法追究刑事责任。①对被稽察企业的重大问题隐匿不报,严重失职的;②与被稽察企业串通,编造虚假稽察报告的;③干预被稽察企业的经营管理活动,致使被稽察企业的合法权益受到损害的;④接受被稽察企业的馈赠、报酬、福利待遇的,在被稽察企业报销费用的,参加有可能影响公正履行职责的宴请、娱乐、旅游等活动的,或者通过稽察工作为自己、亲友及他人牟取私利的;⑤泄露被稽察企业的商业秘密的;⑥泄露稽察报告内容的。

参与稽察报告审核工作的有关国家工作人员泄露稽察报告内容的,依法给予行政处分;构成犯罪的,依法追究刑事责任。

被稽察企业有下列行为之一的,对主要负责人员和其他直接责任人员,依法给予纪律处分,直至撤销职务;构成犯罪的,依法追究刑事责任。①拒绝、阻碍稽察特派员依法稽察的;②拒不提供企业财务状况和经营管理情况的资料或者隐匿、伪报资料的;③向稽察特派员和稽察特派员助理馈赠物品、支付报酬、提供福利待遇或者为其报销费用的。

2. 国有重点大型企业监事会

国务院于2000年3月15日发布的《国有企业监事会暂行条例》和《国有重点金融机构监事会暂行条例》规定,向国有重点大型企业、国有金融机构派出监事会,代表国家对国有重点大型企业、国有金融机构的国有资产保值增值状况实施监督。其特点是由国务院派出,对国务院负责,作为外部监督机构,不属于企业的内部机构。

监事会的任务是以财务监督为核心,根据有关法律、行政法规和财政部的相关规定,对企业的财务活动及企业负责人的经营管理行为进行监督,确保国有资产及其权益不受侵犯。

监事会的职责及工作方式与稽察特派员的职责及工作方式基本相同。监事会由主席1

人、监事若干人组成,监事会成员不得少于3人。监事会主席由国务院任命,其职责主要有四项:①召集、主持监事会会议;②负责监事会的日常工作;③审定、签署监事会的报告和其他重要文件;④应当由监事会主席履行的其他职能。监事分为专职监事和兼职监事,专职监事从有关部门选任,兼职监事由国务院有关部门、单位派出的代表和企业职工代表担任。

国有金融机构监事会的性质、任务、职责、工作方式,以及组成人员的条件和职责等与国有重点大型企业监事会基本相同,但只对国有金融机构派出。

6.5 违反国有企业法的法律责任

国有企业法中规定的法律责任主要包括企业违法的法律责任;企业和政府有关部门领导干部的法律责任;政府及其有关部门违法的法律责任;其他主体妨害企业经营管理秩序的法律责任。

1. 企业违法的法律责任

(1) 企业违反企业法人登记管理规定的法律责任。主要包括企业在设立、登记、合并、分立、终止及经营范围等事项的变更时违法应承担的法律责任。企业如果未经政府或者政府主管部门审核批准和市场监督管理部门核准登记,以企业名义进行生产经营活动的,将受到责令停止、没收违法所得等处罚。企业向登记机关登记时,弄虚作假,隐瞒真实情况的,将可能受到警告、罚款或吊销营业执照的处罚。企业的合并、分立、终止,以及经营范围等登记事项的变更,须经市场监督管理部门核准登记。否则,根据《中华人民共和国企业法人登记管理条例》的规定将受到警告、罚款或吊销营业执照等处罚。

(2) 企业因生产、销售质量不合格的产品,给用户和消费者造成财产、人身损害的,应承担赔偿责任;构成犯罪的,对企业的直接负责主管人员和其他直接责任人员依法追究刑事责任。如我国《刑法》还专门规定有"生产、销售伪劣商品罪"。

(3) 企业的产品质量不符合合同约定条件的,应承担违约责任。

2. 企业和政府有关部门的领导干部违法的法律责任

(1) 企业领导干部滥用职权,侵犯职工合法权益,情节严重的,由政府主管部门给予行政处分。滥用职权,假公济私,对职工实行报复陷害的,依照《刑法》规定追究刑事责任,处2年以下有期徒刑或者拘役;情节严重的,处2年以上7年以下有期徒刑。

(2) 企业领导干部因工作过失给企业和国家造成较大损失的,由政府主管部门给予行政处分。所谓"工作过失",是指依企业领导干部的能力、经验、职责和客观条件,能够做好工作,可不出问题,但因其缺乏工作责任心,疏忽大意,不尽职尽力,造成了危害后果。例如,违反法律、法规和规章制度,损害国家、企业、职工、用户或消费者利益;管理不善,使企业发生重大安全事故,使国家和人民生命财产遭受重大损失等。

(3) 企业领导干部玩忽职守,致使企业财产、国家和人民利益遭受重大损失的,依照《刑法》的规定,处3年以下有期徒刑或者拘役;情节特别严重的,处3年以上7年以下有期徒刑。所谓"玩忽职守",是指工作中官僚主义严重,或者是不负责任的失职行为。这里的企业领导干部主要是指企业的厂长(经理),以及副厂级以上的行政领导干部。

(4) 政府有关部门的领导干部,因工作过失给企业和国家造成较大损失的,由上级机关给予警告、记过、记大过、降级、降职、撤职、留用察看直至开除的行政处分。所谓"工作过失",主要是指其不认真履行《中华人民共和国全民所有制工业企业法》规定的政府有关部门的职责,瞎指挥、瞎指导,侵犯企业依法享有的经营自主权,向企业摊派人力、物力、财力等行为。

(5) 政府有关部门领导干部玩忽职守,致使企业财产、国家和人民利益遭受重大损失的,依照《刑法》的规定追究其刑事责任。

3. 政府及其有关部门违法的法律责任

政府和政府有关部门违反国有企业法的有关规定,上级机关应责令其改正;情节严重的,由同级机关或有关上级机关对主管人员和直接责任人员给予行政处分;构成犯罪的,由司法机关依法追究刑事责任。

4. 其他主体妨害企业经营管理秩序的法律责任

(1) 行为人未使用暴力、威胁方法阻碍企业领导干部依法执行职务的,由企业所在地公安机关依照《中华人民共和国治安管理处罚条例》的规定处罚,可处15日以下拘留、200元以下罚款或者警告。

(2) 行为人使用暴力、威胁方法阻碍企业领导干部依法执行职务的,依照《刑法》规定,可处3年以下有期徒刑、拘役、管制或者罚金。

(3) 行为人扰乱企业的秩序,致使生产、营业、工作不能正常进行,尚未造成严重损失的,由企业所在地公安机关依照《中华人民共和国治安管理处罚条例》的规定进行处罚,处15日以下拘留、200元以下罚款或者警告。

(4) 行为人扰乱企业的秩序,情节严重,致使生产、营业、工作无法进行,造成严重损失的,依照《刑法》的规定,对首要分子,处3年以上7年以下有期徒刑;其他积极参加人员,处3年以下有期徒刑、拘役、管制或者剥夺政治权利。

本章小结

● 国有企业法是调整国有企业在生产经营管理活动中发生的经济关系的法律规范总称。国有企业改革的方向是建立"产权清晰、权责明确、政企分开、管理科学"的现代企业制度。国有企业的设立、变更和终止须依照法律进行。

● 国有企业的权利以企业经营权为核心,具体包括14项经营权。国有企业的义务包括对国家、社会和职工应尽的义务。

● 政府对企业的主要职责是行使所有权管理职能和实施社会管理职能。自负盈亏是国有企业的分配约束机制。

● 国有企业的监督机构是指企业外部的监督机构。主要有稽察特派员、国有重点大型企业监事会、国有金融机构监事会。

● 违反国有企业法规定承担的法律责任有四种类型:企业违法的法律责任;企业和政府有关部门的领导干部违法的法律责任;政府及其有关部门违法的法律责任;其他主体妨害企业经营管理秩序的法律责任。责任形式包括行政处分、刑事责任。

关键概念

国有企业 国有企业法 现代企业制度 企业经营权 生产经营决策权 产品、劳务定价权 投资决策权 资产处置权 内部机构设置权 企业自负盈亏 厂长负责制 职工代表大会 企业党组织 承包经营责任制 稽察特派员 分配约束机制的原则

复习思考题

1. 简述现代企业制度的含义及内容。
2. 我国国有企业可依照什么方式设立？
3. 国有企业享有的企业经营权具体有哪些权利？
4. 我国国有企业的内部管理制度是什么？
5. 政府对国有企业的监督机构有哪些？
6. 国有资产监督管理机构的监督管理措施有哪些？

【案例分析】

案例1：A省政府、B省的C市政府和十余个国有企事业单位依照《中华人民共和国公司法》共同投资设立了D公司。

试分析：（1）如何理解国有企业与国有企业法的概念？（2）国有企业与国家或政府之间应当建立一种什么样的关系？（3）D公司的设立是否符合现代企业制度精神？

案例2：某国有工业企业的职工代表大会每年召开一次。会议期间，为贯彻按劳分配原则，提高劳动生产率，该厂职工代表大会以出席会议的职工代表过半数通过了厂长提出的实行计件工资制度的建议方案。后经上级主管部门同意，企业改革实行承包经营责任制，对职工工资与福利制度作较大变更。由于职工代表大会处于闭会期间，事情急需解决，便由企业工会委员会以职工代表大会常务机构的名义，审议通过了厂长有关制度变更的方案。

试分析：（1）该企业职工代表大会在以上活动中有哪些不妥之处？（2）依照法律规定应如何处理？简要说明理由。

案例3：2006年，国务院批准了国家邮政局关于组建中国邮政集团公司的方案及公司章程。2007年，中国邮政集团公司挂牌成立。该集团公司适用《中华人民共和国全民所有制工业企业法》，实行总经理负责制；在承担邮政普通服务业务的基础上提供邮政公共服务，并受国家委托承担机要通信、义务兵通信等特殊服务；其财务关系在财政部单列，暂由财政部代表国务院履行出资人职责。

试分析：（1）中国邮政集团公司是什么性质的企业？（2）中国邮政集团公司的经营管理与其他企业有什么不同？

第7章 合伙企业法律制度

【学习目标】

学完本章后，你应该能够：
- 知晓合伙企业和合伙企业法的相关概念；
- 理解普通合伙企业的相关知识；
- 领会有限合伙企业的特殊法律规定；
- 领会合伙企业解散和清算。

7.1 合伙企业法概述

7.1.1 合伙企业

1. 合伙企业的概念

合伙企业是指依照合伙企业法的规定，由2个以上的合伙人共同出资、合伙经营、共享收益、共担风险的企业。在我国，合伙企业是指自然人、法人和其他组织依照合伙企业法在中国境内设立的普通合伙企业和有限合伙企业。其中，普通合伙企业由普通合伙人组成，合伙人对合伙企业债务承担无限连带责任。法律对普通合伙人承担责任的形式有特别规定的，从其规定。有限合伙企业由普通合伙人和有限合伙人组成，普通合伙人对合伙企业债务承担无限连带责任，有限合伙人以其认缴的出资额为限对合伙企业债务承担责任。

合伙企业具有悠久的历史。在法人制度形成之前，合伙是投资人之间联合起来从事经营活动的唯一选择。合伙企业在投资来源、经营管理及风险承担等方面的社会化程度较低，与公司相比，在现代企业制度中它已退居到次要位置。但是，由于合伙企业设立手续简便，设立费用低廉，经营方式灵活，控制权集中，因此也是中小投资者乐于采用的一种企业组织形式。

2. 合伙企业的法律特征

作为现代企业形态之一，合伙企业具有以下法律特征。

1）有合伙人协商一致的合伙协议

合伙企业是人合性企业，人的结合重于资的结合，许多重要问题的确立和决定都要采取协议的方式，所以投资人合伙前必须签订合伙协议。合伙协议是合伙企业成立前合伙人之间就合伙有关事项协商一致订立的，用以规范合伙企业及合伙人行为的基本文件。合伙协议不仅是合伙企业最重要的内部法律文件，也是确定合伙人之权利义务关系的基本依据。其内容完备公平与否，直接影响到各合伙人的利益和合伙企业的正常运转。总之，合伙协议是合伙企业设立的法律基础，是合伙企业生产经营的重要保障，是合伙企业中最为重要的基本文件。

2) 合伙人共同出资、合伙经营、共享收益、共担风险

合伙企业需要一定数额的资本作为其生产经营的物质保障，是由2个以上的合伙人共同出资设立的。合伙企业的社团性使其区别于个人独资企业等独资类型的企业形态。合伙人通常会在合伙协议中约定出资的比例及利益分享和亏损承担的比例，但这只是对合伙人内部关系的一种约束。在对外关系上，合伙人可能承担无限连带责任，合伙人实际承担的风险可能会远远大于协议中约定的亏损承担比例。因此，合伙人既是利益共同体，又是责任同体。这一特点决定了合伙人原则上享有平等参与合伙企业事务的权利，对企业共同经营、共享收益、共担风险。

3) 普通合伙人对合伙企业的债务承担无限连带责任，有限合伙人对合伙企业债务承担有限责任

我国对不同类型的合伙人设定了多元化的责任形式。普通合伙人对合伙企业的债务承担无限连带责任，即合伙企业对外承担债务责任不以合伙人对企业的出资及合伙企业积累的财产为限，当合伙企业财产不足以清偿对外债务时，每一普通合伙人均有义务以其个人财产对合伙企业的全部未偿债务负责清偿。以专业知识和专门技能为客户提供有偿服务的专业服务机构，可以设立为特殊的普通合伙企业。特殊的普通合伙企业的合伙人在执业活动中因故意或者重大过失造成合伙企业债务的，应当承担无限连带责任，其他合伙人以其在合伙企业中的财产份额为限对该债务承担责任；合伙人在执业活动中非因故意或者重大过失造成的合伙企业债务以及合伙企业的其他债务，由全体合伙人承担无限连带责任。有限合伙人对有限合伙企业的债务以其认缴的出资额为限承担责任。

4) 合伙企业不具有法人资格

合伙企业没有完全独立于合伙人个人财产的用于偿付企业债务的财产，且出资方式相对灵活、资本的限制性较少，因此，我国法律没有赋予合伙企业以法人资格，合伙企业的普通合伙人必须对企业的债务承担无限连带责任。

7.1.2 合伙企业法的概念

合伙企业法，是指调整合伙企业在设立、变更、终止以及生产经营过程中所发生的经济关系的法律规范的总称。在我国，很长一段时间内规范合伙企业的主要法律依据为《中华人民共和国民法通则》（现为《中华人民共和国民法总则》）、《中华人民共和国私营企业暂行条例》（2018年废止）和对个体工商户进行管理的有关法律法规。这些法律法规为保障和维护合伙人及合伙企业的正当权益，规范合伙企业的行为，引导和监督私营经济的发展，起到了积极的作用。1997年2月23日，第八届全国人大常委会审议通过了《中华人民共和国合伙企业法》（以下简称《合伙企业法》）。这是一部旨在系统规制合伙企业的法律，它将法人合伙排斥在外，只调整自然人设立的合伙企业。

随着社会主义市场经济体制的逐步完善，民间投资、风险投资以及专业服务机构发展对合伙组织形式产生新的需求，需要在法律中有所体现；同时在借鉴了国外合伙企业立法经验和教训后，也有必要对合伙企业法进行大幅度的修改。2006年8月27日，十届全国人大常委会修订通过了《中华人民共和国合伙企业法》，于2007年6月1日起施行。

修订后的《合伙企业法》将合伙人的范围扩张至包括自然人、法人和其他组织在内的所有市场主体；规定了普通合伙专业服务机构可以具备的特殊责任形式（特殊的普通合伙企业）；增加了"有限合伙"这种新的合伙企业形式；明确了对合伙企业的经营所得和其他所得不征收所得税，只对合伙人从合伙企业取得的收入征所得税；还首次确定对合伙企业适用破产的原则。《合伙企业法》修订后的这些特点顺应了合伙企业发展实践的客观需要，对进一步规范和保障合伙企业的发展无疑会起到巨大的推动作用。

7.2 普通合伙企业

7.2.1 普通合伙企业的设立

1. 普通合伙企业的概念

普通合伙企业是指由普通合伙人共同出资、合伙经营、共享收益、共担风险的合伙企业。普通合伙企业的合伙人全都是普通合伙人，普通合伙人一般对合伙企业的债务清偿承担无限连带责任。只有在特殊的普通合伙企业，合伙人在执业活动中因故意或者重大过失造成合伙企业债务的，其他合伙人才以其在合伙企业中的财产份额为限承担责任。在2006年修订的《合伙企业法》实施以前，我国的合伙企业全都是普通合伙企业，且不存在特殊的普通合伙企业的情况。

2. 普通合伙企业的设立条件

设立普通合伙企业，应当具备下列条件。

1）须有符合要求的合伙人

设立合伙企业必须有合格的合伙人，合伙人数应不少于两人。合伙人可以是自然人、法人或其他经济组织。合伙人为自然人的，应当具有完全民事行为能力；法律、行政法规禁止从事营利性活动的人，如公务员、警察等，不得成为合伙企业的合伙人。另外，国有独资公司、国有企业、上市公司以及公益性的事业单位、社会团体不得成为普通合伙人。

2）有书面合伙协议

合伙协议是由全体合伙人协商一致，依法以书面形式订立的明确相互之间权利义务关系的法律文件。它用以规范合伙企业及合伙人的行为，对合伙企业和合伙人来说是非常重要的。订立合伙协议，应当遵循自愿、平等、公平、诚实信用原则，并经全体合伙人签名、盖章。

合伙协议应当载明下列事项：①合伙企业的名称和主要经营场所的地点；②合伙目的和合伙企业的经营范围；③合伙人的姓名、名称及其住所；④合伙人的出资方式、数额和缴付期限；⑤利润分配和亏损分担方式；⑥合伙事务的执行；⑦入伙与退伙；⑧合伙企业的解散与清算；⑨违约责任；⑩合伙人争议的解决方式等。

经全体合伙人一致同意，可以修改或者补充合伙协议，合伙协议另有约定的除外。合伙协议未约定或者约定不明确的事项，由合伙人协商决定。合伙人应按照合伙协议享有权利、履行义务。合伙人违反合伙协议的，应当依法承担违约责任。

3) 有各合伙人认缴或实际缴付的出资

合伙人的出资是设立合伙企业的基本物质条件，也是合伙人资格取得的必要条件。因此，合伙人必须向合伙企业出资。合伙企业合伙人出资方式较为灵活，合伙人可以用货币、实物、知识产权、土地使用权或者其他财产权利出资，上述出资应当是合伙人的合法财产及财产权利。对货币以外的出资需要评估作价的，可以由全体合伙人协商确定，也可以由全体合伙人委托法定评估机构进行评估。合伙人也可以用劳务出资，其评估办法由全体合伙人协商确定，并在合伙协议中载明。合伙人应当按照合伙协议约定的出资方式、数额和缴付期限，履行出资义务。以非货币财产出资的，依照法律、行政法规的规定；需要办理财产权转移手续的，应当依法办理。

由于普通合伙人对合伙企业承担无限连带责任，从而使合伙企业债权人的合法权益得到了较强的保障，因此，《合伙企业法》没有规定合伙企业的最低注册资本。

4) 有合伙企业的名称

合伙企业名称对于明确合伙企业性质、维护企业自身利益、保障交易相对人利益以及维护社会经济秩序等具有重要的法律意义。合伙企业对自己的名称享有名称权，未经合伙企业许可，任何人不得使用合伙企业的名称。合伙企业名称应当符合我国企业名称管理的相关法律规定。普通合伙企业名称中应当标明"普通合伙"字样。特殊的普通合伙企业名称中应当标明"特殊普通合伙"字样。

5) 有生产经营场所和法律、行政法规规定的其他条件

生产经营场所是合伙企业从事生产经营活动的所在地，是合伙企业开展经营活动的基本条件之一，同时也是确定合伙企业住所的重要法律依据。此外，如果法律、行政法规对设立合伙企业还规定有其他条件的，应从其规定。

3. 普通合伙企业的设立程序

1) 登记申请

设立合伙企业，应由全体合伙人指定的代表或者共同委托的代理人向企业登记机关申请设立登记。申请时应向企业登记机关提交下列文件：①全体合伙人签署的设立登记申请书；②全体合伙人的身份证明；③全体合伙人指定的代表或者共同委托的代理人的委托书；④合伙协议；⑤经营场所证明；⑥登记机关要求提交的其他文件材料，如企业申请登记的经营范围中有属于前置许可经营项目的，应当在申请登记前报经有关部门批准后，凭审批机关的批准文件、证件向企业登记机关申请登记。企业申请登记的经营范围中有后置许可经营项目的，依法经企业登记机关核准登记后，应当报经有关部门批准方可开展后置许可经营项目的经营活动。

2) 普通合伙企业的设立登记核准

申请人提交的登记申请材料齐全、符合法定形式，企业登记机关能够当场登记的，应予当场登记，发给营业执照。除此之外，企业登记机关应当自受理申请之日起 20 日内，作出是否核准登记的决定。符合合伙企业设立条件的，予以登记并发给营业执照；不符合设立条件的不予登记，但应当给予书面答复，并说明理由。合伙企业的营业执照签发日期，为合伙企业成立日期。合伙企业领取营业执照前，合伙人不得以合伙企业名义从事经营活动。合伙企业设立分支机构，应当向分支机构所在地的企业登记机关申请登记，领取营业执照。

合伙企业违反规定，提交虚假文件或者采取其他欺骗手段，取得合伙企业登记的，由企

业登记机关责令改正,处以 5 000 元以上 5 万元以下的罚款;情节严重的,撤销企业登记,并处以 5 万元以上 20 万元以下的罚款。合伙企业未在其名称中标明"普通合伙""特殊普通合伙"或者"有限合伙"字样的,由企业登记机关责令限期改正,处以 2 000 元以上 1 万元以下的罚款。未领取营业执照,而以合伙企业或者合伙企业分支机构名义从事合伙业务的,由企业登记机关责令停止,处以 5 000 元以上 5 万元以下的罚款。

7.2.2 普通合伙企业的财产管理

1. 普通合伙企业的财产

普通合伙企业的财产是合伙企业依法取得的各种财产的总和,包括普通合伙人的出资和合伙企业在经营过程中以合伙企业名义取得的收益和依法取得的其他财产。

1) 合伙人的出资

可成为普通合伙企业财产的合伙人出资,是合伙人按照合伙协议实际缴付的出资。向合伙企业出资是合伙人的基本义务,合伙人可用货币、实物、土地使用权和其他财产性权利出资,也可用劳务和技术出资。合伙人的出资是合伙企业财产的原始构成部分。在合伙企业存续期间,合伙人并无再行出资的义务。但如果合伙人在合伙协议中约定或经全体合伙人决定,合伙人也可增加对合伙企业的出资,用于扩大经营规模或者弥补亏损。

2) 合伙企业的收益和依法取得的其他财产

合伙企业在存续过程中对外开展营业活动,可以自己的名义获得营业收入和其他财产。这些收益和财产在未按合伙协议的约定分配给合伙人之前,与合伙人的出资一样,属于合伙企业的财产。合伙企业的收益和财产主要包括以下内容:①合伙企业的营业收入,即合伙企业通过与他人的交易而取得的收入;②合伙企业以自己的名义购买的各种财产,包括动产与不动产;③合伙企业依法获得的受赠财产;④合伙企业依法获得的赔偿,即当他人侵犯合伙企业的合法权益时,向合伙企业支付的赔偿金等;⑤合伙企业在经营过程中形成的无形资产,如商誉、专利权、商标权、专有技术等。

合伙企业财产属于全体合伙人的共有财产。对合伙财产的占有、使用、收益和处分,须按照全体合伙人的共同意志进行。

2. 普通合伙企业的财产管理

普通合伙企业的财产属于全体合伙人共同所有,其财产管理权理应由全体合伙人共同行使。对普通合伙企业的财产管理具体表现在以下几个方面。

(1) 在合伙企业存续期间,合伙人向合伙人以外的人转让其在合伙企业中的全部或部分财产份额时,须经其他合伙人一致同意,且在同等条件下其他合伙人有优先受让的权利,但合伙协议另有规定的除外。作为合伙人以外的人依法受让合伙企业中的财产份额后,经修改合伙协议即成为合伙企业的合伙人,新的合伙人依照修改后的合伙协议享有权利,承担责任。

(2) 在合伙企业存续期间,合伙人之间可以转让在合伙企业中的全部或部分财产份额,但应当通知其他合伙人。

(3) 在合伙企业存续期间,合伙人以其在合伙企业中的财产份额出质的,须经其他合伙人一致同意。否则,出质行为无效,由此给善意第三人造成损失的,由行为人依法承担赔偿责任。

（4）在合伙企业依法清算前，除依法退伙等法律有特别规定的以外，合伙人不得请求分割合伙企业财产；也不得私自转移或者处分合伙企业财产。但是，为了保护第三人的利益，若合伙人私自转移或者处分合伙企业财产的，合伙企业不得以此对抗不知情的善意第三人。

7.2.3 普通合伙企业的事务执行

1. 普通合伙企业的事务执行方式

合伙企业的事务执行是指由合伙人对基于合伙人整体意志而形成的有关合伙决议所进行的实施行为，也是合伙人对其合伙企业的内部管理和外部经营的组织指挥和运作活动。合伙企业的组织管理比较简单，没有设立专门的意思表示机关来统一各合伙人的意志，每个合伙人对执行合伙企业事务享有同等的权利。在合伙企业的生产经营过程中，不是所有的合伙人都能参加合伙事务执行的。不同合伙企业由于其规模、合伙人数等具体情况的差异，执行合伙事务方式也不尽相同。合伙企业可以采取以下几种合伙事务的执行方式。

（1）由全体合伙人共同执行。这种方式适合于合伙人人数较少的合伙企业。

（2）由各合伙人分别单独执行合伙事务。该方式适用于执行重大、繁杂的合伙事务。

（3）由一名合伙人执行合伙事务。即一名合伙人受托代表全体合伙人执行合伙事务。这种方式适合于人数较多的合伙企业。

（4）由数名合伙人共同执行合伙事务。即由全体合伙人委托数名合伙人执行合伙事务。这种方式同样适合于人数较多的合伙企业。

执行合伙事务的合伙人，对外代表合伙企业，其执行合伙事务所产生的收益归合伙企业，所产生的费用和亏损也由合伙企业承担。

2. 普通合伙企业事务的决议和执行

合伙人对合伙企业有关事项作出决议，按照合伙协议约定的表决办法办理。合伙协议未约定或者约定不明确的，实行合伙人一人一票并经全体合伙人过半数通过的表决办法。法律、行政法规对合伙企业的表决办法另有规定的，从其规定。

合伙事务的决议直接关系到全体合伙人利益。除合伙协议另有约定外，合伙企业的下述事务须经全体合伙人同意：①处分合伙企业的不动产；②改变合伙企业名称；③转让或者处分合伙企业的知识产权和其他财产权利；④改变合伙企业的经营范围、主要经营场所的地点；⑤以合伙企业名义为他人提供担保；⑥聘任合伙人以外的人担任合伙企业的经营管理人员。合伙人擅自处理必须经全体合伙人一致同意始得执行的事务，给合伙企业或者其他合伙人造成损失的，依法承担赔偿责任。

除上述事项外，其他合伙事务的决定或者由全体合伙人决定，或者依合伙协议约定决定，发生争议时合伙协议的约定优先。

合伙事务的执行人应当按照法律规定和合伙协议的约定执行合伙人作出的决议，定期向其他合伙人报告事务执行情况以及合伙企业的经营和财务状况。为此，合伙企业须依照法律、行政法规的规定建立企业财务、会计制度。未接受委托执行事务的其他合伙人，不再执行合伙企业事务，但有权监督执行事务的合伙人，检查其执行情况，了解合伙企业的经营状况和财务状况，有权查阅合伙企业会计账簿等财务资料。合伙人分别执行合伙事务时，合伙人可对其他合伙人执行的事务提出异议。提出异议时，应暂停该事务的执行。若发生争议，可按照合伙协议约定的表决办法作出决定。被委托执行合伙企业事务的合伙人不按照合伙协议或全体合伙人的决定执行事务的，其他合伙人可以决定撤销该委托。不具有事务执行权的合伙人，擅自执行合伙企业的事务，给合伙企业或者其他合伙人造成损失的，依法承担赔偿责任。

3. 普通合伙企业的利润分配及亏损分担

合伙企业的利润分配、亏损分担，按照合伙协议的约定办理；合伙协议未约定或者约定不明确的，由合伙人协商决定；协商不成的，由合伙人按照实缴出资比例分配、分担；无法确定出资比例的，由合伙人平均分配、分担。合伙协议不得约定将全部利润分配给部分合伙人或者由部分合伙人承担全部亏损。合伙企业存续期间，合伙人按照合伙协议的约定或者经全体合伙人决定，可以增加或者减少对合伙企业的出资。

4. 普通合伙企业的合伙人及其他人员的义务

合伙人不得自营或者同他人合作经营与本合伙企业相竞争的业务。除合伙协议另有约定或者经全体合伙人同意外，合伙人不得同本合伙企业进行交易。合伙人违反法律规定，从事与本合伙企业相竞争的业务或者与本合伙企业进行交易，所得收益归合伙企业；给合伙企业或者其他合伙人造成损失的，依法承担赔偿责任。

合伙人不得从事损害合伙企业利益的活动。合伙人在执行合伙企业事务中，利用职务上的便利将应当归合伙企业的利益据为己有的，或者采取其他手段侵占合伙企业财产的，责令将该利益和财产退还合伙企业；给合伙企业或者其他合伙人造成损失的，依法承担赔偿责任。被聘任的合伙企业的经营管理人员应当在合伙企业授权范围内履行职务。被聘任的合伙企业的经营管理人员，超越合伙企业授权范围从事经营活动，或者因故意或重大过失，给合伙企业造成损失的，依法承担赔偿责任。合伙企业从业人员利用职务上的便利，将应当归合伙企业的利益据为己有的，或者采取其他手段侵占合伙企业财产的，责令将该利益和财产退还合伙企业；给合伙企业或者其他合伙人造成损失的，依法承担赔偿责任。

7.2.4　普通合伙企业与第三人的关系

1. 普通合伙企业与善意第三人的关系

善意第三人是指善意与合伙企业进行法律行为的人，包括善意取得合伙财产和善意与合伙企业设定其他法律关系的人。合伙企业的对外业务活动是由合伙事务的执行人代表合伙企业与第三人进行的。合伙人在执行事务时，合伙协议可能限定某一个或几个合伙人执行事务，或者对某事务执行人的权限作出限制。这些限制是合伙企业的内部约定，只对合伙人有效，对第三人并无当然约束力。在第三人并不知情时，要求其承担因合伙协议限制所引发的法律后果是不公平的。因此，《合伙企业法》第三十七条规定：合伙企业对合伙人执行合伙事务以及对外代表合伙企业权利的限制，不得对抗善意第三人。

2. 普通合伙企业债务的清偿

普通合伙企业对其债务，应先以其全部财产进行清偿。合伙企业财产不足清偿到期债务的，合伙人应当承担无限连带责任，即以合伙企业财产清偿合伙企业债务后，其不足的部分，由合伙人按照合伙协议约定的比例，用其在合伙企业出资以外的合伙人财产承担清偿责任。合伙协议对此未约定的，由合伙人协商决定；协商不成的，由合伙人按照实缴出资比例分担；无法确定出资比例的，由合伙人平均分担清偿责任。需要注意的是，合伙人之间的分担约定比例对债权人不具有约束力。债权人可以根据自己的利益，请求全体合伙人中的一人或数人承担全部清偿责任,或根据自己确定的比例向各合伙人求偿。合伙人由于承担连带责任,所清偿数额超过其应当承担的数额时,有权向其他合伙人追偿。

普通合伙人对于合伙企业债务的清偿责任从性质上讲是补充性责任,即只有当合伙企业财产不足以清偿其债务时方由合伙人承担。也就是说,合伙企业的债权人应当先向合伙企业求偿;只有该合伙企业财产不足清偿时,才能向合伙人求偿。

3. 合伙人个人债务清偿

合伙人个人债务是指合伙人个人发生的、与合伙企业无关的债务。合伙人个人所负债务的清偿不应当影响合伙企业的正常经营,不应当影响其他合伙人的正当权益。为了避免合伙企业以及其他合伙人被某一合伙人的个人债务所累,保障合伙企业和其他合伙人的合法权益,《合伙企业法》规定,合伙人个人债务的债权人不得以其债权抵销自己对合伙企业的债务;也不得代位行使合伙人在合伙企业中的权利。合伙人的自有财产不足清偿合伙人个人债务的,该合伙人可以其从合伙企业中分取的收益用于清偿;债权人也可以依法请求人民法院强制执行该合伙人在合伙企业中的财产份额用于清偿。人民法院强制执行合伙人的财产份额时,应当通知全体合伙人,其他合伙人有优先购买权;其他合伙人未购买,又不同意将该财产份额转让给他人的,依法为该合伙人办理退伙结算,或者办理削减该合伙人相应财产份额的结算。

7.2.5　普通合伙企业的入伙与退伙

1. 普通合伙企业的入伙

1)入伙的条件

入伙是指在合伙企业存续期间,合伙人以外的第三人加入合伙企业并取得合伙人资格的行为。入伙不仅涉及入伙人的利益,而且涉及全体合伙人的利益。因此,入伙应具备一定的条件。

(1)全体合伙人的同意。入伙使入伙人取得合伙人的资格,与原合伙人享有同等权利,承担同等义务,因此,入伙必须经原合伙人一致同意。合伙协议和入伙协议另有约定的,按照其约定办理。

(2)入伙人与原合伙人订立书面入伙协议。除合伙协议另有约定外,第三人入伙时应同原合伙人签订书面入伙协议。入伙协议的签订表明原合伙人对入伙人的接受,也表明了入伙人的入伙意愿。原合伙人与入伙人签订入伙协议时,应履行其告知义务,即告知入伙人原合伙企业的经营状况和财务状况。因为,入伙人入伙后,对入伙前的合伙企业债务要与原合伙人承担连带责任。原合伙人履行告知义务,有利于第三人决定是否入伙。

2)入伙的后果

入伙的后果是入伙人取得合伙人的资格;入伙人对入伙前合伙企业的债务承担无限连带责任;除入伙协议另有约定外,入伙人与其他合伙人享有同等权利,承担同等责任。

2. 普通合伙企业的退伙

1)退伙的形式

退伙是指合伙人在合伙企业存续期间退出合伙企业、失去合伙人资格的法律事实。基于退伙的原因不同,退伙可以分为自愿退伙、法定退伙和除名退伙三种情形。

(1)自愿退伙,又称声明退伙,是指合伙人基于自愿的意思表示而退伙。自愿退伙又可分为协议退伙和通知退伙。当合伙协议约定了合伙的经营期限,则有下列情形之一时,合伙人可以退伙:①合伙协议约定的退伙事由出现;②经全体合伙人同意退伙;③发生合伙人难以继续参加合伙企业的事由;④其他合伙人严重违反合伙协议约定的义务。

当合伙协议约定了合伙期限时,合伙人欲退伙须经其他合伙人同意,不得单方通知退伙。合伙协议未约定合伙期限的,在不给合伙事务执行造成影响的前提下,合伙人可以不经其他合伙人同意而退伙,但应当提前30日通知其他合伙人。合伙人在不符合自愿退伙的法定条件时,擅自退伙的,应当赔偿由此给合伙企业造成的损失。

(2)法定退伙,又称当然退伙,合伙人发生下列客观情况之一的,合伙人当然退出合伙组织:①作为合伙人的自然人死亡或者被依法宣告死亡;②个人丧失偿债能力;③作为合伙人的法人或者其他组织依法被吊销营业执照、责令关闭、撤销,或者被宣告破产;④法律规定或者合伙协议约定合伙人必须具有相关资格而丧失该资格;⑤合伙人在合伙企业中的全部财产份额被人民法院强制执行。

合伙人被依法认定为无民事行为能力人或者限制民事行为能力人的,经其他合伙人一致同意,可以依法转为有限合伙人,普通合伙企业依法转为有限合伙企业。其他合伙人未能一致同意的,该无民事行为能力或者限制民事行为能力的合伙人退伙。

法定退伙以引起退伙的客观事实的实际发生之日为退伙生效日。

(3)除名退伙,也称开除退伙,是指经其他合伙人一致同意,将符合法定除名条件的合伙人强制清退出合伙企业而发生的退伙。合伙人出现下列情形之一的,经其他合伙人一致同意可将该合伙人除名:①未履行出资义务;②因故意或者重大过失给合伙企业造成损失;③执行合伙企业事务时有不正当行为;④合伙协议约定的其他事项。

对合伙人的除名决议应当书面通知被除名人。被除名人自接到除名通知之日起,除名生效,被除名人退伙。被除名人对除名决议有异议的,可以自接到除名通知之日起30日内,向人民法院起诉。

2)退伙的效力

退伙产生以下法律后果。

(1)合伙人的退伙,不影响其他合伙人之间的合伙关系及合伙企业的存续。只有在合伙人为两人的情况下,其中一人退伙才导致合伙的解散。

(2)合伙人退伙的,其他合伙人应当与该退伙人按照退伙时合伙企业的财产状况进行结算,退还退伙人的财产份额。退伙人对给合伙企业造成的损失负有赔偿责任的,相应扣减其应当赔偿的数额。退伙时有未了结的合伙企业事务的,待该事务了结后进行结算。退伙人在合伙企业中财产份额的退还办法,由合伙协议约定或者由全体合伙人决定,可以退还货币,也可以退还实物。

(3)退伙人对基于其退伙前的原因发生的合伙企业债务,与其他合伙人承担连带责任。

(4)合伙人退伙时,合伙企业财产少于合伙企业债务的,退伙人分担亏损的比例按照合伙协议的约定办理;合伙协议未约定或者约定不明确的,由合伙人协商决定;协商不成的,由退伙人按照实缴出资比例分担;无法确定出资比例的,由各合伙人平均分担。

(5)合伙人死亡或者被依法宣告死亡的,对该合伙人在合伙企业中的财产份额享有合法继承权的继承人,依照合伙协议的约定或经全体合伙人同意,从继承开始之日起,即取得该合伙企业的合伙人资格。有下列情形之一的,合伙企业应当向合伙人的继承人退还被继承合伙人的财产份额：①继承人不愿意成为合伙人；②法律规定或者合伙协议约定合伙人必须具有相关资格，而该继承人未取得该资格；③合伙协议约定不能成为合伙人的其他情形。

合伙人的继承人为无民事行为能力人或者限制民事行为能力人的，经全体合伙人一致同意，可以依法成为有限合伙人，普通合伙企业依法转为有限合伙企业。全体合伙人未能一致同意的，合伙企业应当将被继承合伙人的财产份额退还该继承人。

7.2.6 特殊的普通合伙企业

特殊的普通合伙企业，是各合伙人在对合伙企业债务承担无限连带责任的基本前提下，对因其他合伙人过错造成的合伙企业债务不负无限连带责任，仅以其在合伙企业的财产份额为限承担责任；而有过错的合伙人则需承担无限责任或无限连带责任的合伙企业。许多国际专业服务机构都采用了特殊的普通合伙企业形式，如普华、德勤、安永等。在特殊的专业服务领域设定特殊的普通合伙形式，有利于降低投资人的创业风险，可以有效地促进专业服务企业的顺利发展。

2006年修订前的《合伙企业法》没有规定特殊的普通合伙企业，只规定了全体合伙人承担无限连带责任的普通合伙，因此，会计师事务所、律师事务所等专业服务机构的发展受到很大限制，规模普遍偏小，难以与国外的专业服务机构展开竞争。2006年修订的《合伙企业法》增加了"特殊的普通合伙企业"，就特殊的普通合伙企业的定义、企业名称、责任承担等内容作了规定，以明确规定这一合伙的组织形式，利于国内专业服务机构发展壮大并与国际同行竞争。以专业知识和专门技能为客户提供有偿服务的专业服务机构，可以设立为特殊的普通合伙企业。特殊的普通合伙企业是指合伙人依照法律特别规定承担责任的普通合伙企业。特殊的普通合伙企业名称中应当标明"特殊普通合伙"字样。

一个合伙人或者数个合伙人在执业活动中因故意或者重大过失造成合伙企业债务的，应当承担无限责任或者无限连带责任，其他合伙人以其在合伙企业中的财产份额为限承担责任。合伙人在执业活动中非因故意或者重大过失造成的合伙企业债务以及合伙企业其他债务，由全体合伙人承担无限连带责任。合伙人执业活动中因故意或者重大过失造成的合伙企业债务，以合伙企业财产对外承担责任后，该合伙人应当按照合伙协议的约定对给合伙企业造成的损失承担赔偿责任。

由于特殊普通合伙限定了合伙人对合伙企业债务承担无限责任的范围，客观上需要增加对客户和第三人的补充保护制度。为此，特殊的普通合伙企业应当建立执业风险基金，办理职业保险。执业风险基金用于偿付合伙人执业活动造成的债务，应当单独立户管理，以确保特殊普通合伙企业利害关系人的合法权益的实现。

7.3 有限合伙企业

7.3.1 有限合伙企业的概念及其法律特征

1. 有限合伙企业的概念

有限合伙企业是指由普通合伙人和有限合伙人组成，普通合伙人对合伙企业债务承担无限连带责任，有限合伙人以其认缴的出资额为限对合伙企业债务承担责任的合伙企业。有限合伙企业的法律基础存在于合伙制度之中，是由普通合伙制度发展而来的。有限合伙形式和普通合伙形式共同组成合伙形式，使合伙企业制度更趋完善，更加丰富多彩。

有限合伙企业起源于16世纪的康曼达（Commenda）契约，并随着市场经济的发展而创立起来。有限合伙制度具有责任形式灵活、组织运作成本低、合作稳定长久、激励和约束有效结合等优点，与公司制和其他投资形式相比，在风险投资运作中具有无法比拟的优势，成为当今世界上最主要的风险投资组织形式。因此，无论是大陆法系国家还是英美法系国家都对有限合伙企业制度作了不同程度的规定。我国2006年修订的《合伙企业法》借鉴了国际上的有限合伙形式，完善了我国合伙企业制度，以专章的形式对有限合伙企业进行了规定。

2. 有限合伙企业的法律特征

与普通合伙企业相比，有限合伙企业具有以下法律特征。

1）合伙人组成的非单一性

有限合伙企业由两种合伙人，即普通合伙人和有限合伙人组成；而普通合伙企业则由单一种类的普通合伙人组成。

2）有限合伙人出资义务的限定性

在有限合伙企业中，有限合伙人是以出资额为限对企业债务承担责任的，如果对其出资不进行限制，允许以劳务进行出资，就很难追究其对合伙企业应承担的法律责任。这样对有限合伙企业和其债权人都是不公平的，所以《合伙企业法》规定，有限合伙人不得以劳务进行出资。但是，有限合伙人制度降低了投资人开办合伙企业的创业风险，从而有利于中小企业创立和发展壮大。在有限合伙企业的实际出资运作中，有限合伙人负绝大部分出资义务，且多为资金形式；而普通合伙人无必须出资义务，以其技术经验、专业技术等业务能力作为合伙基础，也使专业技术人员摆脱了想创业而无资金实力的窘境。普通合伙企业的合伙人一般而言均有出资义务，可以用货币出资，也可以用非货币的其他财产或劳务进行出资。

3）合伙企业事务执行人员的特定性

有限合伙企业中普通合伙人对合伙企业债务承担无限连带责任，企业的运营业绩同其利益有着密不可分的关系，这是承担有限责任的有限合伙人所不可比拟的。为了有效保障普通合伙人及合伙企业的合法权益，《合伙企业法》规定，有限合伙企业由普通合伙人执行合伙事务，而有限合伙人不执行合伙事务，不得对外代表有限合伙企业。而普通合伙企业中的各合伙人除合伙协议另有规定外，都可以成为合伙事务的执行人，平等地享有对合伙事务的决策权、经营管理权、监督权。

4）合伙人对合伙企业债务责任的区别性

对于有限合伙企业所发生的债务，企业中的普通合伙人负无限连带责任，而有限合伙人仅以其出资额负有限责任。但普通合伙企业中的各合伙人均对合伙企业债务承担无限连带责任。此外，与公司制度相比，有限合伙企业又具有以下优点：设立门槛低，无最低限额的注册资本；无法定组织机构，其组织结构简单，节省管理费用和运营成本；普通合伙人对合伙要承担无限责任，可以促使其对合伙的管理尽职尽责；对有限合伙企业本身不征所得税，直接对合伙人征收所得税，避免了公司的双重税负。这些优点使有限合伙企业在现代企业制度中具有了一定的不可替代性。

7.3.2 有限合伙企业的特殊法律规定

1. 有限合伙企业的设立

1) 合伙人人数

有限合伙企业由 2 个以上 50 个以下合伙人设立，法律另有规定的除外。有限合伙企业至少应当有 1 个普通合伙人。有限合伙企业在存续期间，如果仅剩有限合伙人的，应当解散；仅剩普通合伙人的，转为普通合伙企业。

2) 合伙协议内容

有限合伙企业的合伙协议除包含普通合伙企业合伙协议应具备的内容外，还应当载明下列事项：①普通合伙人和有限合伙人的姓名或者名称、住所；②执行事务合伙人应具备的条件和选择程序；③执行事务合伙人权限与违约处理办法；④执行事务合伙人的除名条件和更换程序；⑤有限合伙人入伙、退伙的条件、程序以及相关责任；⑥有限合伙人和普通合伙人相互转变程序。

3) 合伙企业名称

有限合伙企业的名称中应当标明"有限合伙"字样，以保护交易相对人的利益。

4) 有限合伙人出资

有限合伙人可以用货币、实物、知识产权、土地使用权或者其他财产权利作价出资，但不得以劳务出资。有限合伙人应当按照合伙协议的约定按期足额缴纳出资；未按期足额缴纳的，应当承担补缴义务，并对其他合伙人承担违约责任。

5) 企业登记事项

有限合伙企业在企业登记机关进行登记时，其登记事项内应当载明有限合伙人的姓名或者名称及认缴的出资数额，使企业的利害关系人能够知悉。

2. 有限合伙企业的事务执行

1) 事务执行方式

有限合伙企业由普通合伙人执行合伙事务。执行事务合伙人可以要求在合伙协议中确定执行事务的报酬及报酬提取方式。有限合伙人不执行合伙事务，不得对外代表有限合伙企业。

2) 有限合伙人的权利

有限合伙人有权实施下列行为：①参与决定普通合伙人入伙、退伙；②对企业的经营管理提出建议；③参与选择承办有限合伙企业审计业务的会计师事务所；④获取经审计的有限合伙企业财务会计报告；⑤对涉及自身利益的情况，查阅有限合伙企业财务会计账簿等财务资料；⑥在有限合伙企业中的利益受到侵害时，向有责任的合伙人主张权利或者提起诉讼；⑦执行事务合伙人怠于行使权利时，督促其行使权利或者为了本企业的利益以自己的名义提起诉讼；⑧依法为本企业提供担保。

有限合伙人在实施上述与合伙企业事务相关的行为时，不视为执行合伙事务。

除合伙协议另有约定外，有限合伙人可以同本有限合伙企业进行交易；可以自营或者同他人合作经营与本有限合伙企业相竞争的业务；可以将在有限合伙企业中的财产份额出质。

有限合伙人可以按照合伙协议的约定向合伙人以外的人转让其在有限合伙企业中的财产份额，但应当提前 30 日通知其他合伙人。

3) 有限合伙企业的利润分配

如果合伙协议有约定，有限合伙企业可以将全部利润分配给部分合伙人。

3. 有限合伙人入伙与退伙

1) 入伙

入伙的有限合伙人对入伙前有限合伙企业的债务，以其认缴的出资额为限承担责任。

2) 退伙

有限合伙人个人丧失偿债能力的，并不当然退伙。作为有限合伙人的自然人在有限合伙企业存续期间丧失民事行为能力的，其他合伙人不得因此要求其退伙。作为有限合伙人的自然人死亡、被依法宣告死亡或者作为有限合伙人的法人及其他组织终止时，其继承人或者权利承受人可依法取得该有限合伙人在有限合伙企业中的资格。有限合伙人退伙后，对其退伙前发生的有限合伙企业债务，以其退伙时从有限合伙企业中取回的财产承担责任。

4. 有限合伙人的债务承担

1) 有限合伙人个人债务承担

有限合伙人的自有财产不足清偿其与合伙企业无关的债务的，该合伙人可以以其从有限合伙企业中分取的收益用于清偿；债权人也可以依法请求人民法院强制执行该合伙人在合伙企业中的财产份额用于清偿。人民法院强制执行有限合伙人的财产份额时，应当通知全体合伙人。在同等条件下，其他合伙人有优先购买权。

2) 对合伙企业的债务承担

第三人有理由相信有限合伙人为普通合伙人并与其交易的，该有限合伙人对该笔交易承担与普通合伙人同样的无限连带责任。有限合伙人未经授权以有限合伙企业名义与他人进行交易，给有限合伙企业或者其他合伙人造成损失的，该有限合伙人应当承担赔偿责任。有限合伙人转变为普通合伙人的，对其作为有限合伙人期间有限合伙企业发生的债务承担无限连带责任。普通合伙人转变为有限合伙人的，对其作为普通合伙人期间合伙企业发生的债务承担无限连带责任。

法律对有限合伙企业未作特殊规定的，适用关于普通合伙企业的一般规定。

7.4　合伙企业的解散与清算

7.4.1　合伙企业的解散

合伙企业的解散是指由于法定或约定的事由出现导致合伙企业主体资格归于消灭的行为。根据《合伙企业法》的规定，合伙企业解散的事由包括以下几种。

（1）合伙协议约定的经营期限届满，合伙人不愿继续经营的。合伙协议约定有经营期限，期限届满时合伙人不愿意继续经营，合伙企业当然终止。但合伙协议约定的经营期限届满并不必然导致合伙企业的解散，只有在合伙人不愿继续经营的条件下才会引起合伙企业解散的后果。如果合伙协议约定的经营期限届满后合伙人对继续经营合伙企业均无异议，则可认为合伙人一致同意延长合伙经营期限。但此时应在原约定的经营期限届满之日起15日内向原登记机关办理有关变更登记手续。

（2）合伙协议约定的解散事由出现。合伙协议如约定当某一事由出现时合伙企业便解散，则此设立合伙企业的行为是附解除条件的法律行为，条件成熟时合伙协议解除，合伙企业解散。

（3）全体合伙人决定解散。合伙企业是合伙人基于合意而设立的，自然也可基于合伙人的合意而解散。如果一部分合伙人同意解散合伙，而另一部分合伙人不同意，则合伙企业不解散，由同意解散的合伙人退伙，合伙企业继续存在。当然，在不同意解散合伙的合伙人只有1人时，合伙关系自当消灭，合伙企业解散。

（4）合伙人已不具备法定人数满30天。合伙人不具备法定人数，意味着合伙企业发生重大变故而不满足企业的存续条件，如合伙企业成立后不断发生退伙而致合伙人只剩下一人时，合伙企业理应解散。在此种情况发生后，法律给予了合伙企业30天的补救期。30天内又满足了合伙人法定人数的，合伙企业继续经营，否则便应解散。

（5）合伙协议约定的合伙目的已经实现或者无法实现。合伙目的已经实现或无法实现，都使合伙企业失去了存续的基本条件，理应解散。

（6）依法被吊销营业执照、责令关闭或者被撤销。吊销营业执照、责令关闭或者被撤销是合伙企业被强制解散。一般情况下，这是对合伙企业违法经营的最严重的处罚。

（7）法律、行政法规规定的合伙企业解散的其他原因。

7.4.2 合伙企业的清算

合伙企业解散后理应进行清算，其目的是要对合伙企业的债权、债务进行清理，了结合伙企业未了结的事务，解决合伙企业与其债权人、债务人的关系及合伙人内部的关系。

1）清算人的确定

合伙企业解散，应确定清算人，由清算人依法进行清算工作。清算人由全体合伙人担任；经全体合伙人过半数同意，可以自合伙企业解散后15日内指定一名或者数名合伙人，或者委托第三人担任清算人。15日内未确定清算人的，合伙人或者其他利害关系人可以申请人民法院指定。

2）清算人的职责和法律责任

清算人在清算期间执行的事务包括：①清算合伙企业财产，分别编制资产负债表和财产清单；②处理与清算有关的合伙企业未了结的事务；③清缴所欠税款；④清理债权、债务；⑤处理合伙企业清偿债务后的剩余财产；⑥代表合伙企业参加仲裁或者诉讼活动。清算期间，合伙企业存续，但不得开展与清算无关的经营活动。

清算人执行清算事务，牟取非法收入或者侵占合伙企业财产的，应当将该收入和侵占的财产退还合伙企业；给合伙企业或者其他合伙人造成损失的，依法承担赔偿责任。清算人违反法律规定，隐匿、转移合伙企业财产，对资产负债表或者财产清单作虚假记载，或者在未清偿债务前分配财产，损害债权人利益的，依法承担赔偿责任。

3）债权申报

清算人应当自被确定之日起10日内将合伙企业解散事项通知债权人，并于60日内在报纸上公告。债权人应当自接到通知书之日起30日内，未接到通知书的自公告之日起45日内，向清算人申报债权。债权人申报债权，应当说明债权的有关事项，并提供证明材料。清算人应当对债权进行登记。

4）财产分配与债务清偿

合伙企业财产在支付清算费用后，按下列顺序清偿：①合伙企业职工工资、劳动保险费用和法定补偿金；②合伙企业所欠税款；③合伙企业的债务。

合伙企业财产按上述顺序清偿后仍有剩余的，按照合伙协议的约定分配；合伙协议未约定或者约定不明确的，由合伙人协商决定；协商不成的，由合伙人按照实缴出资比例分配；无法确定出资比例的，由合伙人平均分配。

合伙企业注销后，原普通合伙人对合伙企业存续期间的债务仍应承担无限连带责任。合伙企业不能清偿到期债务的，债权人可以依法向人民法院提出破产清算申请，也可以要求普通合伙人清偿。合伙企业依法被宣告破产的，普通合伙人对合伙企业债务仍应承担无限连带责任。

5）注销登记

合伙企业清算结束，清算人应当编制清算报告，经全体合伙人签名、盖章后，在15日内向企业登记机关报送清算报告，申请办理合伙企业注销登记。清算人未依照本法规定向企业登记机关报送清算报告，或者报送清算报告隐瞒重要事实，或者重大遗漏的，由企业登记机关责令改正。由此产生的费用和损失，由清算人承担和赔偿。

本 章 小 结

- 合伙企业具有悠久的历史。在法人制度形成之前，合伙是投资人之间联合起来从事经营活动的唯一选择。合伙企业法，是指调整合伙企业在设立、变更、终止以及生产经营过程中所发生的经济关系的法律规范的总称。在我国主要是《合伙企业法》。
- 普通合伙企业的合伙人全都是普通合伙人，普通合伙人一般对合伙企业的债务清偿承担无限连带责任。设立普通合伙企业，应当具备一定的条件，符合相应的程序。
- 普通合伙企业的财产包括普通合伙人的出资和合伙企业在经营过程中以合伙企业名义取得的收益和依法取得的其他财产。其财产管理权理应由全体合伙人共同行使。
- 普通合伙企业的事务执行是合伙人对其合伙企业的内部管理和外部经营的组织指挥和运作活动。其入伙与退伙须符合一定的条件。
- 有限合伙企业是由普通合伙制度发展而来的。《合伙企业法》对有限合伙企业的设立、事务执行、入伙及退伙、债务承担等事项都有特别的规定。
- 合伙企业的解散是指由于法定或约定的事由出现导致合伙企业主体资格归于消灭的行为。合伙企业解散后理应进行清算，其目的是要对合伙企业的债权、债务进行清理，了结合伙企业未了结的事务，解决合伙企业与其债权人、债务人的关系及合伙人内部的关系。

关键概念

合伙企业　合伙企业法　普通合伙企业　有限合伙企业　普通合伙人　有限合伙人　入伙　退伙　特殊的普通合伙企业　解散　清算

复习思考题

1. 简述合伙企业的概念和特征。
2. 普通合伙企业的设立应具备哪些条件？
3. 普通合伙企业事务的执行方式有哪些？
4. 简述普通合伙企业退伙的种类。
5. 试述特殊普通合伙企业合伙人承担责任的特点。
6. 简述有限合伙企业的法律特征。

【案例分析】

案例1：2018年1月，注册会计师甲、乙、丙三人在北京成立了一家会计师事务所，性质为特殊的普通合伙，甲、乙、丙在合伙协议中约定：(1) 甲、丙分别以现金300万元和50万元出资，乙以一套房屋出资，作价200万元，作为会计师事务所的办公场所；(2) 会计师事务所的盈亏按照各自的出资比例享有和承担；(3) 甲负责执行合伙事务。

2019年2月，乙拟将其在会计师事务所中的财产份额转让给A。丙表示同意，甲则对乙拟转让的财产份额主张优先购买权，乙以合伙协议中未约定优先购买权为由予以拒绝。

2019年3月，丙在为B公司提供审计服务时，因存在过失给B公司造成300万元损失。该会计师事务所现有全部财产价值250万元，其中，乙用于出资的房屋变现价值为230万元。该会计师事务所在将全部财产用于赔偿B公司后，要求丙向B公司支付剩余的50万元赔偿金。丙则认为，合伙协议约定合伙人对于会计师事务所的亏损按照各自出资比例承担，自己不应对合伙企业财产不足清偿的债务承担全部责任。乙认为其对此债务只应以出资额为限承担责任，而其出资的房屋已经升值，目前变现价值为230万元，故丙应退还其30万元。

2019年5月，因会计师事务所在北京的业务量下降，甲提出将会计师事务所的主要经营地点迁至上海。在合伙人会议上，乙对此表示赞同，丙则反对。甲、乙认为，其二人人数及所持出资额均超过半数，且合伙协议对此无特别约定，于是作出迁址决议。

试分析：(1) 甲对乙拟转让给A的合伙企业财产份额是否享有优先购买权？并说明理由。(2) 乙是否有权要求丙退还30万元？并说明理由。(3) 丙是否应当单独承担对B公司剩余50万元的赔偿责任？并说明理由。(4) 将会计师事务所迁至上海的决议是否有效？并说明理由。

案例2：甲、乙、丙拟设A有限合伙企业，合伙协议约定：甲为普通合伙人，以实物作价出资3万元；乙、丙为有限合伙人，各以5万元现金出资，丙自企业成立之日起2年内缴纳出资；甲执行A企业事务，并由A企业每月支付报酬3 000元；A企业定期接受审计，由甲和乙共同选定承办审计业务的会计师事务所；A企业的盈利在丙未缴纳5万元出资前全部分配给甲和乙。

试分析：(1) 合伙协议可否约定每月支付甲3 000元报酬？简要说明理由。(2) 合伙协议有关乙参与承办审计的会计师事务所的约定可否被视为乙在执行合伙企业事务？简要说明理由。(3) 合伙协议可否约定 A 企业的利润全部分配给甲和乙？简要说明理由。

案例 3：A、B、C 出资设立有限合伙企业，其中 A、B 为普通合伙人，C 为有限合伙人。在合伙企业经营期间，发生以下事项。(1) C 对 D 表示自己是普通合伙人，代表合伙企业与 D 签订了 100 万元的买卖合同。D 按照合同约定向合伙企业发货，由于合伙企业的全部财产只有 80 万元，不足以支付 100 万元的货款。(2) C 同合伙企业进行了 10 万元的交易，合伙人 A 认为，由于合伙协议对此没有约定，因此，有限合伙人 C 不得同本合伙企业进行交易。(3) C 自营同合伙企业相竞争的业务，获利 60 万元。合伙人 B 认为，由于合伙协议对此没有约定，因此，有限合伙人 C 不得自营同本合伙企业相竞争的业务，其获利的 60 万元应当归合伙企业所有。

试分析：(1) 债权人 D 能否就合伙企业不能清偿的 20 万元向有限合伙人 C 追偿？并说明理由。(2) A 的主张是否符合法律规定？并说明理由。(3) B 的主张是否符合法律规定？并说明理由。

第8章 个人独资企业法律制度

【学习目标】
学完本章后，你应该能够：
- 知晓个人独资企业和个人独资企业法；
- 领会个人独资企业的设立、年检，投资人的权利义务及事务管理；
- 了解个人独资企业的解散和清算；
- 理解违反个人独资企业法的法律责任。

8.1 个人独资企业法概述

8.1.1 个人独资企业概述

1. 个人独资企业的概念

个人独资企业是指依法在中国境内设立，由一个自然人投资，财产为投资人个人所有，投资人以其个人财产对企业债务承担无限责任的经营实体。

个人独资企业是最为原始和古老的企业形态。但是，个人独资企业因其具有结构简单、社会化程度较低，投资少、规模较小，适应市场能力较强等特点，在现代社会经济生活中仍然发挥着举足轻重的作用。目前，我国处于社会主义市场经济的初级阶段，个体经济、私营经济等非公有经济是社会主义市场经济的重要组成部分。规范个人独资企业，维护其合法权益，对于促进民间投资、繁荣我国经济、吸纳剩余劳动力都有着非常重要的意义。

2. 个人独资企业的法律特征

1) 个人独资企业的投资人是一个自然人

个人独资企业作为一种企业形式，投资人设立它当然以营利为目的。然而，设立个人独资企业的投资主体唯一，并且只能是一个自然人，这是区别于合伙企业和公司的基本特征之一。合伙企业和公司都是由两个以上的多数人出资设立的经济组织，并且公司的股东可以是自然人，也可以是法人。至于国家或者某个集体单位单独投资设立的企业，无论其是否具备法人资格，都不视为个人独资企业。

2) 个人独资企业属于投资人个人所有

个人独资企业的投资人对企业的财产依法享有所有权，从而依法取得对企业最完整的、排他的控制支配权利。投资人可以完全凭自己的意愿经营和管理企业；企业生产经营所获取的利润归投资人个人所有。在一定范围内，投资人可以将企业财产向其他领域投资或者转化为非经营性资金,当然也可以用其他个人财产向该个人独资企业再投资。而这些却是合伙企业的投资人或者公司的股东所不具有的权利。

3) 个人独资企业不具有法人资格

个人独资企业有自己的企业名称,在生产经营中以自己的名称进行经济活动,甚至参加诉讼活动也是这样。但是,由于个人独资企业属于投资人个人所有,企业的财产同投资人个人财产没有区分开。所以,企业没有自己的独立财产,在法律上不是一个独立的责任主体,也不具有法人资格。

4) 个人独资企业的投资人以其个人财产对企业债务承担无限责任

个人独资企业属于投资人个人所有,没有自己的独立财产。为了保护个人独资企业交易相对人,尤其是债权人的合法权益,必须要求投资人以自己的财产对企业负责,即投资人以其个人财产对个人独资企业的债务承担无限责任。

在我国,公司股东以其出资额为限对公司债务承担有限责任;一般情况下,合伙企业的投资人相互之间也对企业债务承担无限连带责任,这些都与个人独资企业不同。

5) 个人独资企业不是单独的所得税纳税主体

个人独资企业的财产与投资人个人的财产不严格区分,企业经营的收入被看成投资人个人的收入,由投资人缴纳个人所得税。与企业法人相比,个人独资企业的所得税赋较轻,不存在就同一所得收入进行双重征税的问题。

从上述特点可以看出,个人独资企业的信誉建立在其投资人偿债能力和信用的基础之上,法律对投资人的出资额也没有特别的规定,因此,个人独资企业是一种人合企业。

8.1.2 个人独资企业法的概念、立法宗旨和适用范围

1. 个人独资企业法的概念

个人独资企业法,是调整国家在管理协调市场经济运行过程中发生的关于个人独资企业的经济关系的法律规范的总称。

改革开放以来,我国一直坚持走社会主义公有制为主体、多种经济成分共同发展的道路,私营经济得到了长足的发展。个体工商户、农村承包经营户、个人独资企业等单个自然人兴办的经济组织发展极为迅速,在我国国民经济建设中发挥着越来越重要的作用。然而,同其他私营经济组织一样,个人独资企业在其发展壮大过程中存在许多问题。一方面,许多个人独资企业生产经营随意,制售假冒伪劣商品、偷抗国家税收、克扣职工工资等违法行为时有发生,严重损害了国家、职工和企业交易对象的合法权益,严重影响了我国社会主义市场经济秩序的正常运转;另一方面,个人独资企业的正常生产经营活动经常受到干扰,个人独资企业投资人权益得不到保障的情况也屡见不鲜,严重影响了个人独资企业的正常发展。所有这些问题都急需法律予以规范。

我国专门规范个人独资企业的法规是国务院在1988年6月25日颁布并于同年7月1日实施的《中华人民共和国私营企业暂行条例》。该法由于颁布时间较早,存在对独资企业界定不科学且规定过于简单、本身只是一个"暂行"的行政法规、权威性不够的缺陷。为了适应我国社会主义市场经济对个人独资企业的要求,第九届全国人民代表大会常务委员会第十一次会议通过了《中华人民共和国个人独资企业法》(以下简称《个人独资企业法》),自2000年1月1日起施行。该法共6章48条,主要规定了个人独资企业的设立、个人独资企

业的投资人及其事务处理、个人独资企业的解散和清算、法律责任等内容。

2. 立法宗旨和适用范围

《个人独资企业法》的立法宗旨是：规范个人独资企业的行为，保护个人独资企业投资人和债权人的合法权益，维护社会经济秩序，促进社会主义市场经济的发展。

《个人独资企业法》适用于在中国境内设立的个人独资企业；不适用于国有独资企业、一人有限责任公司和其他企业设立的独资性企业，也不适用于外商独资企业。

8.2 个人独资企业的设立和变更

8.2.1 个人独资企业的设立

1. 个人独资企业的设立条件

个人申请开办个人独资企业应当具备下述条件。

1) 投资人为一个自然人

个人独资企业的投资人数量单一并且只能为自然人。这就是说，国家机关、企事业单位、社会团体等社会组织不能出资设立个人独资企业，两个以上的自然人也不能联合出资设立个人独资企业。至于作为个人独资企业投资人的自然人是否应该具备完全民事行为能力的问题，大多数国家基于商业自由的原则，对此不作特别的规定。如日本法规定，从事一种或数种营业而得到法定代理人同意的未成年人被视为与成年人具有同等的营业能力，即具有民事行为能力；其他限制民事行为人可由其代理人代为经营。我国《个人独资企业法》对投资人的民事行为能力问题虽然没有明确规定，但根据《民法典》相关规定，个人独资企业的投资人应该同时具有民事权利能力和民事行为能力。另外，个人独资企业的投资人还必须是国家法律允许从事营利性活动的人。国家法律、行政法规禁止从事营利性活动的人，如国家公务员、现役军人等，就不得作为个人独资企业的投资人。

2) 有合法的企业名称

个人独资企业的名称，也称为商号，是企业从事生产经营活动时所用的名称，是区别于其他企业的标志。根据有关法律，个人独资企业的名称应当符合名称登记管理的有关规定，并与其责任形式及从事的营业相符合。个人独资企业的名称中不得使用"有限""有限责任"或者"公司"字样，当然也不得使用"合伙"字样。

3) 有投资人申报的出资

个人独资企业投资人的出资是企业从事生产经营活动以及承担法律责任的物质保证，必须与企业的生产经营活动相适应。对于个人独资企业投资人的出资额，法律没有特别限定。其主要原因如下。①若规定投资人的最低出资额，规定过高会在一定程度上限制或抑制个人投资，与个人独资企业的价值取向相悖；规定过低则失去了规定的意义。②个人独资企业是一种人合企业，投资人以其个人财产对企业债务承担无限责任。个人独资企业不能以公司形式出现。这本身就是对交易安全的一种保障，企业债权人可以通过追究投资人个人的财产责任来保障自己债权的实现。

4）有固定的生产经营场所和必要的生产经营条件

个人独资企业具有固定的生产经营场所有助于保障社会的交易安全，其法律意义还在于它往往是企业商务信件的送达地、债务的履行地；由此确定了企业的工商登记管辖、诉讼管辖的决定等问题。必要的生产经营条件是指个人独资企业应具备与其生产经营活动相适应的必要条件和设施。

5）有必要的从业人员

从业人员是个人独资企业进行生产经营活动必不可少的。我国《个人独资企业法》对个人独资企业的从业人员数量没有特别要求，由企业视经营状况自主决定。

我国对个人独资企业的设立采取了准则主义的原则，即只要符合设立条件，企业即可登记成立，无须经过有关部门的批准。当然，如果设立的企业要从事法律、行政法规规定须报经政府有关部门审批的业务，在设立登记时就应取得该有关部门的批准。

2. 个人独资企业的设立程序

1）个人独资企业的设立登记申请

申请开办个人独资企业，投资人或者其委托的代理人应当在企业所在地的企业登记机关，即当地的市场监督管理部门办理登记，经核准发给营业执照后，方可在核准的登记事项内从事经营活动。个人独资企业申办分支机构的，应当向分支机构所在地的企业登记机关申请登记，领取营业执照。分支机构经核准登记后，应将登记情况报该分支机构隶属的个人独资企业的企业登记机关备案。分支机构的民事责任由设立该分支机构的个人独资企业负责。

个人独资企业申请登记的内容，应当包括下列事项：企业名称；企业住所：指企业所在地的市、县（区）、乡（镇）、村、街道、门牌等地址；投资人姓名和居所；出资额和出资方式：出资额是指投资人在企业登记机关登记的向个人独资企业出资的财产总数额；出资方式是指投资人可以用货币，或者实物、土地使用权、知识产权或者其他财产权利等非货币财产出资；出资人可以用个人财产出资，也可以用家庭共有财产作为个人出资。经营范围是指企业依法从事经营活动的业务范围。申请人应当参照国民经济行业分类选择一种或多种小类、中类或者大类自主提出经营范围登记申请。对国民经济行业分类中没有规范的新兴行业或者具体经营项目，可以参照政策文件、行业习惯或者专业文献等提出申请。

申请个人独资企业设立登记的，应当向企业登记机关提交下列文件：①投资人签署的个人独资企业设立申请书。个人独资企业设立申请书应当载明下列事项：企业的名称和住所；投资人的姓名和居所；投资人出资额和出资方式；经营范围及方式；投资人以个人财产出资还是以其家庭共有财产作为个人出资，应当在设立申请书中予以明确。②投资人身份证明，如居民身份证等。③企业住所证明，包括住所所有权或者合法使用权证明。④市场监督管理部门规定应提交的其他文件。委托代理人申请设立登记的，应当提交投资人的委托书和代理人的身份证明或者资格证明。拟设立的个人独资企业申请登记的经营范围中有属于前置许可经营项目的，应当在申请登记前报经有关部门批准后，凭审批机关的批准文件、证件向企业登记机关申请登记。企业申请登记的经营范围中有后置许可经营项目的，依法经企业登记机关核准登记后，应当报经有关部门批准方可开展后置许可经营项目的经营活动。

2）个人独资企业的设立登记核准

企业登记机关应当在收到规定的全部申请设立文件之日起15日内，对符合《个人独资企业法》规定条件的，核准登记并发给营业执照；对不符合《个人独资企业法》规定条件的，不予登记，发给企业登记驳回通知书。

个人独资企业营业执照的签发日期为个人独资企业的成立日。个人独资企业凭营业执照刻制图章，开立银行账户，在核准的经营范围内从事生产经营活动。

8.2.2 个人独资企业的变更

1. 个人独资企业的变更登记申请

个人独资企业变更企业名称、企业住所、经营范围，应当在作出变更决定之日起15日内向原登记机关申请变更登记。个人独资企业变更投资人姓名和居所、出资额和出资方式，应当在变更事由发生之日起15日内向原登记机关申请变更登记。

个人独资企业申请变更登记，应当向登记机关提交下列文件。①投资人签署的变更登记申请书。②市场监督管理部门规定提交的其他文件。申请变更企业住所或分支机构经营场所的，应当提交新住所或新经营场所的证明；申请变更投资人姓名，包括投资人的姓名发生改变和因转让、继承致使投资人变化两种情况，应当提交居民身份证或者户籍证明，投资人变化的还应提交转让协议书或法定继承文件；申请变更事项涉及营业执照内容的，应当提交营业执照副本；申请改变出资方式的，应提交改变出资方式文件；委托代理人申请变更登记的，应当提交投资人的委托书和代理人的身份证明或资格证明。从事法律、行政法规规定须报经有关部门审批的业务的，应当同时提交有关部门的批准文件。

个人独资企业变更住所跨企业登记机关辖区的，应当向迁入地企业登记机关申请变更登记。迁入地登记机关受理的，由原企业登记机关将企业档案移送迁入地登记机关。

2. 个人独资企业的变更登记核准

登记机关应当在收到规定的全部申请变更登记文件之日起15日内，作出核准登记或者不予登记的决定。予以核准的，换发营业执照或发给变更登记通知书；不予核准的，发给企业登记驳回通知书。

8.2.3 个人独资企业的公示和证照管理

1. 个人独资企业的公示

企业登记机关应当将个人独资企业登记、备案信息通过企业信用信息公示系统向社会公示。个人独资企业应当于每年1月1日至6月30日，通过企业信用信息公示系统向登记机关报送上一年度的年度报告，并向社会公示。

2. 个人独资企业的证照管理

个人独资企业的营业执照是个人独资企业取得合法经营权的法定凭证。个人独资企业的证照管理主要是对其营业执照的管理。

个人独资企业营业执照分为正本和副本，正本和副本具有同等法律效力。企业营业执照的正本应放置于企业住所的醒目位置。企业可以根据业务需要向企业登记机关申请核发若干营业执照副本。企业营业执照遗失的，应当在报刊上声明作废，并向登记机关申请补领；营业执照毁损的，应当向企业登记机关申请更换。

任何单位和个人不得仿造、涂改、出租、转让营业执照，也不得承租、受让营业执照。

8.3 个人独资企业的投资人及其事务管理

8.3.1 个人独资企业投资人的权利与义务

1. 个人独资企业投资人的权利

个人独资企业投资人对个人独资企业的财产依法享有所有权,即享有占有、使用、收益和处分的权利。个人独资企业投资人的权利具体包括以下几种。

(1) 对个人独资企业财产及经营收益依法享有所有权,即依法占有、使用、收益和处分。

(2) 对个人独资企业经核准登记的名称在法律规定的范围内享有专用权。企业的名称反映了其商誉和良好形象,是企业多年诚信经营的结晶。因此,个人独资企业依法享有的名称权是企业的非物质财富。为保护个人独资企业投资人的合法权益,投资人对自己企业名称的运用在法定范围内必须是专用的,即排斥他人擅自使用企业名称。

(3) 对个人独资企业在生产经营中取得的专利、专有技术、商标等非物质财富依法享有知识产权。

(4) 对个人独资企业的生产经营在核准登记的范围内享有自主经营权,即生产经营的决策权、指挥权和管理权。投资人可以自行管理企业,也可以委托或者聘用他人管理企业。

(5) 有依法将个人独资企业的财产和有关权利转让、赠送或者以遗嘱方式处分的权利。这是投资人企业所有权中处分权能的充分表现,即投资人可以根据自己的意志,依法处置个人独资企业及其有关财产。

(6) 有依法设置个人独资企业分支机构的权利。为扩大企业的生产经营规模,优化企业的经营布局结构,投资人可以建立销售分部、服务中心等企业分支机构。

(7) 有拒绝摊派的权利。《个人独资企业法》规定:"任何单位和个人不得违反法律、行政法规的规定,以任何方式强制个人独资企业提供财力、物力、人力;对于违法强制提供财力、物力、人力的行为,个人独资企业有权拒绝。"

(8) 有依法申请贷款、取得土地使用权以及法律、行政法规规定的其他权利,如雇工权、请求保护权等。

2. 个人独资企业投资人的义务

个人独资企业投资人在企业的生产经营过程中,除依法享有广泛的权利之外,还应承担相应的义务。个人独资企业投资人的义务主要有以下几种。

(1) 遵守法律、行政法规的义务。个人独资企业投资人在生产经营活动中,必须遵守法律、行政法规的规定,坚持诚信经营,不得损害社会的公共利益。

(2) 依法纳税的义务。个人独资企业投资人必须严格遵守国家税法,依法缴纳增值税、营业税、所得税等各项税金,不得偷税、抗税。

(3) 依法设置会计账簿、进行会计核算的义务。按照国家财务、会计制度的要求,个人独资企业必须依法设置账簿、进行会计核算。这也是投资人掌握企业状况,依法进行纳税的基本保障。

(4) 保障和维护企业职工合法权益的义务。个人独资企业应当与职工签订劳动合同,保障职工的劳动安全卫生，按时足额发放工资，为职工缴纳社会保险费，切实维护职工的合法权益。

（5）履行依法订立合同的义务。个人独资企业应当本着重合同、守信用的原则，按照合同约定的内容，履行自己的全部义务。由于企业的过错，致使合同不能履行或者不能适当履行的，企业应承担违约责任。

（6）法律、行政法规规定的其他义务。如企业应保证产品和服务质量，不得污染环境等。

8.3.2　个人独资企业的事务管理

1. 个人独资企业的事务管理方式

个人独资企业的事务管理有两种方式：一是个人独资企业投资人自行管理企业事务；二是委托或者聘用其他具有民事行为能力的人管理企业事务。

个人独资企业投资人自行管理企业事务时，投资人既是企业的所有者，又是企业的经营者。这种经营管理模式在企业规模较小、处于发展的初级阶段时，往往被证明是有效的。个人独资企业的投资人如果具备经营管理能力，采用这种模式，即自行管理企业是适当的。

个人独资企业投资人委托或者聘用他人管理企业事务时，应当与受托人或者被聘用的人签订书面合同，明确委托的内容和授予的权利范围。投资人有权监督受托人或被聘用人的管理行为，发现他们违反合同或有其他非法行为时有权解除委托或聘用。但投资人对受托人或被聘用人职权的限制，不能对抗善意第三人。

2. 个人独资企业受托管理人的义务

个人独资企业的受托人或者被聘用人应当按照委托合同或者聘用合同的约定，适当履行对企业事务的管理义务。受托人或者被聘用人在企业事务管理的过程中，应当遵循诚实信用的原则，履行勤勉义务，像对待自己的事务一样，以慎重的态度对待个人独资企业的事务。

依照《个人独资企业法》的规定，个人独资企业的受托人或者被聘用人不得有下列行为：①利用职务上的便利，索取或者收受贿赂；②利用职务或者工作上的便利侵占企业财产；③挪用企业的资金归个人使用或者借贷他人使用；④擅自将企业资金以个人名义或者以他人名义开立账户储存；⑤擅自以企业财产提供担保；⑥未经投资人同意，从事与本企业相竞争的业务；⑦未经投资人同意，同本企业订立合同或者进行交易；⑧未经投资人同意，擅自将企业商标或者其他知识产权转让给他人使用；⑨泄露本企业的商业秘密；⑩法律、行政法规禁止的其他行为。个人独资企业的受托人或者被聘用人违反法律规定从事上述行为，给企业合法利益造成损害的，依法承担法律责任。

8.4　个人独资企业的解散、清算和法律责任

8.4.1　个人独资企业的解散和清算

1. 个人独资企业的解散

个人独资企业的解散，即个人独资企业的终止，是指个人独资企业作为一个经营实体由于法律规定的原因而归于消灭。根据《个人独资企业法》的规定，个人独资企业出现下列原因之一的，则被解散。

(1) 投资人决定解散。个人独资企业是投资人出资设立的,按照商事自由的原则,当然可以由于投资人的意愿而归于消灭。

(2) 投资人死亡或者被宣告死亡,无继承人或者继承人决定放弃继承的。投资人死亡或被宣告死亡,无人继承则意味着无人对个人独资企业负责,个人独资企业将因此失去存在的依据而归于消灭。

(3) 被依法吊销营业执照。这是对违法企业最严重的一种惩罚措施。通过吊销违法企业的营业执照,就消灭了其生产经营的主体资格,使其不能继续违法,从而达到惩罚违法、警示他人的目的。

(4) 法律、行政法规规定的其他情形。个人独资企业一经解散,就必须停止生产经营活动,并要依法进行清算。

2. 个人独资企业的清算

为了保护债权人、投资人和其他利害关系人的合法权益,个人独资企业解散时必须依法清理企业尚未了结的事务,收回债权,清偿债务。只有在这些清算事项结束,并到企业登记机关依法注销后,个人独资企业才在法律上归于消灭。

1) 清算通知和债权申报

个人独资企业的清算,由投资人自行进行或者由债权人申请人民法院指定清算人进行。投资人自行清算的,应当在清算前15日内书面通知债权人,无法通知的,应当予以公告。债权人应当在接到通知之日起30日内,未接到通知的应当在公告之日起60日内,向投资人申报其债权。

2) 财产分配顺序

个人独资企业的投资人或者法院指定的清算人在清理完企业财产后,应按照下列顺序清偿企业债务:①所欠职工工资和社会保险费用;②所欠税款;③其他债务。个人独资企业财产不足以清偿企业债务的,投资人应当以其个人的其他财产予以清偿;如果投资人在申请企业设立登记时明确以其家庭共有财产作为个人出资的,应当以家庭共有财产予以清偿。

个人独资企业解散后,原投资人对个人独资企业存续期间的债务仍应承担偿还责任,但债权人在5年内未向债务人提出偿债请求的,原投资人的偿债责任消灭,即视为债权人放弃其债权。

个人独资企业清算结束后,投资人或者人民法院指定的清算人应当编制清算报告,并于15日内到原企业登记机关办理注销登记。

3. 个人独资企业的注销登记

1) 个人独资企业的注销登记申请

个人独资企业申请注销登记,应当向企业登记机关提交下列文件:①投资人或者清算人签署的注销登记申请书;②投资人或者清算人签署的清算报告;③市场监督管理部门规定应提交的其他文件。个人独资企业办理注销登记时,应当缴回营业执照。

2) 个人独资企业的注销登记核准

企业登记机关应当在收到规定的全部申请注销登记文件之日起15日内,作出核准注销登记或者不予注销登记的决定。予以核准的,发给核准通知书;不予核准的,发给企业登记驳回通知书。

经企业登记机关注销登记,个人独资企业终止。除收缴企业营业执照及其副本外,还应收缴企业公章,并将企业注销登记情况告知企业的开户银行。

8.4.2 违反《个人独资企业法》的法律责任

1. 个人独资企业及其投资人违法的法律责任

(1) 个人独资企业有下列行为之一的,由市场监督管理部门根据情节,分别给予责令改正、没收违法所得、罚款、责令停止经营活动、吊销营业执照的处罚:①提交虚假文件或采取其他欺骗手段,取得企业登记的;②使用的企业名称与其在登记机关登记的名称不相符合的;③涂改、伪造、出租、转让营业执照的;④企业成立后无正当理由超过6个月未开业的,或者开业后自行停业连续6个月以上的;⑤未领取营业执照,以个人独资企业名义从事经营活动的;⑥企业登记事项发生变更时,未按规定办理有关变更登记的。伪造企业营业执照,构成犯罪的,依法追究其刑事责任。

(2) 个人独资企业违反《个人独资企业法》的规定,侵犯职工合法权益,未保障职工劳动安全,不缴纳社会保险费用的,按照有关法律、行政法规予以处罚,并追究有关责任人员的责任。

个人独资企业及其投资人在清算前或清算期间隐匿或转移财产、逃避债务的,依法追回其财产,并按照有关规定予以处罚;构成犯罪的,依法追究刑事责任。投资人违反法律规定,应当承担民事赔偿责任和缴纳罚款、罚金,其财产不足以支付的,应当先承担民事赔偿责任。

2. 个人独资企业的受托人或者被聘用人违法的法律责任

个人独资企业的受托人或者被聘用人在管理企业事务时违反双方订立的合同,给投资人造成损害的,依法承担民事赔偿责任。

受托人或者被聘用人违反《个人独资企业法》规定,侵犯个人独资企业财产权益的,责令退还侵占的财产;给企业造成损失的,依法承担赔偿责任;有违法所得的,没收违法所得;构成犯罪的,依法追究刑事责任。

3. 登记机关、其他有关单位和人员违法的法律责任

(1) 企业登记机关对不符合规定条件的个人独资企业予以登记,或者对符合规定条件的企业不予登记的;登记机关的上级部门的有关主管人员强令企业登记机关对不符合规定条件的企业予以登记,或者对符合规定条件的企业不予登记的,或者对企业登记机关的违法登记行为进行包庇的,对直接责任人员依法给予行政处分;构成犯罪的,依法追究刑事责任。

企业登记机关对符合规定条件的申请不予登记或者超过规定时限不予答复的,当事人可依法申请行政复议或提起行政诉讼。

(2) 违反法律、行政法规的规定,强制个人独资企业提供财力、物力、人力的,按照有关法律、行政法规予以处罚,并追究有关责任人员的责任。

本 章 小 结

- 个人独资企业是最为原始和古老的企业形态。但是,个人独资企业因其具有结

构简单、社会化程度较低，投资少、规模较小，适应市场能力较强等特点，在现代社会经济生活中仍然发挥着举足轻重的作用。

● 个人独资企业的设立应具备五个条件，符合法定的设立程序，提交相应的申请及法律文件；个人独资企业的变更应在作出变更决定之日起15日内向原登记机关申请变更登记，并提交相应的文件。

● 个人独资企业投资人对个人独资企业的财产依法享有所有权，即享有占有、使用、收益和处分的权利；此外，还应承担相应的义务。

● 个人独资企业的事务管理有两种方式：一是自行管理企业事务；二是委托或者聘用其他人管理企业事务。

● 个人独资企业出现《个人独资企业法》规定原因之一的，则被解散。个人独资企业解散时必须依法清理企业尚未了结的事务，收回债权，清偿债务。违反《个人独资企业法》，应承担相应的法律责任。

关键概念

个人独资企业　无限责任　个人独资企业法　设立　变更　年度检验　证照管理　投资人　事务管理　解散　清算　注销登记

复习思考题

1. 试述个人独资企业的概念和特征。
2. 个人独资企业的设立应具备哪些条件？
3. 个人独资企业投资人有哪些权利和义务？
4. 个人独资企业可以采取哪些方式管理企业事务？
5. 简述个人独资企业的变更、解散和清算。

【案例分析】

案例1：李某拟设立个人独资企业。2019年3月2日，李某将设立申请书等文件提交到拟设企业所在地市场监督管理部门，申请书有关内容如下：李某以其房产、劳务和现金3万元出资；企业名称为A贸易有限公司。3月10日，市场监督管理部门发给李某"企业登记驳回通知书"。3月15日，李某将修改后的登记文件交到市场监督管理部门。3月25日，李某领取了市场监督管理部门于3月20日签发的个人独资企业营业执照。该个人独资企业（简称A企业）成立后，李某委托王某管理A企业事务，并书面约定，凡金额在5 000元以上的业务均须取得李某同意后执行。B企业明知李某与王某的约定，仍与代表A企业的王某签订了标的额为2万元的买卖合同。李某知道后以王某超出授权范围为由主张合同无效，但B企业以个人独资企业的投资人对受托人职权的限制不得对抗第三人为由主张合同有效。

试分析：(1) 李某3月2日提交的申请书有哪些内容不符合法律规定？(2) A企业的成立日期是哪天？简要说明理由。(3) B企业主张合同有效的理由是否成立？简要说明理由。

案例2：下岗职工万某的家庭共有财产（办理工商登记已注明）房屋价值8万元、存款

1万元，出资设立个人独资企业，聘请甲管理个人独资企业事务，并在聘用合同中规定甲对外代表个人独资企业签订的每一单协议，事先必须经投资人万某审查同意，否则该合同无效。甲未经万某同意，私自代表企业与A公司签订了标的为5万元的购货合同，A公司不知道个人独资企业对甲的限制规定，该合同履行时万某发现了这一情况，认为该合同无效。同时万某还发现甲未经允许私自用个人独资企业的房屋作抵押为甲的朋友贷款7万元。该企业经营一段时间后，资产总价值10万元，负债总额15万元，万某决定对企业进行清算。

试分析：(1) 万某以家庭共有财产出资设立个人独资企业是否合法？(2) 万某聘请甲管理企业事务是否合法？(3) 甲代表企业与A公司签订的合同是否合法？(4) 甲以企业房产作抵押为甲的朋友担保贷款是否合法？(5) 企业清算时，责任如何界定？

案例3：2019年9月，被告赵某经市场监督管理部门核准登记，开办了龙仁堂药房，企业性质为个人独资企业，投资人为赵某。2019年10月，龙仁堂药房向原告张某借款5万元，约定季度付息2 250元。2020年1月，被告赵某与被告关某签订了药房转让协议书，协议约定："赵某以13万元将龙仁堂药房转让给关某，转让过户前，龙仁堂药房的所有债权债务都由赵某承担，关某不承担转让前药房法人经营期间的任何债权债务。"2020年2月，经市场监督管理部门批准，关某分两次将龙仁堂药房投资人由赵某变更为关某、龙仁堂药房更名为神农健药房。现原告张某起诉被告神农健药房及赵某、关某为共同被告，要求给付借款5万元及利息。

试分析：(1) 对个人独资企业转让前的债务由谁承担？如何承担？简要说明理由。(2) 现投资人关某、原投资人赵某各自应承担什么责任？简要说明理由。

案例4：2019年5月至2019年6月间，原告秦某雇请驾驶员给原C市水泥厂运矿石。后经双方结算，由原C市水泥厂出纳刘某给原告秦某出具欠条，欠条载明原C市水泥厂欠秦某运费9 492元。原C市水泥厂是个人独资企业，原企业负责人黄某也是企业的投资人。另查明，该企业在2020年3月20日由C市中级人民法院裁定将黄某的原C市水泥厂财产全部作价410万元卖给陈某。陈某买得企业后，到市场监督管理部门对企业负责人和投资人作了变更登记，但对企业名称未作变更。

试分析：(1) 本案中诉讼主体应如何确定？简要说明理由。(2) 哪个企业应承担秦某的运费？简要说明理由。

第9章 企业破产法律制度

【学习目标】
学完本章后,你应该能够:
- 知晓破产的概念及破产法的构成、适用范围;
- 理解破产案件的管辖、申请与受理;
- 领会重整与和解的概念及内容;
- 领会破产清算的主要阶段与内容;
- 了解破产不当的法律责任。

9.1 破产法概述

9.1.1 破产的概念和作用

1. 破产的概念

破产是一个法律概念,是指具有法人资格的债务人不能清偿到期债务时,依法将其全部财产抵偿其所欠的各种债务,并依法免除其无法偿还的债务。到期债务是指已经到了债务偿还的期限;清偿是指全部偿还;不能清偿是指清偿能力的永远丧失,没有能够清偿的可能性,而不是暂时的资不抵债的状况。

2. 破产的作用

(1) 对债权人来说,通过破产程序,可以使其债权请求得到公正的待遇,避免了在缺乏公平清偿秩序情况下可能受到的损害。

(2) 对债务人企业来说,破产制度可以起到两种作用:①淘汰落后企业;②给一些企业提供了起死回生的机会。

(3) 对社会来说,①通过规范破产行为,维护正常的债务清偿秩序;②妥善处理破产事件,减少其消极影响,维护社会安定;③通过优胜劣汰机制,实现资源优化组合,促进经济发展。

9.1.2 破产法的构成及适用范围

1. 我国破产法的构成

破产法起源于罗马法,包括实体规范和程序规范。我国破产法主要包括:《中华人民共和国企业破产法》(2006年8月27日通过,2007年6月1日施行;以下简称《企业破产法》)和最高人民法院关于适用《企业破产法》的司法解释,即《最高人民法院关于适用〈中华人民共和国企业破产法〉若干问题的规定(一)》(2011年9月26日起施行)、《最高人民法院关于适用〈中华人民共和国企业破产法〉若干问题的规定(二)》(2013年9月16日起施行)和《最高人民法院关于适用〈中华人民共和国企业破产法〉若干问题的规定(三)》(2019年3月28日起施行)。

2. 破产法的适用范围

《企业破产法》第二条规定:"企业法人不能清偿到期债务,并且资产不足以清偿全部债务或者明显缺乏清偿能力的,依照本法规定清理债务。"因此,我国现行破产法的适用范围仅包括企业法人,不包括没有法人资格的企业、个体工商户、合伙组织、农村承包经营户和自然人,即我国破产法的主体为所有的企业法人。

《企业破产法》附则还规定了商业银行、证券公司、保险公司等金融机构适用该法的条件。此外,根据最高人民法院发布的相关规定,资不抵债的民办学校、个人独资企业的清算,可以参照适用该法。

9.1.3 破产案件的管辖

现行企业破产法对破产案件的管辖权作了以下规定。

(1) 地域管辖。《企业破产法》第三条规定:"破产案件由债务人住所地人民法院管辖。"住所地是指债务人主要办事机构所在地。债务人无办事机构的,由其注册地法院管辖。

(2) 级别管辖。级别管辖按以下原则确定:①基层人民法院一般管辖县、县级市或者区的市场监督管理机关核准登记企业的破产案件;②中级人民法院一般管辖地区、地级市(含本级)以上的市场监督管理机关核准登记企业的破产案件;③纳入国家计划调整的国有企业破产案件即政策性破产,由中级人民法院管辖。

此外,上级人民法院审理下级人民法院管辖的企业破产案件,或者将本院管辖的企业破产案件移交下级人民法院审理,以及下级人民法院需要将自己管辖的企业破产案件交由上级人民法院审理的,依照《中华人民共和国民事诉讼法》(以下简称《民事诉讼法》)的规定办理,省、自治区、直辖市范围内因特殊情况需对个别企业破产案件的地域管辖做调整的,需经共同上级人民法院批准。

9.2 破产案件的申请和受理

9.2.1 破产原因

破产原因,也称破产界限,是指认定债务人丧失清偿能力,当事人得以提出破产申请,法院据以启动破产程序、作出宣告破产的法律事实。破产原因是和解、重整程序开始的原因,是破产程序开始的前提,是设计破产程序启动的标准,是破产程序设计中的中心环节,有利于确定哪些债务人可以归入破产法的保护和规制的范围。

1. 不能清偿到期债务,并且资不抵债或者明显缺乏清偿能力

(1) 不能清偿到期债务的认定。须同时具备三个条件:①债权债务关系依法成立;②债

务履行期限已届满；③债务人未完全清偿债务。

(2) 资不抵债的认定。债务人的资产负债表，或者审计报告、资产评估报告等显示其全部资产不足以偿付全部债务的，人民法院应当认定债务人的资产不足以清偿全部债务，但有相反证据足以证明债务人能够清偿全部债务的除外。

(3) 明显缺乏清偿能力的认定。债务人账面资产虽大于负债，存在下列情形之一导致无法清偿债务：①因资金严重不足或财产不能变现等；②法定代表人下落不明且无其他人员负责管理财产；③经强制执行仍无法清偿债务；④长期亏损且经营扭亏困难；⑤导致债务人丧失清偿能力的其他情形。

商业银行的破产原因在《中华人民共和国商业银行法》中予以规定，其破产界限仅由"不能支付到期债务"一项事实构成。

2. 异议不成立的情形

(1) 相关当事人以对债务人负有连带责任的人未丧失清偿能力为由，主张债务人不具备破产原因的，人民法院不予支持。

(2) 当债权人申请债务人破产时，债务人以其具有清偿能力或者资产超过负债为由提出异议，但又不能立即清偿债务或者与债权人达成和解的，其异议不能成立。

(3) 当债权人申请债务人破产时，债务人对债权人享有债权的数额提出异议时，如果存在双方无争议部分的债权数额，且债务人对该数额的债务已经丧失清偿能力，则此项异议不影响人民法院对破产申请的受理。

(4) 当债权人申请债务人破产时，债务人对债权人的债权是否存在担保等提出异议，因其不影响破产原因的成立，该异议不影响人民法院对破产申请的受理。

(5) 人民法院受理破产申请后至破产宣告前，由于债务人财产的市场价值发生变化导致其在案件受理后资产超过负债乃至破产原因消失的，不影响破产案件的受理和继续审理，人民法院不得裁定驳回申请。债务人如不愿意进行破产清算，可以通过和解、重整等方式清偿债务，结束破产清算程序。

(6) 破产案件的诉讼费用应计入破产费用，由债务人财产随时清偿，无须预交。相关当事人以申请人未预先交纳诉讼费用为由，对破产申请提出异议的，人民法院不予支持。

9.2.2　破产案件的申请

破产申请，是指债权人、清算组或者债务人向人民法院提出宣告债务人破产的请求。申请（被申请）破产的债务人应当具备法人资格，不具备法人资格的企业、个体工商户、合伙组织、农村承包经营户不具备破产主体资格。

破产申请必须采用书面形式向人民法院提出破产申请，应当提交破产申请书和有关证据。破产申请书应当载明下列事项：①申请人、被申请人的基本情况；②申请目的；③申请的事实和理由；④人民法院认为应当载明的其他事项。

根据《企业破产法》和《民事诉讼法》的规定，债权人和债务人、清算组均可以提出破产申请，但条件和要求有所不同。在人民法院受理破产申请前，申请人可以请求撤回申请。

1. 债权人申请

债务人不能清偿到期债务，债权人可以向人民法院提出对债务人进行重整或者破产清算的申请。申请破产的债权人，可以是法人、公民和具有诉讼主体资格的非法人组织。

根据《最高人民法院关于审理企业破产案件若干问题的规定》：债权人申请债务人破产，还应当向人民法院提交下列材料：①债权发生的事实与证据；②债权性质、数额、有无担保，并附证据；③债务人不能清偿到期债务的证据。

2. 债务人申请

债务人申请破产，除了向人民法院提交破产申请书和有关证据外，还应当提交：①财产状况说明；②债务清册；③债权清册；④有关财务会计报告；⑤职工安置预案；⑥职工工资的支付和社会保险费用的缴纳情况。

根据《最高人民法院关于审理企业破产案件若干问题的规定》：国有企业向人民法院申请破产时，应当提交其上级主管部门同意其破产的文件；其他企业应当提供其开办人或者股东会议决定企业破产的文件。债务人申请破产，应当向人民法院提交相关材料。

3. 清算组申请

人民法院指定的清算组在清理公司财产、编制资产负债表和财产清单时，发现公司财产不足清偿债务的，可以与债权人协商制作有关债务清偿方案。清偿债务方案经全体债权人确认且不损害其他利害关系人利益的，人民法院可以依清算组的申请裁定予以认可。清算组依据该清偿方案清偿债务后，应当向人民法院申请裁定终结清算程序。债权人对清偿方案不予确定或者人民法院不予认可的，清算组应当依法向人民法院申请宣告破产。

9.2.3 破产案件的受理

1. 对破产申请的审查和处理

破产案件的受理，也称为破产案件的立案，是指法院在收到破产申请后，经审查认为符合法定的立案条件而裁定予以接受，并因此开始破产程序的司法行为。由于破产程序的开始具有一系列的法律效果，破产案件受理规则在破产法上意义重大。

（1）债务人异议权。债权人提出破产申请的，人民法院应当自收到申请之日起5日内通知债务人。债务人对申请有异议的，应当自收到法院通知之日起7日内向法院提出。

（2）裁定受理期限。人民法院应当自异议期满之日起10日内裁定是否受理。除前述规定的情形外，法院应当自收到破产申请之日起15日内裁定是否受理。有特殊情况需要延长前述两种期限的，经上一级人民法院批准，可以延长15日。

（3）人民法院受理破产申请的，应当自裁定作出之日起5日内送达申请人。债权人提出申请的，人民法院应当自裁定作出之日起5日内送达债务人。债务人应当自裁定送达之日起15日内，向人民法院提交财产状况说明、债务清册、债权清册、有关财务会计报告以及职工工资的支付和社会保险费用的缴纳情况。

（4）申请人对不受理破产申请裁定的上诉权。人民法院裁定不受理破产申请的，应当自裁定作出之日起5日内送达申请人并说明理由；申请人对裁定不服的，可以自裁定送达之日起10日内向上一级人民法院提起上诉。

2. 指定管理人

管理人是负责接管债务人并处理债务人的经营管理和破产事务的组织或个人。《企业破产法》规定：人民法院裁定受理破产申请的，应当同时指定管理人。具体办法见《最高人民法院关于审理企业破产案件指定管理人的规定》(2007年)。

1) 管理人的资格

《企业破产法》规定：管理人可以由有关部门、机构的人员组成的清算组或者依法设立的律师事务所、会计师事务所、破产清算事务所等社会中介机构及其具备相关专业知识并取得执业资格的人员担任。个人担任管理人的，应当参加执业责任保险。

有下列情形之一的，不得担任管理人：①因故意犯罪受过刑事处罚；②曾被吊销相关专业执业证书；③与本案有利害关系；④人民法院认为不宜担任管理人的其他情形。

债权人会议认为管理人不能依法、公正执行职务或者有其他不能胜任职务情形的，可以申请人民法院予以更换。管理人没有正当理由不得辞去职务，辞去职务应当经人民法院许可。

2) 管理人的报酬

管理人的报酬由人民法院确定，原则上应当根据破产案件审理进度和管理人履职情况分期支付。案情简单、耗时较短的破产案件，可以在破产程序终结后一次性向管理人支付报酬。管理人经人民法院许可，可以聘用必要的工作人员。管理人执行职务的费用、报酬和聘用工作人员的费用均计入破产费用。管理人获得的报酬是纯报酬，不包括其执行职务的费用和聘用工作人员而用的费用。具体办法可见《最高人民法院关于审理企业破产案件确定管理人报酬的规定》(2007年)。

3) 管理人的职权和职责

管理人应当勤勉尽责，忠实执行职务，履行的职责主要有：①接管债务人的财产、印章和账簿、文书等资料；②调查债务人财产状况，制作财产状况报告；③决定债务人的内部管理事务；④决定债务人的日常开支和其他必要开支；⑤在第一次债权人会议召开之前，决定继续或者停止债务人的营业；⑥管理和处分债务人的财产；⑦代表债务人参加诉讼、仲裁或者其他法律程序；⑧提议召开债权人会议；⑨人民法院认为管理人应当履行的其他职责。

4) 对管理人的监督

① 债权人会议。债权人认为管理人不能依法、公正执行职务或者有其他不能胜任职务情形的，可以申请人民法院予以更换。管理人应当列席债权人会议，向债权人会议报告职务执行情况，并回答询问。

② 人民法院。管理人依照企业破产法的规定执行职务，向人民法院报告工作；没有正当理由不得辞去职务，辞去职务应当经人民法院许可。

③ 债权人委员会。管理人还应受到债权人委员会的监督。

管理人未依法规定勤勉尽责、忠实执行职务的，人民法院可以依法处以罚款；给债权人、债务人或第三人造成损失的，依法承担赔偿责任；构成犯罪的，依法追究刑事责任。

3. 通知和公告

人民法院应当自裁定受理破产申请之日起25日内通知已知债权人，并予以公告。通知和公告应载明：①申请人、被申请人的名称或者姓名；②人民法院受理破产申请的时间；③申报债权的期限、地点和注意事项；④管理人的名称或者姓名及其处理事务的地址；⑤债务人的债务人或者财产持有人应当向管理人清偿债务或者交付财产的要求；⑥第一次债权人会议召开的时间和地点；⑦人民法院认为应当通知和公告的其他事项。

4. 债权的申报和登记

债权申报是指破产案件受理后，债权人依法定程序主张并证明其债权，以便参加破产程序的法律行为。人民法院受理破产申请后,应当确定债权人申报债权的期限,申报期限自人民法院发布受理破产申请公告之日起计算,最短不得少于 30 日,最长不得超过 3 个月。在债权申报期限内,债权人未申报债权的,可以在破产财产最后分配前补充申报;但已进行的分配,不再对其补充分配。为审查和确认补充申报债权的费用,由补充申报人承担。债权人未依照法律规定申报债权的,不得依照法律规定的程序行使权利。

管理人收到债权申报材料后,应当登记造册,对申报的债权进行审查,并编制债权表。债权表和债权申报材料由管理人保存,供利害关系人查阅。

5. 人民法院受理破产案件的法律后果

人民法院受理破产案件后,产生以下法律后果。

(1) 对债务人的约束。自法院受理破产申请的裁定送达债务人之日起至破产程序终结之日,债务人的有关人员,包括法定代表人或经人民法院决定的财务管理人员和其他经营管理人员,应承担下列义务:①妥善保管其占有和管理的财产、印章和账簿、文书等资料;②根据人民法院、管理人的要求进行工作,并如实回答询问;③列席债权人会议并如实回答债权人的询问;④未经人民法院许可不得离开住所地;⑤不得新任其他企业的董事、监事、高级管理人员;⑥不得对个人债权人清偿债务;⑦担任保证人的债务人应及时转告有关当事人。

(2) 对债权人的约束。法院受理破产申请后,债权人应向管理人申报债权,债权人在申报债权的同时也应自动停止其个别追索行为,这是债权人参加破产程序行使权利的基础。在破产申请受理时,未到期的债权视为到期,付利息的债权自破产申请受理时起停止计息。

(3) 对债务人的债务人或者财产持有人的约束。债务人的债务人或者财产持有人,应当向管理人清偿债务或者交付财产;若故意违反规定向债务人清偿债务或者交付财产,使债权人受到损失的,不免除其清偿债务或者交付财产的义务。

(4) 管理人的权利。法院受理破产申请后,管理人对破产申请受理前成立而债务人和对方当事人均未履行完毕的合同有权决定解除或者继续履行,并通知对方当事人。管理人自破产申请受理之日起 2 个月内未通知对方当事人,或者自收到对方当事人催告之日起 30 日内未答复的,视为解除合同。管理人决定继续履行合同的,对方当事人应当履行;但是,对方当事人有权要求管理人提供担保。管理人不提供担保的,视为解除合同。

(5) 对其他民事程序的影响。法院受理破产申请后,有关债务人财产的保全措施应当解除,执行程序应当中止。已经开始而尚未终结的有关债务人的民事诉讼或者仲裁应当中止;在管理人接管债务人的财产后,该诉讼或者仲裁继续进行。有关债务人的民事诉讼,只能向受理破产申请的人民法院提起。

9.3 债权人会议与债权人委员会

9.3.1 债权人会议的概念、组成和召开

1. 债权人会议的概念

债权人会议是依法申报债权的债权人参加破产程序并集体行使权利的决议机构。它是在破产财产处理过程中,集中体现全体债权人意志的一种临时性的组织形式,也是在人民法院

的监督下讨论决定破产事宜的最高决策机构。

2. 债权人会议的组成

债权人会议由依法申报债权的债权人组成。债权人无论债权的性质及数额，均为债权人会议的成员，有权参加债权人会议。

（1）有表决权的成员，包括：无财产担保的普通债权人，放弃了优先受偿权利的有财产担保的债权人，有优先受偿权利但优先受偿权的行使未能就担保物获得足额清偿的债权人，代替债务人清偿了债务的保证人等。

（2）无表决权的成员，包括：未放弃优先受偿权利的有财产担保的债权人；债权附有停止条件，但其条件尚有待成就的债权人；尚未代替债务人向他人清偿债务的保证人或其他连带债务人。《企业破产法》规定的其他无表决权的成员情形，包括债权尚未确定的债权人，除人民法院能够为其行使表决权而临时确定债权额的外，不得行使表决权；对债务人的特定财产享有担保权的债权人，未放弃优先受偿权利的，不享有表决通过和解协议及通过破产财产的分配方案的权利。

债权人可以委托代理人出席债权人会议，行使表决权。代理人出席债权人会议，应当向人民法院或者债权人会议主席提交债权人的授权委托书。债权人会议应当由债务人的职工和工会的代表参加，对有关事项发表意见。

债权人会议设主席一人，由人民法院从有表决权的债权人中指定。债权人会议主席主持债权人会议。

3. 债权人会议的召开

破产程序开始后，根据规定应当召开债权人会议。这分为两种情况：①法律规定必须召开的债权人会议，如第一次债权人会议；②在必要时召开的债权人会议，如管理人提议。

第一次债权人会议由人民法院召集，自债权申报期限届满之日起15日内召开。除第一次债权人会议外，以后的债权人会议，在人民法院认为必要时，或者管理人、债权人委员会、占代表债权总额1/4以上数额的债权人向债权人会议主席提议时召开。

召开债权人会议，管理人应当提前15日通知已知的债权人。

9.3.2 债权人会议的职权和决议

1. 债权人会议的职权

债权人会议的职权有：①核查债权；②申请人民法院更换管理人，审查管理人的费用和报酬；③监督管理人；④选任和更换债权人委员会成员；⑤决定继续或者停止债务人的营业；⑥通过重整计划；⑦通过和解协议；⑧通过债务人财产的管理方案；⑨通过破产财产的变价方案；⑩通过破产财产的分配方案；⑪人民法院认为应当由债权人会议行使的其他职权。

2. 债权人会议的决议

债权人会议的决议，由出席会议的有表决权的债权人过半数通过，并且其所代表的债权额占无财产担保债权总额的1/2以上。但是，破产法另有规定的除外。

债权人认为债权人会议的决议违反法律规定，损害其利益的，可以自债权人会议作出决议之日起15日内，债权人可向人民法院申请撤销，人民法院可以裁定撤销全部或者部分事项决议，责令债权人会议依法重新作出决议。债权人申请撤销债权人会议决议的，应当提出书面申请。债权人会议采取通信、网络投票等非现场方式进行表决的,债权人申请撤销的期限自债权人收到通知之日起算。

债权人会议的决议,对于全体债权人均有约束力。

9.3.3 债权人委员会

债权人会议可以决定设立债权人委员会。债权人委员会由债权人会议选任的债权人代表和一名债务人的职工(或者工会)代表组成。债权人委员会成员不得超过9人。债权人委员会成员应当经人民法院书面决定认可。

1. 债权人委员会的职权

债权人委员会行使下列职权:①监督债务人财产的管理和处分;②监督破产财产分配;③提议召开债权人会议;④债权人会议委托的其他职权。由此可见,设立债权人委员的目的主要是对管理人的行为进行监督和约束。

债权人委员会决定所议事项应获得全体成员过半数通过,并作成议事记录。债权人委员会成员对所议事项的决议有不同意见的,应当在记录中载明。债权人委员会行使职权应当接受债权人会议的监督,以适当的方式向债权人会议及时汇报工作,并接受人民法院的指导。

2. 债权人委员会对管理人行为的约束

债权人委员会执行职务时,有权要求管理人、债务人的有关人员对其职权范围内的事务作出说明或者提供有关文件。管理人、债务人的有关人员违反法律规定拒绝接受监督的,债权人委员会有权就监督事项请求人民法院作出决定;人民法院应当在5日内作出决定。

管理人实施下列行为,应当及时报告债权人委员会:①涉及土地、房屋等不动产权益的转让;②探矿权、采矿权、知识产权等财产权的转让;③全部库存或者营业的转让;④借款;⑤设定财产担保;⑥债权和有价证券的转让;⑦履行债务人和对方当事人均未履行完毕的合同;⑧放弃权利;⑨担保物的取回;⑩对债权人利益有重大影响的其他财产处分行为。

9.4 重整与和解

9.4.1 重整

重整是指债务人符合破产或可能破产的情形,但仍有挽救希望,债权人或债务人可以向人民法院申请对债务人进行整顿,以期在一定期限内恢复清偿能力的法律权利。

1. 重整申请和重整期间

重整的申请有以下情形:①债务人直接向人民法院申请;②债权人直接向人民法院申请;③债权人申请对债务人进行破产清算,在人民法院受理破产申请后、宣告破产前,债务人或者出资额占债务人注册资本1/10以上的出资人,可以向人民法院申请重整。

人民法院经审查认为重整申请符合规定的,应当裁定债务人重整,并予以公告。自人民法院裁定债务人重整之日起至重整程序终止,为重整期间。在重整期间,经债务人申请,人民法院批准,债务人可以在管理人监督下自行管理财产和营业事务。

2. 重整计划

(1) 重整计划草案的制订。债务人或管理人中实际的管理、经营债务者，应当自人民法院裁定债务人重整之日起 6 个月内，同时向人民法院和债权人会议提交重整计划草案。

(2) 重整计划草案的通过。人民法院应当自收到重整计划草案之日起 30 日内召开债权人会议，对重整计划草案进行表决。债权人按不同债权分组，各组分别对草案进行表决，出席会议的同一表决组的债权人过半数同意重整计划草案，并且其所代表的债权额占该组债权总额的 2/3 以上的，即为该组通过重整计划草案。

各表决组均通过重整计划草案时，重整计划即为通过。部分表决组未通过重整计划草案的，债务人或者管理人可以同未通过重整计划草案的表决组协商。该表决组可以在协商后再表决一次。双方协商的结果不得损害其他表决组的利益。未通过重整计划草案的表决组拒绝再次表决或者再次表决仍未通过重整计划草案的，在符合法律规定的条件下，债务人或者管理人可以申请人民法院批准重整计划草案。

(3) 批准重整计划。自重整计划通过之日起 10 日内，债务人或者管理人应当向人民法院提出批准重整计划的申请。人民法院经审查认为符合法律规定的，应当自收到申请之日起 30 日以内裁定批准，终止重整程序，并予以公告。

重整计划草案未获得通过，且未获得人民法院批准，或者已通过的重整计划未获得批准的，人民法院应当裁定终止重整程序，并宣告债务人破产。

(4) 重整计划的效力。经人民法院裁定批准的重整计划，对债务人和全体债权人均有约束力。重整计划排除了未按法律规定申报债权的债权人，在该计划执行期间主张权利的效力；执行完毕后，此类债权人可以按照重整计划规定的同类债权的清偿条件行使权利。

(5) 重整计划的执行。重整计划由债务人负责执行。在规定的监督期内，管理人监督重整计划的执行。债务人不能执行或不执行重整计划的，人民法院经管理人或利害关系人请求，应裁定终止重整计划的执行，并宣告债务人破产。

9.4.2 和解

和解是指债务人不能清偿到期债务，但仍有挽救希望，为避免其破产，由债务人和债权人相互间达成的解决债务问题的一揽子谅解协议。和解协议须经人民法院裁定认可。

1. 和解的过程

(1) 申请和解。债务人可以依照企业破产法规定，直接向人民法院申请和解；也可以在人民法院受理破产申请后、宣告债务人破产前，向人民法院申请和解。债务人申请和解，应当提出和解协议草案。

(2) 法院裁定和解。人民法院经审查认为和解申请符合企业破产法规定的，应当裁定和解，予以公告，并召集债权人会议讨论和解协议草案。

(3) 通过和解协议。债权人会议通过和解协议的决议，由出席会议的有表决权的债权人过半数同意，并且其所代表的债权额占无财产担保债权总额的 2/3 以上。债权人会议通过和解协议的，由人民法院裁定认可，终止和解程序，并予以公告。管理人应当向债务人移交财产和营业事务，并向人民法院提交执行职务的报告。

和解协议草案经债权人会议表决未获得通过，或者已经债权人会议通过的和解协议未获得人民法院认可的，人民法院应当裁定终止和解程序，并宣告债务人破产。此外，企业破产法还规定了破产程序中的和解：人民法院受理破产申请后，债务人与全体债权人就债权债务的处理自行达成协议的，可以请求人民法院裁定认可，并终结破产程序。

经人民法院裁定认可的和解协议，对债务人和全体和解债权人均有约束力。

2．和解协议

和解协议是债务人与债权人双方就债务问题的延期、分期偿付或免除而成立的合同。它是一种特殊的合同，具有以下特征。

（1）和解协议的当事人是债务人与全体债权人。和解债权人是指人民法院受理破产申请时对债务人享有无财产担保债权的人。

（2）和解协议的内容主要包括清偿债务的财产来源、办法和期限等。

（3）和解协议的生效以法院裁定认可为要件。因债务人的欺诈或者其他违法行为而成立的和解协议，人民法院应当裁定无效，并宣告债务人破产。法院对和解协议只能裁定认可或不认可，而无权裁定修改其内容。

3．和解的效力

和解的效力是指和解协议生效所带来的法律后果。

（1）中止破产程序。中止的起始时间与和解协议的生效时间一致，即法院公告之日。

（2）解除对债务人的破产保全。破产保全解除后，作为原保全标的的财产可继续为债务人占用和正常处分。

（3）变更债权债务关系。和解生效后，原有债权债务关系变更为和解债权债务关系，需重新确定，当事人双方均只能按和解协议的规定索偿和清偿。

（4）对申报债权的和解债权人的效力。和解债权人未依法申报债权的，在和解协议执行期间不得行使权利；在和解协议执行完毕后，可以按照和解协议规定的清偿条件行使权利。

4．和解的终结

（1）正常终结，即和解协议执行完毕后的终结。债务人严格按照和解协议规定的条件清偿债务，则协议执行完毕就意味着和解的终结。按照和解协议减免的债务，自和解协议执行完毕时，债务人不再承担清偿责任。

（2）非正常终结，即和解协议未执行完毕的终结。债务人不能执行或者不执行和解协议的，人民法院经和解债权人请求，应当裁定终止和解协议的执行，并宣告债务人破产。和解债权人因执行和解协议所受的清偿仍然有效，和解债权未受清偿的部分作为破产债权。

9.5 破产清算

9.5.1 破产宣告

1．破产宣告的概念

破产宣告是指人民法院依据当事人的申请或法定职权，对债务人不能清偿到期债务的事实作出的法律上的认定。人民法院依法规定宣告债务人破产，应当自裁定作出之日起5日内送达债务人和管理人，自裁定作出之日起10日内通知已知债权人，并予以公告。破产宣告前，有下列情形之一的，人民法院应当裁定终结破产程序，并予以公告：①第三人为债务人提供足额担保或者为债务人清偿全部到期债务的；②债务人已清偿全部到期债务的。

债务人被宣告破产后，债务人称为破产人，债务人财产称为破产财产，人民法院受理破产申请时对债务人享有的债权称为破产债权。

2. 破产宣告的情形

根据我国法律的相关规定，有下列情形之一的，由人民法院裁定宣告企业破产：①债务人有《企业破产法》第二条规定的情形，经人民法院审查属实，没有进行重整或和解；②债务人在重整期间因法定事由被人民法院裁定终止重整程序；③债务人或者管理人未按期提出重整计划草案，被人民法院裁定终止重整程序；④重整计划草案未获通过且未被批准，或者重整计划已获通过但未被批准，被人民法院裁定终止重整程序；⑤债务人不能执行或者不执行重整计划的，经管理人或利害关系人申请，人民法院裁定终止重整计划的执行；⑥债务人不能清偿债务且与债权人不能达成和解协议的；⑦和解协议草案经债权人会议表决未获得通过，或者已通过但未获得人民法院认可的，被人民法院裁定终止和解程序；⑧因债务人的欺诈或者其他违法行为而成立的和解协议，被人民法院应当裁定无效；⑨债务人不能执行或者不执行和解协议的。

3. 破产宣告的程序

人民法院经过审查，对符合破产条件的企业，应该宣告其破产。破产宣告应公开进行。由债权人提出申请破产的，破产宣告时应当通知债务人到庭。

人民法院裁定宣告债务人破产后，应制作破产宣告裁定书，其内容包括：破产人的基本情况；破产原因；宣告破产的法律依据；破产宣告应进行的其他事项；破产宣告日期。

4. 破产宣告的法律效力

破产宣告是一项司法行为，它产生一系列的法律效果，构成了破产法的一个重要事件，标志着企业破产程序进入实质阶段，是整个破产程序中最重要的阶段和环节。破产宣告的裁定一旦作出，破产企业应立即停止生产经营活动，进入破产清算程序。

（1）对债务人的法律效力。主要有：①破产企业自宣告破产之日起应当停止生产经营活动，但人民法院或者清算组认为确有必要继续生产经营的除外；②债务人的财产成为破产财产，即成为归清算人占有、支配并用于破产分配的财产；③债务人丧失对财产和事务的管理权，由清算组全面接管；④债务人的法定代表人承担与清算有关的法定义务，如保管好破产财产、办理财产移交、随时回答询问、列席债权人会议等。

（2）对债权人的法律效力。主要有：①未到期的债权视为到期；②有财产担保的债权人可以随时由担保物获得清偿；③对破产企业负有债务的企业享有破产抵销权；④无担保债权人依破产分配方案获得清偿。

（3）对第三人的法律效力。破产宣告后，与破产人有其他民事关系的第三人，应按照其民事关系的性质享受相应的权利或承担相应的义务。主要有：①破产人占有的属于他人的财产，其权利人有权取回；②破产人的债务人应当向清算人清偿债务；③持有破产人财产的人，应当向清算人交付财产；④待履行合同解除或继续履行时，相对人享有相应的权利；⑤破产无效行为的受益人，应当返还其受领的利益。

9.5.2 破产财产

破产财产，是指在破产宣告时至破产程序终结期间，归管理人占有、支配并用于破产分配的破产人的全部财产的总和。它作为破产宣告后继续进行破产程序的财产基础而存在，决定着破产债权的受偿程度和破产关系中有关主体的利益分配。

破产财产包括：①宣告破产时破产企业经营管理的全部财产；②破产企业在破产宣告后至破产程序终结前所取得的财产；③应当由破产企业行使的其他财产权利。另外，已作为担保物的财产不属于破产财产；担保物的价款超过其所担保的债务数额的，超过部分属于破产财产。破产宣告时破产企业未到期的债权，以到期债权列入破产财产，但是应当减去未到期的利息及其他损失。

《企业破产法》规定，涉及债务人财产的下列行为无效：①为逃避债务而隐匿、转移财产的；②虚构债务或者承认不真实的债务的。在人民法院受理破产案件前6个月至破产宣告之日期间内，破产企业有下列行为之一的，管理人有权向人民法院申请追回财产，追回的财产，并入破产财产：①隐匿、私分或者无偿转让财产；②非正常压价出售财产；③对原来没有财产担保的债务提供财产担保；④对未到期的债务提前清偿；⑤放弃自己的债权。

9.5.3 破产债权

破产债权，是指在破产宣告前成立的，可以通过破产程序从破产财产中获得清偿的债权。破产债权的范围包括：①破产宣告前成立的无财产担保的债权；②破产宣告前成立的放弃优先受偿权利的有财产担保的债权；③破产宣告时债权人未到期的债权，视为已到期债权与其他破产债权一起得到清偿，但是应当减去未到期的利息；④有财产担保的债权，其数额超过担保物的价款的，未受清偿的部分应当列入破产债权；⑤清算组决定解除破产企业未履行的合同，另一方当事人因合同解除受到损害的，其损害赔偿额作为破产债权；⑥作为被保证人的企业被宣告破产前，保证人代替被保证人清偿债务的，保证人的清偿数额属于破产债权；⑦票据出票人或者背书人被宣告破产，而付款人或承兑人不知其事实而付款或者承兑所产生的债权（付款人或承兑人为债权人）。

不必申报的债权有：职工的工资和医疗、伤残补助、抚恤费用，应当划入职工个人账户的基本养老保险、基本医疗保险费用，以及应当支付给职工的补偿金。管理人对不必申报的债权调查后须列出清单予以公示。职工对清单记载有异议的，可以要求管理人更正；管理人不予更正的，职工可以向人民法院提起诉讼，职工劳动债权计算到解除劳动合同时止。

管理人必须将申报的债权全部登记在债权登记表上，不允许以其认为债权超过诉讼时效或者不能成立等为由拒绝编入债权登记表。依法编制的债权登记表，应当提交第一次债权人会议核查。经核查后，管理人、债务人、其他债权人等对债权无异议的，列入债权确认表中。债权确认表由人民法院裁定确认，其确认具有与生效判决同等的法律效力，但允许通过提起债权确认诉讼予以修正。

9.5.4 破产费用和共益债务

1. 破产费用

破产费用，是指破产程序开始后，为破产程序的进行以及全体债权人的共同利益而从债务人财产中优先支付的费用。包括：①破产案件的诉讼费用；②管理、变价和分配债务人财产的费用；③管理人执行职务的费用、报酬和聘用工作人员的费用。

2. 共益债务

共益债务是指破产程序中为全体债权人的共同利益而管理、变价和分配破产财产而负担的债务。包括：①因管理人或者债务人请求对方当事人履行双方均未履行完毕的合同所产生的债务；②债务人财产受无因管理所产生的债务；③因债务人不当得利所产生的债务；④为债务人继续营业而应支付的劳动报酬和社会保险费用以及由此产生的其他债务；⑤管理人或者相关人员执行职务致人损害所产生的债务；⑥债务人财产致人损害所产生的债务。

3. 清偿顺序

破产费用和共益债务由债务人财产随时清偿。不足以共同清偿二者的，先行清偿破产费用；不足以清偿所有破产费用或者共益债务的，按照比例清偿；不足以清偿破产费用的，管理人应当提请人民法院终结破产程序，法院在收到请求之日起15日内裁定终结破产程序，并予以公告。

9.5.5 破产财产的变价与分配

1. 破产财产的变价

(1) 拟订变价方案。管理人应当及时拟订破产财产变价方案，提交债权人会议讨论，债权人会议表决未通过的，由人民法院裁定。

(2) 变价出售破产财产。管理人应当按照债权人会议通过的或人民法院裁定的破产财产变价方案，适时变价出售破产财产。除债权人会议另有决议外，变价出售破产财产应当通过拍卖进行。

(3) 变价出售方法。破产企业可以全部或者部分变价出售。企业变价出售时，可以将其中的无形资产和其他财产单独变价出售。按照国家规定不能拍卖或者限制转让的财产，应当按照国家规定的方式处理。

2. 破产财产的分配

除非债权人会议另有决议，破产财产的分配应当以货币分配方式进行。

1) 分配顺序

破产财产在优先清偿破产费用和共益债务后，依照下列顺序清偿：①破产人所欠职工的工资和医疗、伤残补助及抚恤费用，所欠应当划入职工个人账户的基本养老保险、基本医疗保险费用，以及法律、行政法规规定应当支付给职工的补偿金；②破产人欠缴的除前项规定以外的社会保险费用和破产人所欠税款；③普通破产债权。破产财产不足以清偿同一顺序的清偿要求的，按照比例分配。破产企业的董事、监事和高级管理人员的工资按照该企业职工的平均工资计算。

企业破产法施行后，破产人在该法公布之日前所欠职工的工资和医疗、伤残补助、抚恤费用，应当划入职工个人账户的基本养老保险、基本医疗保险费用，以及法律、行政法规规定应当支付给职工的补偿金，依照前述分配顺序的规定清偿后不足以清偿的部分，优先于对特定财产享有担保权的权利人受偿。

2) 分配过程

(1) 管理人拟订破产财产分配方案，提交债权人会议讨论。分配方案应载明：①参加破产财产分配的债权人名称或者姓名、住所；②参加破产财产分配的债权额；③可供分配的破产财产数额；④破产财产分配的顺序、比例及数额；⑤实施破产财产分配的方法。

(2) 债权人会议通过破产财产分配方案后,由管理人将该方案提请人民法院裁定认可。

(3) 经人民法院裁定认可后,由管理人执行该分配方案。

3) 分配过程中的公告

管理人按照破产财产分配方案实施多次分配的,应当公告本次分配的财产额和债权额。管理人实施最后分配的,应当在公告中指明,并载明法律规定的事项。

4) 分配过程中的提存

有下列三种情况时应提存:①对于附生效条件或者解除条件的债权,管理人应当将其分配额提存;②债权人未受领的破产财产分配额,管理人应当提存;③破产财产分配时,对于诉讼或仲裁未决的债权,管理人应将其分配额提存。

9.5.6 破产程序的终结

1. 破产程序终结的原因

破产程序终结是指引起破产程序终结的法律事实。

一般来说,破产程序终结的原因主要有:①和解、重整程序顺利完成;②债务人消除破产原因或以其他方式解决债务清偿问题(包括自行和解);③债务人的破产财产不足以支付破产费用;④破产人无财产可供分配;⑤破产财产分配完毕。

破产人无财产可供分配的,管理人应当请求人民法院裁定终结破产程序。在破产人有财产可供分配的情况下,管理人在最后分配完结后,应当及时向人民法院提交破产财产分配报告,并提请人民法院裁定终结破产程序。人民法院应当自收到管理人终结破产程序的请求之日起 15 日内作出是否终结破产程序的裁定。裁定终结的,应当予以公告。

管理人应当自破产程序终结之日起 10 日内,持人民法院终结破产程序的裁定,向破产人的原登记机关办理注销登记。但是,存在诉讼或者仲裁未决情况的除外。

破产人的保证人和其他连带债务人,在破产程序终结后,对债权人依照破产清算程序未受清偿的债权,依法继续承担清偿责任。

2. 遗留事物的处理

管理人于办理注销登记完毕的次日终止执行职务。但是,存在诉讼或者仲裁未决情况的除外。管理人可以在破产程序终结后,继续办理破产案件的遗留事物。

自破产程序因债务人的财产不足以支付破产费用而终结,或者因破产人无财产可供分配或因破产财产分配完毕而终结时,自终结之日起 2 年内有下列情形之一的,债权人可以请求人民法院按照破产财产分配方案进行追加分配:①发现依照法律有涉及债务人财产可撤销或无效的规定应当追回财产的;②发现破产人有应当供分配的其他财产的。有上述情形,但财产数量不足以支付分配费用的,不再进行追加分配,由人民法院将其上交国库。

9.5.7 破产程序中的相关权利

1. 别除权

别除权是指对破产企业的特定财产享有担保权的权利人,对该特定财产享有优先受偿的权利。其优先受偿权的行使不受破产清算与和解程序的限制,但在重整程序中受到限制(重整期间,对债务人的特定财产享有的担保权暂停行使)。因此,对破产企业的特定财产享有担保权的债权人,未放弃优先受偿权利的,对通过"和解协议和破产财产的分配方案"不享有表决权。

（1）破产企业以自己设备为自己债务提供抵押担保，有财产担保的债权人：①如果放弃优先受偿权利，其债权作为普通破产债权；②如果不放弃优先受偿权利，债权人行使优先受偿权利未能完全受偿的，其未受偿的债权作为普通破产债权。

（2）破产企业以自己设备为他人债务提供抵押担保，如破产企业仅作为担保人为他人债务提供物权担保，担保债权人的债权虽然在破产程序中可以构成别除权，但因破产企业不是主债务人，在担保物价款不足以清偿担保债权时，余债不得作为破产债权向破产企业要求清偿，只能向原主债务人要求清偿；如果别除权人放弃优先受偿的权利，其债权也不能转为对破产企业的破产债权，因为二人之间只有担保关系，无基础债务关系。

2. 取回权

取回权是指财产权利人向管理人主张返还或者交付不属于破产财产而归其支配的财产的权利。取回权分为一般取回权和特别取回权。

《企业破产法》第三十八条是对一般取回权的规定：人民法院受理破产申请后，债务人占有的不属于债务人的财产，该财产的权利人可以通过管理人取回。

《企业破产法》第三十九条是对特别取回权的规定：人民法院受理破产申请时，出卖人已将买卖标的物向作为买受人的债务人发运，债务人尚未收到且未付清全部价款的，出卖人可以取回在运途中的标的物。但是，管理人可以支付全部价款，请求出卖人交付标的物。

3. 破产抵销权

破产抵销权是指债权人在破产申请受理前对债务人负有债务的，在清算分配前可以向管理人主张以破产债权抵销其所负债务的权利。破产抵销权设立的目的在于保障对破产人负有债务的破产债权人的利益，做到相互债务公平清偿。

《企业破产法》规定，以下情形禁止抵销：①债务人的债务人在破产申请受理后取得他人对债务人债权的；②债权人已知债务人有不能清偿到期债务或者破产申请的事实，对债务人负担债务的，但债务人因法律规定或者破产申请一年前所发生的原因而负担债务的除外；③债务人的债务人已知债务人有不能清偿到期债务或者破产申请的事实，对债务人取得债权的，但债务人的债务人因为法律规定或者有破产申请前一年所发生原因而取得债权的除外。

股东的特定债务禁止抵销。债务人的股东主张下列债务与债务人对其负有的债务抵销，债务人的管理人提出异议的，人民法院应予支持：①债务人股东因欠缴债务人的出资或者抽逃出资对债务人所负的债务；②债务人股东滥用股东权利或者关联关系损害公司利益对债务人所负的债务。

4. 撤销权

撤销权，又称否认权，是指管理人对破产人在破产宣告前法定期间内进行的损害破产债权人共同利益的行为，有否认其效力，申请法院予以撤销，恢复原状，并追回转让财产的权利。

1）管理人的撤销权

人民法院受理破产申请前一年内，涉及债务人财产的下列行为，管理人有权请求人民法院予以撤销：①放弃债权的；②无偿转让财产的；③以明显不合理的价格进行交易的；④对没有财产担保的债权提供财产担保的；⑤对未到期的债务提前清偿的。

人民法院根据管理人的请求撤销涉及债务人财产的以明显不合理价格进行交易的，买卖双方应当依法返还从对方获取的财产或者价款。因撤销该交易对于债务人应当返还受让人已支付价款所产生的债务,受让人请求作为共益债务清偿的,人民法院应予支持。

2) 对个别清偿的撤销权

人民法院受理破产申请后,债务人对个别债权人的清偿无效,但债务人以其财产向债权人提供物权担保的,其在担保物市场价值内向债权人所做的债务清偿,不受上述规定的限制。

人民法院受理破产申请前6个月内,债务人不能清偿到期债务,并且资产不足以清偿全部债务或者明显缺乏清偿能力,仍对个别债权人进行清偿的,管理人有权请求人民法院予以撤销,但个别清偿使债务人受益的除外。

9.5.8 法律责任

董事、监事或高级管理人员违反忠实义务、勤勉义务,致使所在企业破产的,依法承担民事责任;自破产程序终结之日起3年内不得担任任何企业的董事、监事、高级管理人员。

有义务列席债权人会议的债务人的有关人员,经人民法院传唤,无正当理由拒不列席债权人会议的,人民法院可以拘传,并依法处以罚款。债务人的有关人员违反法律规定,拒不陈述、回答,或者作虚假陈述、回答的,人民法院可以依法处以罚款。

债务人违反法律规定,拒不向人民法院提交或者提交不真实的财产状况说明、债务清册、债权清册、有关财务会计报告以及职工工资的支付情况和社会保险费用的缴纳情况的,人民法院可以对直接责任人员依法处以罚款。

债务人违反法律规定,拒不向管理人移交财产、印章和账簿、文书等资料的,或者伪造、销毁有关财产证据材料而使财产状况不明的,人民法院可以对直接责任人员依法处以罚款。

债务人违反法律规定损害债权人利益的,债务人的法定代表人和其他直接责任人员依法承担赔偿责任。债务人的有关人员违反法律规定,擅自离开住所地的,人民法院可以予以训诫、拘留,可以依法并处罚款。

管理人未依照本法规定勤勉尽责、忠实执行职务的,人民法院可以依法处以罚款;给债权人、债务人或者第三人造成损失的,依法承担赔偿责任。

以上人员构成犯罪的,依法追究刑事责任。

本 章 小 结

- 破产一般是指对债务人的破产清算程序。广义上的破产法律制度,不仅包括破产清算制度,还包括以挽救债务人、避免破产为目的的重整、和解等法律制度。
- 破产原因是法院据以启动破产程序的法律事实。债权人、债务人和清算组均可以提出破产申请,但申请的条件和要求有所不同。破产案件的管辖分为地域管辖和级别管辖。

- 人民法院裁定受理破产申请后,应当指定管理人,予以通知和公告,确定债权人申报债权的期限。
- 债权人会议是集中体现全体债权人意志的一种临时性的组织形式,在法院的监督下讨论决定破产事宜的最高决策机构。它可设立债权人委员会。
- 重整强调恢复企业自行管理财产和营业事务的能力,使债权得到实现。主要包括重整申请和重整期间、重整计划的制定和批准、重整计划的执行。和解强调使债务债权关系的消灭。通过和解协议的执行,使债权人得到清偿。
- 破产清算主要包括破产宣告、破产财产的变价与分配、破产程序的终结等。
- 债务人被人民法院依法宣告破产后,债务人称为破产人,债务人财产称为破产财产,人民法院受理破产申请时对债务人享有的债权称为破产债权。破产财产在优先清偿破产费用和共益债务后,依照顺序清偿。
- 破产程序终结是指引起破产程序终结的法律事实。在破产财产最后分配结束后又出现可供分配财产时应进行追加分配。

关键概念

破产 破产法 破产原因 破产申请 破产受理 管理人 债权申报 债权人会议 重整 和解 破产清算 破产宣告 破产财产 破产债权 破产费用 共益债务 破产财产的变价 破产分配 破产终结 别除权 取回权 破产抵销权 撤销权

复习思考题

1. 简述破产的概念及原因。
2. 我国破产法的适用范围包括哪些?
3. 简述破产案件的申请与受理过程。
4. 债权人会议职责有哪些?
5. 管理人如何指定?管理人的职责是什么?
6. 重整与和解有什么区别?
7. 什么时候宣告破产?什么情况下宣布破产终结?
8. 破产财产如何分配?

【案例分析】

案例1:2020年3月,申请执行人B公司请求甲地级市乙县人民法院执行A公司(住所地为丙地级市丁县)位于乙县的X房产。乙县人民法院在执行中发现,A公司不能清偿到期债务且资产不足以清偿全部债务。后经A公司书面同意,该执行案件移送破产审查。同年4月,受移送人民法院确定受理A公司破产案件,并指定了破产管理人。

在破产案件审查中,查明下列事实:①A公司在X房产上为其所欠B公司300万元债务设定了抵押担保。抵押时,X房产价值约为350万元,现约为400万元。除上述抵押外该房产上没有其他权利负担。②2019年8月，A公司与C公司约定：A公司从当年9月开始每月从C公司采购原材料，货款按季结算，A公司以其专用存款账户质押担保。之后，A公司依约提供了质押担保。破产案件审理中，其他债权人提出，A公司为C公司提供质押担保的行为发生于破产申请受理前1年内，因此，管理人应请求人民法院予以撤销。

在破产案件审理期间，因国家税收政策调整及不动产价格上涨，A公司资产超过负债。A公司认为破产原因消失，希望通过变卖部分不动产清偿债务，遂向人民法院提出终止破产程序的申请。

试分析：(1) 乙县人民法院移送的A公司破产案件，根据级别管辖和地域管辖的规则，应该由哪个人民法院管辖？并说明理由。(2) 乙县人民法院在作出执行案件移送破产审查决定前，应当履行何种审查程序？(3) A公司为C公司提供质押担保的行为应否撤销？并说明理由。(4) 对于A公司提出的终止破产程序的申请，人民法院应否支持？并说明理由。

案例2：2019年9月以来，债务人A公司出现不能清偿到期债务且明显缺乏清偿能力的情形。同年10月23日，债权人B公司向人民法院提出对A公司进行破产清算的申请。A公司向人民法院提出异议，认为所欠B公司债务有C公司提供的连带保证担保，且C公司有能力承担保证责任，因此人民法院不应受理破产申请。

2019年11月2日，人民法院裁定受理A公司破产案件。在选择管理人时，D会计师事务所和E律师事务所参与投标，其中D会计师事务所曾于2015年1月至2016年10月担任A公司的财务顾问，E律师事务所曾于2016年度担任B公司的法律顾问。

清理债务人财产时，管理人发现，A公司自2018年下半年起存在普遍拖欠职工工资的情形。截至2019年年底，A公司董事仍正常领取工资，但未领取2018、2019年度的绩效奖金。确定破产债权时，管理人对A公司所欠职工工资和医疗、伤残补助、抚恤费用，以及应当列入职工个人账户的基本养老保险和医疗费用等列出清单，进行公示。A公司职工对清单记载的所欠基本养老保险等费用提出异议，要求管理人予以更正。但管理人既未更正，也未作出合理的解释和说明。

破产宣告前，由于A公司的一处土地使用权价值大幅上升，公司资产价值整体超过负债总数，因此A公司请求人民法院裁定驳回破产申请。

试分析：(1) A公司对破产申请提出的异议是否成立？并说明理由。(2) D会计师事务所和E律师事务所，谁不得担任本案的破产管理人？(3) 对于A公司董事领取的2019年9月以后的工资，管理人应如何处理？(4) A公司职工对管理人列出的职工债权清单提出异议并要求更正后，管理人未予更正，对此，有何法律救济途径？(5) 对于A公司基于公司资产价值整体超过负债总数这一情况提出的驳回破产申请的请求，人民法院应否支持？

案例3：2019年6月3日，人民法院裁定受理债务人甲公司的破产申请。同日，法院发布受理破产申请的公告，确定债权人申报债权的期限。在此期限内，管理人收到以下债权申报：①A公司曾为甲公司的50万元银行借款提供连带保证。2019年3月，因甲公司无力偿还借款，A公司承担连带保证责任，向银行支付50万元借款本息。A公司因此向管理人申报50万元本息的债权。②甲公司欠B信用社60万元借款未还。C公司为该笔借款提供连带保证，但未承担保证责任。B信用社向管理人申报60万元借款本息的债权后，C公司也提出相同金额债权的申报。③甲公司的关联企业乙公司也进入破产程序。甲公司和乙公司对D公司负有70万元的连带债务。D公司向乙公司管理人申报70万元债权后，又向甲公司管理人申报该70万元债权。④甲公司长期拖欠E公司货款,累计20万元。E公司申报20万元本息的债权。甲公司管理人收到上述申报后,审查了A、B、C、D、E五家债权人的相关资料,认为E公司主张的债权已经超过诉讼时效期间,故未将E公司申报的债权编入债权登记表。

试分析:(1)债权人申报债权的最短期限和最长期限分别是多少?(2)甲公司管理人对A公司申报的50万元借款本息债权应否确认?并说明理由。(3)甲公司管理人对C公司申报的60万元借款本息债权应否确认?并说明理由。(4)甲公司管理人对D公司申报的70万元借款本息债权应否确认?并说明理由。(5)甲公司管理人不将E公司债权编入债权登记表的理由是否成立?并说明理由。

案例4:A公司是一家拥有200多名职工的企业。自2017年年底开始,A公司生产经营停滞,无力偿还银行贷款本息,并持续拖欠职工工资。2019年1月,A公司20名职工联名向人民法院提出对A公司的破产申请,人民法院认为20名职工无破产申请权,作出不予受理的裁定。2019年2月,A公司的债权人B银行向人民法院申请A公司破产,A公司提出异议称,A公司账面资产总额超过负债总额,并未丧失清偿能力。在此情形下,人民法院召集A公司和B银行代表磋商偿还贷款事宜,但A公司坚持要求B银行再给其半年还款缓冲期,争取恢复生产,收回货款后再偿还贷款;B银行则要求A公司立即清偿债务,双方谈判破裂。人民法院认为,A公司的抗辩异议不成立,于5日后作出受理破产申请的裁定,并指定了破产管理人。

在管理人接管A公司、清理财产和债权债务期间,发生如下事项:①C公司欠A公司的20万元货款到期,C公司经理在得知A公司进入破产程序的情况下,因被A公司经理收买,直接将货款交付A公司财务人员。A公司财务人员收到货款后,迅速交给A公司的股东。②A公司经管理人同意,向其债权人D公司清偿10万元债务,A公司此前为担保该笔债务而以市值50万元的机器设备设定抵押,也因此解除。③管理人还发现,A公司的部分财产已在破产申请受理前发生的多宗民事诉讼案件中被人民法院采取保全措施或进入强制执行程序。

试分析:(1)人民法院认为A公司的20名职工无破产申请权,是否符合企业破产法律制度的规定?并说明理由。(2)人民法院驳回A公司的抗辩异议,是否符合企业破产法律制度的规定?并说明理由。(3)C公司向A公司财务人员交付20万元货款的行为是否产生清偿的效果?并说明理由。(4)A公司向D公司的清偿行为是否应当认定为无效?并说明理由。(5)A公司破产申请受理前人民法院对其部分财产采取的保全措施及强制执行程序,应如何处理?

第3编 经济管理法

第10章 市场竞争法律制度

【学习目标】

学完本章后,你应该能够:
- 知晓不正当竞争的概念及表现类型;
- 理解反不正当竞争法的基本原则;
- 领会不正当竞争行为的种类及行为,反垄断法规制的垄断行为;
- 了解垄断的概念和特征。

10.1 竞 争 法

10.1.1 竞争法概述

1. 竞争

竞争是市场经济最重要的运行机制。没有竞争,市场就没有活力,经营者就没有动力。马克思在《资本论》中指出,"社会分工则使独立的商品生产者互相对立,他们不承认任何别的权威,只承认竞争的权威,只承认他们互相利益的压力加在他们身上的强制。"市场竞争是指有着不同经济利益的两个以上的经营者,为争取收益最大化,以其他利害关系人为对手,采用各种能够争取交易机会和获得商业利益的商业策略,以争取市场的行为。

市场竞争的特点如下。

(1) 竞争是独立的商品生产经营者之间的个体(不是群体)竞争。与垄断不同,竞争代表的不是基于某种共同利益而联合起来的社会力量,而是代表一种各自不同利益、相当分散的社会力量。经营者竞争的目标就是争取交易机会,获得商业利益,争夺市场。

(2) 竞争行为表现为经营者推行一系列的商业策略,使用众多的竞争手段。竞争的商业策略大致有价格策略、广告策略、服务策略、促销策略和树立企业商誉等;竞争手段主要围绕商品的价格、质量及服务等条件来争取交易机会。

(3) 竞争的结果会导致优胜劣汰。正是这种活动导致竞争形势的改变和竞争者地位的转化。竞争的本质体现着一定的社会经济关系。

2. 竞争法的概念

竞争法是指国家在协调经济运行中调整市场竞争关系和市场竞争管理关系的法律规范的总称。市场竞争关系包括两大类:平等性竞争关系和管理性竞争关系。

(1) 平等性竞争关系。这是竞争法调整的最广泛的对象。平等性竞争关系是指经营者之间在交易过程中形成的以利害关系方为对手，相互争夺资金、技术、劳动力及市场占有的经济关系。竞争法对平等性竞争关系的调整，意味着国家要运用强制力量保证这些社会关系有秩序地顺利发展，借以促进市场竞争和市场经济的健康发展。

(2) 管理性竞争关系（竞争管理关系）。是指国家经济管理机关在依照经济职权实施监督、管理市场竞争活动的过程中所形成的经济关系。经济总量的平衡、大的经济结构调整、公平竞争、生态平衡和环境保护等，都不能完全交给市场，"看不见的手"无法自发地起作用，而需要有"看得见的手"，即政府的干预。

3. 竞争法的基本原则

(1) 自由竞争原则。自由竞争是市场经济的精髓，其基本要求是竞争者在同一市场条件下，按照同一的市场规则，自主地决定参加或退出市场的竞争而不受外在意志的干预。

(2) 公平竞争原则。公平是竞争的精神，它要求各个竞争者在同一市场条件下共同接受价值规律和优胜劣汰的作用与评判，并各自独立承担竞争的结果。公平竞争既是群体利益的要求，也是国家规制竞争活动的指导思想。

(3) 诚实信用原则。市场经济是信用经济。信用经济在竞争法中，表现为法的一般理性就是诚实信用原则，其为交易上的道德基础。诚实信用原则作为一般原则其作用可为法官提供价值判断的依据。

10.1.2 我国竞争法概况

我国目前的竞争法主要包括《中华人民共和国反不正当竞争法》《中华人民共和国反垄断法》《中华人民共和国拍卖法》，以及《中华人民共和国招标投标法》（以下简称《反不正当竞争法》）和《反垄断法》《拍卖法》《招标投标法》。为了建立社会主义市场经济，保护市场秩序，维护国家、生产经营者和广大消费者利益，需要进一步完善我国市场竞争法体系中的法律、法规，建立起以《反不正当竞争法》和《反垄断法》为核心的，包括专利法、商标法、证券交易法、消费者权益保护法、价格法、质量法、计量法、标准化法等在内的比较完备的市场竞争法体系。

《反不正当竞争法》与《反垄断法》都是调整竞争关系的法律，其立法宗旨都是为了维护正常的社会经济秩序和保护公平合理竞争，排除限制公平合理竞争的各种因素，促进市场经济的健康发展。这是二者的共同点。但是，二者也有明显的差别：反不正当竞争法主要禁止的是不正当竞争行为，即违反诚实信用原则和公认的商业道德，损害或者可能损害其他经营者合法权益的行为；反垄断法主要禁止的是垄断行为，即各种限制商品自由流通、交换的行为。

10.2 反不正当竞争法

10.2.1 反不正当竞争法的概念和基本原则

1. 反不正当竞争法的概念

不正当竞争，是指经营者在生产经营活动中违反《反不正当竞争法》的规定，损害其他经营者的合法权益，扰乱社会经济秩序的行为。

反不正当竞争法，是指调整在维护公平、自由和有效竞争、制止不正当竞争过程中发生的社会关系的法律规范的总称。为了对市场竞争行为加以规范，维护社会经济秩序，1993年9月2日，第八届全国人大常委会第三次会议通过了《中华人民共和国反不正当竞争法》（分别于2017年修订、2019年修正）。此外，我国商标法、专利法、著作权法、广告法、价格法等也有不少反不正当竞争方面的法律规定。

从世界范围看，反不正当竞争法有两种立法模式。①分立式：将垄断行为和不正当行为区分开来分别立法，分别制定《反不正当竞争法》《反垄断法》或《反限制竞争法》。日本和德国采用分立式模式，如日本制定的《禁止垄断法》《不正当竞争防治法》，德国制定的《反限制竞争法》《反不正当竞争法》。②单一式（也称统一式）：综合制定一部法律来调整不正当竞争行为、垄断行为或限制竞争行为。该模式是将垄断行为或者限制竞争行为和不正当竞争行为合并在一部法律中加以调整，制定统一的《反不正当竞争法》（或称《反托拉斯法》）。美国、澳大利亚和匈牙利等国家采用此模式。

我国反不正当竞争法立法采取了分立式模式，分别制定了《反不正当竞争法》和《反垄断法》，这是由我国的国情决定的。

2. 反不正当竞争法的基本原则

（1）自愿、平等、公平原则。自愿即经营者在市场交易中，根据自己的意志从事交易活动，不受他人欺诈、胁迫的原则。平等即经营者在市场交易中，享有平等的法律地位和权利、义务，平等地受到法律的保护。公平即经营者应当合情合理地行使自己的权利，尊重他人利益和社会公共利益。

（2）诚实信用原则。经营者在经营中，应当坦诚相待，恪守信用，作出正当并且符合商业道德的行为。

10.2.2 不正当竞争行为的种类

我国《反不正当竞争法》主要规定了以下几类不正当竞争行为。

1. 混淆行为

混淆行为，又称为商业假冒行为或商业混同行为，是指经营者在市场经营活动中，引人误以为是他人商品或与他人存在联系，根据《反不正当竞争法》第六条规定，主要包括以下四类。

（1）擅自使用他人有一定影响的商品特有的名称、包装、装潢等相同或者近似的标识。假冒或者仿冒知名商品特有的名称、包装、装潢的行为，是指擅自将他人知名商品特有的商品名称、包装、装潢作相同或者近似使用，造成与他人的知名商品相混淆，使购买者误认为是该知名商品的行为。所谓假冒，是指行为人误导公众相信商品来源于某一知名经营者，或与某一知名经营者营业有关的行为。所谓仿冒，是指生产者或经营者为了争夺竞争优势，在自己的商品或者营业标志上不正当地使用他人的标志，使自己的商品或者营业与他人经营的商品、营业相混淆，牟取不正当利益的行为。

（2）擅自使用他人有一定影响的企业名称或者姓名（包括简称、字号等）、社会组织名称（包括简称等）、姓名（包括笔名、艺名、译名等），引人误以为是他人商品的行为。企业名称或者姓名是经营者的营业标志，是区别商品或者服务来源的标志。根据《最高人民法院关于审理不正当竞争民事案件应用法律若干问题的解释》的规定，企业登记主管机关依法登记注册的企业名称，以及在中国境内进行商业使用的外国（地区）企业名称，应当认定为上述所称的"企业名称"。具有一定市场知名度、为相关公众所知悉的企业名称中的字号、可以认定为上述所称的"企业名称"。在商品经营中使用的自然人的姓名，应当认定为上述所称的"姓名"。

(3) 擅自使用他人有一定影响的域名主体部分、网站名称、网页等。
(4) 其他足以引人误认为是他人商品或者与他人存在特定联系的混淆行为。

2. 商业贿赂行为

商业贿赂行为，是指经营者为销售或者购买商品而采用财物或者其他手段贿赂对方单位或者个人的行为，目的是通过收买竞争对手的代表或交易相对方，获取交易机会和竞争优势。

经营者不得采用财物或者其他手段贿赂下列单位或者个人，以谋取交易机会或者竞争优势：①交易相对方的工作人员；②受交易相对方委托办理相关事务的单位或者个人；③利用职权或者影响力影响交易的单位或者个人。经营者的工作人员进行贿赂的，应当认定为经营者的行为；但是，经营者有证据证明该工作人员的行为与为经营者谋取交易机会或者竞争优势无关的除外。

商业贿赂主要包括两类。①经营者采用财务或者其他手段进行贿赂以销售或者购买商品。在经济生活中，商业贿赂的主要表现形式是被称作"回扣"的贿赂方式。回扣是指"经营者销售商品时在账外暗中以现金、实物或者其他方式退给对方单位或者个人的一定比例的商品价款"。收受回扣的特点在于是在正常交易之外，暗中进行的。在账外暗中给予对方单位或者个人回扣的，以行贿论处；对方单位或者个人在账外暗中收受回扣的以受贿论处。②经营者在销售或者购买商品时在账外给予对方折扣，或者给予非合法的中间人佣金。佣金是商业活动中的一种报酬，合法的中间人通过合法的服务或者合法的佣金，但佣金必须如实入账。国家公务员、企业的雇员、企业的业务代理人，以及其他不是处于独立的中间人地位的人员不能收受佣金。经营者给对方折扣、给中间人佣金的，必须如实入账。接受折扣、佣金的经营者必须如实入账，否则属于不正当竞争行为。

商业贿赂行为的构成要件有：①行为主体是经营者以及与经营者存在交易关系的对方单位或者个人；②经营者实施了商业贿赂行为；③商业贿赂的目的是排挤竞争对手而销售或者购买商品。

商业贿赂行为主要采用财物或其他手段。财物是指现金和实物，包括经营者为销售购买商品，或者假借促销费、宣传费、赞助费、科研费、劳务费、咨询费、佣金等名义给付金钱，或者以报销各种费用等方式给付对方单位或者个人财物。其他手段，是指提供国内外各种名义的旅游、考察等给付财物以外的其他利益的手段等。但按照商业惯例赠送小额广告礼品的除外。

3. 虚假宣传行为

虚假宣传行为是指经营者对其商品的性能、功能、质量、销售状况、用户评价、曾获荣誉等作虚假或者引人误解的宣传，欺骗、误导消费者。经营者不得通过组织虚假交易等方式，帮助其他经营者进行虚假或者引人误解的宣传。

虚假宣传行为的类型主要有利用广告及其他形式的宣传行为。利用广告的形式有报刊、广播、电视、路牌、橱窗、印刷品、霓虹灯等媒体，进行刊播、设置、张贴广告等。其他形式的宣传行为是指广告以外的各种宣传形式，如商品及其包装上的标签和说明，对商品作现场演示或口头说明，散发、邮寄商品的说明书和宣传品，通过行业协会等社会团体推荐宣传、非广告性质的纪实报道等。引人误解的宣传是指可能使宣传对象或者受宣传影响的人对商品宣传的内容与商品的客观事实不符。一般认为，一切具有或可能具有欺骗、误导消费者的购买倾向或决策能力的商业宣传，若导致相当数量的消费者实质性地陷入错误的判断时，就构成了虚假广告宣传行为。

根据《最高人民法院关于审理不正当竞争民事案件应用法律若干问题的解释》规定，经营者具有下列行为之一，足以造成相关公众误解的，可以认定为引人误解的虚假宣传行为：①对商品作片面的宣传或者对比的；②将科学尚未定论的观点、现象等当作定论的事实用于商品宣传的；③以奇异性语言或者其他引人误解的方式进行商品宣传的。以明显的夸张方式宣传商品，不足以造成相关公众误解的，不属于引人误解的虚假宣传行为。

4. 侵犯商业秘密行为

商业秘密是指不为公众所知悉、具有商业价值并经权利人采取相应保密措施的技术信息、经营信息等商业信息。"不为公众知悉"是指有关信息不为其所属领域的相关人员普遍知悉和容易获得。"保密措施"是指权利人为防止信息泄露所采取的与其商业价值等具体情况相适应的合理保护措施。

商业秘密的特征有以下三个方面。①秘密性。秘密性是指商业秘密是处于未公开的状态，即不为公众所知悉。②价值性。价值性是指商业秘密通过现在或者将来的使用，能够为权利人带来现实的或者潜在的经济利益。③实用性。实用性是指该商业秘密能够应用且能产生积极效果。权利人对商业秘密，可以通过签订内部保密协议或外部的具体措施予以保障保密安全。

侵犯商业秘密的经营者可以是内部知情者，也可以是外部知情者或者其他人员；可以是个人，也可以是组织。经营者不得实施下列侵犯商业秘密的行为：①以盗窃、贿赂、欺诈、胁迫、电子侵入或者其他不正当手段获取权利人的商业秘密；②披露、使用或者允许他人使用以第①项中的手段获取的权利人的商业秘密；③违反保密义务或者违反权利人有关保守商业秘密的要求，披露、使用或者允许他人使用其所掌握的商业秘密；④教唆、引诱、帮助他人违反保密义务或者违反权利人有关保守商业秘密的要求，获取、披露、使用或者允许他人使用权利人的商业秘密。

经营者以外的其他自然人、法人和非法人组织实施前款所列违法行为的，视为侵犯商业秘密。第三人明知或者应知商业秘密权利人的员工、前员工或者其他单位、个人实施前款所列违法行为，仍获取、披露、使用或者允许他人使用该商业秘密的，视为侵犯商业秘密。

在侵犯商业秘密的民事审判程序中，商业秘密权利人提供初步证据，证明其已经对所主张的商业秘密采取保密措施，且合理表明商业秘密被侵犯，涉嫌侵权人应当证明权利人所主张的商业秘密不属于法律规定的商业秘密。

商业秘密权利人提供初步证据合理表明商业秘密被侵犯，且提供以下证据之一的，涉嫌侵权人应证明其不存在侵犯商业秘密行为：①有证据表明涉嫌侵权人有渠道或者机会获取商业秘密，且其使用的信息与该商业秘密实质上相同；②有证据表明商业秘密已经被涉嫌侵权人披露、使用或有被披露、使用的风险；③有其他证据表明商业秘密被涉嫌侵权人侵犯。

5. 不正当奖售行为

不正当奖售行为，又称不正当促销行为，是指经营者在销售商品或者提供服务时，以欺骗或者其他不正当的手段附带性地向购买者提供物品、金钱或者其他经济上利益的行为。我国法律并不禁止所有的有奖销售行为，而只对不正当有奖销售行为予以禁止。

《反不正当竞争法》第十条禁止以下不正当奖售行为：①所设奖的种类、兑奖条件、奖金金额或者奖品等销售信息不明确，影响兑奖；②采用谎称有奖或者故意让内定人员中奖的欺骗方式进行有奖销售；③最高奖金额超过5万元的抽奖式有奖销售。

《关于禁止有奖销售活动中不正当竞争行为的若干规定》对《反不正当竞争法》第十条加以细化，禁止以下列方式进行有奖销售：①谎称有奖销售或对所设奖的种类、中奖概率、最高奖金额、总金额、奖品种类、数量、质量、提供方法等作虚假不实的表示；②采取不正当手段故意让内定人员中奖；③故意将设有中奖标志的商品、奖券不投放市场或不与商品、奖券同时投放，或者故意将带有不同奖金金额或者奖品标志的商品、奖券按不同时间投放市场；④抽奖式的有奖销售，最高奖的金额超过5 000元（以非现金的物品或者其他经济利益作为奖励的，按照同期市场同类商品或者服务的正常价格折算其金额）；⑤利用有奖销售手段推销质次价高的商品；⑥其他欺骗性有奖销售行为。

上述有奖销售行为是超过一定范围或采取不正当手段进行的有奖销售，其结果造成对竞争秩序的破坏，损害消费者的利益，属于不正当竞争行为。

6. 诋毁商誉行为

商业诋毁行为又称商业诽谤行为，是指经营者主观上故意捏造、散布虚假事实，造成损害竞争对手的商业信誉和商品声誉的后果，以削弱对方的竞争力而为自己取得竞争优势和谋取不当利益的行为。该行为的主体有：①有竞争关系的经营者；②其他经营者如果受指使从事诋毁商誉的，可以构成共同侵权；③经营者利用新闻媒体诋毁其他经营者的商誉时，新闻单位被利用和被唆使的，仅构成一般的民事侵权，侵害名誉权行为，而非不正当竞争行为。有编造、传播虚假信息或者误导性信息的行为才构成诋毁商誉，如果发布的消息是真实的，不构成诋毁商誉。

经营者实施商业诋毁行为主要表现为捏造、散布虚伪事实和真实事件采用不正当的说法两类，其表现的方式多种多样。如行为人利用散发公开信、召开新闻发布会、刊登对比性广告、声明性广告等形式，制造、散布贬损竞争对手商誉的虚假事实；在产品销售过程中，向客户和消费者散布虚假事实，或者利用说明书或包装上的文字说明，贬低、诋毁竞争对手的同类商品或者服务；行为人唆使他人在公众中散布谣言以诋毁竞争对手的服务质量；等等。

7. 互联网不正当竞争行为

经营者利用网络从事生产经营活动，应当遵守法律的各项规定。经营者不得利用技术手段，通过影响用户选择或者其他方式，实施下列妨碍、破坏其他经营者合法提供的网络产品或者服务正常运行的行为：①未经其他经营者同意，在其合法提供的网络产品或者服务中，插入链接、强制进行目标跳转；②误导、欺骗、强迫用户修改、关闭、卸载其他经营者合法提供的网络产品或者服务；③恶意对其他经营者合法提供的网络产品或者服务实施不兼容；④其他妨碍、破坏其他经营者合法提供的网络产品或者服务正常运行的行为。

10.2.3 监督检查

我国对不正当竞争行为的监督检查机关有两类：①县级以上人民政府市场监督管理部门；②依照法律、行政法规规定的其他职能部门。如卫生部门依法可以对食品和药品方面的不正当竞争行为进行监督检查；如根据《关于制止低价倾销行为的规定》，价格主管部门认定违反价格法的不正当竞争行为。

10.2.4 法律责任

经营者违反《反不正当竞争法》规定，应当承担民事责任、行政责任和刑事责任，其财产不足以支付的，优先用于承担民事责任。

1. 民事责任

《反不正当竞争法》第十七条规定：经营者违反本法规定，给他人造成损害的，应当承担民事责任，经营者的合法权益受到不正当竞争行为损害的，可以向人民法院提起诉讼。因不正当行为受到损害的经营者的赔偿数额，按照其因被侵权所受到的实际损失确定；实际损失难以计算的，按照侵权人因侵权所获的利益确定。经营者恶意实施侵犯商业秘密行为，情节严重的，可以在按照上述方法确定数额的1倍以上5倍以下确定赔偿数额。赔偿数额还应当包括经营者为制止侵权行为所支付的合理开支。

经营者违反该法实施混淆行为、侵犯商业秘密，权利人因被侵权所受到的实际损失、侵权人因侵权所获得的利益难以确定的，由人民法院根据侵权行为的情节判决给予权利人500万元以下的赔偿。

2. 行政责任

（1）经营者违反法律规定，实施混淆行为的，由监督检查部门责令停止违法行为，没收违法商品。违法经营额5万元以上的，可以并处违法经营额5倍以下的罚款；没有违法经营额或者违法经营额不足5万元的，可以并处25万元以下的罚款。情节严重的，吊销营业执照。经营者登记的企业名称违反《反不正当竞争法》第六条规定，构成混淆行为的，应当及时办理名称变更登记；名称变更前，由原企业登记机关以统一社会信用代码代替其名称。

（2）经营者贿赂他人的，由监督检查部门没收违法所得，处10万元以上300万元以下的罚款。情节严重的，吊销营业执照。

（3）经营者对其商品作虚假或者引人误解的商业宣传，或者通过组织虚假交易等方式帮助其他经营者进行虚假或者引人误解的商业宣传的，由监督检查部门责令停止违法行为，处20万元以上100万元以下的罚款；情节严重的，处100万元以上200万元以下的罚款，可以吊销营业执照。如发布虚假广告，依照《中华人民共和国广告法》的规定处罚。

（4）侵犯商业秘密的，由监督检查部门责令停止违法行为，没收违法所得，处10万元以上100万元以下的罚款；情节严重的，处50万元以上500万元以下的罚款。

（5）经营者进行不正当有奖销售的，由监督检查部门责令停止违法行为，处5万元以上50万元以下的罚款。

（6）经营者损害竞争对手商业信誉、商品声誉的，由监督检查部门责令停止违法行为、消除影响，处10万元以上50万元以下的罚款；情节严重的，处50万元以上300万元以下的罚款。

（7）经营者妨碍、破坏其他经营者合法提供的网络产品或者服务正常运行的，由监督检查部门责令停止违法行为，处10万元以上50万元以下的罚款；情节严重的，处50万元以上300万元以下的罚款。

此外，经营者从事不正当竞争，有主动消除或者减轻违法行为危害后果等法定情形的，依法从轻或者减轻行政处罚；违法行为轻微并及时纠正，没有造成危害后果的，不予行政处罚。若从事不正当竞争，受到行政处罚的，由监督检查部门记入信用记录，并依照有关法律、行政法规的规定予以公示。

3. 刑事责任

违反《反不正当竞争法》规定，构成犯罪的，依法追究刑事责任。

10.3 反垄断法

10.3.1 垄断的概念及特征

垄断是与竞争相对立的范畴。一般来说，垄断排斥竞争，广义的不正当竞争包括违反诚实信用商业道德的不正当竞争行为以及垄断和限制竞争行为；狭义垄断行为是指经营者以独占、通过合谋性协议或有组织的联合行动等方式，凭借经济优势或行政权力，操纵或支配市场，限制和排斥竞争的行为，如独占、合并、兼并、合谋协议。其中，合谋协议的主要形式有：价格固定协议、联合抵制、阻止竞争对手进入市场协议、划分市场协议、限定产量协议等。

垄断的特征有：①形成垄断的主要方式是独占或有组织的联合行动；②垄断者之所以能形成垄断势力凭借的是经济优势或行政权力。凭借经济优势形成的垄断属经济性垄断，凭借行政权力形成的垄断属行政性垄断。不管哪种垄断都是为了操纵或支配市场，获得垄断利润；③垄断限制和排斥了竞争；④垄断是一种具有违法性和危害性的经济行为。

10.3.2 反垄断法概述

1. 反垄断法立法

由于各国经济情况和立法传统不同，有的国家将反垄断法和反不正当竞争法合二为一，也有的国家将二者分别立法，我国采用分别立法。为了预防和制止垄断行为，保护市场公平竞争，鼓励创新，提高经济运行效率，维护消费者利益和社会公共利益，促进社会主义市场经济健康发展，2007年8月30日，全国人大常委会通过了《反垄断法》，并于2008年8月1日起施行；2020年1月2日起，国家市场监管总局公布《〈反垄断法〉修订草案（公开征求意见稿）》征求意见截至2020年1月31日。与《反垄断法》相比，此公开征求意见稿首次拟将互联网新业态列入，并大幅提升处罚标准。

2. 反垄断法的调整对象

反垄断法的调整对象主要是具有竞争关系的经营者之间的法律关系。其中，经营者是指从事商品生产、经营或者提供服务的自然人、法人和其他组织。而经营者之间的竞争关系，主要存在于相关市场之中。相关市场，是指经营者在一定时期内就特定商品或者服务进行竞争的商品范围和地域范围。此外，反垄断法结合我国实际，将具有行政垄断性质的排除、限制竞争行为也纳入了其调整范围。

3. 反垄断法的适用范围

适用的地域范围有：在中国境内经济活动中的垄断行为；虽在中国境外，但对境内市场竞争产生排除、限制影响的行为。由此可见，反垄断法既具有域内效力，也具有部分域外效力。垄断行为包括：①经营者达成垄断协议；②经营者滥用市场支配地位；③具有或者可能具有排除、限制竞争效果的经营者集中。

该法的排除适用有：①经营者依照有关知识产权的法律、行政法规规定行使知识产权的行为；②农业生产者及农村经济组织在农产品生产、加工、销售、运输、储存等经营活动中实施的联合或者协同行为。

此外，反垄断法与反不正当竞争法有着密切的联系，它们同属于竞争法的范畴，相互配合，相互补充，共同规范经营者的竞争行为，维护市场竞争秩序。

10.3.3 反垄断法规制的垄断行为

1. 禁止垄断协议

《反垄断法》规定：禁止经营者之间达成垄断协议；禁止经营者组织、帮助其他经营者达成垄断协议。垄断协议是指排除、限制竞争的协议、决定或者协同行为。垄断协议分为两种：①横向垄断，指两个或两个以上因经营同类产品或服务而在生产或销售过程中处于同一经营阶段的同业竞争者之间的垄断协议；②纵向垄断，指两个或两个以上在同一产业中处于不同阶段而有买卖关系的企业间的垄断协议。

1) 横向垄断协议

《反垄断法》禁止具有竞争关系的经营者达成下列垄断协议：①固定或者变更商品价格；②限制商品的生产数量或者销售数量；③分割销售市场或者采购市场；④限制获取新技术、新设备或者限制开发新技术、新产品；⑤联合抵制交易；⑥国务院反垄断执法机构认定的其他垄断协议。

第①至③类协议因为损害竞争的程度非常严重，各国反垄断法一般称其为核心卡特尔或者恶性卡特尔，任何情况都不给予豁免。鉴于竞争者之间有些限制竞争有利于提高经济效率，如为改进技术和节约成本进行的合作研发、统一产品的规格或型号、推动中小企业之间的合作，或者有利于社会公共利益节约能源、保护环境，《反垄断法》对某些限制竞争协议作出了豁免的规定。

限制竞争协议除了竞争者之间的书面或者口头协议，还包括企业集团或行业协会制定的具体排除、限制竞争影响的决定和竞争者之间的协同行为。

2) 纵向垄断协议

《反垄断法》禁止经营者与交易相对人达成下列垄断协议：①固定向第三人转售商品的价格；②限定向第三人转售商品的最低价格；③国务院反垄断执法机构认定的其他垄断协议。

这些禁止的行为不仅严重损害销售商的定价权，而且严重损害消费者的利益。其他类型的纵向协议如独家销售、独家购买、限制地域等，因为它们在很多情况下有合理性，应当适用合理原则。

2. 禁止滥用市场支配地位

1) 市场支配地位的概念及认定

市场支配地位，是指经营者在相关市场内具有能够控制商品价格、数量或者其他交易条件，或者能够阻碍、影响其他经营者进入相关市场能力的市场地位。市场支配地位是一种经济现象，反映了企业与市场竞争的关系，即拥有这样地位的企业不受竞争的制约，不必考虑其竞争或者交易对手就可自由定价或作出其他经营决策。

认定经营者具有市场支配地位，应当依据下列因素：①在相关市场的市场份额，以及相关市场的竞争状况；②控制销售市场或者原材料采购市场的能力；③经营者的财力和技术条件；④其他经营者对该经营者在交易上的依赖程度；⑤其他经营者进入相关市场的难易程度；⑥与认定该经营者市场支配地位有关的其他因素。此外，认定互联网领域经营者具有市场支配地位还应当考虑网络效应、规模经济、锁定效应、掌握和处理相关数据的能力等因素。

经营者有下列情形之一的，可以推定具有市场支配地位：①一个经营者在相关市场的市场份额达到1/2的；②两个经营者在相关市场的市场份额合计达到2/3的；③三个经营者在相关市场的市场份额合计达到3/4的。在第②、③项情形中，有的经营者市场份额不足1/10的，不应当推定该经营者具有市场支配地位。如果有证据证明被推定具有市场支配地位的经营者不具有市场支配地位的，不应当认定其具有市场支配地位。

2）禁止滥用市场支配地位的行为

具有市场支配地位的经营者，禁止从事下列滥用市场支配地位的行为：①以不公平的高价销售商品或者以不公平的低价购买商品；②没有正当理由，以低于成本的价格销售商品；③没有正当理由，拒绝与交易相对人进行交易；④没有正当理由，限定交易相对人只能与其进行交易或者只能与其指定的经营者进行交易；⑤没有正当理由搭售商品，或者在交易时附加其他不合理的交易条件；⑥没有正当理由，对交易相对人在交易价格等交易条件上实行差别待遇；⑦国务院反垄断执法机构认定的其他滥用市场支配地位的行为。

反垄断法不反对合法垄断，但因合法垄断者同样不受竞争的制约，从而可能滥用其市场优势地位，损害市场竞争和市场支配地位。此外，《反垄断法》还规定：经营者滥用知识产权、排除、限制竞争的行为，适用本法。这说明知识产权和一般财产权一样，对于经营者的滥用不能得到反垄断法的豁免。

3. 控制经营者集中

1）经营者集中的概念与表现

经营者集中有利于提高企业的规模经济，促进企业间的人力、物力、财力以及技术方面的合作，从而有利于提高企业效率和竞争力。然而，如果允许其无限制地并购企业，就会不可避免地消灭市场上的竞争者，导致垄断的市场结构。

根据《反垄断法》，经营者集中是指下列情形：①经营者合并；②经营者通过取得股权或者资产的方式取得对其他经营者的控制权；③经营者通过合同等方式取得对其他经营者的控制权。所谓控制权，是指经营者直接或者间接，单独或者共同对其他经营者的生产经营活动或者其他重大决策具有或者可能具有决定性影响的权利或者实际状态。

2）经营者集中的申报、审查与调查

经营者集中达到国务院反垄断执法机构规定的申报标准的，应事先进行申报，未申报的不得实施集中。国务院反垄断执法机构可以根据经济发展水平、行业规模等制定和修改申报标准，并及时向社会公布。经营者申报集中时，应当提交相关的文件、资料，并对提交的材料的真实性负责。

国务院反垄断执法机构进行初步审查和进一步审查，经过审查会产生两种决定：①禁止集中；②不予禁止。经营者集中具有或者可能具有排除、限制竞争效果的，反垄断执行机构应作出禁止集中的决定。然而，因为经济是非常复杂和活跃的，有些合并即便具有排除、限制竞争的负面影响，同时也可能有利于提高市场竞争强度或者企业的经济效率。因此，经营者能够证明集中对竞争产生的有利因素明显大于不利因素，或者符合社会公共利益的，国务院反垄断执法机构可作出对集中不予禁止的决定。对不予禁止的经营者集中，国务院反垄断执法机构可以决定附加减少集中对竞争产生不利影响的限制性条件。

经营者集中达到申报标准但未依法申报实施集中的，或者经营者集中未达到申报标准，但具有或者可能具有排除、限制竞争效果的，国务院反垄断执法机构应当依法进行调查。

未达申报标准的经营者集中，经调查具有或者可能具有排除、限制竞争效果的，国务院反垄断执法机构可以依法作出处理决定。经营者已经实施集中的，国务院反垄断执法机构还可以责令停止实施集中、限期处分股份或者资产、限期转让营业以及采取其他必要救济措施恢复到集中前的状态。

国务院反垄断执法机构应当将禁止经营者集中的决定，或者对经营者集中附加限制性条件的决定，及时向社会公布。

4. 禁止滥用行政权力排除、限制竞争

《反垄断法》明确规定：行政机关和法律、法规授权的具有管理公共事务的职能的组织不得滥用行政权力，排除、限制竞争。

滥用行政权力排除、限制竞争的表现方式主要有以下几种。

（1）强制交易。这是指行政机关和法律、法规授权的具有管理公共事务职能的组织滥用行政权力，限定或者变相限定单位或者个人经营、购买、使用其指定的经营者提供的商品。

（2）地区封锁。这是指地方政府及法律、法规授权的具有管理公共事务职能的组织为了本地区的利益，利用行政权力排除、限制竞争行为。《反垄断法》禁止的地区封锁行为主要有：①商品在地区间的自由流通；②排斥或者限制招标投标行为；③排斥、限制或者强制外来投资行为。

（3）强制或者变相强制经营者危害竞争的垄断行为。这是指行政机关和法律、法规授权的具有管理公共事务职能的组织滥用行政权力，强制或者变相强制经营者从事反垄断法规定的垄断行为。

（4）制定含有排除、限制竞争内容的规定。

滥用行政权力限制竞争的行为本质上都是一种歧视行为，即对市场条件下本来用该有着平等地位的市场主体实施了不平等的待遇，其后果是扭曲竞争，妨碍建立统一、开放和竞争的大市场，使社会资源不能得到合理有效的配置。

10.3.4 反垄断法的适用除外制度

适用除外制度，又称例外制度，是指国家为了保护整个国民经济健康发展，通过立法规定某些企业或企业的某些特殊行为、特殊组织不受反垄断法限制或者不适用反垄断法。

适用除外范围包括如下。①特定的经济部门。一般是指具有一定的自然垄断性质的公用公益事业，如电力、交通运输、水、煤气、银行、保险、邮电（近年来许多国家已将邮电业不列为自然垄断行业）等行业。②产业政策特殊扶持的产业或者国家重点项目。③知识产权领域。由于知识产权本身就是一项具有专有权的权利，这种专有权在行使权利的同时是排斥他人的，即本身不适用反垄断法。④反垄断法不适用国际贸易中限制性的商业行为。⑤对一些限制性协议的适用除外。

10.3.5 反垄断调查

根据《反垄断法》规定，国务院设立反垄断委员会，负责组织、协调、指导反垄断工作，履行以下职责：①研究拟订有关竞争政策；②组织调查、评估市场总体竞争状况，发布评估报告；③制定、发布反垄断指南；④协调反垄断行政执法工作；⑤国务院规定的其他职责。

反垄断执法工作由商务部、国家发展和改革委员会、国家市场监督管理总局三个部门共同承担。商务部负责"经营者集中"的反垄断审查；国家发展和改革委员会负责"价格垄断行为"的反垄断审查；国家市场监督管理总局负责垄断协议、滥用市场支配地位、滥用行政权力排除与限制竞争方面的反垄断执法工作（价格垄断行为除外）。

国务院反垄断执法机构作出经营者集中审查决定后，有事实和证据表明申报人提供的文件、资料存在或者可能存在不真实、不准确，需要重新审查的，国务院反垄断执法机构可以根据利害关系人的请求或者依据职权，依法进行调查，并撤销原审查决定。

反垄断执法机构依法对滥用行政权力排除、限制竞争的行为进行调查。被调查的行政机关或者法律、法规授权的具有管理公共事务职能的组织、经营者、利害关系人或者其他有关单位或者个人应当按照反垄断执法机构的要求报告相关事项、提交相关资料，并就报告事项和提供的资料作出说明。

10.3.6 法律责任

违反《反垄断法》须承担相应的民事、行政和刑事法律责任。

1. 民事责任

经营者实施垄断行为，给他人造成损失的，依法承担民事责任。

因垄断行为受到损失以及因合同内容、行业协会的章程等违反《反垄断法》而发生争议的自然人、法人或者其他组织，均有权向人民法院提起民事诉讼。原告既可以直接向人民法院提起民事诉讼，也可以在反垄断执法机构认定垄断行为的处理决定发生法律效力后，向人民法院提起民事诉讼。只要符合法律规定的受理条件，人民法院均应当受理。被告事实垄断行为给原告造成损失的，承担民事责任的方式主要包括：停止侵害行为、赔偿损失、支付惩罚性赔偿金等。根据原告的请求，因调查、制止垄断行为所支付的合理开支也应当计入损失赔偿范围。

2. 行政责任

行政责任主要表现在行政处罚上，主要有：对违法行为罚款，责令修改、变更或废除协议，分立经营，责令停止整顿及吊销营业执照等处罚措施。反垄断执行机构可视情节的严重程度，运用行政手段加以制裁。对于行政制裁不服的，当事人可以向法院起诉，寻求司法救济。

（1）垄断协议的行政责任。由反垄断执法机构责令停止违法行为，没收违法所得，并处上一年度销售额1%以上10%以下的罚款；对于上一年度没有销售额的经营者或者尚未实施所达成的垄断协议的，可以处5 000万元以下的罚款。组织、帮助经营者达成垄断协议的，也适用该规定。行业协会违反法律规定，组织经营者达成垄断协议的，由反垄断执法机构责令停止违法行为，可以处 500 万元以下的罚款；情节严重的，社会团体登记管理机关可以依法撤销登记。

（2）滥用市场支配地位的行政责任。由反垄断执法机构责令其停止违法行为，没收违法所得，并处上一年度销售额 1%以上 10%以下的罚款。

（3）经营者集中的行政责任。由反垄断执法机构处上一年度销售额 10%以下的罚款；可以根据具体情形责令停止实施集中，附加减少集中对竞争产生不利影响的限制性条件，责令继续履行附加的限制性条件中的义务或变更附加的限制性条件，责令限期处分股份或者资产、限期转让营业以及采取其他必要救济措施恢复到集中前的状态。

（4）滥用行政权力排除、限制竞争行为的行政责任。行政机关和法律、法规授权的具有管理公共事务职能的组织滥用行政权力，实施排除、限制竞争行为的，反垄断执法机构可以责令改正，并向有关上级机关提出依法处理的建议，对直接负责的主管人员和其他直接责任人员由上级机关依法给予处分。行政机关和法律、法规授权的具有管理公共事务职能的组织应当在反垄断执法机构规定的时间内完成改正行为，并将有关改正情况书面报告反垄断执法机构。

3. 刑事责任

刑事责任通常作为民事责任与行政责任的补充，一般包括监禁和罚金。

（1）对反垄断执法机构依法实施的审查和调查，拒绝提供有关材料、信息，或者提供虚假材料、信息，或者隐匿、销毁、转移证据，或威胁人身安全，或有其他拒绝、阻碍调查行为的，由反垄断执法机构责令改正，对行政机关和法律、法规授权的具有管理公共事务职能的组织可以向有关上级机关和监察机关提出依法给予处分的建议，对其他单位处上一年度销售额 1%以下的罚款，上一年度没有销售额或销售额难以计算的，处 500 万元以下的罚款；对个人可以处 20 万元以上 100 万元以下的罚款；构成犯罪的，依法追究刑事责任。

（2）经营者实施垄断行为，给他人造成损失的，依法承担民事责任。构成犯罪的，依法追究刑事责任。

（3）反垄断执法机构工作人员滥用职权、玩忽职守、徇私舞弊或者泄露执法过程中知悉的商业秘密，构成犯罪的，依法追究刑事责任；尚不构成犯罪的，依法给予处分。

对反垄断执法机构依法进行审查和调查、禁止经营者集中作出的决定不服的，可以先依法申请行政复议；对行政复议决定不服的，可以依法提起行政诉讼。对作出的前述规定以外的决定不服的，可以依法申请行政复议或者提起行政诉讼。

本章小结

- 竞争是市场经济最重要的运行机制。没有竞争，市场就没有活力，经营者就没有动力。市场竞争关系包括管理性竞争关系和平等性竞争关系。市场竞争的原则：自由竞争、公平竞争、诚实信用。
- 反不正当竞争法规定了几种不正当竞争行为：混淆行为、商业贿赂、虚假宣传、侵犯商业秘密、不正当奖售、商业诋毁和网络不正当竞争。不正当竞争行为应承担相应的民事、行政、刑事法律责任。

● 反垄断法规制的垄断行为主要有：禁止垄断协议、禁止滥用市场支配地位、控制经营者集中和禁止滥用行政权力排除、限制竞争。反垄断法适用除外制度，违反该法应承担相应的民事、行政、刑事法律责任。

关键概念

不正当竞争 欺骗性交易 商业贿赂 虚假宣传 商业秘密 商业诋毁 不正当奖售 垄断协议 滥用市场支配地位 经营者集中 行政性垄断 反垄断法的适用除外制度

复习思考题

1. 反不正当竞争法的基本原则是哪些？
2. 不正当竞争行为有哪些类型？
3. 简述商业秘密的构成要件。
4. 我国反垄断法规制的垄断行为有哪些种类？
5. 简述反垄断法的适用除外制度。

【案例分析】

案例1：2011年4月26日上午，北京腾讯公司诉北京奇虎公司的产品"360隐私保护器"侵权案在北京市朝阳区人民法院一审宣判。北京腾讯公司称，2010年9月，奇虎360推出了一款专门针对QQ即时通信工具的"隐私保护器"，称腾讯QQ查看的文件包括了用户个人的银行信息、Office文档信息等个人隐私，这种说法与事实不符。并且，"360隐私保护器"利用虚假宣传手段，污蔑原告和原告的产品"窥视"用户的隐私，给原告及原告的产品和服务的声誉造成极大损害。法院最终认定奇虎360的行为违反了反不正当竞争法。

试分析：法院为什么认定北京奇虎公司违法？简要说明理由。

案例2：杭州娃哈哈集团的"娃哈哈儿童营养液"曾获得全国20余项大奖，销售额在同类产品中一直领先，在海内外享有较高的商业信誉和商品声誉。1995年年初，珠海巨人集团生产了一种与"娃哈哈儿童营养液"类似的产品——"巨人吃饭香"投放全国市场，并专门负责印刷了宣传册。该宣传册中称：据说娃哈哈有激素造成小孩早熟，产生许多现代儿童病。为此，全国各地娃哈哈产品的销售商和消费者纷纷要求娃哈哈集团对此作出解释。巨人集团的这一行为致使"娃哈哈儿童营养液"在全国各地销售量下跌，娃哈哈集团的良好商业信誉、商品声誉和企业形象因此而受到了极大损害，为此娃哈哈集团向浙江省杭州市中级人民法院提起诉讼，要求珠海巨人集团立即停止损害行为；赔偿直接经济损失673万元和名誉损失费320万元；要求被告公开赔礼道歉、恢复影响及承担本案诉讼费用等。

试分析：(1) 珠海巨人集团的行为是否是不正当竞争行为？(2) 在处理本案时执法机关应如何适用法律？(3) 此案法院应如何处理？并说明理由。

案例3：A市B公司购进了3万套男士衬衫。由于质量差、款式旧、销量少，影响了公司资金周转。B公司经理在业务会上宣布，不论是公司的内部职工还是外部人员，只要能帮助公司推销100套以上的都可给予20%的回扣，回扣可一律不记账。消息传出一些小商贩竞相来批发购买，很快该公司积压的近3万套衬衫销售一空。A市的市场监管部门注意到了这个情况，就前来查账，告诉B公司管理人员账外回扣是违法的。但B公司经理辩称，搞市场经济有经营自主权，入账不入账是企业的自由。

试分析：B公司的账外回扣行为是否属于商业贿赂行为？并说明理由。

案例4：福建某镇盛产水蜜桃，每年需要大量纸箱、桃筐等。为谋取经济利益，该镇财政所给某纸箱店制定了一项优惠政策，买他们的纸箱或桃筐减收特产税：每吨水蜜桃可减税44元。尽管该财政所没有强制水果商必须购买该纸箱店的纸箱、桃筐，但水果商还是争相购买该店价格高的纸箱、桃筐。

试分析：该财政所的行为属于《反垄断法》中规定的什么行为？并说明理由。

第 11 章 合同法律制度

【学习目标】

学完本章后,你应该能够:
- 理解合同生效的要件、主要条款、格式条款;
- 理解合同履行的概念、原则、规则、抗辩权、代位权和撤销权;
- 了解合同担保的概念与种类;
- 了解合同的变更、转让的概念,合同权利义务终止的种类及效力;
- 理解违约责任的概念、类型、归责原则及承担方式。

11.1 合同及合同法

11.1.1 合同的概念及分类

1. 合同的概念

合同,也称契约,是民事主体的自然人、法人及非法人组织之间设立、变更、终止民事法律关系的协议。婚姻、收养、监护等有关身份关系的协议,适用有关该身份关系的法律规定;没有规定的,可以根据其性质参照适用法律规定。

2. 合同的分类

(1) 有名合同与无名合同。这是根据法律是否有规范并对其名称作出明确规定划分的。由法律作出规定并赋予一个特定名称的合同是有名合同,又称典型合同;反之,法律没有对其名称和内容作专门规定的合同是无名合同,又称非典型合同。如我国法律规定的 19 种合同都是有名合同;除此之外的,则属无名合同,可比照性质近似的有名合同适用法律规定。

(2) 诺成合同与实践合同。这是根据合同的成立是否以交付标的物为要件来划分的。诺成合同,是指双方意思表示一致时合同即告成立,无须以标的物的交付为成立要件的合同;实践合同,是指双方当事人达成合意之外,还须交付标的物或完成其他给付才能成立的合同。现代合同绝大多数都是诺成合同,只有少数是实践合同,一般为民间的保管、借款合同等。

(3) 要式合同与非要式合同。这是以法律法规是否特别要求具备特定形式和手续为标准划分的。法律要求具备一定的形式和手续的合同,称为要式合同;反之,称为非要式合同。我国现行法律中,要式合同包括法律要求采用书面形式的合同以及要求鉴证或公证的合同,另有少数合同法律要求必须经过国家有关机关审批。

(4) 双务合同与单务合同。这是根据合同当事人双方权利义务的分担方式来划分的。双务合同，是指双方当事人都享有权利负担义务的合同。如买卖合同、租赁合同、保险合同等，此类合同中至少产生方向相反的两项债务，而且互为对价关系，合同每一方当事人既是债权人又是债务人，既享有债权，又负有债务。只有在双务合同中才存在合同履行抗辩权。单务合同，是指一方当事人只享有权利并不负担义务，而另一方当事人只负担义务并不享有权利的合同。如赠与合同、无偿保管合同等，只产生一项债务，仅一方当事人为权利人，而对方当事人为义务人。

(5) 有偿合同与无偿合同。这是以合同当事人权利的获得是否支付代价为标准划分的。双方当事人互为对价给付的为有偿合同；反之，双方当事人之间的给付不成对价关系，为无偿合同。无偿合同比有偿合同承担相对较轻的过错责任。

(6) 利己合同与利他合同。这是根据当事人订立合同是为谁的利益来划分的。利己合同，是指订约人为使自己直接获得和享有合同利益而订立的合同；利他合同，是指订约当事人一方不是为自己而是为第三人直接获得和享有合同利益而订立的合同。为第三人利益而订立的合同，第三人在接受权利后便具有了合同当事人地位，独立享有合同规定的权利。

(7) 主合同与从合同。这是根据合同是否须以其他合同的存在为前提而存在来划分的。主合同，是指无须以其他合同存在为前提即可独立存在的合同；从合同，也称附属合同，是指必须以其他合同的存在为前提才可存在的合同。如保证合同，它并不能独立存在。

(8) 格式合同与非格式合同。这是根据合同条款的设定方式以及合同的订立来划分的。格式合同，又称标准合同、定型化合同、定式合同、附和合同、附从合同、附意合同等，是指合同内容由一方当事人预先拟定而不容对方协商的合同。因此，对于格式合同的非拟定条款的一方当事人而言，要订立格式合同，就必须全部接受合同条件；否则就不订立合同。如现实生活中的车票、船票、飞机票、保险单、提单、仓单、出版合同等都是格式合同。非格式合同，是指合同内容由双方当事人协商的合同。

11.1.2 合同法概述

1. 合同法的概念

合同法是调整合同关系的法律规范的总称。合同法制度是规范市场交易的基本法律制度，涉及生产和生活的各个领域。我国有关合同的法律主要有：《中华人民共和国合同法》(1999年3月15日通过，1999年10月1日起施行，将于2021年1月1日废止)；《中华人民共和国民法典》(2020年5月28日通过，自2021年1月1日起施行，以下简称《民法典》)，该法典共7编，1 260条，其中合同编526条。

2. 合同法的基本原则

合同法的基本原则是贯穿整个合同法律制度之中的总的指导思想，是合同立法、司法、守法活动全过程应当遵循的基本准则。

(1) 平等原则。这是指合同当事人的法律地位一律平等，不允许任何主体有凌驾于他人之上的优越地位。在具体的合同关系中当事人的地位平等；合同主体受平等的法律保护。

(2) 自由原则。当事人依法享有自愿订立合同的权利，任何单位和个人不得非法干预。同时在法律规定范围内当事人享有订立合同的自由时，必须遵守法律、行政法规，尊重社会公德,不得损害他人的合法权益。

(3) 公平原则。要求民事主体本着公正的观念从事活动,正当行使权利和履行义务,在民事活动中兼顾他人利益和社会公共利益。合同当事人的权利义务要对等;合同关系存续期间,客观情势因不可归责于当事人的事由,发生事先不可预料的异常变化,从而导致原来的合同关系显失公平时,应变更原来的合同关系。公平原则同时也体现在对免责条款和格式条款的限制、违约责任的承担和风险的承担等方面。

(4) 诚实信用原则。要求当事人行使权利、履行义务应当诚实守信、善意地履行义务,不得有欺诈等恶意行为。诚实信用是市场活动的重要的道德规范,也是道德标准的法律表现。其作用主要有:一是合同当事人的行为准则;二是法官的裁判准则和依据。

(5) 合法原则。要求合同主体应当遵守法律法规,遵守社会善良风俗和公共秩序,不得利用合同进行违法活动,扰乱社会经济秩序,损害国家利益和社会公共利益。

(6) 保护生态原则。要求合同主体从事民事活动,应当有利于节约资源,保护生态环境。

11.2 合同的订立

11.2.1 合同订立的概念与形式

1. 合同订立的概念

合同的订立,指两个或两个以上的民事主体,依法就合同的主要条款经过协商一致达成合意的法律行为。当事人订立合同,应当具有相应的民事权利能力和民事行为能力。

2. 合同订立的形式

合同订立的形式是指合同当事人设立、变更、终止民事权利义务关系的一致协议的外在表现形式。当事人订立合同,可以采用口头形式、书面形式或者其他形式。

(1) 口头形式。当事人以直接对话的方式相互表示意思而订立合同的形式。

(2) 书面形式。这是指以合同书、信件和数据电文(包括电报、电传、传真、电子数据交换和电子邮件)等一切可以有形表现所载内容并能够被随时调取查用而订立合同的形式。此外,还可以履行公证、见证、登记或审批等特殊书面形式。法律、行政法规规定或当事人自行约定合同采用书面形式的,应当采用书面形式。

(3) 行为推定方式。这是指当事人以某种表明法律意图的行为间接地表示同意合同内容的合同形式。

11.2.2 合同的主要条款

合同的条款即合同的内容,是对合同当事人权利义务的具体规定。根据我国法律的规定,合同一般包括以下条款:①当事人的名称或者姓名和住所;②标的;③数量;④质量;⑤价款或报酬;⑥履行期限、地点和方式;⑦违约责任;⑧解决争议的方法。一般而言,其中第②、③、⑤项是不可或缺的。

11.2.3 合同的格式条款和格式合同

1. 格式条款和格式合同的概念

格式条款是指当事人为了重复使用而预先拟定,并在订立合同时未与对方协商的条款。若合同的主要内容都是格式条款的,就是格式合同。

格式合同就是指合同的主要内容以格式条款形式为主的合同。制订格式条款或格式合同的一方多是提供某种服务和商品的公用事业部门、企业和有关的社会团体等。例如,电报稿件的发报须知,以及飞机票上的说明、商业保险合同、天然气买卖合同等,现在社会中十分常见。

格式合同与示范合同不同,示范合同是指根据法规和惯例而确定的具有示范使用作用的合同范本,一般都是行业协会发布的;主要是指导和帮助合同起草人起草完善的合同条款,只是订约的参考。

2. 格式条款或格式合同的使用限制

格式合同的优点在于可以节省时间,有利于事先分配风险,降低交易成本。其弊端在于提供商品或服务的一方在拟订合同条款时,经常利用其优越的经济地位,制订有利于自己的而不利于另一方的条款,对合同中的风险和负担作不合理的分配。因此,我国法律对格式合同的内容规定了一系列的限制性。限制性表现在三个方面。

(1) 提供格式条款的一方应当遵守公平原则并有提示说明的义务,应当采取合理方式提请对方注意免除或减轻其责任的条款,按照对方要求对该条款予以说明;否则,对方可以主张该条款不是合同内容。

(2) 格式条款的解释原则:①对格式条款首先按照通常一般人理解予以解释;②格式条款若有两种以上的解释,则应当作出不利于格式条款制订方的解释;③格式条款和非格式条款不一致的,应当适用非格式条款。

(3) 格式条款在以下情况无效:①提供格式条款的一方不合理地免除或减轻自己责任,加重对方责任,限制或排除对方主要权利的条款无效;②格式合同属于无效或可撤销被撤销的合同情况时,合同无效;③约定造成对方人身伤害免责的或因故意、重大过失造成对方财产损失免责的条款无效。

11.2.4 合同的成立要件和订立程序

1. 合同的成立要件

依法成立的合同,应具备以下要件:①订约主体由双方或多方当事人构成;②对主要内容达成合意;③应具备要约和承诺两个阶段。

2. 合同的订立程序

这是指当事人互相作出意思表示并就合同条款达成一致协议的过程,包括要约、承诺两个阶段。要约是订立合同的一方当事人向他方发出的以订立合同为目的的意思表示,又称为发盘、出盘、发价或报价等。发出要约的当事人称要约人,要约指向的当事人称受要约人。

1) 要约应具备的条件

根据我国法律的规定,有效的要约,应具备下述条件。

(1) 要约人必须清楚地表明愿意按照要约的条件来订立合同的意思。

(2) 要约必须是向相对人发出。但在特殊情况下，要约人也可以向不特定人发出要约，如商业广告的内容符合要约规定的，视为要约。

(3) 要约的内容具体确定。受要约人通过要约不但能明确地了解要约人的真实意思，而且，还要知道未来订立合同的主要条款。

(4) 要约必须送达受要约人才生效。

要约是一种法律行为，要约人受到要约的约束，如果对方接受要约，合同即告成立。

2) 要约邀请

在社会经济生活中，当事人往往采用要约邀请的方式达到订约的目的。要约邀请又称要约引诱，是指希望他人向自己发出要约的意思表示，是当事人订立合同的预备行为。寄送的价目表、拍卖公告、招标公告、招股说明书、商业广告和宣传、债券募集说明书、基金募集说明书等一般为要约邀请。但商业广告和宣传的内容符合要约规定的构成要约。悬赏广告是要约。

要约与要约邀请的区别如下。①要约是当事人自己主动提出愿意订立合同的意思表示，以订立合同为直接目的；要约邀请则是希望对方主动向自己提出订立合同的意思表示，其本身不具有任何法律效力。②要约必须包括未来可能订立合同的主要内容，而要约邀请则没有这一方面的要求。③要约中含有当事人表示愿意接受要约拘束的意思，而要约邀请则不含有。

3) 要约生效的时间

要约生效时间是指要约从何时开始对要约人和受要约人产生法律效力。我国法律对要约生效的时间采取到达主义，即要约送达到受要约人能够控制的地方开始生效。

(1) 以对话方式作出的意思表示，相对人知道其内容时生效。

(2) 以非对话方式作出的意思表示，到达相对人时生效。以非对话方式作出的采用数据电文形式的意思表示，相对人指定特定系统接收数据电文的，该数据电文进入该特定系统时生效；未指定特定系统的，相对人知道或者应当知道该数据电文进入其系统时生效。当事人对采用数据电文形式的意思表示的生效时间另有约定的，按照其约定。

4) 要约的撤回、撤销与失效

(1) 要约的撤回。这是指要约在发生法律效力之前，要约人欲使其丧失法律效力的意思表示。《民法典》合同编第四百七十五条、第一百四十一条规定：要约可以撤回，要约人撤回意思表示的通知应当在意思表示到达相对人前或者与意思表示同时到达相对人。

(2) 要约的撤销。这是指要约在发生法律效力之后，要约人欲使其丧失法律效力的意思表示。《民法典》合同编第四百七十七条规定：对话方式作出的要约撤销，应当在受要约人作出承诺之前为受要约人所知道；非对话方式作出的要约撤销，应当在受要约人作出承诺之前到达受要约人。如果受要约人在收到要约以后，基于对要约的信赖，已为准备承诺支付了一定费用，在要约撤销后应有权要求要约人给予适当补偿。

但有下列情形之一的，要约不得撤销：①要约人以确定承诺期限或者其他形式明示要约不可撤销；②受要约人有理由认为要约是不可撤销的，并已经为履行合同做了合理准备工作。

(3) 要约的失效。这是指要约丧失法律效力，即要约人与受要约人均不再受其约束，要约人不再承担必须接受承诺的义务，受要约人也不再享有通过承诺使合同得以成立的权利。

有下列情形之一的,要约失效:①要约被拒绝;②要约被依法撤销;③承诺期限届满,受要约人未作出承诺;④受要约人对要约的内容作出实质性变更。实质性的变更实际上就是一个新的要约,或者叫作反要约,原来的要约也就失去了效力。

5) 承诺

承诺是受要约人接受要约,同意订立合同的意思表示。要约一经合法有效的承诺,并送达到要约人,承诺即生效。承诺生效时间就是合同成立时间,合同成立后,合同当事人不得反悔。

(1) 承诺的有效条件。①承诺必须由受要约人向要约人发出。②承诺应以明示的方式作出。承诺应当以通知的方式作出,但根据交易习惯或者要约表明可以通过行为作出承诺的除外。③承诺的内容须与要约的实质性内容一致。如果受要约人在承诺中对要约的内容加以扩张、限制或变更,便不能构成承诺,而应视为新要约。一般有关合同标的、质量、数量、价格或者报酬、履行期限、履行地点、履行方式、违约责任等为实质性内容。承诺对要约的内容作出非实质性变更的,除要约人及时表示反对或者要约表明承诺不得对要约的内容作出任何变更的以外,该承诺属于有效,合同的内容以承诺的内容为准。④承诺须在要约有效期内或合理期限内到达要约人。要约有效期限或合理期限一般要包括要约送达时间、受要约人考虑时间以及承诺的送达时间。要约有效期限也就是承诺有效期限。

要约以信件或电报作出的,承诺期限自信件载明的日期或者电报交发之日开始计算。信件未载明日期的,自投寄该信件邮戳日期开始计算,要约以电话、传真、电子邮件等快速通讯方式作出的,承诺期限自要约到达受要约人时开始计算。

(2) 承诺的迟延。受要约人的承诺超过要约有效期限到达要约人,除要约人及时通知受要约人该承诺有效的以外,为新要约。

(3) 承诺的特殊迟延。受要约人在要约有效期限内发出承诺,按照通常情况能够及时到达要约人,但因送达人原因致使承诺到达要约人时超过要约有效期限的,除要约人及时通知受要约人因承诺超过期限不接受该承诺的以外,该承诺有效。

(4) 承诺的撤回。承诺可以撤回,撤回承诺的通知应当在承诺到达要约人之前或者与承诺的通知同时到达要约人。

3. 合同成立的时间

(1) 以直接对话方式订立合同的,承诺人表示承诺的时间为合同成立的时间。

(2) 采用书面形式订立合同的,以当事人中最后一方签字或盖章的时间为合同的成立时间。

(3) 当事人采用信件、数据电文形式订立合同的,在合同成立前要求签订确认书的,签订确认书的时间为合同成立的时间。当事人一方通过互联网等信息网络发布的商品或服务信息符合要约条件的,对方选择该商品或服务并提交订单成功时合同成立,但是当事人另有约定的除外。

(4) 法律、行政法规规定采用书面形式或当事人约定采用书面形式订立合同的,当事人未采用书面形式,但一方当事人已经履行主要义务,对方接受的,合同成立,对方接受履行的时间为合同成立的时间。

4. 合同成立的地点

承诺生效的地点为合同成立的地点。①当事人采用合同书形式订立合同的,则以当事人中最后一方签字或盖章的地点为合同成立的地点。②采用数据电文的形式订立合同的,收件人的主营地为合同成立的地点;没有主营地的,其住所地为合同成立的地点。③当事人另有约定的,按其约定。

11.2.5 缔约过失责任

1. 缔约过失责任的概念

缔约过失责任是指在合同订立过程中一方当事人违反诚实信用原则,给对方当事人造成损失,应当承担的赔偿责任。

2. 承担缔约过失责任的法定情形

(1) 假借订立合同,以损害对方当事人利益为目的,恶意进行磋商。例如,为了损害对方的利益,故意与对方谈判,使对方丧失与他人交易的时机等。

(2) 故意隐瞒与订立合同有关的重要事实或者提供虚假情况。

(3) 其他违背诚实信用原则的行为。例如,①一方未尽通知、协助等义务,增加了对方的缔约成本而造成财产损失;②一方未尽告知义务,而使对方遭受损失;③一方未照顾、保护义务,造成对方人身或财产的损害。另外,当事人在订立合同时知悉的商业秘密或其他应该保密的信息,无论合同是否成立,如果泄露、不正当地使用该商业秘密或信息造成对方损失的,应该承担赔偿责任。

3. 缔约过失责任的形式

承担缔约过失责任的形式主要是损失赔偿,它以给对方当事人造成的实际损失为限。主要包括以下方面:①因信赖对方的要约而与对方联系、赴实地考察以及检查标的物等所支出的各种合理费用;②准备履行合同所支付的费用,如因信赖合同将成立而进行的接货、进货准备工作,与第三人签订连环购销合同等;③恢复原状所支出的费用;④为支出上述各种费用所失去的利息。

11.3 合同的效力

合同的效力是合同的法律效力,是指已经成立的合同在当事人之间产生的一定的法律约束力。有效的合同才有约束力,无效的合同就不具有法律约束力,合同法规定的合同效力有四种情况:有效合同、无效合同、可撤销合同、效力待定合同。

11.3.1 合同的生效

合同的生效也就是有效合同,是指合同成立后具备一定的要件后,便产生法律上的效力。根据我国法律的规定,合同的一般有效要件是:① 合同当事人在订立合同时行为人具有相应的民事行为能力;② 合同当事人的意思表示真实;所谓意思表示真实,是指表意人的表示行为应当真实地反映其内心的本意;③ 合同不得违反法律或者社会公共利益;④ 合同一般应具备法律或约定所要求的形式。

11.3.2 合同生效的时间

(1) 依法成立的合同,自成立时生效,但是法律另有规定或者当事人另有约定的除外。

(2) 法律、行政法规规定应当办理批准、登记等手续生效的，依照其规定办理批准、登记等手续后生效。未办理则合同不生效，但不影响合同中履行报批义务等条款以及相关条款的效力。应当办理申请批准等手续的当事人未履行义务的，对方可以请求其承担违反该义务的责任。

(3) 当事人对合同的效力可以约定附条件。附生效条件的合同，自条件成熟时生效。附解除条件的合同，自条件成熟时失效。当事人不正当地阻止条件成熟的，视为条件成熟；不正当促成条件成熟的，视为条件不成熟。

(4) 当事人对合同的效力可以约定附期限。附生效期限的合同，自期限届至时生效。附终止期限的合同，自期限届满时失效。

11.3.3 无效合同、可撤销合同及其法律后果

1. 无效合同

无效合同是指已经订立，但因违反法律、行政法规规定的生效条件而不发生法律效力，不具有法律约束力的合同。

无效合同的类型主要有：①无民事行为能力人实施的民事法律行为；②恶意串通，损害他人合法权益的民事法律行为；③合同双方以虚假的意思表示实施的民事法律行为，但是以虚假的意思表示隐藏的民事法律行为的效力，依照有关法律处理；④违背公序良俗的法律行为；⑤违反法律、行政法规的强制性规定的民事法律行为无效，但是该强制性规定不导致该民事法律行为无效的除外。但是当事人超越经营范围订立合同，人民法院不因此认定合同无效。

一般来说，当事人经过充分协商确定的免责条款，只要建立在当事人自愿的基础之上，法律给予承认；但是对于严重违反诚实信用原则和社会公共利益的免责条款，法律予以禁止。合同中约定的下列免责条款无效：造成对方人身伤害的；因故意或者重大过失造成对方财产损失的；免除自己主要责任，加重对方责任，排除对方主要权利的。

2. 可撤销合同

1) 可撤销合同的概念

可撤销合同是指因为合同当事人订立合同时意思表示不真实，法律允许当事人行使撤销权，使已经生效的合同归于无效的合同。

2) 可撤销合同的类型

(1) 因重大误解订立的，是指一方当事人因自己过失而对合同的主要内容等发生认识上的显著错误并使自己遭受重大损失的法律事实。

(2) 显失公平的，指一方利用对方的危困状态、缺乏判断能力等情形，致使民事法律行为成立时双方权益显失公平的情形。

(3) 一方以欺诈、胁迫的手段使对方在违背真实意思的情况下订立的合同。

3) 撤销权消灭

(1) 具有撤销权的当事人自知道或者应当知道撤销事由之日起1年内没有行使撤销权；重大误解的当事人自知道或者应当知道撤销事由之日起90日内没有行使撤销权。

(2) 当事人受胁迫，自胁迫行为终止之日起1年内没有行使撤销权。

(3) 具有撤销权的当事人知道撤销事由后明确表示或以自己的行为放弃撤销权。

当事人自民事法律行为发生之日起5年内没有行使撤销权，该撤销权消失。

3. 无效、可撤销合同的法律后果

无效或被撤销的合同自始没有法律约束力。合同无效后，因该合同取得的财产，应当予以返还或赔偿对方损失；双方都有过错的，应当各自承担相应的责任。可撤销合同在未被撤销前是有效合同，当事人有选择法院或仲裁机构、请求撤销的自由。

合同无效或者被撤销后，因该合同取得的财产，应当予以返还；不能返还或者没有必要返还的，应当折价补偿。有过错的一方应当赔偿对方因此所受到的损失，双方都有过错的，应当各自承担相应的责任。

合同部分无效，不影响其他部分效力的，其他部分仍然有效。合同无效、被撤销或终止的，不影响合同中独立存在的有关解决争议方法的条款的效力。人民法院确认合同无效，应当以全国人大及其常委会制定的法律和国务院制定的行政法规为依据，不得以地方性法规、行政规章为依据。

11.3.4 效力待定合同

1. 效力待定合同的概念

效力待定合同是指已成立的合同，因不符合有关生效要件的规定，其效力是否发生尚未确定，而有待于其他行为而使之确定的合同。

2. 效力待定合同的类型

1) 限制民事行为能力人订立的合同

限制民事行为能力人所签订的合同在主体资格上有瑕疵，因为当事人缺乏完全的缔约能力和处分能力。合同相对人可以催告限制民事行为能力人的法定代理人自收到通知之日起30日内予以追认。法定代理人未作表示的，视为拒绝追认。所谓追认，是指法定代理人明确无误地表示同意限制民事行为能力人与他人签订的合同。合同在法定代理人追认之前，善意的相对人有撤销的权利；善意相对人撤销的意思表示，应当以通知的方式作出。限制民事行为能力人签订的纯获利益的合同或者与其年龄、智力、精神健康状况相适应的合同有效。

2) 因无权代理订立的合同

无权代理，是指无权代理的人代理他人与第三人订立的合同。包括根本没有代理权而签订的合同、超越代理权而签订的合同、代理关系终止后签订的合同。无权代理未经本人追认，对本人不发生效力，由行为人自己承担责任。本人追认的则使无权代理行为有效。

法人的法定代表人或其他组织的负责人超越权限订立的合同，除相对人知道或者应当知道其超越权限的以外，该合同对法人或非法人组织发生效力。

执行法人或非法人组织工作任务的人员，就其职权范围内的事项，以法人或非法人组织的名义实施民事法律行为，对法人或非法人组织发生效力。法人或非法人组织对执行其工作任务的人员职权范围的限制，不得对抗善意相对人。

3) 无处分权人订立的合同

无处分权人订立的合同，是指无处分权人处分他人财产，并与第三人订立转让财产的合同。无处分权人处分他人的财产，经权利人追认或无处分权的人订立合同后取得处分权的，该合同有效。

3. 效力待定合同的法律后果

效力待定合同在权利人未承认以前，该合同虽然已经订立但没有生效；只有权利人在1

个月内表示追认限制民事行为能力人、无权代理人、无处分权人与第三人订立的合同时，合同才生效。合同相对人在 1 个月内也有催告权利人予以追认或撤销合同的权利。

11.4 合同的履行

11.4.1 合同履行概述

1. 合同履行的概念

合同履行是指债务人全面地、适当地完成其合同义务，从而使债权得到实现。合同履行，既是合同本身法律效力的主要内容，也是合同关系消灭的主要原因。

2. 当事人在履行合同义务时所应遵循的原则

（1）全面履行原则。也称适当履行原则或正确履行原则，是当事人依照合同规定或法律规定的标的及其质量、数量、期限、地点等全面、适当地履行合同内容。

（2）协助履行的原则。是指无须约定，当事人就应根据诚信原则、合同的性质、目的和交易习惯履行通知、协助、保密等法定义务。

（3）生态保护原则。即当事人在合同履行过程中，应当避免浪费资源、污染环境和破坏生态。

3. 合同内容没有约定或约定不明确时的履行规则

1）补缺规则

合同生效后，当事人之间合同条款的任何一项内容没有约定或者约定不明确的，可以通过协议补充；不能达成补充协议的，按照合同有关条款、合同性质、合同目的或者交易习惯确定。若还不能确定的，则适用补缺规则。

合同补缺规则的内容主要有以下方面。

（1）质量要求不明确的，按照强制性国家标准、推荐性国家标准、行业标准履行；没有国家标准、行业标准的，按照通常标准或者符合合同目的的特定标准履行。

（2）价款或者报酬不明确的，按照订立合同时履行地的市场价格履行。依法应当执行政府定价或者政府指导价的，按照规定履行。合同约定执行政府定价或者政府指导价的：①在合同约定的交付期限内政府价格调整时，按照交付时的价格计价；②逾期交付标的物的，遇价格上涨时，按照原价格执行；价格下降时，按照新价格执行；③逾期接受履行的，遇价格上涨时，按照新价格执行；价格下降时，按照原价格执行。

（3）履行地点不明确，给付货币的，在接受货币一方所在地履行；交付不动产的，在不动产所在地履行；其他标的，在履行义务一方所在地履行。

（4）履行期限不明确的，债务人可以随时履行，债权人也可以随时要求履行，但应当给对方必要的准备时间。

（5）履行方式不明确的，按照有利于实现合同目的的方式履行。

（6）履行费用的负担不明确的，由履行义务一方负担。因债权人原因增加的履行费用，由债权人负担。

（7）通过互联网等信息网络订立的电子合同的标的为交付商品并采用快递物流方式交付

的，收货人签收时间为交付时间。电子合同标的是提供服务的，生成的电子凭证或实物凭证中载明的时间为交付时间；前述凭证没有载明时间或者载明时间与实际提供服务时间不一致的，实际提供服务时间为交付时间。电子合同标的为采用在线传输方式交付的，合同标的进入对方当事人指定的特定系统并且能够检索识别的时间为交付时间。电子合同当事人对交付方式、交付时间另有约定的，按照其约定。

(8) 当事人约定由债务人向第三人履行债务，债务人未向第三人履行债务或者履行债务不符合约定的，应当向债权人承担违约责任。当事人约定由第三人向债权人履行债务的，第三人不履行债务或者履行债务不符合约定的，债务人应当向债权人承担违约责任。

2）情势变更原则

合同成立后，合同的基础条件发生了当事人在订立合同时无法预见的、不属于商业风险的重大变化，继续履行合同对于当事人一方明显不公平的，受不利影响的当事人可以与对方重新协商；在合理期限内协商不成的，当事人可以请求人民法院或仲裁机构变更或者解除合同。

11.4.2 合同的履行抗辩权

1. 合同的履行抗辩权的概念

履行抗辩权是在双务合同中，在符合法定条件时当事人一方有权拒绝对方当事人的履行请求权，暂时中止履行自己债务的权利。

2. 合同的履行抗辩权的类型

合同的履行抗辩权有三类：同时履行抗辩权、后履行抗辩权、不安抗辩权。

1）同时履行抗辩权

同时履行抗辩权，是指双务合同的当事人一方在他方未为对待给付之前，有权拒绝自己的履行。《民法典》第五百二十五条规定，当事人互负债务，没有先后履行顺序的，应当同时履行。一方在对方未履行之前有权拒绝其履行请求。一方在对方履行债务不符合约定时，有权拒绝其相应的履行请求。

同时履行抗辩权的适用条件：①须是在同一双务合同中互负债务，而不适用于各类单务合同（如无偿保管合同）；②须双方互负的债务均已届清偿期；③须对方未履行债务；④须对方的对待给付是可能履行的。如果因不可抗力发生不能履行，则双方当事人将被免责。

若双务合同的一方当事人已经部分履行了债务，另一方只能就对方未履行部分援用同时履行抗辩权。

2）后履行抗辩权

后履行抗辩权是指在双务合同中应当先履行的一方当事人没有履行合同义务或者履行不符合约定的，后履行一方有拒绝履行自己义务的权利。

3）不安抗辩权

不安抗辩权是指双务合同中应先履行义务的一方当事人，有充分证据证明对方当事人不能履行合同义务时，在对方当事人未履行合同或就合同履行提供担保前，有暂时中止履行自己合同义务的权利。但当事人没有确切证据而中止履行的，应当承担违约责任。

应当先履行债务的当事人，有确切证据证明对方有下列情况之一的，可以行使不安抗辩权，中止合同履行：①经营状况严重恶化；②转移财产、抽逃资金，以逃避债务；③丧失商业信誉；④有丧失或者可能丧失履行债务能力的其他情形。

3. 合同的履行抗辩权的作用

应注意的是，同时履行抗辩权、后履行抗辩权只是暂时阻止对方当事人请求权的行使。而不安抗辩权在中止履行合同后，如果对方在合理期限内未恢复履行能力并且未提供适当担保的，中止履行合同的一方可以解除合同；对方提供适当担保时，应恢复履行。行使履行抗辩权中止履行的，都应及时通知对方。

11.4.3 合同的保全

合同的保全措施是指为防止因债务人的财产不当减少或应该增加的财产未增加而给债权人的债权带来危害，债权人为保全其债权的实现而采取的法律措施，保全措施包括代位权和撤销权。

1. 代位权

代位权是指因债务人怠于行使其债权以及与该债权有关的从权利，影响债权人到期债权实现的，债权人为了保全自己的债权，通过人民法院以自己的名义代位行使债务人对第三人的债权的权利。

行使代位权的条件包括：①债务人对第三人享有到期债权；②债权人的债权到期前，债务人怠于行使债务人的债权或者与该债权有关的从权利存在诉讼时效期间即将届满或者未及时申报破产债权等情形，影响债权人的债权实现的；③因债务人怠于行使权利已危及债权人的债权；④债务人与债权人的合同关系已到期，债务人已陷于延期履行。

代位权的行使范围包括：以债权人的债权为限，但该债权专属于债务人自身的除外。专属于债务人自身的债权是指基于抚养关系、扶养关系、赡养关系、继承关系产生的给付请求权和劳动报酬、退休金、养老金、抚恤金、安置费、人寿保险、人身伤害赔偿请求权等权利。

债权人的代位权必须通过人民法院行使，其债权就代位权行使的结果有优先受偿权利。在代位诉讼中，债权人胜诉的，诉讼费由第三人负担，从实现的债权中优先支付。

2. 撤销权

撤销权是指因债务人放弃其债权、放弃债权担保、无偿转让财产等方式无偿处分财产权益，或者恶意延长到期债权的履行期限，影响债权人债权实现的，债权人可以请求人民法院撤销债务人行为的权利。

撤销权行使的范围：以债权人的债权为限。债权人的撤销权必须通过人民法院行使，其债权就撤销权行使的结果有优先受偿权利。债权人行使撤销权的必要费用，由债务人负担。撤销权自债权人知道或应当知道撤销事由之日起1年内行使；自债务人的行为发生之日起5年内没有行使的，该撤销权消灭。

11.5 合同的担保

11.5.1 合同担保概述

合同担保，是指法律规定或者当事人约定的确保合同履行，保障债权人利益实现的法律措施。担保方式为保证、抵押、质押、留置和定金。我国有关担保的法律主要有：1995年6

月30日通过的《中华人民共和国担保法》，2007年3月16日通过的《中华人民共和国物权法》中的物权编，这两部法律将于2021年1月1日被《民法典》取代实施。

合同担保的法律特征有两个。①从属性。担保合同是从属于主合同的从合同，除担保合同另有约定者外，担保合同随着主合同无效而无效。②补充性。担保对债权人权利的实现仅具有补充作用，一般只有在所担保的债务得不到履行时，才行使担保权利。

11.5.2 保证

1. 保证的概念

保证是指保证人和债权人约定，当债务人不履行债务时，保证人按约定履行债务或承担责任的行为。保证应当以书面形式订立，保证合同为诺成合同。保证合同是主债权债务合同的从合同。

主合同当事人以外的具有代为清偿债务能力的法人、其他组织或者公民都可以作为保证人。但下列情况例外：①机关法人不得为保证人，但是经国务院批准为使用外国政府或者国际经济组织贷款进行转贷的除外；②以公益为目的的非营利法人、非法人组织不得为保证人。

2. 保证合同的内容

保证合同的内容一般包括被保证的主债权的种类、数额，债务人履行债务的期限，保证的方式、范围和期间等条款。

保证合同可以是单独订立的书面合同，也可以是主债权债务合同中的保证条款。

第三人单方以书面形式向债权人作出保证，债权人接收且未提出异议的，保证合同成立。

3. 保证的方式

保证的方式包括一般保证和连带责任保证。当事人在保证合同中对保证方式没有约定或者约定不明确的，按照一般保证承担保证责任。

1) 一般保证

当事人在保证合同中约定，只有在债务人不能履行债务时，才由保证人承担保证责任的，为一般保证，又称补充责任保证。一般保证的保证人在主合同纠纷未经审判或仲裁，并就债务人财产依法强制执行仍不能履行债务前，有权拒绝向债权人承担保证责任。

但有下列情形之一的，保证人不得拒绝：①债务人下落不明，且无财产可供执行；②人民法院已经受理债务人破产案件；③债权人有证据证明债务人的财产不足以履行全部债务或者丧失履行债务能力；④保证人书面表示放弃规定的权利。

2) 连带责任保证

当事人在保证合同中约定保证人与债务人对债务共同承担连带责任的，为连带责任保证。债权人可有权直接要求任意连带保证人在其保证范围内承担保证责任。当事人对保证方式没有约定或者约定不明确的，保证人也按照连带责任保证承担保证责任。

同一债务有两个以上保证人的，保证人应当按照保证合同约定的保证份额，承担一般保证责任。没有约定保证份额的，保证人承担连带责任。

4. 保证的效力

保证人与债权人约定保证期间的，按照约定执行。但是约定的保证期间早于主债务履行期限或者与主债务履行期限同时届满的,视为没有约定;没有约定或者约定不明确的,保证期间为主债务履行期限届满之日起 6 个月。债权人与债务人对主债务履行期限没有约定或者约定不明确的,保证期间自债权人请求债务人履行债务的宽限期届满之日起计算。

一般保证的债权人未在保证期间对债务人提起诉讼或者申请仲裁的,保证人不再承担保证责任。连带责任保证的债权人未在保证期间请求保证人承担保证责任的,保证人不再承担保证责任。

保证的范围包括主债权及其利息、违约金、损害赔偿金和实现债权的费用。当事人另有约定的,按照其约定。主债权债务合同无效的,保证合同无效,但是法律另有规定的除外。保证合同被确认无效后,债务人、保证人、债权人有过错的,应当根据其过错各自承担相应的民事责任。

11.5.3 抵押

1. 抵押的概念

抵押是指债务人或第三人不转移对财产的占有,将该财产作为债权的担保。抵押中的债务人或者第三人为抵押人,债权人为抵押权人,提供担保的财产为抵押物。

我国《民法典》第三百九十九条规定不得抵押的财产有:①土地所有权;②宅基地、自留地、自留山等集体所有土地的使用权,但是法律规定可以抵押的除外;③学校、幼儿园、医疗机构等为公益目的成立的非营利法人的教育设施、医疗卫生设施和其他公益设施;④所有权、使用权不明或者有争议的财产;⑤依法被查封、扣押、监管的财产;⑥法律、行政法规规定不得抵押的其他财产。

2. 抵押的设立与效力

抵押合同应当以书面形式订立。不动产(建筑物和其他土地附着物、建设用地使用权、海域使用权)抵押的,应当办理抵押登记。抵押权自登记时设立。动产抵押的,抵押权自抵押合同生效时设立;未经登记,不得对抗善意第三人。抵押合同生效与抵押登记无必然联系,未登记的合同当事人可以请求判决抵押人补办登记,或者承担违约责任或损害赔偿责任。

债务人不履行到期债务或者发生当事人约定的实现抵押权的情形,抵押权人可以与抵押人协议以抵押财产折价或者以拍卖、变卖该抵押财产所得的价款优先受偿。协议损害其他债权人利益的,其他债权人可以请求人民法院撤销该协议。

同一财产向两个以上债权人抵押的,拍卖、变卖抵押财产所得的价款依照下列规定清偿:①抵押权已经登记的,按照登记的时间先后确定清偿顺序;②抵押权已经登记的先于未登记的受偿;③抵押权未登记的,按照债权比例清偿。其他可以登记的担保物权,清偿顺序参照适用前款规定。

同一财产既设立抵押权又设立质权的,拍卖、变卖该财产所得的价款按照登记、交付的时间先后确定清偿顺序。动产抵押担保的主债权是抵押物的价款,标的物交付后 10 日内办理抵押登记的,该抵押权人优先于抵押物买受人的其他担保物权人受偿,但是留置权人除外。清偿顺序:①保管担保财产和实现担保物权的费用;②违约金、损害赔偿金;③主债权的利息;④主债权。

抵押权因抵押物灭失而消灭。在抵押物灭失、毁损或者被征用的情况下,抵押权人可以就该抵押物的保险金、赔偿金或者补偿金优先受偿。

11.5.4 质押

1. 质押的概念

质押是指债务人或第三人将其财产或权利移交债权人占有，以该财产或权利作为债权的担保，在债务人不履行债务时，债权人有权以该财产或权利变卖所得的价款受偿。其中行使质押权的债权人称为质权人、提供财产权利质押的债务人或第三人称为出质人，用于担保的财产或权利叫质物，按质物的不同将质押分为动产质押与权利质押。

(1) 动产质押。这是指债务人或者第三人将其动产移交债权人占有，将该动产作为债权的担保。

(2) 权利质押。这是指债务人或者第三人以其财产权利出质作为债权的担保。下列权利可以质押：①汇票、本票、支票；②债券、存款单；③仓单、提单；④可以转让的基金份额、股权；⑤可以转让的注册商标专用权、专利权、著作权等知识产权中的财产权；⑥现有的以及将有的应收账款；⑦法律、行政法规规定可以出质的其他财产权利。

2. 质押与抵押的区别

二者的区别如下。①标的物有区别。质押以动产及权利为标的物；抵押则可以用不动产作标的物。②标的物的占有不同。质押权设立是应当转移标的物的占有，而抵押权设立是不转移标的物的占有。③同一质物上面只能设立一个质押权，没有清偿顺序；而同一抵押物上可以设立数个抵押权，存在按时间先后清偿顺序问题。

3. 质押的效力

质押合同应以书面形式订立。质押合同为实践合同，质权自出质人交付质押财产时设立；以汇票、本票、支票、债券、存款单、仓单、提单出质的，质权自权利凭证交付质权人时设立；没有权利凭证的，质权自办理出质登记时设立。法律另有规定的，依照其规定。

在债务人不履行债务时，债权人有权以该财产或权利变卖所得的价款受偿。除质押合同另有约定，质押担保的范围包括主债权及利息、违约金、损害赔偿金、质物保管费用和实现质权的费用。质权人负有妥善保管质物的义务；因保管不善致使质物灭失或者毁损的，质权人应当承担民事赔偿责任。质权人在质权存续期间，未经出质人同意，擅自使用、转质、处分质物，因此给出质人造成损失的，由质权人承担赔偿责任。质权人负有妥善保管质押财产的义务；因保管不善致使质押财产毁损、灭失的，应当承担赔偿责任。质权人的行为可能使质押财产毁损、灭失的，出质人可以请求质权人将质押财产提存，或者请求提前清偿债务并返还质押财产。出质人请求质权人及时行使质权，质权人不行使的，出质人可以请求人民法院拍卖、变卖质押财产；因质权人怠于行使权利造成出质人损害的，由质权人承担赔偿责任。

11.5.5 留置

1. 留置的概念

留置是指债权人按照合同约定已合法占有债务人的动产，在债务人不按照合同约定的期限履行债务时，债权人有权扣押该财产，以该财产折价或者以拍卖、变卖该财产的价款优先受偿。合同法规定了可以行使留置权的有：保管合同、仓储合同、运输合同及承揽合同等。

2. 留置与抵押、质押的区别

（1）留置基于法律直接规定而产生；抵押、质押主要都是依据当事人的约定而产生的。

（2）留置中债权人要占有债务人的财产，而抵押不占有抵押人的财产。

（3）留置权人占有债务人财产是因履行主合同而占有，主合同期满后继续占有，其占有与主合同有牵连性；而质权人占有出质人财产是依据质押合同，与主合同无牵连性。

3. 留置权的效力

留置权人与债务人应当约定留置财产后的债务履行期限；没有约定或者约定不明确的，留置权人应当给债务人 60 日以上履行债务的期限，但是鲜活易腐等不易保管的动产除外。债务人逾期未履行的，留置权人可以与债务人协议以留置财产折价，也可以就拍卖、变卖留置财产所得的价款优先受偿。但留置权人必须妥善保管留置物，不得使用留置物，并且变卖后超过债权数额部分仍应返还债务人。

同一动产上已设立抵押权或者质押权，该动产又被留置的，留置权人优先受偿。债权人留置的动产，应当与债权属于同一法律关系，但是企业之间留置的除外。留置权人对留置财产丧失占有或者留置权人接受债务人另行提供担保的，留置权消灭。

11.5.6 定金

定金，是由合同一方当事人预先向对方当事人交付一定数额的货币，以保证债权实现的担保方式。定金合同从实际交付定金之日起生效。定金的数额由当事人约定；但是，不得超过主合同标的额的 20%，超过部分不产生定金的效力。实际交付的定金数额多于或者少于约定数额的，视为变更约定的定金数额。

定金罚则：①给付定金的一方不履行债务或者履行债务不符合约定，致使不能实现合同目的的，无权要求返还定金；②收受定金的一方不履行债务或者履行债务不符合约定，致使不能实现合同目的的，应当双倍返还定金。

11.6 合同的变更、转让和终止

11.6.1 合同的变更

合同的变更包括合同内容和合同主体两个方面发生变化。前者是指不改变合同主体，而仅改变合同的部分内容；狭义的变更仅指合同内容的变更。后者指的是在合同内容不变的情况下，债权或债务由第三人承受，又称为合同转让。

合同的变更由当事人双方协商确定，当事人对合同变更的内容约定不明确的，则推定为未变更。

11.6.2 合同的转让

1. 合同转让的概念

合同转让,是指合同当事人一方依法将其合同的权利和义务全部或部分地转让给第三人。按照其转让的权利义务的不同,可分为合同权利的转让、合同义务的转让及合同权利义务的概括转让三种形态。

2. 合同权利的转让(债权让与)

合同权利的转让,是指合同债权人通过协议将其债权全部或部分地转让给第三人的行为。债权人转让权利的,应当通知债务人;未经通知,该转让对债务人不发生效力。

但下列三种类型的合同权利不得转让:①根据债权性质不得转让的,此类债权包括基于个人信任关系而发生的债权(如雇佣人对受雇人的债权)、不作为债权(如禁止某人在转让其某项权利后再将该权利转让给他人)、属于从权利的债权等;②按照当事人约定不得转让的;③依照法律规定不得转让的。

3. 合同义务的转让(债务承担)

合同义务的转让是基于债权人、债务人与第三人之间达成的协议将全部或部分债务转让给第三人承担的行为。债务移让给第三人的,应当经债权人同意,才发生法律效力。

债务的转让产生如下效力:①债务承担发生效力后,第三人将全部或部分地取代债务人的地位而成为当事人;②债务人基于原债的关系而享有的对抗债权人的抗辩事由,新债务人都可以用来对抗债权人;③新债务人应当承担与主债务有关的从债务,但该从债务专属于原债务人自身的除外。

第三人代替债务人履行债务并不是这里所讲的合同义务的转让,其特点是第三人与债权人、债务人并未达成转让债务的协议,未成为合同当事人。第三人不履行或者履行债务不符合约定的,应由债务人向债权人承担违约责任。

4. 合同权利义务的概括转让

合同权利义务的概括转让,是指原合同当事人一方将其合同债权债务一并转让给第三人,由第三人承受自己在合同上的地位,享受权利并负担义务。合同权利义务的概括转让既可以基于当事人之间的合同而发生,也可以基于法律的规定而发生,此种情形最典型的表现是法人或者其他组织的合并、分立所引起的合同权利义务的概括转让。合同一方当事人在与第三人就合同权利义务的概括转让达成约定后,应征得合同对方当事人的同意。如果未经同意,合同概括转让不发生效力。

11.6.3 合同的终止

合同的终止是指合同关系在客观上不复存在,合同债权和合同债务归于消灭。

合同终止的原因主要有:债务已经履行、合同解除、债务相互抵销、提存、债务免除、混同、法律规定或者当事人约定终止的其他情形。

1) 债务已经履行

合同一经履行,合同权利便得以实现,当事人设立合同的目的得以达到,合同关系也就自然终止。在实践中,履行是合同终止最为主要的原因。合同终止后,当事人还应当遵循诚实信用的原则和交易习惯履行通知、协助、保密、旧物回收等义务。

债务人对同一债权人负担的数个债务种类相同,债务人的给付不足以清偿全部债务的,除当事人另有约定外,由债务人在清偿时指定其履行的某个债务。债务人未指定的,应当优先履行已经到期的债务;几项债务均到期的,优先履行对债权人缺乏担保或担保最少的债务;担保数额相同的,优先履行债务负担较重的债务;负担相同的,按照债务到期的先后顺序履行;到期时间相同的,按照债务比例履行。债务人按照以下顺序履行:实现债权的有关费用、利息、主债务,除当事人另有约定外。

2) 合同解除

合同解除是指合同有效成立以后,没有履行或没有全部履行前,根据法律规定或者当事人一方或双方的意思表示,使合同关系自始消灭,尚未履行的给付不再履行,已经履行的给付予以返还。因此,合同的解除是合同终止的原因之一。

合同解除的方式有两种:约定解除和法定解除。

(1) 约定解除。按照合同自由原则,合同当事人享有解除合同的权利,可以通过协议或行使事先约定的解除权而导致合同的解除,只要当事人的约定不违背法律或社会公共道德,在法律上则为有效。

约定解除分为两种情况:①协议解除,是指在合同履行过程中,在未履行或未完全履行之前,当事人双方通过协商解除合同的;②约定解除,是指当事人双方事先在合同中约定解除合同的条件,当解除合同的条件满足时,当事人行使解除权致使合同终止的。

(2) 法定解除。法定解除是指在合同成立以后,没有履行或没有完全履行以前,根据法律规定的解除条件,行使法定的解除权而终止合同的行为。

根据我国法律的规定,有下列情形之一的,可以解除合同:①因不可抗力致使不能实现合同目的的,当事人可以解除合同;②在履行期限届满之前,当事人一方明确表示或者以自己的行为表明不履行主要债务的,对方可以解除合同;③当事人一方延迟履行主要债务,经催告后在合理期限内仍未履行的,对方可以解除合同;④当事人一方延迟履行债务或者有其他违约行为致使不能实现合同目的的,对方可以不经催告解除合同;⑤法律规定的其他情形。

一方主张解除,应当通知对方。合同自通知到达对方时解除。对方有异议的,任何一方可以请求人民法院或者仲裁机构确认合同效力;法律对合同解除有特殊规定的,应当遵守其规定。法律、行政法规规定解除合同应当办理批准、登记等手续的,依照其规定。

3) 抵销

抵销,是指二人互负债务时,各以其债权充抵债务,而使其债务与对方的债务在对等数额内相互消灭,但按债务性质、当事人约定或依照法律规定不得抵销的除外。

抵销依其产生的根据不同,分为两种。①法定抵销,其条件必须是债务的标的物种类相同,而且均已届清偿期;②协议抵销,是指按照当事人双方的合意就可以抵销,不受标的物种类、清偿期的限制。当事人主张抵销的,应当通知对方。通知自到达对方时生效,且抵销不得附条件或附期限。

法定抵销一般需具备以下要件:①须双方互负有债务,互享有债权;②双方互负债务,其给付种类必须相同;③须双方的债务均届清偿期;④须双方的债务均为可抵销的债务。协议抵销不受②、③限制。

4）提存

提存，是指由于债权人的原因，致使已到债务履行期限的债务人无法向债权人履行的，债务人将该标的物交给提存机关保管而终止合同的制度。有下列情形之一的，债务人可以将标的物提存：①债权人无正当理由拒绝受领；②债权人下落不明的；③债权人死亡未确定继承人、遗产管理人或者丧失行为能力而未确定监护人的；④法律规定的其他情形。

标的物不适于提存或提存费用过高的，债务人可依法拍卖或变卖标的物，提存所得的价款。标的物提存后，除债务人下落不明外，债务人应当及时通知债权人或债权人的继承人、遗产管理人、监护人、财产代管人。债务人提存后，视为债务人的债务已履行，提存费用由债权人承担，标的物提存后毁损、灭失的风险由债权人承担。债权人可以随时领取提存物，但债权人对债务人负有到期债务的，在债权人未履行债务或者提供担保之前，提存部门应拒绝其领取提存物。债权人领取提存物的权利，自提存之日起5年内不行使而消灭，提存物扣除提存费用后收归国家所有。但是，债权人未履行对债务人的到期债务时，或者债权人向提存机关书面放弃领取提存物权利的，债务人负担提存费用后有权取回提存物。

5）债务免除

债务免除，是指债权人自愿放弃全部或部分债权，从而解除债务人所承担的义务，由此导致合同关系的终止。但是债务人在合理期限内拒绝的除外。

6）混同

混同，是指债权和债务同归于一人，致使合同关系消灭。但是损害第三人利益的除外。

11.7 违约责任

11.7.1 违约责任的概念

违约责任，是指合同当事人因违反合同义务所应承担的民事责任，当事人可以在法律规定的范围内事先约定责任范围。违约责任具有相对性，违约责任只在合同关系当事人之间产生，合同以外的第三人不负违约责任；合同当事人也不对合同以外的第三人承担违约责任。违约责任制度是保障债权实现和债务履行的重要措施。

11.7.2 违约责任的归责原则

归责原则，是指确定违约当事人承担民事责任的法律原则。我国法律规定合同的违约责任归责原则以严格责任原则为主，过错责任原则为辅。

(1) 严格责任原则，是指不论违约方主观上有无过错，只要其不履行合同给对方当事人造成了损害，就应当承担违约责任。因此，依据严格责任原则追究违约责任是不以主观过错的存在作为要件，违约责任的一般构成要件仅为违约行为一项，适用于法律明文规定的情况。严格责任不以主观过错为责任要件，其宗旨在于合理补救债权人的损失，而非惩罚过错。

(2) 过错责任原则，是指一方违反合同义务时，应以主观过错作为确定责任的要件和确定责任范围的依据。在确定承担违约责任的一方时，不仅要考虑当事人的违约行为，而且要考虑当事人主观上是否有过错，即故意和过失。当事人没有主观过错的，即使发生了违约行为，也不承担责任。对一些特殊类型的合同，法律规定适用过错责任原则。

因不可抗力不能履行合同的，根据不可抗力的影响，部分或者全部免除责任。当事人迟延履行后发生不可抗力的，不能免除责任。不可抗力，是指不能预见、不能避免并不能克服的客观情况。

11.7.3 违约行为的形态

违约行为是指合同当事人违反合同义务的行为。违约行为可分为预期违约和实际违约两种形态。

1. 预期违约

预期违约也称先期违约，是指当事人一方在履行期限届满之前，明确表示或以自己的行为表明不履行合同义务。此时，对方当事人可以中止履行、要求提供充分担保，否则解除合同并请求预期违约方赔偿损失。

2. 实际违约

实际违约是指在履行期限到来后，当事人不履行或不完全履行合同义务的行为。它分为不履行和履行合同不适当两种形态。①不履行也称拒绝履行，是指履行期限到来之后，债务人无正当理由拒绝履行债务的行为；②履行合同不适当，又包括迟延履行、瑕疵履行、部分履行、履行地点不当、履行方式不当等类型。

11.7.4 承担违约责任的主要形式

1. 继续履行

继续履行又称实际履行、强制实际履行，是指债权人在债务人不履行合同义务时，可请求法院或仲裁机构强制债务人实际履行合同义务。

但有下列情形之一的除外：①法律上或者事实上不能履行；②债务的标的不适于强制履行或者履行费用过高；③债权人在合理期限内未要求履行。

2. 采取补救措施

补救措施，是债务人履行合同义务不符合约定，债权人在请求人民法院或者仲裁机构强制债务人实际履行合同义务的同时，可根据合同履行情况要求债务人采取修理、更换、重做、退货、减少价款或者报酬等履行措施。

3. 赔偿损失

当事人不履行或不适当履行合同时，在履行义务或者采取补救措施以后，对方还有其他经济损失的，应当赔偿损失。损失赔偿额包括因违约所造成的实际损失和合同履行本可以获得的利润，但不得超过违约方在订立合同时预见到或者应当预见到的因违反合同可能造成的损失。双方当事人可在合同中约定违约损失赔偿额的计算方法，并均有防止损失扩大的义务。赔偿损失和继续履行可以同时并用。

4. 支付违约金

违约金是指当事人在订立合同时，预先约定或法律规定的，在一方违约时，应该向对方支付一定数额的货币。在没有给对方造成损失时，仍然按照违约金约定进行支付，此时违约金是带有惩罚性的。约定的违约金低于造成的损失的，当事人可以请求人民法院或者仲裁机构予以增加；约定的违约金明显高于造成的损失的，当事人可以请求人民法院或者仲裁机构予以适当减少。违约方就迟延履行支付违约金后，另一方仍有权要求其继续履行债务。

5. 定金

根据定金罚则，给付定金的一方不履行债务的，无权要求返还定金；收受定金的一方不履行债务的，应双倍返还。当事人既约定违约金，又约定定金的，一方违约时，对方可以选择适用违约金或者定金条款。

11.7.5 免责事由

（1）法定事由。即因不可抗力不能履行合同的，根据不可抗力的影响，可以部分或者全部免除责任；不可抗力，是指不能预见、不能避免并不能克服的客观情况。因不可抗力不能履行合同的，应当及时通知对方，以减轻可能给对方造成的损失，并应当在合理期限内提供证明；当事人迟延履行后发生不可抗力的，不能免除责任。但是法律规定因不可抗力造成的违约要承担违约责任的，违约方也要承担无过错的违约责任。

（2）约定的免责事由。合同双方当事人在合同中约定的旨在排除或限制其未履行责任的条款。根据合同自由原则，当事人可以在合同中作出此种约定，但是这一约定并非一定有效，且必须不违背法律、不损害公序良俗。

11.7.6 违约责任与侵权责任的竞合

当事人的某一行为后果导致既符合违约责任的构成要件，又符合侵权责任的构成要件，这就是违约责任和侵权责任的竞合。受损害方有权选择依照合同法要求对方承担违约责任或者依照其他法律要求对方承担侵权责任。

本 章 小 结

- 我国法律规定了合同的概念和分类，合同法的概念和基本原则。
- 合同订立过程包括要约与承诺两个阶段，注意要约生效时间、要约与要约邀请的区别、要约撤回、要约撤销、要约失效、承诺的有效条件、承诺的迟延、承诺的撤回等的理解，合同的成立要件、合同的主要条款、合同格式条款的效力、合同成立的时间、合同成立的地点、缔约过失责任。
- 按合同的效力可以把合同分为：有效合同、无效合同、可撤销合同、效力待定合同。合同效力的主要内容是保证合同履行。当事人在履行合同时应遵循合同履行原则、合同补缺规则，也可在双务合同行使同时履行抗辩权、后履行抗辩权、不安抗辩权三种抗辩权，为了制止债务人的损害行为，也可以采取代位权和撤销权的合同保全措施。
- 当事人为了确保合同履行，可以采取保证、抵押、质押、留置和定金五种担保方式。

● 合同的变更包括合同内容和合同主体两方面的变更。
● 合同终止的原因有：依约履行、合同解除、债务抵销、提存、债权人免除债务、债权债务混同、法律规定或者当事人约定终止的其他情形。
● 合同当事人违反合同义务都应承担违约责任，我国法律规定合同的违约责任归责原则是以严格责任原则为主，过错责任原则为辅，只有因不可抗力不能履行合同的才是法定部分或者全部免除责任事由。违约行为可分为预期违约和实际违约。承担违约责任的主要形式：继续履行、采取补救措施、赔偿损失、支付违约金、定金。

关键概念

合同　有名合同　双务合同　诺成合同　实践合同　要式合同　合同的成立　要约　要约邀请　要约撤回　缔约过失责任　格式条款　效力待定合同　可撤销合同　合同履行　双务合同履行中的抗辩权　同时履行抗辩权　先履行抗辩权　不安抗辩权　债权人的代位权　债权人的撤销权　专属于债务人自身的债权　合同担保　保证　质押　抵押　留置　定金　合同变更　合同的转让　抵销　提存　违约责任　预期违约　违约责任与侵权责任的竞合

复习思考题

1. 简述合同的概念与特征、我国合同法的适用范围。
2. 合同法的基本原则有哪些？
3. 简述缔约过失责任的类型。
4. 合同成立的要件有哪些？
5. 什么是格式条款？它的适用范围是什么？
6. 合同生效的要件有哪些？
7. 简述无效合同、效力待定合同及可撤销合同的种类。
8. 简述合同履行的原则、归责。
9. 简述合同中的抗辩权、代位权及撤销权。
10. 简述违约责任的概念及承担形式。

【案例分析】

案例1：朱某去某超市购物，将装有首饰、现金的挎包存放于超市存包处，后领包时发现包已遗失，索赔时该超市以"存包处《存包须知》明示：无论存包者是否申明物件的价值，若遗失，每件酌情补偿5元至10元"为由，只愿意赔10元。另悉，该《存包须知》贴在存包窗口上，十分醒目。双方为此发生纠纷，朱某诉至法院。

试分析：(1)《存包须知》中的争议条款性质如何？是否已经订入朱某与超市的保管合同中？(2)《存包须知》中的争议条款效力如何？为什么？

案例2：甲公司通过电视发布广告，称其有100辆某型号汽车，每辆价格15万元，广告有效期为10天。乙公司看到该广告后的第3天自带300万元汇票去甲公司买车，但此时车已全部售完，无货可供。乙公司要求甲公司承担此行花费的费用2 000元不得而诉至法院。

试分析:(1)甲公司的广告是否为要约?为什么?(2)乙公司支出的费用应由谁来承担?为什么?

案例3:2019年8月10日,原告高某与被告A公司签订了柜台租赁协议,高某在A公司柜台经营小饰品。协议主要约定:租赁期1年,年租金12 000元。承租方在租赁期内自行退出,出租方不给予返款。承租方需要用电,另向出租方每月缴纳电费。合同签订后,高某向A公司缴纳了2 000元押金及6 000元租金。至2020年2月,高某共拖欠电费310.28元,2020年3月1日,A公司向高某送达电费收缴单,并要求其限期交纳电费,否则将断电处理。另查,2019年12月10日,A公司因为租用高某的机器给高某开了一张500元的欠条,高某收到电费收缴单后,以A公司欠其500元为由拒付电费。2020年4月10日,A公司将高某租赁的柜台断电,高某被迫停止营业,并因此遭受各种损失3 000余元。A公司以高某自动退出为由,又将柜台租赁给了他人。高某于是诉至法院,请结合合同履行的原则分析本案。

试分析:(1)高某不予缴纳电费的行为是否在行使同时履行抗辩权?为什么?(2)本案中,A公司是否有权因为高某拖欠电费而将其柜台断电?(3)A公司能否将柜台再出租给别人?

案例4:甲公司与乙公司签订一份供货合同,约定由乙公司在1个月内向甲公司提供一级精铝锭100吨,价值130万元。双方约定,如果乙公司不能按期供货,每逾期1天须向甲公司支付货款价值0.1%的违约金。由于组织货源原因,乙公司在2个月后才给甲公司交付了100吨精铝锭,甲公司验货时发现不是一级精铝锭,而是二级精铝锭,就以对方违约为由拒绝付款,要求乙公司支付1个月的违约金39 000元,并且要求乙公司重新提供100吨一级精铝锭。但是乙公司称逾期供货不是自己的过错,而是国家产业政策调整所然,不应该支付违约金,而且所提供的精铝锭是经过质量检验机构检验合格的产品,甲公司不应小题大做,现在精铝锭供应比较紧张,根本不可能重新提供精铝锭。甲公司坚持乙公司应当支付违约金和按照合同约定的质量标准履行合同。双方为此发生争议,甲公司起诉至法院,要求乙公司支付违约金和重新履行合同。乙公司在答辩状中称,逾期供货并非自己本意,也非自己所能控制的,不应支付违约金,即使支付违约金,也不应支付39 000元之多,这个请求不公平。

试分析:(1)甲公司与乙公司之间签订的合同是否有效?简要说明理由。(2)乙公司没有在约定时间内交付货物是客观原因还是市场原因?(3)甲公司要求乙公司支付违约金和重新提供一级精铝锭的说法有无依据?(4)乙公司主张不能按时供应货物有无依据?(5)乙公司主张违约金数额太高,自己不应承担这么多的说法有无依据?

案例5:2015年7月21日,原告N公司与被告X铁路站签订铁路货物运输合同一份,约定由X铁路站托运医疗器械10吨集装箱一件。双方还约定,该批集装箱中所装货物用于2015年8月15日参加在乌市举行的西部展销会,应于8月10日运到乌市站,否则将给原告造成巨大损失。8月27日,该批货物运到乌市站,交付后未发现货物在承运期间发生灭失、短少、变质、污染或损坏情形。但因未能参加8月15日的展销会,原告诉至法院,要求被告承担违约赔偿责任。被告抗辩:之所以没有按期运到是因为7月21日至8月28日到乌市站的货源严重不足,这些是承运人无法预料的,为不可抗力,因此,不同意原告的主张。经查，原告因未能参加展览会而遭受的直接损失为4万元，可得利益损失为6万元。

试分析：(1) 被告应否承担违约责任？并说明理由。(2) 本案应如何处理？为什么？

案例6：2020年1月，A公司与B公司签订融资租赁合同。A公司根据B公司的选择，向C公司购买了1台大型设备，出租给B公司使用。设备保修期过后，该设备不能正常运行，且在某次事故中造成员工李某受伤。B公司要求A公司履行维修义务，承担设备不符合约定的违约责任，并对李某所受损害承担赔偿责任。A公司表示拒绝，B公司遂以此为由拒绝支付租金。已知：对于租赁物维修义务，以及租赁物不符合约定及其造成第三人损害的责任承担，融资租赁合同未作特别约定。

试分析：(1) A公司是否应履行维修义务？简要说明理由。(2) A公司是否应承担设备不符合约定的违约责任？简要说明理由。(3) A公司是否应对李某所受损害承担赔偿责任？简要说明理由。

案例7：2018年9月1日，周某向梁某借款50万元，双方签订了借款合同，借款期限1年，年利率为24%。M公司财务部门经理许某以财务部门名义为周某的该项借款提供担保，与梁某签订了一份加盖M公司财务部门章的保证合同，借款期限届满后，周某无力清偿借款本息。2019年10月10日，梁某请求M公司承担保证责任，M公司以保证合同无效为由拒绝。2019年12月1日，梁某调查发现，周某于2019年1月1日将一辆价值10万元的轿车赠送给亲戚王某。2020年1月20日，梁某提起诉讼，请求撤销赠与行为，王某抗辩：①自己不知道周某无力清偿欠款，属于善意第三人，梁某无权请求撤销；②自2019年1月1日赠与行为发生至梁某起诉，已经超过可以行使撤销权的1年法定期间，梁某无权请求撤销。

试分析：(1) M公司拒绝承担保证责任是否合法？简要说明理由。(2) 王某抗辩理由①是否成立？简要说明理由。(3) 王某抗辩理由②是否成立？简要说明理由。

第 12 章 知识产权法律制度

【学习目标】

学完本章后,你应该能够:
- 知晓知识产权法的概念、特征、法律体系及作用;
- 理解著作权、专利权和商标权的主体、客体及内容;
- 领会我国法律对著作权、专利权和商标权的保护;
- 了解违反著作权法、专利法和商标法应承担的法律责任;
- 了解网络知识产权的含义、侵权方式及保护对策。

12.1 知识产权法概述

12.1.1 知识产权概述

1. 知识产权的概念

知识产权,英文为 intellectual property,该词来源于 17 世纪的法国,英文意思为"知识财产权"或"知识所有权"。有人把它译为"精神产权"或"智力成果权"。在我国,目前大家普遍接受"知识产权"这一译法。

知识产权是一种无形财产权,是指智力劳动者对其创造性智力劳动取得的成果依法享有的一种专用权。知识产权的保护主要包括:①保护工业产权,是指对发明、商标和工业设计的保护,制止不当竞争;②保护版权,是指对文学、艺术、音乐、摄影等作品版权的保护。

《民法典》第一百二十三条规定,知识产权是权利人依法就下列客体享有的专有的权利:①作品;②发明、实用新型、外观设计;③商标;④地理标志;⑤商业秘密;⑥集成电路布图设计;⑦植物新品种;⑧法律规定的其他客体。

2. 知识产权的特征

知识产权是一种民事权利。由于知识产权具有不同于其他民事权利的特点,所以各国大多采取单独制定民事特别法的方式,对知识产权加以保护。

知识产权具有下列特征。

(1) 知识产权的客体是智力成果,是一种无形财产。

(2) 知识产权具有专用性,只有权利人才能对其客体进行使用、收益和处分。

(3) 知识产权具有地域性,它只在域内受到保护,除本国缔结或加入的国际条约另有规定的以外,不具有域外效力。

(4) 知识产权具有时间性，只在法定的保护期间内有效；超过法定的保护期间，其客体就成为社会的公共财富，任何人都可无偿使用。

3. 世界知识产权组织

知识产权在国际上有两大平台，一是世界知识产权组织（World Intellectual Property Organization，WIPO），二是世界贸易组织（WTO）。1967年7月14日，"国际保护工业产权联盟"（巴黎联盟）和"国际保护文学艺术作品联盟"（伯尔尼联盟）的51个成员在瑞典首都斯德哥尔摩共同建立了世界知识产权组织，以便进一步促进全世界对知识产权的保护，加强各国和各知识产权组织间的合作。1970年4月26日，《建立世界知识产权组织公约》生效。1974年12月，该组织成为联合国16个专门机构之一。世界知识产权组织的总部设在瑞士日内瓦，在美国纽约联合国大厦设有联络处。目前，共有成员185个。

世界知识产权组织的宗旨是通过国家之间的合作并在适当情况下与其他国际组织配合，促进在全世界保护知识产权；保证各联盟之间的行政合作。

世界知识产权组织的职责是：①注册活动，即世界知识产权组织依据有关的国际公约，如《专利合作条约》和《商标国际注册马德里协定》等，直接向工业产权申请人提供的申请权利的相关活动；②促进政府间在知识产权管理，如检索专利文件，维护和修订国际分类法，编辑越来越复杂的统计资料，按地区调查工业产权和版权的实施情况等方面的合作；③开展世界知识产权组织的实质性活动，如促进更多的国家接受条约，必要时修订条约，根据需要缔结新的国际条约，开展对发展中国家在知识产权领域里的援助等。

中国于1980年6月3日加入该组织，成为它的第90个成员。我国1985年加入《保护工业产权巴黎公约》，1989年加入《商标国际注册马德里协定》，1992年10月加入《保护文学艺术品伯尔尼公约》，1994年1月1日加入《专利合作条约》。至1999年1月，中国共加入了该组织管辖的12个条约。

12.1.2 我国的知识产权法律体系

知识产权法律体系是指由一个国家现行知识产权法律制度及规范构成的有机统一整体。我国的知识产权法律体系由下列法律规范构成。

(1) 宪法的基本原则和有关知识产权的法律规范。

(2) 民法的基本原则和基本制度，如《民法典》。

(3) 知识产权单行法律，如《中华人民共和国著作权法》《中华人民共和国商标法》《中华人民共和国专利法》（以下分别简称《著作权法》《商标法》《专利法》）。

(4) 知识产权行政法规，如《中华人民共和国著作权法实施条例》《计算机软件保护条例》《中华人民共和国商标法实施条例》《中华人民共和国专利法实施细则》《专利代理条例》《中华人民共和国知识产权海关保护条例》等。

(5) 知识产权地方性法规、自治条例和单行条例，如《天津市知识产权保护条例》。

(6) 知识产权行政规章，如《专利优先审查管理办法》和《专利代理管理办法》等。

(7) 知识产权司法解释，如《最高人民法院关于审理商标授权确权行政案件若干问题的规定》《最高人民法院关于审理侵犯专利权纠纷案件应用法律若干问题的解释（二）》等。

(8)《中华人民共和国刑法》中惩罚知识产权犯罪的有关规范。

(9)《中华人民共和国科学技术进步法》中有关知识产权的规范。

(10) 其他法律和行政法规中有关知识产权的规范，如《反不正当竞争法》对商业秘密的保护，《中华人民共和国企业所得税法》等税法中有关知识产权转让所得如何纳税的规范等。

(11) 我国缔结或参加的国际条约，如《保护工业产权巴黎公约》《商标注册马德里条约》《专利合作条约》《保护文学艺术作品伯尔尼公约》《世界版权公约》等。

我国的知识产权制度虽然建立较晚，但是我国的知识产权保护体系在40多年的时间里走完了其他国家几百年的路程，取得了巨大的成绩。目前，我国知识产权保护状况正日趋接近工业化发达的国家水平，但仍存在一定的问题，需进一步完善相关法律法规。2018年李克强会见世界知识产权组织总干事时说，中国将采取更严格的知识产权保护制度。

12.1.3 知识产权法的作用

知识产权法作为一项重要的民事法律制度，有着保护知识产权人的合法权益，促进和保障文化、科技成果的合理使用和推广，加强文化、科技交流的重要作用。

(1) 有利于调动人们从事创作和科学技术研究的积极性。知识产权法律制度从根本上充分调动了人们从事智力创作和科研活动的积极性，给社会创造出更多更好的精神财富。

(2) 有利于促进和保障智力成果广泛传播，以产生巨大的经济利益和社会效益。建立和完善文化科技与经济有效结合的机制，加速智力成果的商品化和向现实生产力转化，为权利人和社会带来巨大的经济效益和社会效益。

(3) 有利于提高全民族科学文化水平，加速社会主义现代化建设，加强知识产权的法律保护，充分保障知识产权人的人身权和财产权利，对于繁荣和发展我国的科学技术和文化水平，具有重要的保障作用。

(4) 有利于促进国际科学技术和文化的交流与协作。科学技术和文化艺术是人类的共同精神财富。只有互相合作，彼此交流才能借鉴吸收，共同发展。知识产权法律制度有利于开展国际贸易，并将为我国同外国进行文化交流、技术合作提供法律依据和法律保障。

12.2 著作权法

12.2.1 著作权法的概念

1. 著作权概述

著作权，也称版权，是指文学艺术和科学作品的作者依法所享有的权利。著作权通常有狭义和广义之分。狭义的著作权，是指作者依法享有的权利，包括著作人身权和著作财产权；广义的著作权除了狭义的著作权外还包括著作邻接权，即作品传播者依法享有的权利，主要指艺术表演者、录音录像制品制作者和广播电视组织的权利。此外，我国《著作权法》还把出版者的权利也归入著作邻接权的范围之中。

著作权与其他知识产权相比，具有以下特征：①著作权自动产生；②著作权保护的作品要求具有独创性而不要求具备首创性；③著作权保护作品的具体表达形式而不保护其思想内容；④著作权保护的期限具有长期性，其中著作权人身权的保护没有时间限制，著作财产权保护的期限因著作权人或作品内容不同而有所不同，但至少为50年。

2. 著作权法的概念

著作权法也称版权法，是指有关著作权以及相关权益的取得、行使和保护的法。《著作权法》于1990年9月7日第七届全国人大常务委员会第15次会议通过，2001年10月27日和2010年2月26日进行了两次修正。著作权法规主要有《中华人民共和国著作权法实施条例》《计算机软件著作权保护条例》《实施国际著作权条约的规定》等。

12.2.2 著作权的取得和保护期限

1. 著作权的取得

著作权的取得方式主要有以下几种。

（1）自动取得制。著作权产生于作品创作完成时，作品一经创作完成，作者即享有著作权，无须履行任何手续。当今大多数国家，包括我国，均采用此种方法。

（2）标记取得制。即作品发表时必须有一定的标记才能取得著作权，否则就丧失著作权而进入公有领域。例如，美国版权法曾要求文字作品必须标明©标记、"copyright"字样或版权的缩写"COPR"。

（3）注册取得制。作品必须登记注册，才能取得著作权，即必须按照其国内法要求履行缴送样品、登记、刊登启事、偿付费用等手续，作品才能取得著作权保护。

2. 著作权的保护期限

按照我国《著作权法》的规定，作者的署名权、修改权以及保护作品完整权的保护期限不受限制。

（1）公民个人的作品，其发表权、使用权和获得报酬权的保护期为作者终生及其死后50年，截止于其死亡后第50年的12月31日；合作作品的保护期截止于最后死亡的作者死亡后第50年的12月31日。

（2）由法人或非法人单位享有著作权（署名权除外）的作品，其发表权、使用权和获得报酬权的保护期为50年，截止于作品首次发表后第50年的12月31日，但作品自创作完成后50年内未发表的，法律不再保护。

（3）对于电影、电视、录像和摄像作品的发表权、使用权和获得报酬的权利的保护期限同上述法人单位的作品一样。

12.2.3 著作权的主体、客体和内容

1. 著作权的主体

著作权主体，又称著作权人，是指按照法律规定，在创作文学、艺术和科学作品后享有权利和承担义务的人，包括创作作品的作者、视为作者的法人或非法人单位及其他自然人。著作权主体资格是由法律直接规定的。

根据我国著作权法的规定可以作为我国著作权的主体有以下几种。

1) 中国公民

中国公民成为著作权的主体主要通过两种途径：其一是创作作品；其二是公民通过合同、继承、遗赠等方式成为著作权的主体，继受著作权的主体，一般只能享有著作权中的财产权。

2) 外国人

外国人包括外国公民、外国法人和无国籍人。文学、艺术作品和科学作品的国际流通性，使各国版权法都承认外国人可以成为本国著作权主体。但这承认是有限制的，根据我国著作权法的规定：外国作品必须首先在中国境内发表，即外国人未发表作品通过合法方式首先在中国境内出版，否则，我国著作权法不承认其主体资格。

3) 法人或非法人单位

法人或非法人单位成为著作权的主体主要也通过两种途径：①法人或非法人单位被视为作者；②通过合同、继承、遗赠等方式成为著作权的主体。我国《著作权法》规定，由法人或非法人单位主持，代表法人或非法人单位意志创作并由法人或非法人单位承担责任的作品，法人或非法人单位视为作者。

4) 国家

国家在特殊情况下可以成为著作权的主体。当国家参与民事流转时，它的行为就是民事行为，这时国家就成为民事主体，从而享有民事权利和承担民事义务。国家版权局是我国的著作权行政管理部门，由其代表国家，行使国家享有的著作权。应当注意的是，国家作为特殊的著作权主体，其享有的著作权是不完全的，它不享有作者应具有的著作权人的人身权，而仅享有著作权中的财产权。

2. 著作权的客体

著作权的客体是指著作权主体所享有的权利和承担的义务所共同指向的对象，即作品。作品是指文学、艺术和科学领域内，具有独创性并能以某种有形形式复制的智力创作成果。

1) 作品的条件

作为著作权保护对象的作品应具备的条件：①独创性，即必须有作者独立构思的内容和表现形式；②可复制性，即作品必须以一定的客观形式表现出来，能使他人直接或间接地看到、听到或摸到；③作品的内容不得违反宪法，应在法律允许出版、传播范围之内。

2) 作品的保护范围

我国《著作权法》保护的范围包括：①文字作品；②口述作品；③音乐、戏剧、曲艺、舞蹈、杂技艺术作品；④美术、建筑作品；⑤摄影作品；⑥电影作品和以类似摄制电影的方法创作的作品；⑦工程设计、产品设计图、地图、示意图等图形和模型作品；⑧计算机软件；⑨法律、行政法规规定的其他作品。

《著作权法》不保护的部分有：①违反法律的作品，如被认定为违法出版物和淫秽出版物等的作品；②法律、法规、国家机关的决议、决定、命令和其他具有立法、行政、司法性质的文件及其官方正式译文；③时事新闻；④历法、数表、通用表格和公式等。

3. 著作权的内容

著作权的内容，即著作权主体依法享有的权利和承担的义务。我国著作权法规定，著作权包括著作权中的人身权和财产权。

1) 著作人身权

著作人身权又称精神权利，是指作者对其作品所享有的各种与其人身紧密相连的，又无直接经济内容的权利，包括发表权、署名权、修改权和保护作品完整权。

(1) 发表权。发表权是作者享有的决定自己的作品是否公之于众的权利。作者有自己发表作品和不发表作品的权利。一般情况下，由作者自己行使，但在特殊情况下发表权可以与作者相分离。

(2) 署名权。署名权是表明作者身份，在作品上署名或者不署名的权利。作者署名可以署自己的姓名、笔名、艺名、别名、化名等。署名权虽然是著作权内容的一部分，但它可以与著作权分离而独立存在。署名权的保护期限，没有时间限制，作者生前由作者行使，作者死后，由作者的继承人或者受遗赠人保护，作者无继承人或者受遗赠人的，其署名权由著作权行政管理部门保护。

(3) 修改权。修改权是指修改作品的权利。作者可以自己修改作品，也可以授权他人对作品进行修改；作品的修改可以在作品未完成以前，也可以在作品完成以后或发表以后；既可以是对作品的观点、内容和形式等进行实质性修改，也可以是对作品进行技术性修改。

(4) 保护作品完整权。保护作品完整权是指保护作品不被歪曲、篡改的权利，是修改权的一种延伸，但它在内容上比修改权更进了一步。它不仅禁止他人对作品进行修改，而且禁止他人在以改编、注释、翻译、制片、表演等方式使用作品时，对作品进行歪曲性的改变。保护作品的完整权没有时间限制，作者死后，这项权利由作者的继承人或者受遗赠人保护，无继承人或者受遗赠人的，则由著作权行政管理部门保护。

2) 著作财产权

著作财产权即经济权利，是指作者及传播者通过作品使用从而获得经济报酬的权利。财产权可以和著作权人相分离，可以转让、继承和放弃。财产权的内容主要有作品使用权和获得报酬权，即以复制、发行、出租、展览、表演、放映、广播、信息网络传播、摄制、改编、翻译、汇编等方式使用作品，并由此而获得报酬的权利。

3) 邻接权

邻接权是由著作权派生出来的，指作品传播者在传播作品时所享有的权利。邻接权包括表演者的权利、音像制作者的权利、广播电视组织者的权利和出版者的权利。

(1) 表演者的权利。表演者权利是指表演者因表演文学和艺术作品而依法享有的权利，包括表明表演者身份的权利，保护表演形象不受歪曲的权利，许可他人从现场直播的权利，许可他人以营利为目的录音录像并获取报酬的权利。表演者的财产权的保护期限为50年，截止于该表演发生后第50年的12月31日。

(2) 音像制作者的权利。音像制作者的权利是指音像制品的制作者对其所录制的原始录音、录像制品享有的权利，包括许可他人复制音像作品权，许可他人发行音像制品权，获得报酬权。权利的保护期为50年，截止于该制品首次制作完成后第50年的12月31日。

(3) 广播电视组织者的权利。广播电视组织者的权利是指广播电视组织对其编制的广播电视节目，依法享有的权利，包括播放、许可他人播放并获得报酬，许可他人复制发行其制作的广播、电视节目并获得报酬等。权利的保护期为50年，截止于该广播、电视首次播放后第50年的12月31日。

(4) 出版者的权利。出版者的权利是指图书、报刊的出版者与著作权人通过合同约定，在一定的期限内，对其作品享有的专有使用权。主要包括图书出版者对著作权人交付的作品，在合同约定的有效期内，享有专有出版权；出版者对其出版的图书、杂志、报纸等的版式、装帧设计，享有专有使用权；在合同约定期和约定地区以同种文字的原版、修订版和缩编本的方式出版图书的权利。版式设计的保护期限为10年，截止于首次出版后第10年的12月31日。

著作权与邻接权的区别非常明显。①主体不同。著作权的主体是智力作品的创作者，包括自然人和法人。邻接权的主体是出版者、表演者、录音录像制作者、广播电视组织，除表演者以外，在我国基本上都是法人实体。②保护对象不同。著作权的保护对象是文学、艺术和科学作品。邻接权的保护对象是经过传播者艺术加工之后的作品。③受保护的前提不同。作品只要符合法定条件，一经创作完成即可获得著作权的保护，邻接权的取得必须以著作权人的授权及对作品的再利用为前提。

12.2.4 著作权的利用及限制

1. 著作权的利用

著作权的利用包括：著作权的许可使用，著作权的转让和著作权的其他利用。

1) 著作权的许可使用

著作权的许可使用是指著作权人授权要求使用自己作品的人以一定的方式、在一定的时期和一定的范围内使用其作品的行为。这种利用通常是通过使用许可合同来实施的。著作权人利用许可合同可以将著作财产权中的一项或者几项内容许可他人使用，同时向被许可人收取一定数额的著作权使用费，以保障实现著作财产权益。

著作权使用许可合同主要条款应包括：①许可使用作品的方式；②许可使用的权利是否专有；③许可使用的范围、期限；④付酬标准和办法；⑤违约责任；⑥其他需要约定的内容。著作权使用许可合同的有效期限为10年，期满可以续订。

2) 著作权的转让

著作权的转让是指著作权人将作品著作财产权的一项或者几项全部转让给受让人，从而使受让人成为该作品一项或几项或全部著作财产权新的权利人的法律行为。我国著作权法只规定了著作权许可使用制度，而没有关于著作权转让的规定。

3) 著作权的其他利用

著作权的其他利用是指除许可使用及转让外，著作权还可以用来作为债的担保、质押、信托、破产财产强制执行以及离婚时夫妻财产分割的对象。2010年修订的《著作权法》规定，以著作权出质的，由出质人和质权人向国务院著作权行政管理部门办理出质登记。

2. 著作权的限制

著作权的限制是指法律赋予著作权人以外的人有采用法定方式使用作品的权利。著作权的限制包括：合理使用、法定许可使用和强制许可使用。

1) 合理使用

合理使用，是指在特定的条件下，法律允许他人自由使用享有著作权的作品，既不必取得著作权人的许可，也不必向著作权人支付报酬的制度。

我国著作权法规定下列属合理使用范围。①为个人学习、研究或欣赏，使用他人已经发表的作品；为介绍、评论某一作品或者说明某一问题，在作品中适当引用他人已经发表的作品。②为报道时事新闻，在报纸、期刊、广播、电视节目或者新闻纪录影片中引用已经发表的作品。③报纸、期刊、广播电视、电视台刊登或者播放其他报纸、期刊、广播电台、电视台已经发表的社论、评论员文章；报纸、期刊、广播电视、电视台刊登或者播放在公众集会上发表的讲话，但作者声明不许刊登、播放的除外。④为了课堂教学或者科学研究，翻译或者少量复制已经发表的作品，供教学或者科研人员使用，但不得出版发行。⑤国家机关为执行公务使用已经发表的作品。⑥图书馆、档案馆、纪念馆、博物馆、美术馆等为陈列或者保存版本的需要，复制本馆收藏的作品。⑦免费表演已经发表的作品。⑧对设置或者陈列在室外公共场所的艺术品进行临摹、绘画、摄影、录像。⑨将已经发表的汉族文字作品翻译成少数民族文字在国内出版发行。⑩将已经发表的作品改成盲文出版。

上述这些限制的规定，同样适用于对出版者、表演者、录音录像制作者、广播电台、电视台的权利限制。

2）法定许可

法定许可是指依照著作权法的规定，使用者在利用他人已经发表的作品时，可不必征得著作权人许可，但应支付报酬，并尊重著作权人其他权利的制度。

我国《著作权法》对法定许可的规定为：①在为实施九年义务教育和国家教育规划而编写出版的教科书中汇编已经发表的作品片段或短小的文字作品、音乐作品或者单幅的美术作品、摄影作品，但作者事先声明不许使用的除外；②作品刊登后，除著作权人声明不得转载或者作为文摘、资料刊登的外，其他报刊可以转载或者作为文摘、资料刊登；③录音制作者使用他人已经合法录制为录音制品的音乐作品制作录音制品的；④广播电台、电视台播放他人已发表的作品或已经出版的录音制品。

3）强制许可

强制许可是指在特定的条件下，由著作权主管机关根据情况，将对已经发表作品进行特殊使用的权利授予申请获得此项使用权的人，并把授权的依据称作"强制许可证"。特别是为发展国家的教学、学术活动和科学研究方面的便利，允许主管机关颁发翻译权与复制权的强制许可证。强制许可是非独占性的，不得转让。强制许可证仅限于该国内有效。根据强制许可证而使用作品的报酬，通常由法律确定。

我国于 2010 年修订的《著作权法》没有规定强制许可制度。但由于我国已经加入了《伯尔尼公约》和《世界版权公约》，上述两公约中有关强制许可的规定也可以适用。

12.2.5 著作权集体管理

1. 著作权集体管理概述

为了规范著作权集体管理活动，便于著作权人和与著作权有关的权利人行使权利以及使用者使用作品，2004 年 12 月 28 日，国务院颁布了《著作权集体管理条例》，并于 2005 年 3 月 1 日起实施。著作权法规定的表演权、放映权、广播权、出租权、信息网络传播权、复制权等权利人自己难以有效行使的权利，可以由著作权集体管理组织进行集体管理。

2. 著作权集体管理组织

著作权集体管理组织是指为权利人的利益依法设立，根据权利人的授权对权利人的著作权或者与著作权有关的权利进行集体管理的社会团体。著作权集体管理组织应当依照有关社会团体登记管理的行政法规和《著作权集体管理条例》的规定进行登记并开展活动。国务院著作权管理部门主管全国的著作权集体管理工作。

目前，我国著作权集体管理组织有：中国音乐著作权协会（1992 年 12 月）、中国音像集体管理协会（2005 年 12 月）、中国文字著作权协会（2008 年 10 月）、中国摄影著作权协会（2008 年 11 月）和中国电影著作权协会（2010 年 4 月）。

3. 著作权集体管理活动

著作权集体管理活动主要有：①与使用者订立著作权或者与著作权有关的权利许可使用合同；②向使用者收取使用费；③向权利人转付使用费；④进行涉及著作权或者与著作权有关的权利的诉讼、仲裁等。

12.2.6 著作权的法律保护

1. 侵犯著作权的行为

侵犯著作权（包括邻接权）的行为指既未经作者或其他著作权人的同意，又无法律上的依据，擅自对受著作权法保护的作品进行利用或以其他非法手段行使著作权人专有权利的行为。作为一般民事侵权行为的一种，侵犯著作权的行为也应当满足：侵权行为、过错、损害后果及因果关系四个要件。

2. 侵犯著作权的法律责任

根据我国著作权法及相关法律法规的规定，侵犯他人著作权的行为，应当视其情节轻重承担相应的民事责任、行政责任、刑事责任。

（1）民事责任。我国《著作权法》第四十七条规定的承担民事责任的方式有：停止侵害、消除影响、赔礼道歉和赔偿损失。

（2）行政责任。指国家行政机关，具体而言指著作权行政管理机关依照法律规定对侵犯著作权或与著作权有关的权利的行为予以行政制裁。制裁的方式有：①没收非法所得，即对侵权行为人非法所得的报酬和利润予以没收；②罚款，即行政机关对侵权行为人依法处以一定的罚金；③其他处罚，包括警告、责令停止制作和发行侵权行为复制品。

（3）刑事责任。对于构成犯罪的，依照我国《刑法》第二百一十七条、第二百一十八条的规定处理。

12.3 商 标 法

12.3.1 商标及商标法

1. 商标概述

商标，英文为 trademark，是指生产者、经营者为把自己的商品或者服务与他人的商品或服务区别开来的由文字、图形、字母、数字、三维标志和颜色组合，以及上述要素组合的可视性标志，包括注册商标和非注册商标，注册商标又分为商品商标、服务商标、集体商标和证明商标。

商标是市场经济的必然产物，商标作为区别商品和服务的特殊标记，其特征有：①商标是商品或服务项目的标志；②商标是商品生产者、经营者或劳务提供者的标志；③商标是使用在商品或服务项目上的一种特殊标记。

商标的作用是随着商品经济的进一步发展和社会化协作的不断提高而日益显示出来的。具体表现有：①它有利于促进商品生产经营者或服务者提高商品质量和服务质量，维护商标作用，推动合法竞争；②有利于保护广大消费者的合法权利，提高消费者选购商品和服务的能力,防止上当受骗;③有利于对外贸易,提高商品生产经营者和服务者在国际市场上的知名度、信誉和竞争实力,促进国际经济和贸易的广泛交往;④商标在广告宣传、美化商品和开展公平竞争方面也发挥着巨大的作用。

2. 商标法概述

商标法是调整因确认、保护商标专用权和商标的使用及管理过程中发生的社会关系的法律规范的总称。商标法是知识产权法的重要组成部分。我国《商标法》是 1982 年 8 月 23 日通过并于 1983 年 3 月 1 日正式实施,1993 年 2 月 22 日、2001 年 10 月 27 日、2013 年 8 月 30 日和 2019 年 4 月 23 日全国人大常委会共 4 次修正。

12.3.2 商标权的主体、客体和内容

商标权,亦称商标专用权,是无形财产权,是指商标经过注册后,其使用人依法所取得的对该注册商标享有的独占权利。它的取得、使用、管理和保护需要专门的法律加以规范。

1. 商标权的主体

商标权的主体,又叫商标权人,是指依法享有商标权的自然人、法人或者其他组织,包括商标权的原始主体和继受主体。

商标权的原始主体是指商标注册人,继受主体是指依法通过注册商标的转让或者移转,取得商标权的自然人、法人或者其他组织。因此,商标权的主体包括:依法成立的企业、事业单位、社会团体、个体工商户、个人合伙及外国人或外国企业,它们是商标权利的享有者。

按现行商标法规定,外国的自然人(含大陆境外的)可以在中国申请注册商标,而中国的自然人目前暂不可以申请商标注册、也不可以被许可使用他人的注册商标。外国自然人或外国企业在中国申请商标注册的,应当按其所属国与中国签订的协议或者与中国共同参加的国际条约或按对等原则办理。

2. 商标权的客体

商标权的客体就是受商标法保护的注册商标。一件商标要想获准注册成为商标权的客体,应有一定的构成要件:①注册商标必须具备法定构成要素,即商标的法定构成要素是文字、图形、字母、数字、三维标志和颜色的组合;②注册商标必须具备显著特征,即与其他注册商标不相同,也不相类似,且不能是本商品的通用名称和图形、直接表示商品本身内在特点的文字和图形以及地理名称;③注册商标不得违反有关规定和公序良俗。如不得同国家和国际组织的名称、国旗、国徽、徽记、军旗、勋章等相同或者相近;不得带有民族歧视性的文字、图形;不得有夸大宣传并带有欺骗性的文字和图形;不得有有害于社会主义道德风尚或者有其他不良影响的文字和图形等。

3. 商标权的内容

商标权的内容,是指商标权人依法享有的权利和应承担的义务。

商标权人的权利主要包括:①专有使用权,即商标权人在核定的商品或服务上独占使用其注册商标的权利,是商标权人最主要、最基本的权利,但以注册的商标和核准使用的商品或服务为限;②禁止权,即商标权人有禁止他人使用自己的注册商标以及其他侵害商标权行为的权利;③许可使用权,即商标权人许可他人使用自己的注册商标。

商标权人的主要义务是:保证使用注册商标的商品或服务质量,对消费者负责;按时缴

纳各种费用和依法正确使用商标。

12.3.3 商标注册的申请、审查和核准

1. 商标注册的申请

商标注册是指商标所有人将其使用的商标依照商标法规的条件和程序，向商标主管机关提出申请，经商标主管机关依法审查核准，在商标注册簿上登录并公告，发给商标注册证，授予商标所有人商标专用权的法律活动。经过商标主管机关核准的商标，称为注册商标。只有经过注册的商标，商标所有人才能取得商标专用权并受法律保护。商标所有人在使用注册商标时，必须注明"注册商标"字样，或标明注册标记"注"或"®"。

商标注册原则是商标注册程序中注册申请人、注册管理机关等主体应当遵循的法律准则。具体包括一标多类原则、申请在先原则、优先权原则、自愿注册和强制注册并用的原则等。

（1）一标多类原则。商标注册申请人可以通过一份申请就多个类别的商品申请注册同一商标。商标注册申请等有关文件，可以以书面方式或者数据电文方式提出。

（2）申请在先原则。我国在采用申请在先原则的同时，又对绝对的在先申请原则做了适当调整，强调在先申请必须建立在诚信原则之上，如关于恶意抢注的规定及注册商标不得与他人的在先权利相冲突的规定。若两个或两个以上同一天申请的，商标专用权授予最先使用者的原则。

（3）优先权原则。即商标注册申请人自其商标在外国第一次提出商标注册申请之日起6个月内，又在中国就相同商品以同一商标提出商标注册申请的，依法可以享有优先权；或者商标在中国政府主办的或者承认的国际展览会展出的商品上首次使用的，自该商品展出之日起6个月内，该商标的注册申请人可以享有优先权的原则。依照前款要求优先权的，应当在提出商标注册申请的时候提出书面声明，并且在3个月内提交相关资料；未提出书面声明或者逾期未提交相关资料的，视为未要求优先权。

（4）自愿注册和强制注册并用的原则。即在有些商品或服务必须使用注册商标（如药品和烟草），其他商品或服务是否使用注册商标则由商标使用者自行决定的原则。

申请商标注册，申请人应当按照法律规定的要求提交商标注册申请书、商标图案、证明文件和申请费。凡是符合商标法规定的商标注册申请，商标局受理后即进行初步审查，符合注册规定的，予以公告；缺乏法律依据的予以驳回。

2. 商标注册的审查

我国商标注册的审查采取形式审查和实质审查相结合的制度。

1）初步审定

这是对申请注册的商标的形式审查和实质审查。初步审定的形式审查，是指商标局对商标注册的申请是否具备法定条件和手续进行审查，从而确定是否受理申请；初步审定的实质审查，是指商标局对申请注册的商标所构成的文字、图形的含义及其客观效果等进行审查。申请注册的商标，凡不符合本法有关规定或者同他人在同一种商品或者类似商品上已经注册的或者初步审定的商标相同或者近似的，由商标局驳回申请，不予公告。

申请注册的商标，凡符合本法有关规定的，由商标局初步审定，予以公告。

2）公告

对经过初步审定的商标在商标局编印的定期刊物《商标公告》上予以刊登，公之于众，以征询社会各方面的意见，协助商标局进行审查。对初步审定的商标，自公告之日起3个月内，任何人均可以提出异议。

3）驳回商标注册申请的复审

对初步审定、予以公告的商标提出异议的，商标局应当听取异议人和被异议人陈述事实和理由，经调查核实后，作出裁定。当事人不服的，可以自收到通知之日起15日内向商标评审委员会申请复审，由商标评审委员会作出裁定，并书面通知异议人和被异议人。当事人对商标评审委员会的裁定不服的，可以自收到通知之日起30日内向人民法院起诉。人民法院应当通知商标复审程序的对方当事人作为第三人参加诉讼。

当事人在法定期限内对商标局作出的裁定不申请复审或者对商标评审委员会作出的裁定不向人民法院起诉的，裁定生效。经裁定异议不能成立的，予以核准注册，发给商标注册证，并予公告；经裁定异议成立的，不予核准注册。经裁定异议不能成立而核准注册的，商标注册申请人取得商标专用权的时间自初审公告3个月期满之日起计算。

3. 商标注册的核准

经商标局初步审定公告期满，没有人提出异议，或异议不能成立，当事人又不提请复审或复审理由不能成立时，商标局对申请注册的商标予核准注册，发给商标注册证，并予公告。

2019年修正的《商标法》具体明确了"不以使用为目的的恶意商标注册申请"的后果：①在申请阶段将予以驳回；②在初步审定公告阶段，在先权利人、利害关系人有权据此提出异议；③即使已经注册成功，也将面临被宣告无效。

12.3.4 商标权的期限、续展与终止

我国《商标法》规定，商标权的有效期为10年，自核准注册之日起计算。有效期届满后，权利人要继续使用注册商标的，应当在期满前12个月内申请续展注册；在此期间未能办理的，可以给予6个月的宽展期。期满未办理续展手续的，注销其注册商标。每次续展的有效期均为10年，可以无限次申请续展，续展注册经核准后予以公告。其中，宽展期的规定是对商标权保护的另一种延长，为商标享有人续展提供了机会，其注册商标专用权得以继续。

商标权终止的原因有：①注销注册商标，即注册商标所有人自动放弃使用注册商标或有效期届满后不申请续展而被注销；②撤销，即指注册商标所有人违反《商标法》有关规定而受到来自商标局的行政处理。

12.3.5 注册商标的变更、转让与许可

注册商标需要变更注册人的名义、地址或者其他注册事项的，应当提出变更申请。

注册商标的转让，又称商标权的转移，是指商标权人依法将其注册商标转让给他人所有的行为。转让注册商标的，转让人和受让人应当签订转让协议，并共同向商标局提出申请。转让注册商标经核准后，予以公告。受让人自公告之日起享有商标专用权，且应当保证使用该注册商标的商品或服务质量。商标权的转让有其特殊性，因为商标是表明商品和服务来源

的标志，与商品、服务的质量相关，并涉及企业信誉。与《保护工业产权巴黎协议》一致，我国《商标法》也明确规定了受让人应当履行保证使用该注册商标的商品质量的义务，且在转让过程中须遵守法律的限制性规定。商标注册人对其在同一种商品上注册的近似商标，或者在类似商品上注册的相同或近似的商标，应当一并转让。

注册商标的使用许可，是指注册商标所有人通过签订使用许可合同，许可他人使用其注册商标，被许可人支付使用费的制度。注册商标许可使用后，许可人应当监督被许可人使用其注册商标的商品质量；被许可人享有该商标的使用权，但应当保证使用该注册商标的商品质量，且必须在使用该注册商标的商品上标明被许可人的名称和商品产地。许可他人使用其注册商标的，许可人应当将其商标使用许可报商标局备案，由商标局公告。商标使用许可未经备案不得对抗善意第三人。

12.3.6 商标管理

商标管理是国家商标主管机关依法对注册的商标和未注册的商标的使用进行管理活动的总称。从内容上看，商标管理包括商标使用管理和商标印制管理。我国商标管理实行"集中注册、分级管理体制"。2018年11月15日《中央编办关于国家知识产权局所属事业单位机构编制的批复》规定，将原国家工商行政管理总局商标局、商标评审委、商标审查协作中心整合为国家知识产权局商标局，是国家知识产权局所属事业单位。

国家知识产权局商标局是全国商标注册和商标管理的主管机关，其主要职责为：①承担商标审查注册、行政裁决等具体工作；②参与商标法及其实施条例、规章、规范性文件的研究制定；③参与规范商标注册行为；④参与商标领域政策研究；⑤参与商标信息化建设、商标信息研究分析和传播利用工作；⑥承担对商标审查协作单位的业务指导工作；⑦组织商标审查队伍的教育和培训；⑧完成国家知识产权局交办的其他事项。

12.3.7 商标权的保护

我国商标权的保护范围以核准注册的商标和核定使用的商品或服务为限。对商标权的保护，主要体现为对商标侵权行为的制止和制裁，保护形式分为行政保护和司法保护。

1. 侵犯商标专用权行为的构成要件

侵犯商标专用权的行为是指企业、事业单位和个体工商业者违反商标法的规定，侵犯他人注册商标专用权的行为。侵权行为构成要件：①必须是未经注册商标所有人的许可而擅自实施的行为；②主观上一般须有过错，包括故意和过失两个方面；③客观上必须在同一种商品或服务项目或者类似商品或者服务项目上使用了与他人注册商标相同或者近似的商标的行为；④商标侵权行为与损害事实之间有因果关系。

注册商标的专用权，以核准注册的商标和核定使用的商品为限。

2. 侵犯商标专用权的表现形式

有下列行为之一的，均属侵犯注册商标专用权：①未经商标注册人的许可，在同一种商品上使用与其注册商标相同的商标的；②未经商标注册人的许可，在同一种商品上使用与其注册商标近似的商标，或者在类似商品上使用与其注册商标相同或者近似的商标，容易导致混淆的；③销售侵犯注册商标专用权的商品的；④伪造、擅自制造他人注册商标标识或者销售伪造、擅自制造的注册商标标识的；⑤未经商标注册人同意，更换其注册商标并将该更换商标的商品又投入市场的；⑥故意为侵犯他人商标专用权行为提供便利条件，帮助他人实施侵犯商标专用权行为的；⑦给他人的注册商标专用权造成其他损害的。

12.3.8 法律责任

我国《商标法》《商标法实施细则》《刑法》等有关法律、法规规定，注册商标侵权人应承担的法律责任包括行政责任、民事责任和刑事责任。

1) 行政责任

市场监督管理部门对侵犯注册商标专用权的行为，应依法给予下列行政处理：对侵犯注册商标专用权的行为，市场监督管理部门有权依法查处；涉嫌犯罪的，应当及时移送司法机关依法处理。

侵犯注册商标专用权的行为，引起纠纷的，由当事人协商解决；不愿协商或者协商不成的，商标注册人或者利害关系人可以向人民法院起诉，也可以请求市场监督管理部门处理。市场监督管理部门处理时，认定侵权行为成立的，责令立即停止侵权行为，没收、销毁侵权商品和主要用于制造侵权商品、伪造注册商标标识的工具，违法经营额 5 万元以上的，可以处违法经营额 5 倍以下的罚款，没有违法经营额或者违法经营额不足 5 万元的，可以处 25 万元以下的罚款。对 5 年内实施 2 次以上商标侵权行为或者有其他严重情节的，应当从重处罚。销售不知道是侵犯注册商标专用权的商品，能证明该商品是自己合法取得并说明提供者的，由市场监督管理部门责令停止销售。

对商标代理机构恶意申请商标注册的，根据情节给予警告、罚款等行政处罚。

对侵犯商标专用权的赔偿数额的争议，当事人可以请求市场监督管理部门调解，也可以依照《中华人民共和国民事诉讼法》向人民法院起诉。经市场监督管理部门调解，当事人未达成协议或者调解书生效后不履行的，当事人可以依照《中华人民共和国民事诉讼法》向人民法院起诉。

2) 民事责任

民事责任是指企事业单位或个体工商业者因违反商标法的规定，对注册商标所有人的商标专有权造成损害，应依法承担的经济后果。对于侵犯注册商标专用权的行为而造成注册商标所有人损失的，市场监督管理部门和人民法院应当责令或判决侵权人赔偿被侵权人的损失。

侵犯商标专用权的赔偿数额，按照权利人因被侵权所受到的实际损失确定；实际损失难以确定的，可以按照侵权人因侵权所获得的利益确定；权利人的损失或者侵权人获得的利益难以确定的，参照该商标许可使用费的倍数合理确定。对恶意侵犯商标专用权，情节严重的，可以在按照上述方法确定数额的 1 倍以上 5 倍以下确定赔偿数额。赔偿数额应当包括权利人为制止侵权行为所支付的合理开支。权利人因被侵权所受到的实际损失、侵权人因侵权所获得的利益、注册商标许可使用费难以确定的，由人民法院根据侵权行为的情节判决给予 500 万元以下的赔偿。

人民法院审理商标纠纷案件，应权利人请求，对属于假冒注册商标的商品，除特殊情况外，责令销毁；对主要用于制造假冒注册商标的商品的材料、工具，责令销毁，且不予补偿；或者在特殊情况下，责令禁止前述材料、工具进入商业渠道，且不予补偿。假冒注册商标的商品不得在仅去除假冒注册商标后进入商业渠道。

商标代理机构违反诚实信用原则,侵害委托人合法利益的,应当依法承担民事责任。对恶意提起商标诉讼的,由人民法院依法给予处罚。

3)刑事责任

未经商标注册人许可,在同一种商品上使用与其注册商标相同的商标,构成犯罪的,除赔偿被侵权人的损失外,依法追究刑事责任。伪造、擅自制造他人注册商标标识或者销售伪造、擅自制造的注册商标标识,构成犯罪的,除赔偿被侵权人的损失外,依法追究刑事责任。

销售明知是假冒注册商标的商品,构成犯罪的,除赔偿被侵权人的损失外,依法追究刑事责任。

从事商标注册、管理和复审工作的国家机关工作人员玩忽职守、滥用职权、徇私舞弊,违法办理商标注册、管理和复审事项,收受当事人财物,牟取不正当利益,构成犯罪的,依法追究刑事责任;尚不构成犯罪的,依法给予行政处分。

12.4 专 利 法

12.4.1 专利法的概念

1. 专利

专利,英文为 patent,来源于拉丁语 Litterae Patentes,意为公开的信件或公共文献,是中世纪的君主用来颁布某种特权的证明。patent 含有"垄断"和"公开"的意思,与现代法律意义上的专利基本特征是吻合的。

关于"专利"的概念,目前尚无统一的定义,被人们普遍接受的说法是:专利是专利权的简称,它是由专利机构依据发明申请所颁发的一种文件。专利一词包含了三层含义:①指权利人对某项发明创造所享有的专利权;②指专利权的客体,即取得专利权的发明创造;③指记载发明创造内容的专利文献,如说明书、摘要及其权利要求书等。

2. 专利法

专利法是由国家制定的用以专门调整因确认发明创造的所有权和因发明创造的使用而产生的各种社会关系的法律规范的总称。概括地说,专利法是确认和保护发明人或其权利继承人对发明享有独占权的法律。我国的《专利法》于 1984 年 3 月 12 日第六届全国人大常务委员会第四次会议通过,1985 年 4 月 1 日起实施。全国人民代表大会常务委员会先后于 1992 年 9 月 4 日进行了第 1 次修正,2000 年 8 月 25 日进行了第 2 次修正,2008 年 12 月 27 日进行了第 3 次修正。

12.4.2 专利权的主体、客体与内容

专利权是指国家专利机关依照专利法授予申请人对其发明创造在法定期限内享有的专有权。专利权的特征为:①权利的发生以公开发明创造成果为前提;②权利必须由国家专利主管机关授予;③专利权保护的发明创造必须具有首创性;④专利权保护发明创造的内容而不保护其形式;⑤专利权的人身性较弱。

1. 专利权的主体

专利权的主体是指有权提出专利申请并获得专利权的人。

1) 发明人或设计人

主要包括非职务发明人、共同发明人及职务发明人。非职务发明创造，申请专利的权利属于发明人或设计人。职务发明创造，申请专利的权利属于本单位。职务发明即执行本单位的任务或者主要是利用本单位的物质条件所完成的发明创造；但利用本单位的物质技术条件所完成的发明创造，单位与发明人或设计人订有合同，对申请专利的权利和专利权的归属作出约定的，从其约定。两个以上的公民或单位协作完成的发明创造，由协作单位或公民共同提出申请，申请被批准的，专利权归申请人共有。

2) 发明的合法继承人

这是指通过各种合法形式取得发明的所有权人。如通过签订转让合同、继承等形式获得发明所有权的人。这种转让，必须签订书面合同，经专利局登记和公告后生效。专利权的转让，并不妨碍发明人在专利上注明自己是发明人的权利。

2. 专利权的客体

专利权的客体是指依法取得专利的发明创造，包括发明、实用新型和外观设计。发明是指对产品、方法或者其改进所提出的新的技术方案。实用新型是指对产品的形状、构造或其结合所提出的适于使用的新的技术方案。外观设计是指对产品的形状、图案、色彩或者其结合所作出的富于美感并适于工业应用的新设计。

授予专利权的发明、实用新型应具备的条件如下。

（1）新颖性，是指在申请日以前没有同样的发明或者实用新型在国内外出版物上公开发表过、在国内公开使用过或者以其他方式为公众所知；也没有同样的发明或者实用新型由他人向专利局提出过申请并且记载在申请以后公布的专利申请文件中。

但申请专利的发明创造在申请日以前6个月内，有下列情形之一的，不丧失新颖性：①在中国政府主办或者承认的国际展览会上首次展出的；②在规定的学术会议或者技术会议上首次发表的；③他人未经申请人同意而泄露其内容的。

（2）创造性，是指同申请日以前已有的技术相比，该发明有突出的实质性特点和显著进步，该实用新型有实质性特点和进步。

（3）实用性，是指该发明或者实用新型能够制造或使用，并且能够产生积极效果。能获得专利权的外观设计应当具备新颖性、独创性、富于美感和工业上的适用性。

但是，凡违反国家法律、社会公德或者妨害社会公共利益的发明创造，以及科学发现、智力活动的规则和方法，疾病的诊断和治疗方法，动物和植物的品种，用原子核变换方法获得的物质等，都不授予专利权。而动物和植物品种的生产方法，可以授予专利权。

3. 专利权的内容

专利权的内容是指专利权人依法所享有的权利和应承担的义务。

1) 专利权人的权利

专利权人的权利包括两个方面。

（1）物质方面的权利，就是专利权人在一定的期限内对获得的发明享有独占权。包括：①专利权人有实施自己的专利和禁止他人侵犯专利的权利；②专利权人有许可他人实施其专利的权利。当然，被许可人要支付专利使用费，专利权人有转让专利的权利。

(2) 精神方面的权利,是指发明人或设计人依法享有的在专利文件中写明自己是发明人或设计人等精神方面的权利,这种权利不因专利权的转让或继承而消失。包括:①专利权人有权在其专利产品或者该产品的包装上标明专利标记和符号;②属于职务发明的,发明人或者设计人有在专利文件中写明自己是发明人或者设计人的权利。

2) 专利权人的义务

专利权人的义务有:①按时缴纳专利年费(专利年费是为维持专利权的有效性而由专利权人每年向专利局缴纳的费用);②实施专利以及保守国家机密等义务。

12.4.3 专利权的取得、期限与终止

1. 专利权的取得

1) 专利的申请

我国专利申请遵循单一性、申请优先和优先权原则。①单一性原则是指一个申请应当限于一项发明、实用新型或一种产品所使用的一项外观设计原则;②申请优先原则是指谁先申请,谁获得专利权原则;③优先权原则是指申请人有权要求在一定的条件下,以第一次提出申请的日期作为专利申请的日期。

申请人申请专利必须向专利局提交申请文件。申请发明或实用新型专利的,应当提交请求书、说明书、摘要和权利要求书等文件。申请外观设计专利的,应当提交请求书以及该外观设计的图片或照片等文件,并且应当写明使用该外观设计的产品及其所属类别。

2) 专利权的取得

专利局在收到发明专利申请后,经初步审查认为符合要求的,自申请之日起满18个月,即行公布;自申请之日起3年内,专利局可根据申请人随时提出的要求,对其进行实质审查,没有发现驳回理由的,授予专利权,发给申请人专利证书并予以登记和公告;认为不符合法律规定的,应驳回其申请。

专利局在收到实用新型和外观设计专利申请后,经初步审查没有发现驳回理由的,应当作出授予实用新型和外观设计专利权的决定,发给专利证书,并予以登记和公布。

2. 宣告专利权无效

自国务院专利行政部门公告授予专利权之日起,任何单位或者个人认为该专利权的授予不符合专利法有关规定的,可以请求专利复审委员会宣告该专利权无效。专利复审委员会对宣告专利权无效的请求应当及时审查和作出决定,并通知请求人和专利权人。对专利复审委员会宣告专利权无效或者维持专利权的决定不服的,可以自收到通知之日起3个月内向人民法院起诉。人民法院应当通知无效宣告请求程序的对方当事人作为第三人参加诉讼。

宣告无效的专利权视为自始即不存在。但宣告专利权无效的决定,对在宣告专利权无效前人民法院作出并已执行的专利侵权的判决、裁定,已经履行或者强制执行的专利侵权纠纷处理决定,以及已经履行的专利实施许可合同和专利权转让合同,不具有追溯力;专利权人恶意所为和显失公平的除外。

3. 专利权的期限和终止

专利权的期限又称专利权的有效期,是指专利权受法律保护的期间。我国发明专利的有

效期是 20 年，实用新型和外观设计专利的有效期是 10 年，均自申请日起算。

专利权的终止是指专利权失去法律效力。专利权终止后，不再受到法律保护，专利发明创造就成为社会公共财富，任何人都可以无偿利用。专利权因下列原因终止：①专利权期限届满；②专利权人没有按照规定缴纳年费；③专利权人以书面声明放弃其专利权等。

12.4.4 专利权的保护及侵权责任

1. 专利权的保护范围

我国《专利法》第五十九条规定："发明专利或实用新型的保护范围以其权利要求的内容为准，说明书及附图可以用于解释权利要求；外观设计专利权的范围以表示在图片或照片中的该外观设计专利产品为准。"

第十一条规定："发明专利或实用新型专利权被授予后，除法律另有规定外，任何单位或者个人未经专利权人许可，不得为生产经营的目的制造、使用、销售、许诺销售、进口其专利产品，或者使用其专利方法以及使用、销售、许诺销售、进口依照该专利方法直接获得的产品。外观设计专利权被授予后，任何单位或者个人未经专利权人许可，不得为生产经营的目的制造、销售、许诺销售、进口其外观设计专利产品。"

2. 专利侵权

1) 专利侵权的条件

专利侵权必须满足下列条件：①专利侵权人主观上要有过错，过错是指侵权人主观上的故意和过失；②专利侵权人客观上必须实施了侵犯他人专利权的行为，并且这种侵权行为是违法的；③侵权人侵犯了他人的有效专利，即该专利在它的有效保护期内。

满足以上条件即构成专利侵权；但在有些情况下，当事人虽未经专利权人许可实施了专利，由于这些行为是法律许可的，不属于违法行为，当事人不承担法律责任。

2) 专利侵权的表现

我国《专利法》规定，凡是未经专利权人许可，实施其专利的行为，就是专利侵权行为。专利侵权的行为主要有：①在有效期内，未经专利权人的许可为生产经营的目的制造、使用、销售或者许诺销售、进口其专利产品；②使用其专利方法以及使用、销售、许诺销售、进口依照该专利方法直接获得的产品；③未经专利权人的许可为生产经营的目的制造、使用、销售或者许诺销售、进口其外观设计专利产品。

3. 法律责任

任何人只要实施了违犯《专利法》的行为，就应当承担一定的法律责任。

(1) 民事责任。民事责任是指行为人违反专利法规定的义务所承担的法律后果。当事人承担民事责任的主要方式是停止侵权行为和赔偿损失两种形式。

(2) 行政责任。行政责任是指国家行政机关给予实施违反《专利法》有关规定，情节轻微，尚未构成犯罪行为的当事人的行政制裁措施。包括行政处分和行政罚款。

(3) 刑事责任。刑事责任是指行为人的侵权行为触犯了刑法构成犯罪所引起的法律后果。如假冒专利罪、泄露国家秘密罪、徇私舞弊罪等。

12.5 网络知识产权

12.5.1 网络知识产权的含义

1. 网络知识产权的定义

网络知识产权（network intellectual property rights，NIPR；或 internet intellectual property rights，Internet IPR），是指由数字网络发展引起的或与其相关的各种知识产权。网络知识产权除了传统知识产权的内涵外，又包括数据库、计算机软件、多媒体、网络域名、数字化作品及电子版权等。因此，网络环境下知识产权概念的外延已经扩大了很多。我们在网络上经常接触的电子、电子布告栏和新闻论坛上看到的信件，网上新闻资料库，资料传输站上的电脑软件、照片、图片、音乐、动画等，都可能作为作品受到著作权的保护。

2. 网络知识产权的特征

作为一种新兴的知识产权，网络知识产权具有明显的特征。①开放性。一般的知识产权具有地域性，知识产权作为一种专有权，在空间上的效力并不是无限的，而要受到地域的限制，即具有严格的领土性，其效力只限于本国境内。而网络知识产权是没有国界的，由于互联网的特性，网络上的信息可以被全世界的人共享。②共享性。一般知识产权具有专有性，知识产权作为一种专有性的民事权利，它同所有权一样，具有排他性和绝对性的特点。而网络信息资源由于其数字化、网络化、分散开放性特征，所以其信息是公开、公知、公共的。③瞬间性。知识产权是有时间性的，一般的知识产权跟网络知识产权相比，其周期相对来说要长很多，网络上的信息基本上每天都在更新，而且其信息量也是相当巨大的。

12.5.2 网络知识产权的侵权方式

1. 网上侵犯著作权主要方式

根据我国《著作权法》第四十六条、第四十七条的规定，凡未经著作权人许可，有不符合法律规定的条件，擅自利用受著作权法保护的作品的行为，即为侵犯著作权的行为。网络著作权内容侵权一般可分为三类：①对其他网页内容完全复制；②虽对其他网页的内容稍加修改，但仍然严重损害被抄袭网站的良好形象；③侵权人通过技术手段偷取其他网站的数据，非法做一个和其他网站一样的网站，严重侵犯其他网站的权益。

2. 网上侵犯专利权主要方式

互联网上侵犯专利权的行为主要有：①未经许可，在其制造或者销售的产品、产品的包装上标注他人专利号的；②未经许可，在广告或者其他宣传材料中使用他人的专利号，使人将所涉及的技术误认为是他人专利技术的；③未经许可，在合同中使用他人的专利号，使人将合同涉及的技术误认为是他人专利技术的；④伪造或者变造他人的专利证书、专利文件或者专利申请文件的。

3. 网上侵犯商标权主要方式

随着信息技术的发展，网络销售也成为贸易的手段之一。在网络交易中，我们了解网商品的唯一途径就是浏览网页，点击图片，而网络的宣传通常难以辨别真假，而对于明知是假冒注册商标的商品仍然进行销售，或者利用注册商标用于商品、商品的包装、广告宣传或者展览自身产品，即以偷梁换柱的行为用来增加自己的营业收入，这是网上侵犯商标权的典型表现。网购行为的广泛性，使得网店经营者越来越多，从电器到家具，从服装到配饰，应有尽有，而一些网店经营者更是公然在网络中低价销售假冒注册商标的商品，有的销售行为甚至触犯刑法，构成犯罪。

12.5.3　网络知识产权保护的必要性

网络环境下，传统知识产权保护体系受到前所未有的冲击，而新的网络知识产权保护系统还很不完善。法律确认，保护的范围等还有争议，取证难等问题，也会受网络技术的制约，现实社会与网络社会道德规范的矛盾与冲突，导致了网络共建整体行为的失范，使不少现实社会中遵纪守法的网民成为网上目无法纪的匿名侵权人。

（1）网络时代使传统的知识产权保护体系受到了前所未有的冲击，网络大大改变了人们的生活和交流方式，传统知识产权的特点在网络环境中基本已经都不存在了，取而代之的是网络环境下作品数字化、公开公共化、无国界化等新的特征。传播形式发生了很大变化，速度更加迅捷，而且作品一旦在网上被公开，其传播、下载、复制等一系列的行为就很难被权利人所掌握，即使发生侵权，也很难向法院举证。网络传输的普及和应用，为权利人实现自己的权利带来了困难。权利人无法知道自己的作品被谁使用了；如果被使用了，被使用了多少次，都很难主张自己的权利。

（2）随着网络的迅猛发展，大量的作品正在越来越多、越来越快地从传统形式转换为网络形式，并在网上传播，在这一过程中，不可避免地会出现作品的权利人以及传统形式的邻接权人与网络形式传播者之间的权利冲突乃至纠纷。但是我国目前的网络知识产权保护体系尚未完善，虽然已制定了相关法律法规来约束网民的行为，但由于法律的滞后性和保守性，立法还远不能适应网络技术的发展速度。网络侵权行为具有涉及地域广，证据易删除、难保留，侵权数量大、隐蔽性强等诸多特点，这些问题的解决都依赖于网络技术的发展。况且对于网络技术的立法，还面临着确认难，取证难，侵权责任分担复杂等一系列亟待解决的难题。

（3）人们在传统的社会现实与网络社会中的道德观念存在很大的差异。传统社会依靠法律法规，社会道德以及社会舆论的监督，传统的法律和道德都会相对很好地被维护。而网络社会是一个相对非常自由的空间，既没有中心，也没有明确的国界和地区的界限，人们受到的时间空间的束缚大大缩小。每个人上传到网上的信息都是以文字、图片、声音等显示出来，没有真实的署名，因此很难对网民的身份加以确认，所以任何人通过匿名的方式，都可以避开道德、舆论的监督，从而使网络的监管很难得到切实的落实。

12.5.4　网络知识产权保护的对策

1. 网络著作权保护

网络数字空间的信息资源以非线性结构存在，容易被复制和传输、压缩并被多次利用，因而给网络著作权的保护带来了困难。传统著作权的概念在网络环境中受到了冲击，例如对于"发表""复制""发行"等基本概念的重新界定，对于"合理利用"原则适用范围的重新认定。在网上,对于著作权人、侵权人和侵权的确认也比以前更加困难。

网络著作权基于作品的创作而产生,其无须经过任何部门的审批,也不要求发表或登记,作品一经创作完成就自动产生权利,受《著作权法》的保护。2000年11月22日最高人民法院通过的《关于审理涉及计算机网络著作权纠纷案件适用法律若干问题的解释》第二条第二款规定,"著作权法第十条对著作权各项权利的规定均适用于数字化作品的著作权。将作品通过网络向公众传播,属于著作权法规定的使用作品的方式,著作权人享有以该种方式使用或者许可他人使用作品,并由此获得报酬的权利。"

在网络环境下,未经版权所有人、表演者和录音制品制作者的许可,不得将其作品或录音制品上传到网上和在网上传播。当作者依法将其作品上传后,访问者可以免费阅读和下载作品,但假冒他人作品,或未经权利人许可,对他人作品进行篡改和消除,则构成侵权行为。但网络信息很容易被他人复制、篡改和消除,从而造成对权利人的极大损害。对此,①需要建立和完善网络著作权的管理规范;②从责任制度上着手,即在无从追究真正的侵权人的情况下,追究网站、网络在线服务商的共同侵权责任;③通过技术手段,对上传的网络作品的信息进行数字水印,其复制、下载等过程全程跟踪等技术保护,可以有效地打击盗版等侵权行为;④构筑网络道德体系,加强人们在网络中内心的自我约束力,来达到防止网络侵权的事前预防。

2. 数据库的保护

数据库是信息资源最早的存在形式,随着网络环境的发展和完善,数据库得到更为迅速发展和广泛应用,人们对数据库加强保护的呼声日益强烈。对于由享有版权的作品构成的数据库,依照《伯尔尼公约》第二条第五款和第二条第三款的规定,可以作为汇编作品受到版权的保护。对于由包括不享有版权的"数据或其他材料"构成的数据库,依据WTO的《与贸易有关的知识产权协议》第十条第二款的规定,"只要其内容的选择或安排构成智力创作,即应予以保护。"我国对数据库的保护应既能促进民族数据库资源产业的发展,又要避免和减少西方发达国家对数据库资源的垄断,在著作权法保护的前提下,应构建一个完善的数据库著作权保护体系。

3. 域名的保护

域名,又被称作网址,是连接到国际互联网上的计算机地址,是为了便于人们发送和接收电子邮件或访问某个网站而设计的。域名是一种独立的知识产权。域名争端及其法律调制问题一直是全球范围内激烈争论的焦点,也是传统法律理论所未涉及的。

我国尚不存在专门调整域名与商标法律冲突的法律法规。2001年7月24日,为与国际接轨,并符合TRIPS《与贸易有关的知识产权协定(草案)》以应对入世要求,最高人民法院出台了司法解释《关于审理涉及计算机网络域名纠纷民事案件适用法律若干问题的解释》,此解释是我国目前最直接的调整域名纠纷的法律依据。根据互联网的特点,从对域名知识产权保护的角度出发,我国应该加快立法步伐,尽快制定适合互联网络时代的域名保护法,明确域名的法律地位以及域名纠纷的处理原则及解决方式,使对域名这一知识产权中的新兴客体的保护有法可依。

4. "互联网+"生态下的专利权保护

互联网技术发展飞速,已从原来的互联网发展到了移动互联网,现在又到了物联网,互联网已经覆盖到社会经济的各个方面。然而,基于互联网创新的知识产权保护问题也日渐凸显,如 QQ 商标争议行政案、猎豹浏览器不正当竞争案等涉及互联网的案件。"互联网+"概念提出后,互联网生态下的知识产权保护问题成为互联网发展过程中绕不开的坎。根据北京市海淀区法院统计显示,近年来网络著作权案件在知识产权案件中的比重越来越大,且呈现明显增长的态势。随着"互联网+"的持续推动,会产生很多新的商业形态,专利也会更多地进入互联网中,由此产生的商业模式、商业方法的保护也应受到重视。互联网技术的发展与知识产权保护息息相关,我国相关立法、执法部门应不断调整与知识产权发展相适应的法律法规,为互联网行业发展提供法律保障。

本章小结

- 对知识产权的保护主要是保护工业产权和版权。它具有无形财产、专用性、地域性和时间性的特征。
- 知识产权法律体系是指由一个国家现行知识产权法律制度及规范构成的有机统一整体。我国的知识产权法律体系包括《著作权法》《商标法》《专利法》等相关法律法规。
- 著作权主体包括作者、视为作者的法人或非法人单位及其他自然人;其客体是作品;其内容是主体依法享有的权利和承担的义务。著作权包括著作权中的人身权和财产权。
- 著作权的利用包括:著作权的许可使用;著作权的转让;著作权的其他利用。侵犯他人著作权的行为,应当视其情节轻重承担相应的民事责任、行政责任、刑事责任。
- 专利权的主体包括职务发明创造人的所在单位、非职务发明创造人及其他继受取得专利权的人;其客体包括发明、实用新型和外观设计;其内容是指专利权人依法所享有的权利和应承担的义务。《专利法》对专利侵权行为有具体的认定,并规定了侵权行为应当承担的民事责任、行政责任和刑事责任。
- 商标权的主体是商标注册人;客体是注册商标;内容是商标权人享有的权利和应承担的义务。申请商标注册,申请人应当按照法律规定的要求提交商标注册申请书、商标图案、证明文件和申请费。商标侵权行为应承担一定的民事责任、行政责任和刑事责任。
- 网络知识产权是指由数字网络发展引起的或与其相关的各种知识产权。网络知识产权除了传统知识产权的内涵外,又包括数据库、计算机软件、多媒体、网络域名、数字化作品及电子版权等。网络知识产权的特征是:开放性、共享性和瞬间性。

关键概念

知识产权 知识产权法 世界知识产权组织 著作权 著作人身权 著作财产权 邻接权 著作权保护 专利权 专利法 专利申请 专利权无效 专利侵权 专利权保护 商标权 商标法 商标注册 形式审查 实质审查 商标管理 商标权保护 网络知识产权

复习思考题

1. 简述知识产权的概念、特征。
2. 简述世界知识产权组织的宗旨与职责。
3. 简述知识产权的法律体系及其作用。
4. 著作权的主体、客体和内容各是什么？
5. 著作权人有哪些财产权和人身权？
6. 著作权的利用包括哪些方面？
7. 简述著作权的保护期限及侵权行为的认定。
8. 授予发明专利需要哪些条件？
9. 怎样申请注册商标？
10. 简述注册商标侵权行为的主要表现形式。
11. 网络知识产权侵权的行为方式有哪些？
12. 结合实际情况，试述应如何进行网络知识产权的保护。

【案例分析】

案例1：2000年，唯冠国际旗下唯冠台北公司在多个国家与地区注册了iPad商标，2001年，深圳唯冠在中国内地注册了iPad商标。2009年，苹果通过IP公司以3.5万英镑的价格购得台北唯冠的iPad全球商标。但因大陆iPad商标的所有权并不在台北唯冠，而是在深圳唯冠的手中，随着苹果iPad进军大陆市场，双方纠纷产生。

2011年12月5日，苹果公司诉深圳唯冠索要iPad内地商标权案一审判决，深圳市中院一审驳回苹果全部诉讼请求。2012年1月5日，苹果向广东省高级人民法院提出上诉；2月6日，深圳唯冠在上海向法院提出申请，要求对苹果iPad执行禁止令；2月17日，惠州市中级人民法院判决当地苹果经销商构成侵权，禁止其销售苹果iPad相关产品。

试分析：(1) 苹果公司的行为是否构成对深圳唯冠的侵权？并说明理由。(2) 本案法院应如何审理？并说明理由。

案例2：王某是山东省淄博某小学语文教师，2018年6月，因撰写论文需要参考自己历年所写教案，遂向学校要求返还上交的20本教案，但学校最终只返还了2本，其余的教案被销毁或被当废品卖了。王某认为学校不尊重教师劳动成果，状告该小学私自处理自己教案的行为侵犯了她的著作权。此案一审判决认为，教案不属作品范畴，不受著作权法的保护，进而认定原告"编写教案的行为应为一种工作行为，所编写的教案应为工作成果，被告有占有、使用、处分的权利。"二审判决则认定"虽然教案包含了教师个人的经验及智慧，但也是教师为完成学校工作任务所创作的职务作品，是教师在工作中应该履行的工作职责，是一种工作行为。"王某不服二审判决，于2019年12月向检察机关提出申诉。淄博市检察院于2020年1月6日向山东省高级人民法院提出抗诉。

试分析：(1) 教师教案是不是文字作品？为什么？(2) 什么是职务作品？什么是非职务作品？(3) 本案中教师教案著作权应归属于哪方？简要说明理由。

案例3：A厂委托B研究院研制一种刻录机，经费由A厂负担，双方未就技术成果权的归属作出约定。B研究院按期完成研制任务，并交付A厂使用，同时以自己的名义就该技术申请并取得专利。A厂为满足市场需要,许可C厂使用该技术生产刻录机。吴某从C厂处购进该专利产品,并转手销售。B研究院发现后向A厂、吴某提出交涉,A厂认为该技术属于自己所有,并认为B研究院将自己出资委托其开发的技术申请专利侵犯了自己的权利。吴某认为是从C厂处购进的产品,自己没有侵权,从而引起诉讼。

试分析:(1)本案中的专利权是属于A厂还是B研究院?为什么?(2)B研究院是否侵权?A厂是否有权许可C厂使用该技术?(3)C厂使用该技术生产是否侵权?吴某销售该专利产品是否侵权?为什么?(4)侵权者应承担哪些法律责任?

案例4:恋衣公司享有第X1号注册商标"Teenie"、第X2号注册商标卡通小熊图案的独占许可使用权,两商标注册使用的商品均为服装。杜某在某宝网上销售的服装上卡通小熊的图案与恋衣公司的注册商标高度近似。恋衣公司认为杜某的行为侵犯了其注册商标专用权,曾于2018年9月开始,先后七次发函给某宝公司,要求其删除杜某发布的侵权商品信息。某宝公司对恋衣公司举报的侵权信息予以删除,但未采取其他制止侵权行为的措施。恋衣公司认为某宝公司故意为侵犯他人注册商标专用权的行为提供了便利条件,纵容、帮助杜某实施侵权行为,故请求法院判令:杜某、某宝公司共同赔偿恋衣公司经济损失及合理费用84 900元,并登报道歉。

试分析:(1)杜某的行为是否违法?简要说明理由。(2)本案中某宝公司是否应承担责任?简要说明理由。(3)本案法院应如何审理?

第 13 章 产品质量法律制度

【学习目标】
学完本章后，你应该能够：
- 知晓产品质量法的概念、调整对象及基本原则；
- 理解产品质量的监督与管理，生产者、销售者的产品质量责任和义务；
- 领会产品质量合同责任、产品责任的概念、构成要件、责任形式；
- 了解我国产品质量责任制度。

13.1 产品质量法概述

13.1.1 产品、产品质量与产品质量法

1. 产品与产品质量

产品，泛指一切经过人类劳动，能满足人们生产和生活需要并具有使用价值的物品。《中华人民共和国产品质量法》规定，产品是指通过加工、制作、用于销售的产品，包括建设工程使用的建筑材料、建筑构配件和设备。据此，以下就不属于产品质量法的产品范围：①未经加工、制作的天然产品；②只是为了自己使用的加工、制作的产品；③建设工程；④军工产品。

根据国际标准化组织的标准，产品质量是指产品符合人们需要的内在素质与外观形态的各种特性的综合状态，即指由国家的法律、法规、质量标准等所确定的或由当事人的合同所约定的有关产品适用、安全、经济、外观等诸种特性的综合。

产品质量问题主要表现为：产品不适用、不安全，前者多由于产品瑕疵而形成，后者则由于产品缺陷而产生。因此，产品质量的基本要求是：①不存在危及人身、财产安全的不合理的危险，有保障人体健康和人身、财产安全的国家标准、行业标准的，应当符合该标准；②具备产品应当具备的使用性能，但是对产品存在的使用性能瑕疵作出说明的除外；③符合在产品或者其包装上注明采用的产品标准，符合以产品说明、实物样品等方式表明的质量状况。

2. 产品质量法的概念及调整对象

产品质量法，是指调整产品生产与销售以及对产品质量进行监督管理过程中形成的社会关系的法律规范总称。1993年2月22日，第七届全国人大常委会通过的《中华人民共和国产品质量法》(2018年第3次修正，以下简称《产品质量法》) 为产品质量的基本法，还包括《中华人民共和国标准化法》《中华人民共和国计量法》《中华人民共和国食品卫生法》《中华人民共和国药品管理法》《中华人民共和国进出口商品检验法》《中华人民共和国质量

认证条例》(以下简称《标准化法》《计量法》《食品卫生法》《药品管理法》《进出口商品检验法》《质量认证条例》)等配套法律、法规,以及一切有关产品质量的法规、标准形成的广义产品质量法体系。另外,《民法典》侵权责任编更倾向于消费者合法权益的保护,对生产企业、销售者提出更加严格的产品责任要求。我国产品质量法是产品质量管理法和产品责任法的统一体。

产品质量法的调整对象包括:①生产者、销售者与用户、消费者的关系;②质量监督管理机构与生产者、销售者的关系;③生产者、销售者之间及其与其他经营者之间的关系。

13.1.2 产品质量法的基本原则

基本原则主要有:①坚持产品质量标准原则;②国家对产品质量实行统一立法、区别管理的原则;③贯彻奖优罚劣的管理原则;④实行管理和监督相结合的原则。

13.2 产品质量的监督与管理

13.2.1 产品质量监督、管理体制

产品质量监督体制,是产品质量监督机构的设置及其职权划分制度的统称。

我国《产品质量法》第二章主要规定了国家对产品质量的监督、管理。但是,必须加强企业对产品质量的全方位、全过程的管理和监督,实行全面质量管理,包括自检、互检、外检;先检、后检。此外,还应强调社会监督,包括用户、消费者的监督。任何单位和个人对违反产品质量法规定的行为,有权检举。

《产品质量法》第八条规定了我国产品质量监督、管理体制。国务院市场监督管理部门主管全国产品质量监督工作。国务院有关部门在各自的职责范围内负责产品质量监督工作。县级以上地方市场监督管理部门主管本行政区域内的产品质量监督工作。县级以上地方人民政府有关部门在各自的职责范围内负责产品质量监督工作。

13.2.2 产品质量管理制度

根据《产品质量法》的规定,产品质量管理制度包括企业质量体系认证制度和产品质量认证制度。《中华人民共和国认证认可条例》(2016年修正)规定:认证,是指由认证机构证明产品、服务、管理体系符合相关技术规范、相关技术规范的强制性要求或者标准的合格评定活动;认可,是指由认可机构对认证机构、检查机构、实验室以及从事评审、审核等认证活动人员的能力和执业资格,予以承认的合格评定活动。

1. 企业质量体系认证制度

企业质量体系认证,是指依据国家质量管理和质量保证系列标准,由国家认可的认证机构,对自愿申请认证的企业的产品质量保证能力和质量管理水平进行综合性检查、评定后,确认和证明该企业质量管理达到国际通用标准的一种制度。

在我国,企业质量体系认证机构是国务院下设的国家市场监督管理机构或由其认可的认证机构。企业质量体系认证,对企业内部可以加强质量管理,实现质量目标,创优质产品;

对外可以提高企业质量信誉，提高顾客对供方的信任，增加订货，减少顾客对供方的检查评定，有利于顾客选择合格的供方。它是国际标准化组织向世界各国推荐的一种认证制度。目前，国际上通用的"质量管理和质量保证"标准是 ISO 9000 系列国际标准，我国对企业实行质量体系认证后推荐性标准是 GB/T 19000—2016（自 2017 年 7 月 1 日起实施），该国家标准采用了 ISO、IEC 等国际国外组织的标准，与 ISO 9000 系列标准等同。企业根据自愿原则可以向国家市场监督管理总局认可的或者国家市场监督管理部门授权部门认可的认证机构申请企业质量体系认证。经认证合格的，由认证机构颁发企业质量体系认证证书。

2. 产品质量认证制度

产品质量认证是依据产品标准和相应技术要求，经认证机构确认并通过颁发证书和认证标志，以证明企业某一产品符合相应标准和相应技术要求的活动。产品质量认证包括自愿认证和强制认证两种，自愿认证又分为安全认证和合格认证。安全认证是以安全标准为依据进行的认证或只对产品中有关安全的项目进行认证。合格认证是对产品的全部性能、要求，依据标准或相应技术要求进行的认证。我国常见的合格认证由长城认证、PRC 认证、方圆认证；常见的安全认证有方圆认证、3C 认证。《强制性产品认证管理规定》（2001 年）规定：国家对涉及人类健康和安全、动植物生命及健康，以及环境保护和公共安全的产品实行强制性认证制度。

企业质量体系认证与产品质量认证有显著区别：前者认证的对象是企业的质量体系，后者认证对象是企业的产品；前者认证的依据是质量管理标准，后者认证的依据是产品标准；从认证结论上看，前者是要证明企业质量体系是否符合质量管理标准，后者是要证明产品是否符合产品标准。

13.2.3　产品质量监督制度

1. 产品质量监督的概念与形式

产品质量监督，有广义和狭义之分。广义的产品质量监督是指国家、社会、用户、消费者以及企业自身等，对产品质量和产品质量认证体系所做的检验、检查、评价等一系列活动的总称；狭义的产品质量监督仅指法律规定的产品质量监督机构，依照法定职权和程序，对企业产品质量所进行的监察督促活动。

产品质量监督的基本形式和途径有：①企业监督，指企业内部自检和互检，包括劳动者自检、生产过程互检和专职检验；②社会监督，包括用户、消费者监督，社会组织监督和新闻媒介监督等；③国家监督，包括专职监督和综合监督。

2. 产品抽查制度

国家对产品质量实行以抽查为主要方式的监督检查制度，对可能危及人体健康和人身财产安全的产品，影响国计民生的重要工业产品以及消费者、有关组织反映有质量问题的产品进行抽查。抽查的样品应当在市场上或者企业成品仓库内的待销产品中随机抽取。监督抽查工作由国务院市场监督管理部门规划和组织。县级以上地方市场监督管理部门在本行政区域内也可以组织监督抽查。另有规定的，依照规定执行。

国家监督抽查的产品，地方不得另行重复抽查；上级监督抽查的产品，下级不得另行重复抽查。根据监督抽查的需要，可以对产品进行检验。检验抽取样品的数量不得超过检验的合理需要，并不得向被检查人收取检验费用。监督抽查所需检验费用按照国务院规定列支。生产者、销售者对抽查检验的结果有异议的，可以自收到检验结果之日起 15 日内向实施监督抽查的市场监督管理部门或者其上级市场监督管理部门申请复检,由受理复检的市场监督管理部门作出复检结论。

对依法进行的产品质量监督检查,生产者、销售者不得拒绝。

监督抽查的产品质量不合格的,由实施监督抽查的市场监督管理部门责令其生产者、销售者限期改正。逾期不改正的,由省级以上人民政府市场监督管理部门予以公告;公告后经复查仍不合格的,责令停业,限期整顿;整顿期满后经复查产品质量仍不合格的,吊销营业执照。

3. 产品召回制度

产品召回制度,是指由于生产者的原因造成某批次或者类别的不安全的缺陷产品,由生产者按照规定程序,通过换货、退货、补充或修正等方式,及时消除或减少产品安全危害的活动。产品召回制度是企业社会责任最直接、最切实的具体体现。这一制度在市场经济发达国家已是一项相当普遍的制度。《中华人民共和国消费者权益保护法》等相关法律、法规中关于"三包"的规定已体现出召回制度的立法精神。2019年11月8日,国家市场监督管理总局公布了《消费品召回管理暂行规定》,已于2020年1月1日起施行。《民法典》第一千二百零六条规定:产品投入流通后发现存在缺陷的,生产者、销售者应当及时采取停止销售、警示、召回等补救措施;未及时采取补救措施或者补救措施不力造成损害扩大的,对扩大的损害也应当承担侵权责任。

《消费品召回管理暂行规定》的立法宗旨是为了规范缺陷消费品召回工作,保障人体健康和人身、财产安全。所称"消费品",是指消费者为生活消费需要购买、使用的产品;所称"缺陷",是指因设计、制造、警示等原因,致使同一批次、型号或者类别的消费品中普遍存在的危及人身、财产安全的不合理危险;所称"召回",是指生产者对存在缺陷的消费品,通过补充或者修正警示标识、修理、更换、退货等补救措施,消除缺陷或者降低安全风险的活动。

国家市场监督管理总局负责指导协调、监督管理全国缺陷消费品召回工作。省级市场监督管理部门负责监督管理本行政区域内缺陷消费品召回工作。省级以上市场监督管理部门可以委托相关技术机构承担缺陷消费品召回的具体技术工作。

生产者应当对其生产的消费品的安全负责,消费品存在缺陷的,生产者应当实施召回。召回分两种:主动召回、责令召回(责任召回)。两种召回都要履行必须程序,如报告、发布信息、停止经营、销售,实施产品召回,召回评估和监督,召回后的处理和法律责任等。

产品召回制度是为了紧急消除和及时预防缺陷产品给人们造成健康损害、生命危害和财产损失的一种预防为主、防治结合的现代经营管理制度,也是培育生产者、经营者的社会责任心的一种制度。生产者、经营者通过召回制度不仅能够避免和减少对消费者利益造成的损失,维护消费者的权益,而且能帮助企业自救,避免遭受更大损失。召回制度使企业的个体利益与社会责任结合超来,尤其在企业主动召回时更能有所体现。

13.3 生产者、销售者的产品质量义务

13.3.1 生产者的产品质量义务

1. 产品内在质量符合法定要求

这主要包括:①不存在危及人身、财产安全的不合理危险,有保障人体健康和人身、财

产安全的国家标准、行业标准的，应当符合该标准；②具备产品应当具备的使用性能，但对产品存在使用性能的瑕疵作出说明的除外；③符合在产品或者其包装上注明采用的产品标准，符合以产品说明、实物样品等方式表明的质量状况。

2. 产品或者其包装上标识符合法定要求

产品或者其包装上标识是生产者表明产品信息状况的指示说明，是产品质量的重要外在表现形式。根据《产品质量法》的规定，产品或者其包装上标识应当符合下列要求：①有产品质量检验合格证明；②有中文标明的产品名称、生产厂厂名和厂址；③根据产品的特点和使用要求，需要标明产品规格、等级、所含主要成分和含量的，用中文相应予以标明，或者预先向消费者提供有关资料；④限期使用的产品，应在显著位置清晰地标明生产日期和安全使用期或者失效日期；⑤使用不当，容易造成产品本身损坏或者危及人身、财产安全的产品，应当有警示标志或者中文警示说明。裸装的食品和其他根据产品的特点难以附加标识的裸装产品，可以不附加产品标识。

3. 特殊产品的包装符合法定要求

根据《产品质量法》的规定，易碎、易燃、易爆、有毒、有腐蚀性、有放射性等危险物品以及储运中不能倒置和其他有特殊要求的产品，其包装质量必须符合相应要求，依照国家有关规定作出警示标志或者中文警示说明，标明储运注意事项。

4. 不得违反禁止性规定

这主要包括以下内容。①生产者不得生产国家明令淘汰的产品。②生产者不得伪造产地，不得伪造或者冒用他人的厂名、厂址。产地是生产产品所在的某一地区，一般是某一级行政区域；厂址是企业进行业务活动所在地。③生产者不得伪造或者冒用认证标志等质量标志。认证标志是产品质量认证标志，是认证机构对符合认证要求的企业颁发认证书，并准许依规定使用的标志。④生产者生产产品，不得掺杂、掺假，不得以假充真、以次充好，不得以不合格产品冒充合格产品。所谓掺杂、掺假，是指生产者以牟取利润为目的，故意在产品中掺入杂质或造假，进行欺骗性商业活动，致使产品中有关物质的含量不符合国家有关法律、法规规定的质量标准的一种违法行为。

13.3.2 销售者的产品质量义务

1. 执行进货检查验收制度

销售者进货时，要对所进货物进行检查，查明货物的质量，同时对货物应具备的标识是否齐备进行检查，查明可以销售时才予以进货。

2. 采取措施，保持产品质量

销售者进货后，应采取措施，保持产品的质量。如果销售者在进货到售出这一段时间内，不采取相应的保质措施，就可能导致产品出现瑕疵或者缺陷，销售者对此要承担相应的责任。

3. 销售产品的标识应当符合法律规定

这些要求与前述生产者产品包装标识的法律规定要求相同。

4. 不得实施法律所禁止的行为

这主要包括：①不得销售国家明令淘汰并停止销售的产品和失效、变质的产品；②不得伪造产地，不得伪造或者冒用他人的厂名、厂址；③不得伪造或者冒用认证标志等质量标志；④销售者销售产品，不得掺杂、掺假，不得以假充真、以次充好，不得以不合格产品冒充合格产品。

13.4　产品质量责任制度

13.4.1　产品质量责任制度概述

产品质量责任制度是指生产者、销售者以及对产品质量负有直接责任的责任者，因违反产品质量法规定的产品质量义务所应承担法律责任的制度。

产品质量责任是一种综合责任，包括有关产品质量的民事责任、行政责任和刑事责任三种形式。其中，民事责任的主要目的在于对受害人的补偿，而行政责任和刑事责任主要在于对侵害人的惩戒。产品质量的民事责任既包括违反合同法等法律法规（因产品存在瑕疵，产品的生产者或销售者给买方造成财产损失时，生产者或销售者根据法律规定应承担的产品质量合同责任），又包括违反产品质量法、标准化法、计量法以及其他规范产品质量法律法规（因产品缺陷而给消费者、使用者或者第三人造成人身、财产损失时，由生产者和销售者根据法律规定应承担的产品侵权责任）。在产品质量事故中受害人最关心的就是获得补偿，挽回经济损失，因此，民事责任是产品质量责任的主要责任形式。

13.4.2　产品质量民事责任

产品质量民事责任是指违反产品质量义务所应承担的民事法律后果。它是产品质量责任的主要责任形式，主要包括产品质量合同责任和产品侵权民事责任。

1. 归责原则

我国《产品质量法》的归责原则，采用过错责任原则与严格责任原则并存的立法模式。

（1）过错责任原则，是指一方当事人不履行或不适当履行合同义务时，应以该当事人主观过错作为确定违约责任构成的依据，没有过错即不应当承担违约责任。

过错责任原则可分为两种：①一般过错责任原则，要求受害人举证证明加害人有过错，以及过错行为与损害结果之间有因果关系；②推定过错责任原则，要求加害人举证证明自身没有过错，以及自身的行为与损害结果之间不存在因果关系，否则推定加害人有过错。如《产品质量法》第四十二条第一款："由于销售者的过错使产品存在缺陷，造成人身、他人财产损害的，销售者应当承担赔偿责任。"

（2）严格责任原则，是指只要有一方发生违反合同义务的行为后，即确定违约当事人的违约责任，除非当事人能够证明自己有法定的免责事由，并不考虑违约方的故意和过失，是一种无过错责任的特殊类型。

一般认为，严格责任原则应具备三个构成要件：①产品缺陷；②损害事实；③产品缺陷与损害事实之间存在因果关系，没有过错要件。如《产品质量法》第四十二条第二款："销售者不能指明缺陷产品的生产者也不能指明缺陷产品的供货者的，销售者应当承担赔偿责任。"

2. 产品质量合同责任

1) 产品质量合同责任的概念

产品质量合同责任,又称产品瑕疵担保责任,是指在产品买卖关系中,产品的生产者或销售者向买方保证产品质量,若产品存在瑕疵,生产者或销售者应当承担相应的法律后果。产品瑕疵担保责任是一种法定责任,属于严格责任的一种。关于产品瑕疵的质量标准,合同有约定的,依照合同约定;无约定或者约定不明的,应按国家标准或行业标准;没有国家标准或行业标准的,依照通常标准或符合合同目的的特定标准。

2) 产品质量合同责任构成要件、免责事由

构成要件:只要产品质量不符合合同约定即可,举证比较容易。

免责事由有:①不可抗力;②受害人自己过错造成的;③受害人事先明知产品质量有瑕疵或事先约定免责的。

3) 产品质量合同责任形式

承担产品质量合同责任的形式包括:负责无偿修理、更换、退货、赔偿损失或减少价金的责任,但不赔偿精神损害;若产品瑕疵使合同目的不能实现时,买方也可以解除合同。销售者先行履行瑕疵担保责任后,证明属于生产者的责任或者供货者的责任的,销售者有权向生产者、供货者追偿。

3. 产品责任

1) 产品责任的概念

产品责任,又称产品缺陷责任,是生产者或销售者因产品存在缺陷给受害人造成人身损害或者缺陷产品以外的其他财产损害所应承担的特殊侵权赔偿责任。生产者是产品责任的主要承担者,对其适用严格责任原则;销售者承担产品责任,适用推定过错责任原则。

2) 产品责任的构成要件、免责事由

构成要件包括:①产品有缺陷,包括设计缺陷、制造缺陷和标示说明缺陷(警示缺陷)三种;②损害事实客观存在;③产品缺陷与损害事实具有因果关系。

免责事由包括:①未将产品投入流通的;②产品投入流通时,引起损害的缺陷尚不存在的;③将产品投入流通时的科学技术水平尚不能发现缺陷的存在的。

3) 产品责任形式

承担产品责任的形式有:①造成受害人财产损失的,侵害人应当恢复原状或者赔偿受害人的损失;②造成受害人人身伤害的,侵害人应当赔偿医疗费、治疗期间的护理费、因误工减少的收入等费用;③造成残疾的,还应当支付残疾者生活自助费、生活补助费、残疾赔偿金以及由其扶养的人所必需的生活费等费用;④造成受害人死亡的,并应当支付丧葬费、死亡赔偿金及由死者生前扶养的人所必需的生活费等费用。

《民法典》第一千二百零七条规定:明知产品存在缺陷仍然生产、销售,或者没有依据法律规定采取有效补救措施,造成他人死亡或者健康严重损害的,被侵权人有权请求相应的惩罚性赔偿。

13.4.3 产品质量行政责任

产品质量行政责任是指生产者、销售者因违反产品质量监督、管理法律法规,而应承担的法律后果。产品质量行政责任的客体包括:瑕疵产品、缺陷产品及违反产品质量标准、质

量、监督管理法律、法规的行为。

生产者、销售者有下列行为之一的，须承担产品质量行政责任：①生产、销售不符合保障人体健康和人身、财产安全的国家标准、行业标准的产品；②在产品中掺杂、掺假，以假充真，以次充好，或者以不合格产品冒充合格产品；③生产国家明令淘汰的产品，销售国家明令淘汰并停止销售的产品；④销售变质、失效的产品；⑤伪造产品产地，伪造、冒用他人厂名、厂址，伪造或者冒用认证标志等质量标志；⑥产品标识、有包装的产品标识不符合《产品质量法》的相关规定；⑦拒绝接受依法进行的产品质量监督检查。

销售者销售上述第①至⑤项禁止销售的产品，有充分证据证明其不知道该产品为禁止销售的产品并如实说明其进货来源的，可以从轻或者减轻处罚。

产品质量行政责任只适用过错责任原则，生产者或销售者的产品质量行政责任形式主要有：①责令停止生产；②责令停止销售；③没收违法生产或销售的产品；④没收违法所得；⑤罚款；⑥责令改正；⑦吊销营业执照等行政处罚。

《产品质量法》加大了行政处罚力度：①针对违法所得难以取证和计算问题，以生产、销售的伪劣产品货值金额为处罚基数，增加了可操作性，并加重处罚力度；②不仅要没收违法所得，处以罚款，还要没收违法生产、销售的产品；③对专门生产伪劣产品的窝点、原辅材料、包装物、生产工具，应当予以没收。

13.4.4 产品质量刑事责任

生产者、销售者的下列严重违法行为，应当承担刑事责任：①生产、销售不符合保障人体健康和人身、财产安全的国家标准、行业标准的产品，在产品中掺杂、掺假，以假充真，以次充好，或者以不合格产品冒充合格产品，性质严重构成犯罪的行为；②销售失效、变质的产品的销售者构成犯罪的；③以暴力阻碍国家工作人员依法执行公务的。

各级人民政府工作人员和其他国家机关工作人员有下列情形之一的，依法给予行政处分；构成犯罪的，依法追究刑事责任：①包庇、放纵产品生产、销售中违反法律规定行为的；②向从事违反法律相关规定的当事人通风报信，帮助其逃避查处的；③阻挠、干预市场监督管理部门依法对产品生产、销售中违法行为进行查处，造成严重后果的。

国家工作人员滥用职权、玩忽职守、徇私舞弊，尚未构成犯罪的，给予行政处分；构成犯罪的，依法追究刑事责任。

本 章 小 结

● 产品必须符合产品质量法律规定或合同约定的质量标准。依据产品质量法的基本原则调整生产销售者、消费者、质量监督管理部门之间的关系。

● 我国建立了以国家市场监督管理总局为中心的产品质量管理监督制度。国家对产品质量实行以抽查为主的产品质量监督制度，企业执行以企业质量体系认证、产品质量认证制度为主的产品质量管理制度；产品召回制度是培育生产者、经营者的社会责任心的一种制度。

> - 生产者、销售者必须严格履行相应的产品质量责任和义务。
> - 我国《产品质量法》归责原则为：过错责任原则与严格责任原则并存。生产者、销售者以及其他经营者违反产品质量责任，应承担相应的民事责任、行政责任和刑事责任。

关键概念

产品质量　产品质量管理　企业质量体系认证　产品质量认证　产品质量监督　产品抽检　产品召回　产品质量责任　产品质量义务　产品质量合同责任　产品责任

复习思考题

1. 产品质量法的概念、调整对象及基本原则是什么？
2. 简述我国产品质量管理体制的内容。
3. 简述产品抽检、产品召回制度的内容。
4. 生产者、销售者的产品质量义务有哪些？
5. 企业质量体系认证、产品质量认证的含义是什么？两者如何区分？
6. 产品质量合同责任和产品责任两者有什么关系？
7. 简述我国产品质量监督的基本形式及途径。
8. 简述我国产品质量法中的归责原则。

【案例分析】

案例 1： 北京海淀区一位老人过寿时，儿孙们在北京某商场买了一条安徽省桐城某家电厂的电热毯送给他。正巧当晚气温骤降，晚 11 时，大儿子为老人铺好电热毯，安顿老人安然入梦。第二天，大儿子起床后闻到老人屋里传出刺鼻的焦味，他急忙叫醒众人，撞开门，只见满屋浓烟滚滚，老人躺在床上已死去，全身烧焦，屋内物品均化为灰烬。

案发后，海淀区技术监督部门对电热毯进行了检验。发现电热毯有 7 项技术指标不符合国家有关标准的要求，属劣质品。老人的后辈多次找该家电厂协商未果，一纸诉状将其告上法院，当地人民法院根据该检验结论，作出判决：责令桐城某家电厂和北京某商场停止生产或销售该类电热毯，赔偿受害人家属丧葬费、死亡赔偿金、财产损失等共计 15 万多元；没收违法生产、销售该电热毯的违法所得，并处罚款。

试分析： 本案中生产者、销售者的产品质量责任和义务以及损害赔偿责任问题。

案例 2： 甲系某电暖器厂仓库管理员，乙和甲是朋友。一次，乙趁甲值班时邀请他喝酒。待甲醉后，乙取下仓库钥匙，盗走未经检验的电暖器五台。其中一台以 500 元的价格卖给邻居丙。丙在使用时，因电暖器漏电而受伤，花去医疗费 1 200 元。丙向电暖器厂提出索赔。

试分析： （1）电暖器厂是否应承担赔偿责任？为什么？（2）丙的损失应由谁赔偿？简要说明理由。

案例3：2011年12月24日，国家质量监督检验检疫总局公布了近期对全国液体乳产品的抽检结果，蒙牛乳业（眉山）有限公司生产的一批次产品被检出黄曲霉毒素 M1 超标 140%。黄曲霉毒素 M1 为致癌物，1993 年被世界卫生组织（WHO）癌症研究机构划定为 I 类致癌物，是一种毒性极强的剧毒物质。蒙牛该批次超标的产品为该集团眉山公司 2011 年 10 月 18 日生产的每盒 250 ml 包装的纯牛奶产品。被检测出的黄曲霉毒素 M1 的实测值为 1.2 μg/kg，国家规定的最高值为 0.5 μg/kg。

试分析：(1) 本案中生产者的产品质量责任和义务以及损害赔偿责任问题。(2) 国家质量管理部门对产品质量监管的措施。

案例4：2020 年 1 月 15 日晚，北京某中学学生刘某骑一辆天津某企业生产的 24 型变速自行车回家。当骑至离家 500 米处时，突然自行车前叉根部折断，刘某立即摔倒、昏迷不醒。幸遇邻居路过，将其送到当地医院抢救。这一起事故造成刘某住院 10 天，鼻梁缝合 6 针，口腔内缝合 3 针，医疗费达 1 万多元。刘某出院后，时常出现头晕，并在鼻梁及嘴唇两处留下很深的疤痕。因此，刘某投诉到市消费者协会，要求自行车生产厂和销售商赔偿她直接损失和间接损失。该自行车是刘某于 2019 年 10 月份在一家商厦购买的。事故发生后该家商厦只答应赔偿刘某同一辆同型号的自行车，至于其他损失，认为应由天津某企业承担。生产厂家在知道了这一情况后，赶到北京，进行了调查，确定是本厂生产的自行车存在产品缺陷。在市消协的调解下，三方签订了协议书，商厦承担赔偿刘某一辆同型号的自行车，之后可以向生产者追偿损失。天津某企业承担刘某的医疗费和间接损失共计 1 万元。

试分析：本案中生产者、销售者的产品质量责任和义务以及损害赔偿责任如何界定？

第 14 章 消费者权益保护法律制度

【学习目标】
学完本章后,你应该能够:
- 知晓消费者的概念及范围;
- 理解消费者权益保护法的立法及基本原则;
- 领会消费者权利和经营者义务;
- 了解消费争议的救济途径及消费者组织。

14.1 消费者权益保护法概述

14.1.1 消费者和消费者问题

1. 消费者的概念

消费者,是指为满足生活需要而购买、使用商品或接受服务,由国家专门法律确认其主体地位和保护其消费权益的个体社会成员。这一概念具有以下方面的含义。

(1) 消费者是以生活消费为目的。生活消费通常是指为了满足个人物质和文化生活需要而进行的各种物质和精神产品以及劳动服务的消费行为,包括人们的衣、食、住、行等。但是,《中华人民共和国消费者权益保护法》规定:农民购买、使用直接用于农业生产的生产资料,参照本法执行。也就是说,在我国农民的生产消费也受消费者权益保护法保护,这体现了我国立法者对农民切身利益的考虑。

(2) 消费者的消费表现为购买、使用商品或接受服务。即消费者获得商品、使用商品或接受服务,可以通过有偿或无偿的形式表现出来。如果商家为了宣传或达到其他商业目的向个体社会成员免费提供服务和赠送商品,也属于消费行为。

(3) 消费者是由国家专门法律确认其主体地位、保护其特定消费权利。消费者发生的消费经济关系受国家专门法律的调整和保护,因而"消费者"不仅是一个经济概念,更是一个法律概念。

(4) 消费者是个体社会成员。这表明消费者是自然人或家庭。消费者包括一个国家领域内所有的人,但法人和其他社会组织不属于消费者的范畴。

2. 消费者问题

消费者问题,是指消费者利益受到损害的问题,即指消费者自身以外的组织或个人出售的商品或提供的商品性服务,给消费者的财产或人身健康造成损害,侵犯消费者合法权益的问题。消费者问题是人类社会发展到商品经济阶段才产生的,它是市场经济的必然产物。在现代社会,消费者问题已不仅是消费者个人的问题,而且日益成为严重的社会问题,其危害表现在:①消费者的人身、健康得不到安全保障;②消费者的财产和利益受损失;③危害其他经营者的经营活动和利益;④影响社会经济秩序和社会安全;⑤影响国家声誉。

消费者问题产生的原因是多方面的,主要有:①个体利益本位的追求,不顾他人,不顾社会;②法制不健全,管理不力;③地方保护主义;④消费者自我保护意识不强。

14.1.2　消费者保护运动

消费者问题激起并发动了消费者保护运动。19世纪中下叶,英国《货物买卖法》规定了消费者的索赔权。1844年,英格兰首创消费者合作社,是世界上消费者运动最早的源流。1891年,人类历史上第一个消费者协会在纽约成立。1899年,美国消费者联盟诞生,成为世界上第一个全国性消费者组织。1914年,美国设立了第一个保护消费者权益的政府机构——美国联邦贸易委员会。1962年3月15日,美国总统肯尼迪率先提出消费者享有4项基本权利:安全、了解、选择和意见被听取的权利。1969年,美国总统尼克松提出消费者的第5项权利:索赔权利。消费者权利的提出,使消费者运动进入了新阶段;同时,美国联邦政府和州政府都设立了消费者保护机构。1956年,日本成立了全国消费者团体联合会;除了要求消费品卫生和安全外,70年代日本消费者运动呼吁实现公平交易,制止不正当营销手段,取缔不公平交易习惯等。

除美、日外,消费者运动在其他国家也蓬勃兴起。1953年德国消费者同盟成立;1957年英国成立了消费者协会;1969年韩国成立了主妇俱乐部联合会;1962年欧洲消费者同盟成立。1960年,美、英等5国消费者组织在海牙成立了国际消费者组织联盟。1983年,国际消费者组织联盟将每年的3月15日定为"国际消费者权益日",消费者运动从此成为席卷全球、势不可当的历史潮流。

中国改革开放以来,消费问题大量发生,消费者保护运动兴起且发展迅速,其特点是,从一开始就在政府的引导和全力支持下进行。1984年12月,全国性消费者组织——"中国消费者协会"诞生。目前,全国已普遍建立县级以上的消费者协会。

消费者问题日益严重所带来的社会不安以及消费者保护运动的压力,如何在消费领域保护消费者应有的合法权益,已成为国家干预、管理经济生活的重要目标和经济立法的主要方向之一。为此,世界各国颁布了不少含有保护消费者规范的法律、法规,这些法律、法规广义上均可属于消费者保护法体系。1968年,日本制定的《保护消费者基本法》是世界上第一个狭义和典型的消费者权益保护法。之后,许多国家都相继制定了消费者权益保护法。

14.1.3　消费者权益保护法的概念

消费者权益保护法是保护消费者合法权益的法律规范的总称。1993年10月31日,第八届全国人大常委会第四次会议通过了我国第一部关于保护消费者权益的专门性法律——《中华人民共和国消费者权益保护法》(以下简称《消费者权益保护法》),自1994年1月1日起施行;2013年10月25日,第十二届全国人大常委会第五次会议对该法进行了第二次修正,自2014年3月15日起施行。为了保障《消费者权益保护法》七日无理由退货规定的实施,保护消费者的合法权益,促进电子商务健康发展,2017年1月6日国家工商行政管理总局（现为国家市场监督管理总局）发布了《网络购买商品七日无理由退货暂行办法》（2017年3月15日起施行）。《消费者权益保护法》适用于消费者为生活消费需要购买、使用商品或者接受服务，以及经营者为消费者提供其生产、销售的商品或者提供服务的情形。

14.1.4 立法宗旨与基本原则

1. 立法宗旨

《消费者权益保护法》第一条明确指出其立法宗旨：为保护消费者的合法权益，维护社会经济秩序，促进社会主义市场经济健康发展。

2. 基本原则

（1）自愿、平等、公平、诚实信用原则。自愿，即消费者与经营者进行交易应当是完全出于自己真实意愿，不受任何干涉或强迫；平等，即消费者与经营者在法律地位上是平等的，同样受到法律的保护和制裁；公平，即消费者与经营者之间的交易，应该是在平等的基础上达到公正的结果；诚实信用，即消费者与经营者在交易过程中，信守承诺，不作虚假或者隐瞒陈述。

（2）对消费者进行特别保护原则。按照法律规定，消费者与经营者、生产者应该是一种平等的民事法律关系。但在实际生活中，消费者常处于弱势地位。因此，国家制定专门保护消费者权益的法律、法规，就是要给消费者以特别的保护，保障消费者依法行使权利，维护消费者的人身、财产和其他合法权益。

（3）国家支持原则。《消费者权益保护法》第五条规定：国家保护消费者的合法权益不受侵害；国家采取措施，保障消费者依法行使权利，维护消费者的合法权益。国家对消费者的支持包括法律支持、行政支持和经济支持。

（4）社会监督原则。《消费者权益保护法》第六条规定：保护消费者的合法权益是全社会的共同责任；国家鼓励、支持一切组织和个人对损害消费者合法权益的行为进行社会监督。

14.2 消费者权利与经营者义务

14.2.1 消费者权利

消费者权利是消费者在消费生活中所享有的权利，是消费者利益在法律上的表现。消费者权利是消费者权益保护法的核心。《消费者权益保护法》规定，消费者享有以下权利。

1）安全保障权

消费者在购买、使用商品或者接受服务时享有人身、财产安全不受损害的权利。消费者的人身、财产安全是消费者最基本的权利，消费者有权要求经营者提供的商品和服务，符合保障人身、财产安全的要求。

为了使这一权利得到实现，消费者有权要求经营者提供的商品或服务符合保障人身、财产安全的要求。也就是说，有国家标准、行业标准的，消费者有权要求商品或者服务符合该国家标准、行业标准，如家用电器不允许有漏电、爆炸、自燃等潜在危险存在；对于没有国家标准、行业标准的，必须符合社会普遍公认的安全、卫生要求。

2）知悉真情权

消费者享有知悉其购买、使用的商品或者接受的服务的真实情况的权利。消费者有权根据商品或者服务的不同情况，要求经营者提供商品的价格、产地、生产者、用途、性能、规格、等级、主要成分、生产日期、有效期限、检验合格证明、使用方法说明书、售后服务，或者服务的内容、规格、费用等有关情况。

3）自主选择权

消费者享有自主选择商品或服务的权利，这是消费者的核心权利。消费者有权自主选择提供商品或者服务的经营者，自主选择商品品种或者服务方式，自主决定购买或者不购买任何一种商品、接受或者不接受任何一项服务。消费者在自主选择商品或者服务时，有权进行比较、鉴别和挑选。经营者不得以任何方式干涉消费者行使自主选择权。

4）公平交易权

消费者享有公平交易的权利。消费者在购买商品或者接受服务时，有权获得质量保障、价格合理、计量正确等公平交易条件，有权拒绝经营者的强制交易行为。公平交易权体现在两个方面：①交易条件的公平，即消费者在购买商品或接受服务时，有权获得质量保证、价格合理、计量正确等公平交易条件；不得设定不公平、不合理的交易条件；②不得强制交易，即消费者有权按照真实意愿从事交易活动，对经营者的强制交易有权拒绝。

经营者在经营活动中使用格式条款的，应当以显著方式提请消费者注意商品或者服务的数量和质量、价款或者费用、履行期限和方式、安全注意事项和风险警示、售后服务、民事责任等与消费者重大利益关系的内容，并按照消费者的要求予以说明。

经营者不得以格式条款、通知、声明、店堂告示等方式，做出排除或者消费者权利、减轻或者免除经营者责任、加重消费者责任等对消费者不公平、不合理的规定。

5）获得赔偿权

消费者因购买、使用商品或者接受服务受到人身、财产损害的，享有依法获得赔偿的权利。赔偿范围包括财产损失和人身损害赔偿。人身损害，包括生命健康权，人格方面的姓名权、名誉权、荣誉权等受到的侵害。财产损害，包括财产上的直接损失和间接损失。直接损失，指可以得到的利益没有得到，如因受侵害住院而减少的劳动收入或伤残后丧失劳动能力而得不到劳动报酬等。

6）依法结社权

消费者享有依法成立维护自身合法权益的社会团体的权利。

7）获取知识权

消费者享有获得有关消费和消费者权益保护方面知识的权利。包括两方面的内容：①获得有关消费方面的知识，比如有关消费观、商品和服务以及相关市场的基本知识；②获得有关消费者权益保护方面的知识，比如消费者权益保护的法律、法规和政策，以及保护机构和争议解决途径等方面的知识。

8）人格尊严、民族风俗习惯受尊重权

消费者在购买、使用商品或者接受服务时，享有其人格尊严、民族风俗习惯得到尊重的权利，享有个人信息依法得到保护的权利。人格尊严指人的自尊心和自爱心。其权利包括消费者的姓名权、名誉权、肖像权等。经营者不得对消费者进行侮辱、诽谤、非法搜查身体及物品，不得限制消费者的人身自由等。同时，我国是一个多民族国家，因历史、文化、民族传统等的差异，各民族风俗习惯各不相同，经营者必须学习和了解不同民族的风俗习惯，更好地满足不同民族的消费需求。

9) 监督批评权

消费者享有对商品和服务以及保护消费者权益工作进行监察、督导及批评、建议的权利。消费者有权检举、控告侵害消费者权益的行为和国家机关及其工作人员在保护消费者权益工作中的违法失职行为，有权对保护消费者权益工作提出批评、建议。

10) 个人信息保护权

个人信息指经营者收集、使用消费者个人信息，应当遵循合法、正当、必要的原则，明示收集、使用信息的目的、方式和范围，并经消费者同意。经营者及其工作人员收集的消费者个人信息必须严格保密，不得泄露、出售或者非法向他人提供。经营者应当采取技术措施和其他必要措施，确保信息安全，防止消费和个人信息泄露、丢失。经营者未经消费者同意或者请求，或者消费者明确表示拒绝的，不得向其发送商业性信息。

14.2.2 远程购物交易模式中消费者的保护

采用网络、电视、电话、邮购等方式提供商品或者服务的经营者，以及提供证券、保险、银行等金融服务的经营者，应当向消费者提供经营地址、联系方式、商品或者服务的数量和质量、价款或者费用、履行期限和方式、安全注意事项和风险警示、售后服务、民事责任等信息。

经营者采用网络、电视、电话、邮购等方式销售商品，消费者有权自收到商品之日起7日内退货，且无需说明理由。消费者行使后悔权的条件：①商品完好；②自付运费；③时间在收货7日内。但是，以下四种情形消费者不能后悔：①消费者定作的；②鲜活易腐的；③在线下载或消费者拆封的音像制品、计算机软件等数字化商品；④交付的报纸、期刊。除所列商品外，其他根据商品性质并经消费者购买时确认不宜退货的商品，不适用无理由退货。

网络交易平台提供者不能提供销售者或者服务者的真实名称、地址和有效联系方式的，消费者也可以向网络交易平台提供者要求赔偿；网络交易平台提供者明知或者应知，销售者或者服务者利用其平台侵害消费者合法权益，未采取必要措施的，依法与该销售者或者服务者承担连带责任。

14.2.3 经营者义务

经营者义务是经营者在经营活动中应当履行的法律上的责任。由于经营者义务是遵守消费者权利得以实现的重要保障，《消费者权益保护法》规定了经营者以下义务。

1) 依法定或依约定履行的义务

经营者应当按照《消费者权益保护法》《产品质量法》，以及其他有关法律的规定或者合同的约定履行义务，但双方的约定不得违背法律、法规的规定；特别是法律、法规的强制性规定。这是对经营者义务的一般性、概括性规定。

2) 听取意见和接受监督的义务

经营者应接受消费者的监督，应当认真听取消费者的意见和建议，为消费者反映情况提供便利。经营者接受监督不仅要接受来自消费者的监督，还应接受来自社会各界的广泛监督。

3) 保障人身和财产安全的义务

这是与消费者的安全保障权相对应的义务，经营者应当保证其提供的商品或服务符合人身、财产安全保障的要求。对可能危及人身、财产安全的商品或者服务，应当向消费者作出真实说明和明确警示，并说明和标明正确使用商品或接受服务的方法，以及防止危害发生的方法。宾馆、商场、餐饮、银行、机场、车站、港口、影剧院等经营场所的经营者，应作出真实说明和明确警示。经营者发现其提供的商品或者服务存在严重缺陷，即使正确使用商品或接受服务仍然可能对人身、财产安全造成危害的，应当立即停止销售尚未售出的商品、警示、召回、无害化处理、销毁、停止生产或者停止提供服务，并向市场监督管理部门等有关部门报告。对已经销售的商品或已经提供的服务，除报告有关行政部门外，还应当及时通过公共媒体、店堂告示以及电话、传真、手机短信等有效方式告知消费者，并且收回该商品或针对已提供服务采取相应补救措施。经营者应当随时对其提供的商品或者服务进行检验，一旦发现存在缺陷时，必须采取有效补救措施，以保证消费者安全。

4) 危险产品召回的义务

经营者发现其提供的商品或者服务存在缺陷，有危及人身、财产安全危险的，应当立即向有关行政部门报告和告知消费者，并采取停止销售、警示、召回、无害化处理、销毁、停止生产或服务等措施。采取召回措施的，经营者应当承担消费者因商品被召回支出的必要费用。

5) 提供真实信息的义务

该项义务是与消费者知悉真相权相对应的经营者义务，经营者应当向消费者提供有关商品或者服务的真实信息，不得作引人误解的虚假宣传。经营者对消费者就其提供的商品或者服务的质量和使用方法等问题提出的询问，应作出真实、明确、完备的答复。经营者提供的商品或服务必须明码标价，即明确单位数量的价格，以便于消费者选择，同时防止经营者在单位数量或者价格上随意更改。

6) 标明经营者真实名称和标记的义务

经营者应标明其真实名称和标记。租赁他人柜台、场地的经营者，也应标明其真实名称和标记。对租赁柜台或场地的行为，消费者权益保护法强调承租方有义务标明自己的真实名称和标记，目的在于区分承租方和出租方，一旦发生责任问题，便于明确责任承担者。

7) 出具凭据和单据的义务

经营者提供商品或者服务，应当按照国家有关规定或者商业惯例向消费者出具购货凭证或者服务单据；消费者索要购货凭证或者服务单据的，经营者必须出具。

8) 保证质量的义务

经营者应当保证在正常使用商品或者接受服务的情况下，其提供的商品或者服务应当具有的质量、性能、用途和有效期限；但消费者在购买该商品或者接受该服务前已经知道其存在瑕疵，且存在该瑕疵不违反法律强制性规定的除外。经营者以广告、产品说明、实物样品或者其他方式表明商品或者服务的质量状况的，应当保证其提供的商品或者服务的实际质量与表明的质量状况相符。

9) 承担"三包"和其他责任的义务

经营者提供商品或者服务，按照国家规定或者与消费者的约定，承担包修、包换、包退或者其他责任的,应当按照国家规定或者与消费者的约定履行,不得故意拖延或者无理拒绝。没有国家规定和当事人约定的,消费者可自收到商品之日起7日内退货。7日后符合《民法典》合同编规定的解除合同条件的,消费者可以及时退货;不符合解除合同条件的,可以要求经营者另行更换、修理义务。依照上述规定进行退货、更换、修理的,经营者应当承担运输等必要费用。

10) 正确使用格式条款的义务

经营者在经营活动中使用格式条款应当以显著方式提醒消费者注意商品或者服务的数量和质量、价款或者费用、履行期限和方式、安全注意事项和风险警示、售后服务、民事责任等与消费者有重大利益关系的内容,并按照消费者的要求予以说明。同时,经营者不得以格式条款、通知、声明、店堂告示等方式,作出排除或者限制消费者权利、减轻或者免除经营者责任、加重消费者责任等对消费者不公平、不合理的规定,不得利用格式条款并借助技术手段强制交易。违反此义务的,其条款无效。此外,经营者约束自身的行为有效。例如,商家单方作出"本店商品离柜一概不予退换""最低消费金额"等都是无效的,但商家作出的加重自己责任的单方说明有效,如"假一罚十"。

11) 不得侵犯消费者人身权的义务

经营者必须对消费者的人格尊严和人身自由予以尊重,经营者不得对消费者进行侮辱、诽谤,不得搜查消费者的身体及其携带的物品,不得侵犯消费者的人身自由,且不能利用一般合同条款予以免责。

12) 尊重消费者信息自由的义务

经营者收集、使用消费者个人信息,应当遵循合法、正当、必要的原则,明示收集、使用信息的目的、方式和范围,并经消费者同意。经营者收集、使用消费者个人信息,应当公开其收集、使用规则,不得违反法律、法规的规定和双方的约定收集、使用信息。经营者及其工作人员对收集的消费者个人信息必须严格保密,不得泄露、出售或者非法向他人提供。经营者应当采取技术措施和其他必要措施,确保信息安全,防止消费者个人信息泄露、丢失。在发生或者可能发生信息泄露、丢失的情况时,应当立即采取补救措施。未经消费者同意或者请求,或者消费者明确表示拒绝的,经营者不得向其发送商业性信息。

13) 举证的义务

这一义务在法律上被称为举证责任倒置。主要是针对纠纷过程中消费者举证困难,为了更好地保护消费者权益,在特定的领域和特定时间内,将消费者"拿证据维权"转换为"经营者自证清白"。具体是指经营者提供的机动车、计算机、电视机、电冰箱、空调器、洗衣机等耐用商品或者装饰装修等服务,消费者自接受商品或者服务之日起6个月内发现瑕疵,发生争议的,由经营者承担有关瑕疵的举证责任。

14.3　消费者权益争议的解决

14.3.1　消费者权益争议解决途径

消费者权益争议是指消费者因消费权益受到侵害而与经营者之间发生的纠纷。

根据我国法律的规定，消费者如果认为自己的权益受损或者已经发生了实际的损害后果时，《消费者权益保护法》规定了解决争议的5种途径和方式。

（1）与经营者协商和解。当消费者和经营者因商品或服务发生争议时，协商和解应作为首选方式，特别是因误解产生的争议，通过解释、谦让及其他补救措施，便可化解矛盾，平息争议。协商和解必须是在自愿平等的基础上进行，重大纠纷，双方立场对立严重，要求相距甚远，可寻求其他解决方式。

（2）请求消费者协会调解。《消费者权益保护法》规定的消费者协会八项职能之一是对消费者的投诉事项进行调查、调解。消费者协会调解消费者和经营者之间的争议，应当按照法律、行政法规及公认的商业道德从事，并由双方自愿接受和执行。

（3）向有关行政部门申诉。消费者权益受到侵害时，消费者可根据具体情况，向市场监督、物价、技术监督、标准、计量、商检、卫生等相关行政部门投诉，求得行政救济。有关行政部门受理消费者投诉的，应自收到投诉之日起7个工作日内，予以处理并告知。

（4）根据仲裁协议提请仲裁机构仲裁。当事人双方自愿达成的仲裁协议是仲裁机构受理争议案件的依据，仲裁协议可以事前或事后达成。但在实际消费领域采用该方式的很少。

（5）向人民法院提起诉讼。《消费者权益保护法》及相关法律都规定，消费者权益受到损害时，可直接向人民法院起诉；也可因不服行政处罚决定而向人民法院起诉。中国消费者协会以及在省、自治区、直辖市设立的消费者协会，对侵害众多消费者合法权益的行为，可向人民法院提起公益诉讼。

14.3.2　赔偿责任主体的确定及责任归属

为了保障消费者获得赔偿权的实现，在消费者合法权益受到侵害时，无论是直接向消费者提供商品或者服务的经营者，还是未直接提供但却为其他经营者提供必要营销条件的关系人，都构成争议的赔偿主体，承担连带责任。

（1）生产者和销售者。消费者或者其他受害人因商品缺陷造成人身、财产损害的，可以向销售者要求赔偿，也可以向生产者要求赔偿。①因产品缺陷造成损害的，被侵权人既可以向产品的生产者请求赔偿，也可以向产品的销售者请求赔偿。②产品缺陷由生产者造成的，销售者赔偿后，有权向生产者追偿；因销售者的过错使产品存在缺陷的，生产者赔偿后，有权向销售者追偿。因运输、仓储等第三人的过错使产品存在缺陷，造成他人损害的，产品的生产者、销售者赔偿后，有权向第三人追偿。③销售者不能指明缺陷产品的生产者，也不能指明缺陷产品的供货者的，销售者应承担侵权责任。

（2）服务者。消费者在接受服务时，其合法权益受到损害的，可以向服务者要求赔偿。

（3）承受原企业权利、义务的企业。消费者在购买、使用商品或者接受服务时，其合法权益受到损害，原企业分立、合并的，可以向变更后承受其权利、义务的企业要求赔偿。

（4）营业执照的持有人与使用人。使用他人营业执照的违法经营者提供商品或者服务，损害消费者合法权益的，消费者可以向其要求赔偿，也可以向营业执照的持有人要求赔偿。

（5）展销会的举办者、柜台的出租者。消费者在展销会、租赁柜台购买商品或者接受服务，其合法权益受到损害的，可以向销售者或者服务者要求赔偿。展销会结束或者柜台租赁期满后，也可以向展销会的举办者、柜台的出租者要求赔偿。展销会的举办者、柜台的出租者赔偿后，有权向销售者或者服务者追偿。

(6) 网络交易的销售者或者服务者与网络交易平台。消费者通过网络交易平台购买商品或者接受服务，其合法权益受到损害的，可以向销售者或者服务者要求赔偿。网络交易平台提供者不能提供销售者或者服务者的真实名称、地址和有效联系方式的，消费者也可以向网络交易平台提供者要求赔偿。网络交易平台提供者明知或者应知销售者或者服务者利用其平台侵害消费者合法权益，未采取必要措施的，依法与该销售者或者服务者承担连带责任。

(7) 广告主与广告经营者。消费者因经营者利用虚假广告提供的商品或者服务，其合法权益受到损害的，可以向经营者要求赔偿；广告的经营者发布虚假广告的，消费者可以请求行政主管部门对其予以惩处；广告的经营者不能提供经营者的真实姓名、地址的，应当承担赔偿责任。

14.4 违反消费者权益保护法的法律责任

对侵害消费者合法权益的行为，应当根据经营者违法行为的性质、情节、社会危害等因素，依法确定经营者承担相应的民事、行政和刑事责任。

1. 民事责任

(1) 经营者违反了《产品质量法》和其他有关法律、法规应承担民事责任。《消费者权益保护法》第四十八条规定了9项，经营者主要以修理、重作、更换、退货、补足商品数量、退还货款和服务费用或者赔偿损失等方式承担民事责任。

(2) 致人伤害的民事责任。造成消费者或者其他受害人人身伤害的，经营者应支付医疗费、护理费、交通费、因误工减少的收入等费用；造成残疾的，除上述费用外，还应赔偿残疾生活辅助具费和残疾赔偿金；造成死亡的，还应赔偿丧葬费和死亡赔偿金。

(3) 侵犯人身权的民事责任。经营者侵害消费者的人格尊严、侵犯人身自由或侵害消费者个人信息依法得到保护的权利的，应当停止侵害、恢复名誉、消除影响、赔礼道歉，并赔偿损失；有侮辱诽谤、搜查身体、侵犯人身自由等侵害消费者或其他受害人人身权益的行为，造成严重精神损害的，受害人可以要求精神损害赔偿。

(4) 造成消费者财产损害的民事责任。经营者应当按照消费者的要求，以修理、重作、更换、退货、补足商品数量、退还货款和服务费用或者赔偿损失等方式承担民事责任。消费者与经营者另有约定的，按照约定履行。

(5) 违反预收款方式的民事责任。经营者应当按照约定提供；未按照约定提供的，应当按照消费者的要求履行约定或者退回预付款；并应当承担预付款的利息、消费者必须支付的合理费用。

(6) 依法经有关行政部门认定为不合格的商品，消费者要求退货的，经营者应当负责退货。

(7) 欺诈行为的民事责任。经营者应当按照消费者的要求增加赔偿金额，其数额为商品价款或服务费用的3倍；增加赔偿金额不足500元的，为500元。法律另有规定的，依照其规定。经营者明知商品或服务存在缺陷，仍然向消费者提供，造成消费者或其他受害人死亡或健康严重损害的，受害人有权要求经营者赔偿损失，并有权要求所受损失2倍以下的惩罚性赔偿。

2. 行政责任

《消费者权益保护法》第五十六条规定了 10 种违法情形除应承担相应的民事责任外，还应承担有关法律、法规规定的行政机关和市场监督管理部门的处罚。责任形式有：责令改正、警告、没收违法所得、罚款、责令停业整顿、吊销营业执照。其中，有违法所得的，处以违法所得 1 倍以上 10 倍以下的；没有违法所得的，处以 50 万元以下的罚款。除依照法律、法规规定予以处罚外，处罚机关应当记入经营者的信用档案，向社会公布。

《消费者权益保护法》第六十条规定了拒绝、阻碍有关行政部门工作人员依法执行职务，未使用暴力、威胁方法的，由公安机关依照《中华人民共和国治安管理处罚法》的规定处罚。

经营者对行政处罚决定不服的，可以申请复议或向人民法院提起诉讼。

3. 刑事责任

经营者提供商品或服务，造成消费者或其他受害人人身伤害或死亡，构成犯罪的，依法追究刑事责任。

以暴力、威胁等方法阻碍有关行政部门工作人员依法执行职务的，依法追究刑事责任。

国家机关工作人员玩忽职守或者包庇经营者侵害消费者合法权益的行为的，由其所在单位或者上级机关给予行政处分；情节严重，构成犯罪的，依法追究刑事责任。

本章小结

- 现代社会，消费者问题已不仅是消费者个人的问题，而且日益成为严重的社会问题。消费者权益保护法是保护消费者合法权益的法律规范的总称。我国《消费者权益保护法》有其明确的立法宗旨、基本原则和适用范围。
- 消费者权利是消费者权益保护法的核心。我国《消费者权益保护法》规定，消费者享有 10 项权利，经营者必须遵守 13 项义务。
- 消费者权益争议的解决有 5 种途径和方式。为保障消费者行使获得赔偿权，须确定承担连带赔偿责任的主体和责任归属。
- 经营者、国家机关工作人员违反消费者权益保护法，须承担相应的民事责任、行政责任和刑事责任。

关键概念

消费者　消费者权益保护法　消费者权利　经营者义务　消费权益争议

复习思考题

1. 简述消费者及其消费者权益保护法的概念和原则。
2. 简述消费者权利的主要内容。
3. 简述经营者义务的主要内容。
4. 简述消费者权益争议的解决方法。

【案例分析】

案例1：2020年2月，某企业在某商场搞促销活动，商场承诺凡是在5月份前100名购买空调的消费者，将会得到商场赠送的价值200元的电饭煲一个。祝某在购买空调时得到了一个电饭煲。一个月后，祝某拿着电饭煲找到商场，声称电饭煲只用了不到一个月的时间就发生故障，要求商场进行免费修理或更换。商场则认为电饭煲是免费赠送的，商场不承担包修包换等质量保证责任，双方为此发生争议，诉至当地人民法院。

试分析：该人民法院应该如何处理此案？并说明理由。

案例2："双11"期间，王女士在某大型购物网站上看到一双高跟鞋，款式新颖，价格也很便宜，王某毫不犹豫点击了购买并支付了货款。收到货后王女士觉得这双高跟鞋虽然新颖，但颜色跟网页上的图片出入很大，于是马上联系网店店主要求退货，并愿意承担来回的运费，但遭到店主的拒绝。

试分析：店主有权拒绝吗？为什么？

案例3：孙女士在某超市购物时，看到一款促销的泰国大米，原价为10.5元/kg，促销价为6.2元/kg。孙某觉得挺便宜，便买了1 kg后孙某又买了1 kg苹果，苹果原价为15.5元/kg，促销价为10.1元/kg。结账回家后，孙某发现，超市在结账时均是按大米和苹果的原价进行结算的，于是她找到超市要求赔偿。

试分析：超市应该如何赔偿？并说明理由。

案例4：2019年10月3日，李某（学生）去A自选超市购物，当李某欲出来时，服务员张某拦住了他。张某说："我怀疑你拿了本店的首饰，能否让我看看？"当即遭到李某的断然拒绝。张某说："看你的样子就知道不是好人，做贼心虚吧？"张某遂叫来保安人员，将李某强拉到保卫室，由超市女工作人员对李某的大衣口袋及裤兜进行检查，没有发现超市的首饰，便放走了李某。李某很是气愤，遂于当年10月14日，向法院提起了诉讼，声称A超市侵犯其名誉权与人身自由，要求A超市公开赔礼道歉，并赔偿李某损失。

试分析：(1) 消费者享有的维护名誉权的含义是什么？(2) 本案中的A超市是否侵权？如果构成侵权，A超市应承担什么责任？简要说明理由。

第 15 章 外商投资法律制度

【学习目标】
学完本章后,你应该能够:
- 知晓外商投资法的概念及适用范围;
- 理解我国外商投资管理制度;
- 了解违反外商投资法的法律责任。

15.1 外商投资法概述

15.1.1 外商投资法

1. 外商投资法的概念

外商投资法,有广义和狭义之分。狭义的外商投资法是指 2019 年 3 月 15 日通过,2020 年 1 月 1 日起实施的《中华人民共和国外商投资法》(以下简称《外商投资法》),它是调整外商投资关系的基本法。该法由总则、投资促进、投资保护、投资管理、法律责任和附则组成,共 6 章 42 条。

广义的外商投资法,即外商投资法律体系,它包括《外商投资法》在内的一系列调整外商投资关系的法律、法规和行政规章,包括《中华人民共和国外商投资法实施条例》《中华人民共和国公司法》《外商投资企业设立及变更备案管理暂行办法》《外商投资准入特别管理措施(负面清单)(2019 年版)》以及《中华人民共和国合伙企业法》《外商投资开发经营成片土地暂行管理办法》《中华人民共和国外商投资企业财务管理规定》《外商投资企业劳动管理规定》等。

《外商投资法》实施后,原"三资法"(《中华人民共和国中外合资经营企业法》《中华人民共和国中外合作经营企业法》《中华人民共和国外资企业法》)同时废止。但实施前依照"三资法"设立的外商投资企业,在施行后五年内可以继续保留原企业组织形式等。具体实施办法由国务院规定。

2. 立法宗旨(目的)与适用范围

立法宗旨(目的):为了进一步扩大对外开放,积极促进外商投资,保护外商投资合法权益,规范外商投资管理,推动形成全面开放新格局,促进社会主义市场经济健康发展。

适用范围:在中国境内的外商投资,适用该法。

15.1.2 外商投资与外商投资企业

1. 外商投资的概念、方式

外商投资,是指外国的自然人、企业或者其他组织(以下称外国投资者)直接或者间接在中国境内进行的投资活动。

外商投资包括以下情形:①外国投资者单独或者与其他投资者共同在中国境内设立外商投资企业;②外国投资者取得中国境内企业的股份、股权、财产份额或者其他类似权益;③外国投资者单独或者与其他投资者共同在中国境内投资新建项目;④法律、行政法规或者国务院规定的其他方式的投资。其他投资者,包括中国的自然人在内。

外商投资的其他方式,主要包括:①中外合开发自然资源;②外商投资开发经营成片土地;③BOT方式;④"三来一补"方式;⑤外资并购境内企业。

2. 外商投资企业

外商投资企业,是指全部或者部分由外国投资者投资,依照中国法律在中国境内经登记注册设立的企业。《外商投资法》规定,外商投资企业的组织形式、组织机构及其活动准则,适用《中华人民共和国公司法》《中华人民共和国合伙企业法》等法律的规定。这标志着我国内外资企业将在公司治理等问题上正式并轨。

15.2 外商投资管理制度

我国继续坚持对外开放的基本国策,鼓励外国投资者依法在中国境内投资。国家实行高水平投资自由化便利化政策,建立和完善外商投资促进机制,营造稳定、透明、可预期和公平竞争的市场环境。

15.2.1 投资促进制度

1. 准入前国民待遇

我国对于外资准入负面清单之外的外商投资,在投资准入阶段给予外国投资者及其投资不低于本国投资者及其投资的待遇。

2. 平等国民待遇

(1)依法平等适用国家支持企业发展的各项政策。制定与外商投资有关的法律、法规、规章,采取适当方式征求外商投资企业的意见和建议。与外商投资有关的规范性文件、裁判文书等,依法及时公布。

(2)依法享有我国在法律法规、政策措施、投资项目信息等方面提供的咨询和服务。此外,还依法享有我国与其他国家或地区、国际组织建立的多边、双边投资促进合作机制,加强投资领域的国际交流与合作。

(3)依法平等参与标准制定工作,强化标准制定的信息公开和社会监督。国家制定的强制性标准平等适用于外商投资企业。

(4)依法通过公平竞争参与政府采购活动。政府采购依法对外商投资企业在中国境内生产的产品、提供的服务平等对待。

（5）依法通过公开发行股票、公司债券等证券和其他方式进行融资。

3. 优惠待遇

国家根据需要，设立特殊经济区域，或者在部分地区实行外商投资试验性政策措施，促进外商投资，扩大对外开放。国家根据国民经济和社会发展需要，鼓励和引导外国投资者在特定行业、领域、地区投资。外国投资者、外商投资企业可以依照法律、行政法规或者国务院的规定享受优惠待遇。

县级以上地方人民政府可以根据法律、行政法规、地方性法规的规定，在法定权限内制定外商投资促进和便利化政策措施。各级人民政府及其有关部门应当按照便利、高效、透明的原则，简化办事程序，提高办事效率，优化政务服务，进一步提高外商投资服务水平。有关主管部门应当编制和公布外商投资指引，为外国投资者和外商投资企业提供服务和便利。

15.2.2 投资保护制度

1. 对外国投资者经济权益保护

（1）不实行征收。特殊情况下，国家为了公共利益对外国投资者的投资实行征收或征用时，应当依照法定程序进行，并且应及时给予公平合理的补偿。

（2）利润自由汇出。外国投资者在中国境内的出资、利润、资本收益、资产处置所得、知识产权许可使用费、依法获得的补偿或者赔偿、清算所得等，可用人民币或外汇自由汇入、汇出。

2. 强化对外国投资者知识产权权益保护

国家保护外国投资者和外商投资企业的知识产权，保护知识产权权利人和相关权利人的合法权益；对知识产权侵权行为，严格依法追究法律责任。国家鼓励在外商投资过程中基于自愿原则和商业规则开展技术合作。技术合作的条件由投资各方遵循公平原则平等协商确定。行政机关及其工作人员不得利用行政手段强制转让技术。

3. 促使地方政府守约践诺，保守企业商业秘密

地方政府应严格履行依法做出的政策承诺和合同，如因国家和社会利益需要改变，应该依法补偿外国投资者或外商投资企业。行政机关及其工作人员对于履行职责过程中知悉的外国投资者、外商投资企业的商业秘密，应当依法予以保密，不得泄露或者非法向他人提供。

4. 强化规范性文件制定的约束

各级人民政府及其有关部门制定涉及外商投资的规范性文件，应当符合法律法规的规定；没有法律、行政法规依据的，不得减损外商投资企业的合法权益或者增加其义务，不得设置市场准入和退出条件，不得干预外商投资企业的正常生产经营活动。

5. 建立外商投资企业投诉工作机制

国家建立外商投资企业投诉工作机制，及时处理外商投资企业或者其投资者反映的问题，协调完善相关政策措施。外商投资企业或者其投资者认为行政机关及其工作人员的行政行为侵犯其合法权益的，可以通过外商投资企业投诉工作机制申请协调解决，还可以依法申请行政复议、提起行政诉讼。外商投资企业可以依法成立和自愿参加商会、协会。商会、协会依照法律法规和章程的规定开展相关活动，维护会员的合法权益。

15.2.3 投资管理制度

我国对外商投资确立了"准入前国民待遇＋负面清单管理"制度，在市场准入和投资管

理方面，主要包括以下内容。

（1）负面清单管理。准入负面清单规定禁止投资的领域，外国投资者不得投资；限制投资的领域，外国投资者进行投资应当符合负面清单规定的条件。外商投资准入负面清单以外的领域，按照内外资一致的原则实施管理。相关的规定有：《外商投资项目核准和备案管理办法》（国发〔2014〕12号）、《政府核准的投资项目目录》（国发〔2016〕72号）和《外商投资产业指导目录（2017年修订）》等。

（2）项目核准与备案。外商投资项目的核准备案制度、外商投资企业的组织形式、组织机构及其活动准则，适用《中华人民共和国公司法》《中华人民共和国合伙企业法》等法律的规定。外商投资企业开展生产经营活动，应当遵守法律、行政法规有关劳动保护、社会保险的规定，依照法律、行政法规和国家有关规定办理税收、会计、外汇等事宜，并接受相关主管部门依法实施的监督检查。外国投资者并购中国境内企业或者以其他方式参与经营者集中的，应当依照《中华人民共和国反垄断法》的规定接受经营者集中审查。

（3）信息报告。外国投资者或者外商投资企业应当通过企业登记系统以及企业信用信息公示系统向商务主管部门报送投资信息。外商投资信息报告的内容和范围按照确有必要的原则确定；通过部门信息共享能够获得的投资信息，不得再行要求报送。

（4）安全审查。对影响或者可能影响国家安全的外商投资须进行安全审查，依法作出的安全审查决定为最终决定。

（5）特殊监管措施。基于国家利益和其他特殊考量，对一些特殊投资类型尚需特殊监管措施，包括：①部分外商投资项目需办理核准备案手续；②对依法需要取得许可的行业领域进行投资，应依法向相关行业主管部门办理许可手续；③涉及外商投资企业的税收、会计、外汇使用等事宜，仍需要有关部门监管、审批；④尤其是关系到国家公共利益的外汇自由转入、转出在短期内仍然需要受到国家外汇管理部门的强监管。

15.2.4　其他方面制度

任何国家或地区在投资方面对中国采取歧视性的禁止、限制或者其他类似措施的，我国可以根据实际情况对该国家或该地区采取相应的措施。

对外国投资者在中国境内投资银行业、证券业、保险业等金融行业，或者在证券市场、外汇市场等金融市场进行投资的管理，国家另有规定的，依照其规定。

15.3　违反外商投资法的法律责任

违反《外商投资法》的行为主要有以下类型，违法者须承担相应的法律责任。

1. 外国投资者违反准入负面清单规定的

（1）投资禁止投资领域的，由有关主管部门责令停止投资活动，限期处分股份、资产或者采取其他必要措施，恢复到实施投资前状态；有违法所得的，没收违法所得。

（2）投资限制性准入特别管理措施的，由有关主管部门责令限期改正，采取必要措施满足准入特别管理措施的要求；逾期不改正的，依照规定处理。外国投资者的投资活动违反外商投资准入负面清单规定的，除依照规定处理外，还应当依法承担相应的法律责任。

2. 外国投资者未按规定报送投资信息的

外国投资者、外商投资企业未按照外商投资信息报告制度要求报送投资信息的，由商务主管部门责令限期改正；逾期不改正的，处 10 万元以上 50 万元以下的罚款；对其违反法律、法规的行为，由有关部门依法查处，并按照国家有关规定纳入信用信息系统。

3. 行政机关工作人员违反相关规定的

行政机关工作人员在外商投资促进、保护和管理工作中滥用职权、玩忽职守、徇私舞弊的，或者泄露、非法向他人提供履行职责过程中知悉的商业秘密的，依法给予处分；构成犯罪的，依法追究刑事责任。

政府和有关部门及其工作人员依法依规追究责任的情形：①制定或者实施有关政策不依法平等对待外商投资企业和内资企业；②违法限制外商投资企业平等参与标准制定、修订工作，或者专门针对外商投资企业适用高于强制性标准的技术要求；③违法限制外国投资者汇入、汇出资金；④不履行向外国投资者、外商投资企业依法作出的政策承诺以及依法订立的各类合同，超出法定权限作出政策承诺，或者政策承诺的内容不符合法律、法规规定。

本章小结

- 《外商投资法》适用于在中国境内的外国投资者在中国境内进行的投资，主要包括四种情形。外商投资企业是有外国投资者的中国企业法人。
- 我国外商投资管理制度包括：投资促进制度、投资保护制度、投资管理制度、其他制度。
- 违反《外商投资法》的规定须承担相应的法律责任。

关键概念

外商投资法　外商投资　外商投资企业　投资促进　投资保护　投资管理制度

复习思考题

1. 什么是外商投资企业？外商投资有哪些形式？
2. 简述外商投资法与我国公司法的适用关系。
3. 简述外商投资促进制度、投资保护制度的具体内容。
4. 简述外商投资管理制度的具体内容。

【案例分析】

案例 1：2013 年，中国某公司与德国某公司就合资兴建一大酒店事宜，在草签协议基础上签订了正式合同。合同主要内容有：总投资额 5 000 万美元，其中注册资本为 1 500 万美元；中方拟占 80%，德方占 20%；分期交纳，第一期中方缴纳 240 万美元、德方缴纳 40 万美元，余下的出资额在营业执照签发之日起 4 个月内缴清；双方可在合资企业成立后以合资企业的名义贷款 200 万美元作为各自的出资，比例同上；合资各方利润及亏损分担的比例同出资比例，采用美元为记账本位币；对于合资企业合同的解释适用德国法律。

合资企业章程为：董事长由德方委派，副董事长可由德方或中方委派，董事会成员 7 人，注册资本的增减需经 2/3 以上董事同意才可通过。同年 7 月，中方合资者到审批机构报送文件，申请批准。提交的文件有：①设立合资企业的申请书；②由合资各方授权代表签署的合资企业协议、合同和章程；③由合资各方委派的合资企业董事长、董事人选名单。

试分析：（1）该合资企业的申请会获得批准吗？若能获得批准，则几个月内可获批准？若不能获得批准，请说出理由。（2）中方报送的文件齐全吗？若不齐全，请问还缺少什么？

案例 2： 某玩具厂为港商林某在中国设立的一家独资企业。林某在 2008 年 5 月取得了土地使用权证，期限与企业年限相同，均为 20 年。2012 年 8 月，林某的玩具厂濒临倒闭。林某便计划捞一笔后逃跑避债。8 月 20 日，林某在香港遇见打算到大陆投资办厂的华某，并向林某询问投资场所。林某说其正好有一玩具厂打算出让，该厂交通方便，因其要移民，故忍痛出让。华某实地察看后表示同意，双方遂在香港签订了转让合同。华某以 120 万港币买下林某大陆的玩具厂。林某负责了结现有债权债务。双方合同签订后，林某便结清了债权债务。最后除厂房、土地使用权外，已无任何实际财产剩余，华某觉得吃亏。林某说因该厂址地理位置好，土地增值快，绝对不吃亏，况且还有 8 年的土地使用权，仅这一项就值 120 万港币。华某听信后将 120 万港币中的 20 万给了林某，约定等批准过户后再付余款。林某拿到 20 万港币后逃之夭夭。而华某却遭到审批机关的拒绝，认为转让无效。华某不服，申请复议。

试分析： 市场监督管理部门为什么拒绝了华某的申请？简要说明理由。

第 16 章 会计及审计法律制度

【学习目标】

学完本章后,你应该能够:
- 知晓会计法的概念、适用范围、基本原则;
- 理解会计、审计核算的方法与程序;
- 领会审计法的概念、审计监督的原则;
- 了解违反会计法及审计法的行为应承担的法律责任。

16.1 会计法律制度

16.1.1 会计法概述

1. 会计法的概念

会计是以货币为主要计量单位,通过记账、算账、报账、用账等手段,核算和分析各企业、各有关单位的经济活动和财务开支,反映和监督经济过程及其成果的一种活动,其基本职能是进行会计核算和会计监督。会计具有连续性、系统性和全面性的特点。

会计法概念,有广义和狭义之分。狭义的会计法是指 1985 年通过,后经 1993 年修正、1999 年修订、2017 年修正的《中华人民共和国会计法》(以下简称《会计法》),它是调整会计关系的基本法。2019 年 10 月 21 日,财政部公布了《中华人民共和国会计法修订草案(征求意见稿)》。会计法草案包括总则、会计核算、会计监督、会计机构和会计人员、法律责任、附则共 6 章 60 条。

广义的会计法,即会计法律体系,它包括《会计法》在内的一系列调整会计关系的法律、法规和行政规章,包括:《中华人民共和国注册会计师法》(1993 年通过,2014 年修正)、《总会计师条例》(1990 年发布,2011 年修订)、《企业财务通则》、《企业会计准则——基本准则》和《政府会计准则——基本准则》等。我国会计法律制度已形成一体两翼的格局,即《会计法》统领《企业会计准则——基本准则》和《政府会计准则——基本准则》以及与这两个基本准则相应的具体会计准则。

2. 立法宗旨及适用范围

《会计法》立法宗旨:①规范会计行为,保证会计资料真实、完整;②加强经济管理和财务管理,提高经济效益,维护社会主义市场经济秩序。

《会计法》适用范围:凡在国家机关、企业、事业单位、社会团体和其他组织(以下统称单位）应当依照该法开展会计工作；个体工商户会计管理的具体办法，由国务院财政部门根据该法的原则另行规定。

3. 会计法的基本原则

会计法确定了会计原则是指导、规范会计核算、内部会计监督等会计关系、会计活动的基本准则。

(1) 真实、完整性原则。会计法规定，各单位必须依法设置会计账簿，并保证其真实、完整。单位负责人对本单位的会计工作和会计资料的真实性、完整性负责。任何单位或者个人不得以任何方式授意、指使、强令会计机构、会计人员及相关人员伪造、变造、隐匿和故意销毁会计凭证、会计账簿和其他会计资料，篡改会计核算系统，提供虚假财务会计报告。真实、完整性原则是会计法的首要原则，是其他原则确立和实现的前提与基础。

(2) 合法性原则。会计法规定，所有单位应当依法开展会计工作；会计机构、会计人员依法进行会计核算，实行内部会计监督。

(3) 统一领导、分级管理原则。会计法规定，国务院财政部门主管全国的会计工作。县级以上地方各级人民政府财政部门管理本行政区域内的会计工作。

(4) 制度统一性原则。会计法规定，国家实行统一的会计制度，由国务院财政部门依法制定。国务院有关部门对会计核算和内部会计监督有特殊要求的行业，可制定实施国家统一的会计制度的具体办法或者补充规定，报国务院财政部门审核批准。

中央军事委员会对中国人民解放军和中国人民武装警察部队，可制定实施国家统一的会计制度的具体办法，报国务院财政部门备案。

16.1.2 会计核算

1. 会计核算的概念

会计核算是会计的基本职能之一。会计核算有广义和狭义之分。广义的会计核算是对单位的经济活动全过程的核算。狭义的会计核算是指以货币为主要计量单位，通过专门的程序和方法，对单位的经济活动和财务收支情况进行审核和计算。《会计法》中所规定的会计核算，是指狭义的会计核算，即事后的会计核算。

《会计法》规定，单位应当根据实际发生的经济业务事项进行会计核算，填制或者取得会计凭证，登记会计账簿，编制财务会计报告。任何单位不得以虚假的经济业务事项或者资料进行会计核算。

2. 会计核算的范围

《会计法》规定，下列经济业务事项，应当办理会计手续，进行会计核算：①资产、负债、净资产的增减变动；②收入、支出、费用的增减变动；③财务成果的计算和处理；④需要办理会计手续、进行会计核算的其他事项。

单位应当根据实际发生的经济业务事项，按照国家统一的会计制度对会计要素进行确认、计量、记录和报告；不得随意改变会计要素的确认标准或者计量方法，不得虚列、不列、多列、少列以及推迟或者提前确认会计要素。

3. 会计年度、记账本位币及文字

会计年度是指在会计工作中，为总结国家机关、企业、事业单位等组织的财务收支和业务成果所确定的以年为单位的起讫期间。会计年度通常与财政年度一致。《会计法》规定，会计年度自公历1月1日起至12月31日止,采用"历年制"。会计年度与国民经济计划年度、财政年度保持一致,有利于国民经济宏观管理。

会计核算以人民币为记账本位币。业务收支以人民币以外的货币为主的单位,可以选定其中一种货币作为记账本位币,但是编报的财务会计报告应当折算为人民币。

会计记录的文字应使用中文。在民族自治地方,会计记录可同时使用当地通用民族文字。在中国境内的外商投资企业、外国企业和其他外国组织的会计记录可以同时使用外国文字。

4. 会计核算方法及程序

会计核算方法是指对会计对象进行连续、系统、全面的记录、反映和监督所应用的方法;会计核算的程序,是指从会计凭证的整理、填制、传递,到登记账簿、编制财务会计报告的一系列工作过程。

1) 基本要求

会计核算的基本要求是:会计凭证、会计账簿、财务会计报告和其他会计资料,可以为纸质或者电子形式,其内容、格式等应当符合国家统一的会计制度的规定。任何单位或者个人不得伪造、变造、隐匿和故意销毁会计凭证、会计账簿和其他会计资料,不得提供虚假的财务会计报告。

2) 编制和审核会计凭证

《会计法》规定,会计凭证包括原始凭证和记账凭证。会计法对原始凭证的要求有:①办理会计核算范围的经济业务事项,必须填制或者取得原始凭证并及时送交会计机构。②会计机构、会计人员应当依据会计法和国家统一的会计制度的规定,审核原始凭证和相关资料,或者在会计核算系统中设置必要的审核程序,并根据经过审核的原始凭证及有关资料编制记账凭证。

3) 会计账簿登记

会计账簿包括总账、明细账、日记账和其他辅助性账簿。会计账簿登记、更正,应当以经过审核的会计凭证为依据,并符合本法和国家统一的会计制度的规定。单位发生的各项经济业务事项应当通过依法设置的会计账簿统一登记、核算,不得违反会计法和国家统一的会计制度的规定,私设会计账簿。

4) 会计账簿定期核对

单位应当定期将会计账簿记录与实物、款项及有关资料相互核对,保证会计账簿记录与实物及款项的实有数额相符、会计账簿记录与会计凭证的有关内容相符、会计账簿之间相对应的记录相符、会计账簿记录与财务会计报告的有关内容相符。

5) 正确编制财务会计报告

(1) 财务会计报告的概念。财务会计报告是指单位对外提供的反映本单位某一特定日期财务状况和某一会计期间经营成果、现金流量的文件。它可分为:企业财务会计报告、政府会计主体的财务报告和决算报告、民间非营利组织财务会计报告,以及其他会计主体的财务会计报告。

(2) 财务会计报告的编制要求。单位应当根据经过审核的会计账簿和有关资料编制财务会计报告,并要符合会计法和国家统一的会计制度关于财务会计报告的编制要求、提供对象和提供期限的规定。向不同的会计资料使用者提供的同一会计期间的财务会计报告,其编制依据应当一致。有关法律、行政法规规定财务会计报告须经会计师事务所审计的，注册会计师及其所在的会计师事务所出具的审计报告应当随同财务会计报告一并提供。

财务会计报告应当由单位负责人和主管会计工作的负责人、会计机构负责人（会计主管人员）签名并加盖单位公章。单位负责人应当保证财务会计报告真实、完整。

5. 会计处理方法

《会计法》规定，单位采用的会计处理方法，前后各期应当一致，不得随意变更；确有必要变更的，应当按照国家统一的会计制度的规定办理。

单位利用电子会计凭证进行会计核算的，应当保证电子会计凭证的生成、传输、存储安全、可靠，对电子会计凭证的任何篡改能够被发现，且在会计核算系统中设置必要的程序，防止电子会计凭证重复入账。

单位利用纸质会计凭证的电子影像件等电子副本文件进行会计核算的，应当确保纸质会计凭证的电子副本文件及会计核算系统符合前款关于利用电子会计凭证进行核算的有关要求，并建立纸质会计凭证与其电子副本文件的检索关系。

6. 会计档案制度

单位对会计凭证、会计账簿、财务会计报告和其他会计资料应当建立档案并妥善保管。会计档案的管理办法，由国务院财政部门会同有关部门制定。

16.1.3 会计监督

1. 会计监督概述

会计监督是指会计机构、会计人员依照法律的规定，通过会计手续对经济活动的合法性、合理性和有效性进行的一种监督。通过会计监督可防止会计核算中的差错、遗漏，保证会计数字的真实、准确和完整；可以随时发现财务收支和资金运用中的问题、经验，保证合理、有效地运用资金；可以防止各种违反制度规定的财务收支，避免损失浪费。

会计监督是会计工作的一项重要职能，是我国经济监督体系的重要组成部分。会计法草案从"三位一体"的会计监督体系出发，提出了完善单位内部会计监督和财政部门会计监督的范围；破解会计监管难题，明确了政府业务监管与政府会计监督的基本关系以及相应的处理方法；从保障会计师事务所的社会监督权力的角度，增加单位或个人不得干扰、阻挠会计师事务所正常开展工作的规定。

2. 会计监督体系

1）单位内部会计监督

单位应当加强内部会计监督，通过内部控制、内部审计等手段，确保会计凭证、会计账簿、财务会计报告和其他会计资料真实、完整。

单位建立与实施内部控制，应当符合下列要求：①加强内部控制的组织领导，强化全体员工的职业道德教育和业务培训，构建良好的内部控制环境；②明确各岗位职责权限，规范业务流程，确保各项经济业务事项的决策、执行、监督等岗位相互分离、相互制约；③明确对发现的经济业务事项和会计事项中的重大风险、重大舞弊的报告程序及其处置办法；④建立内部控制的监督评价制度，明确定期监督评价的程序，并确保实施监督评价的部门具有相对的独立性；⑤有效利用内部控制的监督评价结果，不断改进和加强内部控制。

单位负责人对本单位内部控制的建立健全和有效实施负责，应保证会计机构、会计人员依法履行职责,不得授意、指使、强令会计机构、会计人员违法办理会计事项。会计机构、会计人员对违反会计法和国家统一的会计制度规定的会计事项,有权拒绝办理或者按照职权予以纠正。

会计机构、会计人员发现会计账簿记录与实物、款项及有关资料不相符的,按照国家统一的会计制度的规定有权自行处理的,应当及时处理;无权处理的,应当立即向单位负责人报告,请求查明原因,作出处理。

2)社会会计监督

会计工作的社会监督,主要包括以下方面。

(1)注册会计师及其所在的会计师事务所依法对受托单位的经济活动进行审计、鉴证活动。有关法律、行政法规规定,须经会计师事务所进行审计的单位,应当向受委托的会计师事务所如实提供会计凭证、会计账簿、财务会计报告和其他会计资料以及有关情况。任何单位或者个人不得干扰、阻挠注册会计师及其所在的会计师事务所正常开展工作,不得以任何方式要求或者示意注册会计师及其所在的会计师事务所出具不实或者不当的审计报告。

财政部门有权对会计师事务所出具审计报告的程序和内容进行监督。

(2)任何单位和个人对违反会计法和国家统一的会计制度规定的行为,都可检举。收到检举的部门有权处理的,应当依法按照职责分工及时处理;无权处理的,应当告知检举人或者移送有权处理的部门处理。收到检举的部门、负责处理的部门应当为检举人保密,不得以任何方式泄露检举人个人信息或者检举材料。

3)国家会计监督

会计工作的国家监督是指财政部门等国家机关代表国家对各单位及相关人员的会计行为实施监督、检查和违法制裁,属外部会计监督。

财政部门对单位的下列情况实施监督:①是否依法设置会计账簿;②会计凭证、会计账簿、财务会计报告和其他会计资料是否真实、完整;③会计核算是否符合会计法和国家统一的会计制度的规定;④会计信息化工作是否符合会计法和国家统一的会计制度的规定;⑤内部控制是否符合会计法和国家统一的会计制度的规定;⑥代理记账业务活动是否符合会计法和国家统一的会计制度的规定;⑦其他需要进行监督的会计事项。

在对第②项所列事项实施监督,发现重大违法嫌疑时,县级以上人民政府财政部门,可以向与被监督单位有经济业务往来的单位和被监督单位开立账户的金融机构查询有关情况。财政部门有证据证明被监督单位以个人名义存储单位资金的,经县级以上人民政府财政部门主要负责人批准,有权查询被监督单位以个人名义在金融机构的存款、理财产品、提供对外融资等与资金相关的账户。有关单位和金融机构应当予以配合。

国务院财政部门派出机构,按照既定职责和授权履行会计监督检查职责。

国家有关部门在依照法律、行政法规规定的职责,对单位进行监督检查时,可以依法查阅、利用会计资料,发现单位或者个人存在违反本法及国家统一的会计制度规定的行为的,依照法定职权范围,有权处理的,应当将处理结果告知财政部门;无权处理的,应当移交同级财政部门处理。

国家有关部门及其工作人员对在查阅、利用会计资料的过程中知悉的国家秘密和商业秘密负有保密义务;已经作出的检查结论能够满足其他部门履行本部门职责需要的,其他部门应当加以利用,避免重复查账。

单位应当依照有关法律、行政法规的规定,接受国家有关部门依法实施的监督检查,如实提供会计凭证、会计账簿、财务会计报告和其他会计资料以及有关情况,不得拒绝、拖延、隐匿、故意销毁、谎报。

16.1.4　会计机构及会计人员

1. 会计机构和会计人员的设置

《会计法》规定,单位应当根据会计业务的需要,设置会计机构,或者在有关机构中设置会计人员并指定会计主管人员,或者委托经批准从事代理记账业务的中介机构代理记账,或者采取国务院财政部门认可的其他方式组织本单位的会计工作。代理记账是指经批准的机构接受其他单位委托,代为办理会计业务事项,其管理办法由国务院财政部门制定。国有独资和国有资本占控股地位或者主导地位的大、中型企业应当设置总会计师。总会计师的任职资格、任免程序、职责权限由国务院规定。

2. 会计稽核制度

《会计法》规定,会计机构内部应当建立稽核制度,出纳人员不得兼任稽核、会计档案保管和收入、支出、费用、债权债务账目的登记工作。

3. 会计人员的条件和要求

会计人员是指在单位从事会计核算和内部会计监督等相关工作的人员,具体范围由国务院财政部门规定。从事会计工作的人员,应当具备从事会计工作所需要的专业能力。会计机构负责人(会计主管人员)应当具备会计师以上专业技术职务资格,或者具有会计专业知识背景并从事会计工作3年以上经历。对单位财务负责人、会计机构负责人(会计主管人员)实行备案制度,具体办法由国务院财政部门规定。

会计人员应当遵守职业道德,提高专业能力。对会计人员的诚信管理和教育培训工作应当加强。因有提供虚假或者隐瞒重要事实的财务会计报告,伪造、变造、隐匿或者故意销毁会计凭证、会计账簿、财务会计报告和其他具有保存价值的会计资料,贪污、挪用单位资金,职务侵占等与会计职务有关的违法行为被依法追究刑事责任的人员,不得再从事会计工作。

会计人员调动工作或者离职,应当与接管人员办清交接手续。一般会计人员办理交接手续,由会计机构负责人(会计主管人员)监交;会计机构负责人(会计主管人员)办理交接手续,由单位负责人监交,必要时主管单位可以派人会同监交。

4. 会计人员的职权和权利

根据《会计法》的相关规定,单位内部会计工作人员具有以下的职权和权利。

(1) 会计监督权。会计机构、会计人员依法进行会计核算,实行会计监督,具有:①对不真实、不合法原始凭证的处理权;②对违法行为的拒绝和纠正权;③对违反法律和会计制度行为的自行处理权;④对违反法律和会计制度行为的检举权。

(2) 获得奖励的权利。对认真执行本法,忠于职守,坚持原则,做出显著成绩的会计人员,给予精神的或者物质的奖励。

(3) 名誉和职务级别恢复权。对依法履行职责、抵制违反会计法规定行为的会计人员及相关人员以降级、撤职、调离工作岗位、解聘或者开除等方式实施打击报复,由县级以上人民政府财政部门责令限期改正,单位应当恢复其名誉和原有职务、级别,并对造成的损失依法承担赔偿责任。

5. 对会计行业协会的规定

依法成立的会计人员、会计中介服务机构的自律组织，应当切实维护行业利益和会员合法权益，建立健全守信激励与失信惩戒相结合的会员执业诚信管理制度，引导和督促会员遵照本法和国家统一的会计制度开展会计工作。

会计人员、会计中介服务机构的自律组织应当接受与其登记管理机构同级的财政部门的指导和监督。

16.1.5　违反会计法的法律责任

违反《会计法》应承担法律责任的主体包括单位、单位负责人、其他直接责任人员、会计人员、有关国家机关工作人员及其他有关人员。不同主体的不同程度违法行为，须承担相应的民事责任、行政责任和刑事责任。

1. 不依法进行会计管理、核算和监督

根据《会计法》，违反此项规定的情形有：①未按照规定填制、取得原始凭证或者填制、取得的原始凭证不符合规定的；②以未经审核的会计凭证为依据登记会计账簿或者登记会计账簿不符合规定的；③随意变更会计处理方法的；④未按照规定使用会计记录的文字或者记账本位币的；⑤未按照规定保管会计资料，致使会计资料毁损、灭失的；⑥未按照规定设置会计账簿或者设置会计账簿不符合规定的；⑦采用的会计处理方法不符合规定，导致会计凭证、会计账簿、财务会计报告和其他会计资料严重失真的；⑧使用的会计核算系统、电子会计凭证、纸质会计凭证的影像件等不符合规定的；⑨未按照规定建立并实施单位内部控制的；⑩任用会计人员不符合会计法规定的；⑪干扰、限制、侵害总会计师法定职权的；⑫聘用个人或者未经批准的机构为本单位代理记账的；⑬干扰、阻挠注册会计师及其所在的会计师事务所正常开展工作，要求或者示意注册会计师及其所在的会计师事务所出具不实或者不当的审计报告的。

有违反以上规定行为之一的，由县级以上人民政府财政部门责令限期改正。会计人员有上述所列行为之一，情节严重的，5年内不得从事会计工作。

违反①～⑤项的，对单位处 3 万元以上 30 万元以下的罚款；对直接负责的主管人员和其他直接责任人员处 1 万元以上 10 万元以下的罚款；属于国家工作人员的，还可以由其所在单位或者有关单位依法给予行政处分。

违反⑥～⑬项的，对单位处 5 万元以上 50 万元以下的罚款；对单位负责人、直接负责的主管人员和其他直接责任人员处 1 万元以上 10 万元以下的罚款；属于国家工作人员的，还可以由其所在单位或者有关单位依法给予行政处分。

2. 提供虚假的原始凭证或私设会计账簿

提供虚假的原始凭证或者在规定的会计账簿之外私设会计账簿的，由县级以上人民政府财政部门责令限期改正，有违法所得的，责令限期退还或者没收违法所得，可以对单位处违法所得 1 倍以上 5 倍以下的罚款，但不得低于 5 万元，无违法所得的，可以对单位处 5 万元以上 50 万元以下的罚款；可以对单位负责人、直接负责的主管人员和其他直接责任人员处 3 万元以上 30 万元以下的罚款；属于国家工作人员的，还可以由其所在单位或者有关单位依法给予行政处分。会计人员有上述行为，情节严重的，5年内不得从事会计工作。

3. 伪造、变造、提供虚假或隐瞒重要事实会计资料

伪造、变造会计凭证、会计账簿，提供虚假或者隐瞒重要事实的财务会计报告，尚不构成犯罪的，由县级以上人民政府财政部门予以通报，有违法所得的，责令限期退还或没收违法所得，对单位处违法所得1倍以上5倍以下的罚款，但不得低于10万元，无违法所得的，对单位处10万元以上100万元以下的罚款；对单位负责人、直接负责的主管人员和其他直接责任人员，处5万元以上50万元以下的罚款；属于国家工作人员的，还应当由其所在单位或者有关单位依法给予撤职直至开除的行政处分；其中负有责任的会计人员，5年内不得从事会计工作。情节严重，构成犯罪的，依法追究刑事责任。

4. 隐匿或故意销毁会计资料

隐匿或者故意销毁依法应当保存的会计凭证、会计账簿、财务会计报告和其他会计资料，尚不构成犯罪的，由县级以上人民政府财政部门予以通报，有违法所得的，责令限期退还或没收违法所得，对单位处违法所得1倍以上5倍以下的罚款，但不得低于10万元，无违法所得的，对单位处10万元以上100万元以下的罚款；对单位负责人、直接负责的主管人员和其他直接责任人员处5万元以上50万元以下的罚款；属于国家工作人员的，还应当由其所在单位或者有关单位依法给予撤职直至开除的行政处分；其中负有责任的会计人员，5年内不得从事会计工作。情节严重，构成犯罪的，依法追究刑事责任。

此外，《会计法》还特别规定：会计人员及相关人员有上述四大类行为，在事前提出异议并有证据证明的，可以减轻或免除其责任。

5. 授意、指使、强令会计机构、会计人员及其他人员隐匿或故意销毁会计资料，以及伪造、变造、提供虚假或隐瞒重要会计资料

授意、指使、强令会计机构、会计人员及其他人员实施伪造、变造会计凭证、会计账簿，提供虚假或者隐瞒重要事实的财务会计报告，以及隐匿或者故意销毁依法应当保存的会计凭证、会计账簿、财务会计报告和其他会计资料，尚不构成犯罪，有违法所得的，责令限期退还或没收违法所得，对单位负责人和相关责任人员可以处违法所得1倍以上5倍以下的罚款，但不得低于5万元，无违法所得的，可以处5万元以上50万元以下的罚款；属于国家工作人员的，还应当由其所在单位或者有关单位依法给予降级、撤职、开除的行政处分；情节严重，构成犯罪的，依法追究刑事责任。

6. 对会计人员实施打击报复

对依法履行职责、抵制违反会计法规定行为的会计人员及相关人员以降级、撤职、调离工作岗位、解聘或者开除等方式实施打击报复，尚不构成犯罪的，由县级以上人民政府财政部门责令限期改正，对单位负责人和相关责任人员处5万元以上50万元以下的罚款；属于国家工作人员的，还应当由其所在单位或者有关单位依法给予行政处分；情节严重，构成犯罪的，依法追究刑事责任。对受打击报复的会计人员及相关人员，单位应当恢复其名誉和原有职务、级别，并对造成的损失依法承担赔偿责任。

7. 未取得代理记账资格的机构办理会计事项

未按规定取得代理记账资格的机构，接受其他单位委托代为办理会计事项的，由县级以上人民政府财政部门责令限期改正，情节严重或者逾期不改正，有违法所得的，没收其违法所得，对机构可以并处违法所得1倍以上5倍以下的罚款，但不得低于3万元；无违法所

的，对机构可以处 3 万元以上 15 万元以下的罚款；对机构负责人可以处 1 万元以上 10 万元以下的罚款。从事代理记账业务的机构违反会计法相关规定的，按照会计法规定处理；情节严重的，可以由县级以上人民政府财政部门吊销代理记账资格。

8. 其他违反《会计法》的法律责任

国家有关部门的工作人员在实施监督管理中滥用职权、玩忽职守、徇私舞弊或者泄露国家秘密、商业秘密，依法给予行政处分；情节严重，构成犯罪的，依法追究刑事责任。

泄露检举事项、检举受理情况以及与检举人相关信息的，由有关单位依法给予行政处分；情节严重，构成犯罪的，依法追究刑事责任。

单位违反规定，给利害关系人造成损失的，应当承担赔偿责任，单位能够证明其无过错的除外。从事代理记账业务的机构不能证明其无过错的，承担连带赔偿责任。

其他法律、行政法规另有规定的，依照其规定。

16.2 审计法律制度

16.2.1 审计与审计法概述

1. 审计的概念、特征及分类

审计是指审计机关依法独立检查被审计单位的会计凭证、会计账簿、财务会计报告以及其他与财政收支、财务收支有关的资料和资产，监督财政收支、财务收支真实、合法和效益的行为。

审计的特征有：①审计的主体是独立的国家审计机关或与被审计单位无直接利益关系的独立的第三方；②审计的对象是反映被审计单位各项经济活动的会计资料；③审计的目的是确认有关会计资料的真实性、合法性。审计报告结论，应向有关上级机关报告。

审计可分为三大类：①国家审计，也称政府审计，是指国家审计机关根据有关法律法规对国家机关、行政事业单位和国有企业执行政府预算收支的情况和会计资料实施检查审核、监督的专门性活动。其具有法定性、强制性，是国家实施的重要的经济监督。②社会审计，也称民间审计或事务所审计、独立审计，主要是指会计师事务所接受委托所实施的审计，其目的是进行经济鉴证和实施投资经营决策，具有强烈的企业自律性质，多属任意性审计。③内部审计，是指由本部门、单位内设的专职审计机构和人员，为纠错防弊、改善经营管理而实施的审计。在我国，内部审计是法定审计。

2. 审计法的概念

审计法是调整审计关系的法律规范的总称。狭义的审计法，是指《中华人民共和国审计法》这部法律。广义的审计法是指调整审计主体与被审计单位之间在审计过程中以及国家在管理审计工作过程中发生的审计关系的法律规范的总称。广义的审计法除《中华人民共和国审计法》这一法律外，还包括各种单行审计法规，以及调整审计关系的其他有关的各种法律规范。

我国现行的审计法是《中华人民共和国审计法》(1994 通过，2006 年修正) 及《中华人民共和国审计法实施条例》(1997 年通过，2010 年修订)（以下分别简称为《审计法》《审计法实施条例》)。该法分为总则、审计机关和审计人员、审计机关职责、审计机关权限、审计程序、法律责任、附则7章。

3. 审计法的适用范围

审计法的适用范围是指审计法的效力范围。我国《审计法》适用于：①国务院各部门；②地方各级人民政府及其各部门；③国有的金融机构；④国有企业、事业组织；⑤其他依照《审计法》规定应当接受审计的单位。审计机关对上述机关和单位的财政收支或者财务收支的真实、合法和效益，依法进行审计监督。

4. 审计法的基本原则

审计监督有以下基本原则。

(1) 依法审计原则。审计机关依照法律规定的职权和程序，进行审计监督。审计机关依据有关财政收支、财务收支的法律、法规和国家其他有关规定进行审计评价，在法定职权范围内作出审计决定。而对违反国家规定的财政收支、财务收支行为，在法定职权范围内，依照法律、行政法规的规定处理、处罚。

(2) 独立审计原则。审计机关在国务院总理领导下，依照法律规定独立行使审计监督权，不受其他行政机关、社会团体和个人的干涉；县级以上地方各级人民政府设立审计机关。地方各级审计机关依照法律规定独立行使审计监督权，对本级人民政府和上一级审计机关负责。

审计法规定，审计机关依照法律规定独立行使审计监督权，不受其他行政机关、社会团体和个人的干涉。同时在有关条款中规定了任何组织和个人不得拒绝、阻碍审计人员依法执行职务，不得打击报复审计人员，对报复陷害审计人员的要依法追究责任。

(3) 客观公正原则。审计法规定，审计机关和审计人员办理审计事项，应当客观公正，实事求是。审计机关和审计人员必须客观、公正的进行审计，不受他人干涉，也不得徇私枉法，确实做到维护审计的严肃性和权威性，充分发挥审计的检查监督作用。

(4) 保守秘密原则。审计法规定，审计机关和审计人员办理审计事项，应当保守秘密。审计机关及人员在审计过程中，不仅对审计计划方案，财政、财务收支计划，预算执行情况，决算执行情况，决算、财务报告以及与审计事项有关的资料等负有保密义务，而且对其在执行职务中知悉的国家秘密和被审计单位的商业秘密，负有保密的义务，不得泄露。

16.2.2 审计机关及审计人员

1. 审计机关的设立和领导体制

国务院设立审计署，在国务院总理领导下，主管全国的审计工作。审计长是审计署的行政首长。省、自治区、直辖市、设区的市、自治州、县、自治县、不设区的市、市辖区的人民政府的审计机关，分别在省长、自治区主席、市长、州长、县长、区长和上一级审计机关的领导下，负责本行政区域内的审计工作。

地方各级审计机关对本级人民政府和上一级审计机关负责并报告工作，审计业务以上级审计机关领导为主。审计机关根据工作需要，经本级人民政府批准，可以在其审计管辖范围内设立派出机构。派出机构根据审计机关的授权，依法进行审计工作。审计机关履行职责所必需的经费，应当列入财政预算，由本级人民政府予以保证。

2. 审计机关职责

1) 审计机关的审计范围

按照《审计法》的规定，审计机关的审计范围有：①对各级财政收支进行审计监督；②对国有金融机构的财务收支进行审计监督；③对国家建设项目预算进行审计监督；④对有关基金、资金的财务收支进行审计监督；⑤审计机关对国际组织和外国政府援助、贷款项目的财务收支，进行审计监督；⑥对其他法律、法规规定的事项进行审计监督；⑦对特定事项进行专项审计调查；⑧对相关责任人的审计监督。

另外，对国有资产占控股地位或者主导地位的企业的审计监督，国务院有专门规定。

2) 审计管辖

《审计法》规定，审计机关根据被审计单位的财政、财务隶属关系或者国有资产监督管理关系，确定审计管辖范围。审计机关之间对审计管辖范围有争议的，由其共同的上级审计机关确定。上级审计机关可以将其审计管辖范围内的审计事项，授权下级审计机关进行审计；上级审计机关对下级审计机关审计管辖范围内的重大审计事项，可以直接进行审计，但是应当防止不必要的重复审计。

3) 对内部审计、社会审计的指导

依法属于审计机关审计监督对象的单位，应当按照国家有关规定建立健全内部审计制度；其内部审计工作应当接受审计机关的业务指导和监督。社会审计机构审计的单位依法属于审计机关审计监督对象的，审计机关按照国务院的规定，有权对该社会审计机构出具的相关审计报告进行核查。

3. 审计机关权限

根据《审计法》的规定，审计机关的权限包括：

（1）有权要求被审计单位报送有关资料。审计机关有权要求被审计单位按照审计机关的规定提供预算或者财务收支计划、预算执行情况、决算、财务会计报告，运用电子计算机储存、处理的财政收支、财务收支电子数据和必要的电子计算机技术文档，在金融机构开立账户的情况，社会审计机构出具的审计报告，以及其他与财政收支或者财务收支有关的资料，被审计单位不得拒绝、拖延、谎报。被审计单位负责人对本单位提供的财务会计资料的真实性和完整性负责。

（2）有权检查被审计单位有关的资料和资产。审计机关进行审计时，有权检查被审计单位的会计凭证、会计账簿、财务会计报告和运用电子计算机管理财政收支、财务收支电子数据的系统，以及其他与财政收支、财务收支有关的资料和资产，被审计单位不得拒绝。

（3）有权向被审计单位和个人进行调查。审计机关进行审计时，有权就审计事项的有关问题向有关单位和个人进行调查，并取得有关证明材料。有关单位和个人应当支持、协助审计机关工作，如实向审计机关反映情况，提供有关证明材料。审计机关经县级以上人民政府审计机关负责人批准，有权查询被审计单位在金融机构的账户。审计机关有证据证明被审计单位以个人名义存储公款的，经县级以上人民政府审计机关主要负责人批准，有权查询被审计单位以个人名义在金融机构的存款。

（4）有权对被审计单位采取规定的措施。审计机关进行审计时，被审计单位不得转移、隐匿、篡改、毁弃会计凭证、会计账簿、财务会计报告以及其他与财政收支或者财务收支有关的资料，不得转移、隐匿所持有的违反国家规定取得的资产。

审计机关对被审计单位违反前款规定的行为，有权予以制止；必要时，经县级以上人民政府审计机关负责人批准，有权封存有关资料和违反国家规定取得的资产；对其中在金融机构的有关存款需要予以冻结的，应当向人民法院提出申请。审计机关对被审计单位正在进行的违反国家规定的财政收支、财务收支行为，有权予以制止；制止无效的，经县级以上人民政府审计机关负责人批准，通知财政部门和有关主管部门暂停拨付与违反国家规定的财政收支、财务收支行为直接有关的款项，已经拨付的，暂停使用。审计机关采取前两款规定的措施不得影响被审计单位合法的业务活动和生产经营活动。

(5) 有权向被审计单位上级主管部门提出建议。审计机关认为被审计单位所执行的上级主管部门有关财政收支、财务收支的规定与法律、行政法规相抵触的，应当建议有关主管部门纠正；有关主管部门不予纠正的，审计机关应当提请有权处理的机关依法处理。

(6) 有权通报或向社会公布审计结果。审计机关可以向政府有关部门通报或者向社会公布审计结果。审计机关通报或者公布审计结果，应当依法保守国家秘密和被审计单位的商业秘密，遵守国务院的有关规定。

(7) 可以提请相关部门协助。审计机关履行审计监督职责，可以提请公安、监察、财政、税务、海关、价格、市场监督管理等机关予以协助。

4. 审计人员的基本条件和要求

审计人员是具体承担并完成审计任务的国家工作人员。审计人员应当具备与其从事的审计工作相适应的专业知识和业务能力。审计人员在办理审计事项时，与被审计单位或者审计事项有利害关系的，应当回避。审计人员对其在执行职务中知悉的国家秘密和被审计单位的商业秘密，负有保密的义务。审计人员依法执行职务，受法律保护。任何组织和个人不得拒绝、阻碍审计人员依法履行职务，不得打击报复审计人员。

审计机关负责人依照法定程序任免。审计机关负责人没有违法失职或者其他不符合任职条件情况的，不得随意撤换。地方各级审计机关负责人的任免，应当事先征求上一级审计机关的意见。

16.2.3 审计程序

审计程序是指审计机关进行审计监督的必要步骤。《审计法》规定，审计机关依照法律规定的职权和程序，进行审计监督。

(1) 准备阶段（组成审计组）。主要工作是制订审计工作计划，确定审计事项和拟订审计工作方案。此阶段，审计机关要根据审计项目计划确定的审计事项组成审计组，并应当在实施审计3日前，向被审计单位送达审计通知书。被审计单位应当配合审计机关的工作，并提供必要的工作条件。

(2) 实施阶段（进行审计）。这是全部审计工作中的核心阶段，审计人员通过审查会计凭证、会计账簿、会计报表、查阅与审计事项有关的文件、资料，检查现金、实物、有价证券，向有关单位和个人调查等方式进行审计，并取得证明材料。为保证审计工作的顺利进行，审计人员向有关单位和个人进行调查时，应当出示审计人员的工作证件和审计通知书副本。

(3) 报告阶段（提出审计报告）。审计组对审计事项实施审计后，应向审计机关提出审计报告。审计报告报送审计机关前，应征求被审计对象的意见。被审计对象应当自接到审计组的审计报告之日起 10 日内,将其书面意见送交审计组,未提出书面意见的,视同无异议。审计组应当针对被审计单位提出的书面意见,进一步核实情况,对审计组的审计报告作出必要修改,连同被审计单位的书面意见一并报送审计机关。

(4) 审定和决定阶段(作出审计评价,出具审计意见书)。审计机关按照规定的程序对审计报告进行审议,并对被审计对象对审计组的审计报告提出的意见一并研究后,提出审计机关的审计报告;对违反国家规定的财政收支、财务收支行为,依法应当给予处理、处罚的,在法定职权范围内作出审计决定或者向有关主管机关提出处理、处罚的意见。审计机关应当将审计机关的审计报告和审计决定送达被审计单位和有关主管机关、单位。审计决定自送达之日起生效。

上级审计机关认为下级审计机关作出的审计决定违反国家有关规定的,可以责成下级审计机关予以变更或者撤销,必要时也可以直接作出变更或者撤销的决定。

被审计单位对审计机关作出的有关财务收支的审计决定不服的,可以依法申请行政复议或提起行政诉讼。被审计单位对审计机关作出的有关财政收支的审计决定不服的,可以提请审计机关的同级人民政府裁决,此裁决为最终决定。

16.2.4 内部审计与社会审计

1. 内部审计

《审计法》规定,依法属于审计机关审计监督对象的单位,应当按照国家有关规定建立健全内部审计制度;其内部审计工作应当接受审计机关的业务指导和监督。

根据审计署规定,内部审计是指对本单位及所属单位财政财务收支、经济活动、内部控制、风险管理实施独立、客观的监督、评价和建议,以促进单位完善治理、实现目标的活动。

内部审计是国家审计体系的组成部分。审计署于 1995 年发布了《关于内部审计工作的规定》,2003 年对其进行修改发布了《审计署关于内部审计工作的规定》。

1) 内部审计机构

内部审计机构是部门、单位专职经济监督的部门,是部门、单位内部控制制度的有机组成部分。其性质与会计检查机构的性质并不相同,因此,必须单独设立,并由本部门、单位主要领导人直接领导。

内部审计机构依照国家方针政策、财政经济法规和有关规章制度,对本部门、本单位及其所属单位的财政、财务收支及其经济效益,进行内部审计监督,独立行使内部审计职权,业务上受国家审计机关的指导,对本部门、本单位主要负责人负责并报告工作。

2) 内部审计的主要任务

内部审计机构对审计范围内的下列事项进行内部审计监督:①财务计划或者单位预算的执行和决算。②与财务收支有关的经济活动及其经济效益。③内部控制制度的健全、有效。④国家和单位资产的管理情况。⑤专项资金的提取、使用。⑥国家财经法纪的执行情况。⑦承包、租赁经营的有关审计事项。⑧所在单位领导人交办的和审计机关委托的其他审计事项。

3) 内部审计机构和审计人员的主要职权

主要职权有:①检查凭证、账表、决算、资金和财产,查阅有关的文件和资料。②参加有关会议。③对审计中的有关事项，进行调查并索取证明材料。④对正在进行的严重违反财经法纪、严重损失浪费行为，作出临时的制止决定。⑤对阻挠、破坏审计工作以及拒绝提供有关资料的，经单位领导人批准，可以采取必要的临时措施，并提出追究有关人员的责任的建议。⑥提出改进管理、提高效益的建议，以及纠正、处理违反财经法纪行为的意见。⑦对严重违反财经法纪和造成严重损失浪费的人员，提出追究责任的建议。⑧对审计工作中的重大事项，向对其进行指导的上级内部审计机构和审计机关反映。

2. 社会审计

1) 社会审计机构

社会审计是指由经审计机关审核批准成立的独立的审计事务所接受委托，对被审计单位的财务收支及有关的经济活动所进行的审计。审计事务所是依法独立承办审计查证和咨询服务的事业单位，实行有偿服务，自收自支，独立核算，依法纳税。《审计法》规定，审计事务所依照有关法律和国务院的规定，接受审计机关的指导、监督和管理。

2) 社会审计机构的主要业务

审计事务所接受国家机关、全民所有制企业事业单位、城乡集体经济组织和个人委托，承办下列业务：①财务收支、经济效益、经济责任的查证事项。②经济案件的鉴定事项。③注册资金的验证和年检。④基建工程预、决算的验证。⑤建账建制、资产评估、清理债权债务。⑥经济管理咨询服务。⑦培训审计、财务、会计和其他经济管理人员。⑧担任审计、会计咨询服务。

3) 社会审计机构的权限

国家机关委托审计事务所办理审计、查证、鉴定、验资等事项，应出具委托书或订立书面协议。国家机关可在自己职权范围内，授予审计事务所下列权限：①查阅与委托事项有关的账目、文件资料，核查资财。②参加与委托事项有关的会议。③向与委托事项有关的单位和个人进行调查和索取证明材料。

4) 社会审计工作的主要程序

其主要程序是：①接受委托，订立委托书或书面协议。②审计事务所的工作人员遇有下列情形之一的，应当实行回避，委托单位有权要求回避：与委托单位负责人和主管人员或者鉴定事项的当事人有近亲属关系的；有其他直接利害关系，可能影响公正办理委托事项的。③依照委托权限进行有关审计活动，并对在执行业务中取得和了解的资料情况按规定保守秘密。④提交报告，并对报告内容的正确性和合理性负责。承办审计机关委托的审计事项所提出的审计报告，应报送委托的审计机关审定。审计结论和决定由委托的审计机关作出。

5) 社会审计工作人员

审计事务所的工作人员包括：①经政府有关部门批准的事业编制内的人员。②聘请的离退休专业人员。③招收的劳动合同制人员。审计机关和其他党政机关的工作人员不得在审计事务所兼职。

16.2.5 违反审计法的法律责任

违反审计法的法律责任，是指在审计监督过程中，违反《审计法》及相关法律、法规的规定，依法应承担的法律后果。违反审计法的法律责任的承担者主要是被审计单位和有关的审计人员。法律责任的执行者有审计机关、被审计单位或其上级机关、监察机关、人民政府或有关主管部门及司法机关。法律责任形式主要适用行政处分、处罚和追究刑事责任等。

1. 被审计单位及有关人员的法律责任

（1）被审计单位违反本法规定，拒绝或者拖延提供与审计事项有关的资料的，或者提供的资料不真实、不完整的，或者拒绝、阻碍检查的，由审计机关责令改正，可以通报批评，给予警告；拒不改正的，依法追究责任。

（2）被审计单位违反本法规定，转移、隐匿、篡改、毁弃会计凭证、会计账簿、财务会计报告以及其他与财政收支、财务收支有关的资料，或者转移、隐匿所持有的违反国家规定取得的资产，审计机关认为对直接负责的主管人员和其他直接责任人员依法应当给予处分的，应当提出给予处分的建议，被审计单位或者其上级机关、监察机关应当依法及时作出决定，并将结果书面通知审计机关；构成犯罪的，依法追究刑事责任。

（3）对本级各部门和下级政府违反预算的行为或者其他违反国家规定的财政收支行为，审计机关、人民政府或者有关主管部门在法定职权范围内，依照法律、行政法规的规定，区别情况采取下列处理措施：①责令限期缴纳应当上缴的款项；②责令限期退还被侵占的国有资产；③责令限期退还违法所得；④责令按照国家统一的会计制度的有关规定进行处理；⑤其他处理措施。

（4）对被审计单位违反国家规定的财务收支行为，审计机关、人民政府或者有关主管部门在法定职权范围内，依照法律、行政法规的规定，区别情况采取前条规定的处理措施，并可以依法给予处罚。审计机关在法定职权范围内作出的审计决定，被审计单位应当执行。审计机关依法责令被审计单位上缴应当上缴的款项，被审计单位拒不执行的，审计机关应当通报有关主管部门，有关主管部门应当依照有关法律、行政法规的规定予以扣缴或者采取其他处理措施，并将结果书面通知审计机关。被审计单位对审计机关作出的有关财务收支的审计决定不服的，可以依法申请行政复议或者提起行政诉讼。被审计单位对审计机关作出的有关财政收支的审计决定不服的，可以提请审计机关的本级人民政府裁决，本级人民政府的裁决为最终决定。

（5）被审计单位的财政收支、财务收支违反国家规定，审计机关认为对直接负责的主管人员和其他直接责任人员依法应当给予处分的，应当提出给予处分的建议，被审计单位或者其上级机关、监察机关应当依法及时作出决定，并将结果书面通知审计机关。被审计单位的财政收支、财务收支违反法律、行政法规的规定，构成犯罪的，依法追究刑事责任。

报复陷害审计人员的，依法给予处分；构成犯罪的，依法追究刑事责任。

2. 审计人员的法律责任

审计人员滥用职权、徇私舞弊、玩忽职守或者泄露所知悉的国家秘密、商业秘密的，依法给予处分；构成犯罪的，依法追究刑事责任。

本 章 小 结

- 会计法有广义和狭义之分，狭义的是指《会计法》；广义的即会计法律体系，

> 包括《会计法》在内的一系列调整会计关系的法律、法规和行政规章。
> ● 会计法的基本原则主要有：真实、完整性原则；合法性原则；统一领导、分级管理原则；制度统一性原则。
> ● 会计核算是会计的基本职能之一。会计法规定的会计核算是事后的会计核算。
> ● 会计监督是会计工作的一项重要职能，是我国经济监督体系的重要组成部分。"三位一体"的会计监督体系包括：单位内部会计监督、社会会计监督和国家会计监督。
> ● 单位应根据会计业务的需要，设置会计机构、会计人员并指定会计主管人员，或者委托中介机构代理记账，或采取其他方式组织本单位的会计工作。
> ● 单位内部会计工作人员具有会计监督权、获得奖励的权利、名誉和职务级别恢复权。
> ● 违反《会计法》应承担相应的法律责任。不同主体的不同程度违法行为，须承担相应的民事责任、行政责任和刑事责任。
> ● 审计法是调整审计关系的法律规范的总称。它有广义和狭义之分，狭义是指《审计法》。审计监督的基本原则：依法审计、独立审计、客观公正、保守秘密原则。
> ● 审计机关依照《审计法》规定的职权和程序，进行审计监督。审计程序包括：准备阶段、实施阶段、报告阶段、审定和决定阶段。
> ● 违反审计法承担法律责任的主要是被审计单位和有关的审计人员。法律责任形式主要适用行政处分、处罚和追究刑事责任等。

关键概念

会计法　会计核算　财务会计报告　会计监督　会计机构　会计人员　代理记账业务　审计法　审计机关　审计监督　审计方法　审计程序　社会审计　单位内部审计

复习思考题

1. 对会计核算总的要求是什么？
2. 简述"三位一体"的会计监督体系。
3. 从事会计工作的人员应具备哪些资格条件？
4. 会计人员的职权和权利有哪些？
5. 审计机关有哪些权限？
6. 简述审计的方法及程序。
7. 违反《会计法》《审计法》的法律责任有哪些？

【案例分析】

案例1：2020年3月，某有限责任公司出纳员王某在审查原始凭证时，发现业务员李某提供的住宿费发票和张某提供的购货发票存在问题：李某的住宿费发票大小写金额不一致；

张某提供的购买办公用品的发票经审查是伪造的发票。王某应如何处理？

试分析：王某应如何处理？简要说明理由。

案例2：2019年，A公司因经营管理不善业绩出现滑坡，需向银行贷款。A公司的主要负责人张三便要求公司的财务负责人李四对该年度的财务数据进行调整，增加企业利润以树立公司良好形象。李四组织公司会计人员王五以虚做营业额、隐瞒费用和成本开支等方法调整了公司财务数据。A公司根据调整后的财务资料，于2020年3月贷款成功。

试分析：(1) 哪些当事人存在何种违法行为？其违反了哪些会计职业道德要求？(2) 哪些单位或部门可以对相关当事人进行何种处理？简要说明理由。

案例3：某国有企业董事长王某，为降低经营成本，提高效率，上任后对公司财务部门的人员及相关制度进行调整，以原总会计师赵某不具备本科学历为由免去其职务，任命本科刚毕业一年的会计专业陈某为财务负责人，聘用会计专业本科毕业的孙某任会计兼出纳。

试分析：本案中王某的行为违反了《会计法》哪些规定？

案例4：2019年4月，某市财政局执法检查时发现：A小型企业为节省开支，只任用了王某、张某两名会计（均已取得会计师职称）。单位负责人贾某指定王某为会计主管人员，负责登记总账，编制财务会计报告和稽核工作；指定张某担任出纳工作，兼记日记账、各种明细账和会计档案的保管。张某在贾某的授意下，将收到的下脚料销售款5万元另行存放不入账，以便贾某日常应酬。王某发现后向上级主管部门举报，上级部门将检举材料一并转给A企业，责令其自行纠正。贾某遂以工作需要为由，将王某调离会计工作岗位，另外聘用经济管理专业的应届毕业生李某担任会计主管。李某因经验不足使得该单位会计管理混乱，会计处理方法随意改变，会计核算中时有多报、漏记的会计差错发生，并仍秉承贾某的意图，私设小金库。

试分析：(1) 本案中的哪些行为违反了《会计法》的规定？(2) 财政部门和有关部门对A企业违反会计法的行为应如何处理？简要说明理由。

案例5：A县审计局对本县的B国有制药厂进行财务审计，最终作出了B制药厂某些经济活动会计记载不真实的审计结论，并作出了相应的审计处理决定，包括对B药厂处以罚款10万元。A县政府在得知情况后，以B制药厂是本县的利税大户为由，要求审计局取消对制药厂的处罚。审计局予以拒绝。于是A县政府宣布免去审计局局长的职务，并任命了新的局长。

试分析：A县政府的做法是否违反了《审计法》的规定？简要说明理由。

第4编 宏观经济调控法

第17章 税收法律制度

【学习目标】

学完本章后,你应该能够:
- 知晓税法的概念、分类及构成;
- 理解增值税、企业所得税和个人所得税的概念及构成;
- 理解税务管理、税款征收及税务检查;
- 了解违反税法的行为及法律责任。

17.1 税法概述

17.1.1 税收与税法

1. 税收的概念、特征

税收是国家为了实现其职能的需要,凭借政治权力,按照国家法律规定的标准,强制、无偿、固定地取得财政收入的一种分配关系。

税收的基本特征如下。①强制性。国家依据法律规定,强制地征收税赋。任何单位和个人,只要是税法规定应该的纳税主体,都必须无条件、按时足额地缴纳税款,履行纳税义务,否则就要受到法律制裁。税收的强制性是国家无偿取得财政收入的有力保证。②无偿性。国家依法征收税款后,不再直接偿还给各纳税人,也不向其支付任何报酬或交换,是一种无偿取得。③固定性。这是指国家按照法律规定,将每种税的纳税范围、标准和环节等预先确定下来,在一定时期内要求国家税务机关及纳税人共同遵守,不得随意变动,以确保国家财政收入的稳定。

2. 税法的概念

税法是调整国家与纳税人之间征收与缴纳税款权利、义务关系的法律规范的总称。它是国家税务机关向纳税人征税的法律依据,也是纳税人履行纳税义务的准则。

税法和税收的关系密不可分,二者是一种经济内容与法律形式的关系。税收作为社会经济关系,是税法的实质内容;税法作为特殊的行为规范,是税收的法律形式。

17.1.2 税法的分类

1. 按税法内容分类

按照内容的不同,税法分为税收实体法、税收程序法、税收处罚法和税务行政法。

(1) 税收实体法，是指规定税收法律关系主体的实体权利与义务的法律规范的总称。其主要内容包括：纳税主体、征税客体、计税依据、税目、税率、减税免税等，是国家向纳税人行使征税权和纳税人负担纳税义务的要件。税收实体法直接影响到国家与纳税人之间权利、义务的分配，是税法的核心部分，没有税收实体法，税法体系就不能成立。例如，我国《中华人民共和国企业所得税法》《中华人民共和国个人所得税法》（以下分别简称《企业所得税法》《个人所得税法》）就属于税收实体法。

(2) 税收程序法，是税收实体法的对称，是规定国家税务机关税务征管、纳税程序方面的法律规范的总称。其内容包括税务登记、纳税鉴定、纳税申报、税款征收、税务检查、违章处理等。税收程序法是如何具体实施税法的规定，是税法体系的基本组成部分。例如，《中华人民共和国税收征收管理法》（以下简称《税收征收管理法》）就属于税收程序法。

(3) 税收处罚法，是对税收活动中违法犯罪行为进行处罚的法律规范的总称。我国税收处罚法由四部分构成：一是刑法中对税收犯罪行为的刑事罚则；二是最高司法机关对税收犯罪作出的司法解释和规定；三是《税收征收管理法》中"法律责任"对税收违法行为的行政处罚规定；四是有关单行税法和其他法规中有关税收违法处罚的规定。

(4) 税务行政法，是规定国家税务行政组织的规范性法律文件的总称。其内容一般包括：税务机关的职责范围、人员编制、经费来源；各级各类税务机关设立、变更和撤销的程序，它们之间的相互关系以及与其他国家机关的关系等。从一定意义上讲，税务行政法也是税务行政组织法。

2. 按税法效力分类

按照效力的不同，税法可分为税收法律、税收法规和税收规章。例如，在我国现行税法体系中，《企业所得税法》《个人所得税法》《税收征收管理法》等属于税收法律；《中华人民共和国企业所得税法实施条例》《中华人民共和国个人所得税法实施条例》《中华人民共和国税收征收管理法实施细则》（以下分别简称《企业所得税法实施条例》《个人所得税法实施条例》《税收征收管理法实施细则》）等属于税收法规；《税务行政复议规则》《涉税专业服务监管办法（试行）》等属于税收规章。

17.1.3 税法的构成

税法的构成是税收法律规范的内部构成。从基本内容来看，税法的构成要素一般包括税收主体、纳税客体、税种、税目及税率、纳税环节、纳税期限、纳税地点、税收优惠和法律责任。

1. 税收主体

税收主体是指税法规定享有权利和承担义务的当事人，即税法权利义务关系的承担者。它又可分为税收征税权主体和纳税权主体两类。

税收征税权主体是代表国家行使税收管理权的各级征税机关，在我国，具体部门有税务部门、财政部门和海关。纳税权主体，也称纳税人，是依法负有纳税义务或代扣代缴、代收代缴税款义务的社会组织和个人。

2. 纳税客体

纳税客体，又称征税对象，是指对什么征税，即税法确定的产生纳税义务的标的或依据，包括物和行为。它是从质的方面对征税的规定，是征税的直接依据。如流转税的征税对象是商品销售额或服务业的业务额。

计税依据，又称税基，是指征税如何计量，即计算征税对象应纳税款的直接数量。计税依据是课税对象的量的表现，其数额与税额成正比例，计税依据的数额越多，应纳税额也越多，课税对象同计税依据有密切的关系。计税依据的类型有：从价计征、从量计征及从量从价复合计征。

有些税的课税对象和计税依据是一致的，如所得税中的应税所得额既是课税对象，又是计税依据；有些税的课税对象和计税依据是不一致的，如房产税的课税对象是房产，它的计税依据则是房产的价值或租金。

3. 税种、税目及税率

税种即税收种类，是指征收什么税。目前，我国税收按课税对象不同可分为流转税类、所得税类、财产税类、资源税类和行为税五大类，每一大类又可分为若干个具体税种。如流转税类包括增值税、消费税等。

税目是指各税种中具体规定的应纳税的项目，是征税对象的具体化，反映征税的范围和广度，是对课税对象质的界定。哪些产品或者项目应该纳税，都由税目明确规定，凡列入税目的就要纳税；未列入税目的就不纳税。如我国消费税共设置了香烟、酒类产品、成品油等15个税目，在其中的3个税目下又设置了13个子目，列举了25个征税项目。

税率是指纳税额与征税对象数额的比例。税率是计算应纳税额的尺度，计税依据与税率的乘积等于应纳税额。所以，计税依据一定时，税率越高，应纳税额就越大。税率决定着纳税人的税收负担，关系到国家的税收收入，所以税率是税收制度的中心环节，税率的高低直接体现出税收的经济杠杆作用。现行的税率有比例税率、累进税率和定额税率。

4. 纳税环节

纳税环节是指商品在整个流转过程中，国家对其课税的具体环节。例如，消费税的纳税环节一般为产制环节（金银首饰、钻石及其饰品除外，其纳税环节为零售环节），即生产企业销售应税消费品就要缴纳消费税。

5. 纳税期限

纳税期限是指税法规定交纳税款的具体期限。超过规定的期限，纳税人会受到一定的处罚。纳税期限一般分为按期纳税、按次纳税。例如，增值税的税法规定，纳税人销售货物或者应税劳务，其纳税义务发生的时间为收讫销售款或者取得索取销售款凭据的当天。

6. 纳税地点

纳税纳税地点是指纳税人申报、缴纳税款的场所。税法明确规定纳税地点，有两个方面的考虑：一方面是为了避免对统一应税收入、应税行为重复征税或漏征税款；另一方面是为了保证各地方财政能在明确的地域范围内取得收入。

7. 税收优惠

税收优惠是指国家为了体现鼓励和扶持政策，在税收方面采取的激励和照顾措施。目前，我国税法规定的税收优惠形式主要包括减税、免税、退税、投资抵免、快速折旧、亏损结转抵补和延期纳税等。例如，2020年2月6日发布的《财政部 税务总局关于支持新型冠状病毒感染的肺炎疫情防控有关个人所得税政策的公告》（2020年第10号），等等。

8. 法律责任

法律责任是税法规定的纳税人和征税工作人员违反税法规范应当承担的法律后果，是对纳税人和征税工作人员违反税法的行为采取的惩罚措施。如我国《税收征收管理法》规定，对于纳税人偷税的，由税务机关追缴其不缴或者少缴的税款、滞纳金，并处不缴或者少缴的税款50%以上5倍以下的罚款。

17.2 中国现行的主要税法种类

现行的税收实体法主要有增值税法、消费税法、企业所得税法和个人所得税法等18种。

17.2.1 增值税法

1. 增值税的概念

增值税是以增值额为计税依据的税种。增值额是指一定时期内劳动者在生产过程中新创造的价值额。根据对外购固定资产所含税金扣除方式的不同，增值税可分为生产型、收入型和消费型三种类型。目前世界上140多个实行增值税的国家中，绝大多数国家实行消费型增值税。1994年税制改革后，我国开始实行生产型增值税；2009年1月1日起，我国增值税转型转变为消费型增值税。

2019年11月27日，财政部公布了《中华人民共和国增值税法（征求意见稿）》，这标志着作为我国第一大税种的增值税立法迈出实质性步伐，也是落实税收法定的关键一步。

2. 增值税的主要内容

1）纳税人

凡在中国境内发生增值税应税交易且销售额达到起征点的单位和个人，以及进口货物的收货人，为增值税的纳税人。应税交易是指销售货物、服务、无形资产、不动产和金融商品。销售货物、不动产、金融商品，是指有偿转让货物、不动产、金融商品的所有权。销售服务是指有偿提供服务。销售无形资产是指有偿转让无形资产的所有权或者使用权。进口货物是指货物的起运地在境外，目的地在境内。

增值税起征点为季销售额30万元。销售额未达到增值税起征点的单位和个人，不是增值税的纳税人，但可以自愿选择依法缴纳增值税。

2）征税范围

在境内销售货物、服务、无形资产、不动产和金融商品，以及进口货物。

3）税率和征收率

增值税实行13%、9%、6%和零税率四档税率；征收率为3%。

(1) 税率为13%，适用于绝大多数销售货物，销售加工修理修配、有形动产租赁服务，进口货物（另有规定的除外）。

(2) 税率为9%，适用于销售交通运输、邮政、基础电信、建筑、不动产租赁服务，销售不动产，转让土地使用权，销售或者进口下列四大类货物（另有规定的除外）：①农产品、食用植物油、食用盐；②自来水、暖气、冷气、热水、煤气、石油液化气、天然气、二甲醚、沼气、居民用煤炭制品；③图书、报纸、杂志、音像制品、电子出版物；④饲料、化肥、农药、农机、农膜。

(3) 税率为6%，适用于销售服务、无形资产、金融商品（另有规定的除外）。

(4) 零税率,适用于纳税人出口货物(国务院另有规定的除外),境内单位和个人跨境销售国务院规定范围内的服务、无形资产。

4) 税额计算

发生应税交易,应纳税额的计算可按照一般计税方法计算缴纳增值税,国务院规定适用简易计税方法的除外。增值税为价外税,应税交易的计税价格不包括增值税额。

(1) 一般计税方法。这是指按照销项税额抵扣进项税额后的余额计算应纳税额。

$$应纳税额 = 当期销项税额 - 当期进项税额$$

当期进项税额大于当期销项税额的,差额部分可以结转下期继续抵扣;或者予以退还,具体办法由国务院财政、税务主管部门制定。进项税额应当凭合法有效凭证抵扣。

① 销项税额,是指纳税人发生应税交易,按照销售额乘以规定的税率计算的增值税额。销项税额计算公式:

$$销项税额 = 销售额 \times 税率$$

销售额,是指纳税人发生应税交易取得的与之相关的对价,包括全部货币或者非货币形式的经济利益,不包括按照一般计税方法计算的销项税额和按照简易计税方法计算的应纳税额。国务院规定可以差额计算销售额的,从其规定。视同发生应税交易以及销售额为非货币形式的,按照市场公允价格确定销售额。销售额以人民币计算。纳税人以人民币以外的货币结算销售额的,应当折合成人民币计算。纳税人销售额明显偏低或者偏高且不具有合理商业目的的,税务机关有权按照合理的方法核定其销售额。

② 进项税额,是指纳税人购进的与应税交易相关的货物、服务、无形资产、不动产和金融商品支付或者负担的增值税额。

不得从销项税额中抵扣的情形:用于简易计税方法计税项目、免征增值税项目、集体福利或者个人消费的购进货物、服务、无形资产、不动产和金融商品对应的进项税额,其中涉及的固定资产、无形资产和不动产,仅指专用于上述项目的固定资产、无形资产和不动产;非正常损失项目对应的进项税额;购进并直接用于消费的餐饮服务、居民日常服务和娱乐服务对应的进项税额;购进贷款服务对应的进项税额;国务院规定的其他进项税额。

(2) 简易计税方法。简易计税方法的应纳税额,是指按照当期销售额和征收率计算的增值税额,不得抵扣进项税额。应纳税额计算公式:

$$应纳税额 = 当期销售额 \times 征收率$$

(3) 纳税人进口货物,按照组成计税价格和适用税率计算应纳税额。组成计税价格和应纳税额计算公式:

$$组成计税价格 = 关税计税价格 + 关税 + 消费税$$
$$应纳税额 = 组成计税价格 \times 税率$$

关税计税价格中不包括服务贸易相关的对价。

纳税人按照国务院规定可以选择简易计税方法的,计税方法一经选择,36 个月内不得变更。发生适用不同税率或者征收率的应税交易,应当分别核算适用不同税率或者征收率的销售额;未分别核算的,从高适用税率。一项应税交易涉及两个以上税率或者征收率的,从主适用税率或者征收率。

中国境外单位和个人在境内发生应税交易，以购买方为扣缴义务人。国务院另有规定的，从其规定。应扣缴税额计算公式：

$$应扣缴税额 = 销售额 \times 税率$$

5）税收优惠

增值税法规定，对农业生产者销售的自产农产品等 14 种项目予以免征；对存款利息收入等 5 种视为非应税交易的项目不征收增值税。此外，根据国民经济和社会发展的需要，或者由于突发事件等原因对纳税人经营活动产生重大影响的，国务院可以制定增值税专项优惠政策，报全国人民代表大会常务委员会备案。

纳税人兼营增值税减税、免税项目的，应当单独核算增值税减税、免税项目的销售额；未单独核算的项目，不得减税、免税；发生应税交易适用减税、免税规定的，可以选择放弃减税、免税，依照规定缴纳增值税。同时适用两个以上减税、免税项目的，可以分不同减税、免税项目选择放弃。放弃的减税、免税项目 36 个月内不得再减税、免税。

6）纳税义务发生时间

（1）发生应税交易，纳税义务发生时间为收讫销售款项或者取得索取销售款项凭据的当天；先开具发票的，为开具发票的当天。

（2）视同发生应税交易，纳税义务发生时间为视同发生应税交易完成的当天。

（3）进口货物，纳税义务发生时间为进入关境的当天。

增值税扣缴义务发生时间为纳税人增值税纳税义务发生的当天。

7）纳税地点

（1）有固定生产经营场所的纳税人，应当向其机构所在地或者居住地主管税务机关申报纳税。总机构和分支机构不在同一县（市）的，应当分别向各自所在地的主管税务机关申报纳税；经国务院财政、税务主管部门或者其授权的财政、税务机关批准，可以由总机构汇总向总机构所在地的主管税务机关申报纳税。

（2）无固定生产经营场所的纳税人，应当向其应税交易发生地主管税务机关申报纳税；未申报纳税的，由其机构所在地或者居住地主管税务机关补征税款。

（3）自然人提供建筑服务，销售或者租赁不动产，转让自然资源使用权，应当向建筑服务发生地、不动产所在地、自然资源所在地主管税务机关申报纳税。

（4）进口货物的纳税人，应当向报关地海关申报纳税。

（5）扣缴义务人，应当向其机构所在地或者居住地主管税务机关申报缴纳扣缴的税款。

8）纳税期限

纳税期限分别为 10 日、15 日、1 个月、1 个季度或者半年。进口货物，应当自海关填发海关进口增值税专用缴款书之日起 15 日内缴纳税款。

具体计税期间由主管税务机关根据纳税人应纳税额的大小，分别核定。以半年为计税期间的规定不适用于按照一般计税方法计税的纳税人。自然人不能按照固定计税期间纳税的，可以按次纳税。以 1 个月、1 个季度或者半年为一个计税期间的，自期满之日起 15 日内申报纳税；以 10 日或者 15 日为一个计税期间的，自期满之日起 5 日内预缴税款，于次月 1 日起 15 日内申报纳税并结清上月应纳税款。

扣缴义务人解缴税款的计税期间和申报纳税期限，依照上述规定执行。

17.2.2 消费税法

消费税是中国1994年税制改革时设置的税种,是在对货物普遍征收增值税的基础上,选择少数消费品再征收的一个税种,主要是为了调节产品结构,引导消费方向,保证国家财政收入。消费税实行价内税,在应税消费品的生产、委托加工和进口以及销售环节缴纳。

2019年12月3日,财政部、国家税务总局发布《中华人民共和国消费税法(征求意见稿)》并向社会公开征求意见。它根据征收环节变化,统一调整了纳税人范围表述,同时在消费税法中设置衔接性条款,设置了对消费税税率的授权条款。

1) 纳税人

在中国境内销售、委托加工和进口应税消费品的单位和个人,为消费税的纳税人,应当依法规定缴纳消费税。纳税人自用未对外销售应税消费品,应当依法规定缴纳消费税。

2) 征税对象与税目

消费税征税对象是销售、委托加工和进口应税消费品。共有15个税目:烟,酒,鞭炮、焰火,化妆品,成品油,贵重首饰及珠宝玉石,高尔夫球及球具,高档手表,游艇,木制一次性筷子,实木地板,汽车轮胎,摩托车,小汽车,电池、涂料等,有的税目还进一步划分若干子目。

3) 税率

消费税采用比例税率、定额税率征收。比例税率最低为1%,最高为56%。黄酒、啤酒以及成品油等适用于定额税率。消费税的税目、税率和征收环节,依照《消费税税目税率表》执行。根据宏观调控需要,国务院可以调整消费税的税率,报全国人民代表大会常务委员会备案。

4) 计税依据

消费税的计税依据为销售额,即纳税人销售应税消费品向购买方收取的全部价款和价外费用。由于消费税实行价内税,其计税依据为含有消费税税金但不含增值税税金的商品销售额。

5) 应纳税额计算

消费税实行从价计税、从量计税,或者从价和从量复合计税的办法计算应纳税额。应纳税额计算公式:

$$从价计税的应纳税额 = 销售额 \times 比例税率$$
$$从量计税的应纳税额 = 销售数量 \times 定额税率$$
$$复合计税的应纳税额 = 销售额 \times 比例税率 + 销售数量 \times 定额税率$$

6) 计税价格

纳税人兼营不同税率的应税消费品,应当分别核算不同税率应税消费品的销售额、销售数量;未分别核算销售额、销售数量,或者将不同税率的应税消费品组成成套消费品销售的,从高适用税率。

销售额是指纳税人销售应税消费品取得的与之相关的对价,包括全部货币或者非货币形式的经济利益。纳税人销售的应税消费品,以人民币计算销售额。纳税人以人民币以外的货币结算销售额的,应当折合成人民币计算。

(1) 纳税人自用未对外销售的应税消费品，按照纳税人销售的同类消费品的销售价格计算纳税；没有同类消费品销售价格的，按照组成计税价格计算纳税。

实行从价计税办法，纳税的组成计税价格计算公式：

$$组成计税价格＝（成本＋利润）/（1－比例税率）$$

实行复合计税办法，纳税的其组成计税价格计算公式：

$$组成计税价格＝（成本＋利润＋自用数量×定额税率）/（1－比例税率）$$

(2) 委托加工的应税消费品，按照受托方的同类消费品的销售价格计算纳税；没有同类消费品销售价格的，按照组成计税价格计算纳税。

实行从价计税办法，纳税的组成计税价格计算公式：

$$组成计税价格＝（材料成本＋加工费）/（1－比例税率）$$

实行复合计税办法，纳税的组成计税价格计算公式：

$$组成计税价格＝（材料成本＋加工费＋委托加工数量×定额税率）/（1－比例税率）$$

(3) 进口的应税消费品，按照组成计税价格计算纳税。

实行从价计税办法，纳税的组成计税价格计算公式：

$$组成计税价格＝（关税计税价格＋关税）/（1－消费税比例税率）$$

实行复合计税办法，纳税的组成计税价格计算公式：

$$组成计税价格＝（关税计税价格＋关税＋进口数量×消费税定额税率）/（1－消费税比例税率）$$

纳税人申报的应税消费品的计税价格和数量明显偏低且不具有合理商业目的的，税务机关、海关有权核定其计税价格和数量。

7) 抵扣政策与税收减免

委托加工收回的应税消费品，委托方用于连续生产应税消费品的；外购的应税消费品用于连续生产应税消费品，符合10项抵扣情形的，所纳消费税税款准予按规定抵扣。纳税人应凭合法有效凭证抵扣消费税。

纳税人出口应税消费品，免征消费税；国务院另有规定的除外。根据国民经济和社会发展需要，国务院可以规定免征或减征消费税，报全国人民代表大会常务委员会备案。

8) 纳税义务发生时间

(1) 纳税人销售应税消费品，纳税义务发生时间为收讫销售款项或者取得索取销售款项凭据的当天；先开具发票的，为开具发票的当天。

(2) 委托加工应税消费品，除受托方为个人外，由受托方在向委托方交货时代收代缴税款，纳税义务发生时间为受托方向委托方交货的当天。

(3) 未对外销售，自用应税消费品纳税义务发生时间为移送货物的当天。

(4) 进口应税消费品，纳税义务发生时间为进入关境的当天。

9) 纳税地点

(1) 纳税人销售应税消费品的，以及自用应税消费品的，除国务院财政、税务主管部门另有规定外，应当向纳税人机构所在地或者居住地的主管税务机关申报纳税。

(2) 委托加工应税消费品的，除受托方为个人外，由受托方向机构所在地的主管税务机关解缴消费税税款。

(3) 进口应税消费品的，应当向报关地海关申报纳税。

10) 纳税期限

纳税期限分别为 10 日、15 日、1 个月、1 个季度或者半年。进口应税消费品，应当自海关填发海关进口消费税专用缴款书之日起 15 日内缴纳税款。

具体计税期间由主管税务机关根据纳税人应纳税额的大小分别核定；不能按照固定计税期间纳税的，可以按次纳税。以 1 个月、1 个季度或者半年为一个计税期间的，自期满之日起 15 日内申报纳税；以 10 日或者 15 日为一个计税期间的，自期满之日起 5 日内预缴税款，于次月 1 日起 15 日内申报纳税并结清上月应纳税款。

扣缴义务人解缴税款的计税期间和申报纳税期限，依照上述规定执行。

17.2.3 企业所得税法

企业所得税法是调整国家与企业及其他组织之间所得税税收关系的法律规范体系。我国现行规范企业所得税的法律法规是《企业所得税法》（2007 年 3 月 16 日通过，2017 年 2 月 24 日、2018 年 12 月 29 日两次修正）和《企业所得税法实施条例》（2007 年 11 月 28 日通过，2019 年 4 月 23 日修改）。新的企业所得税法统一适用于中国境内的内资企业和外商投资企业、外国企业。

(1) 纳税人。在中国境内，企业和其他取得收入的组织（以下统称企业）为企业所得税的纳税人，依照《企业所得税法》的规定缴纳企业所得税。但个人独资企业、合伙企业不适用该法。

按照国际惯例，依据登记注册地和实际管理机构相结合的标准，将纳税人分为居民企业和非居民企业。①居民企业，是指依法在中国境内成立，或者依照外国（地区）法律成立但实际管理机构在中国境内的企业。②非居民企业，是指依照外国（地区）法律成立且实际管理机构不在中国境内，但在中国境内设立机构、场所的，或者在中国境内未设立机构、场所，但有来源于中国境内所得的企业。实际管理机构，是指对企业的生产经营、人员、账务、财产等实施实质性全面管理和控制的机构。

(2) 征税对象。按照类别划分，包括以下项目：销售货物所得、提供劳务所得、转让财产所得、股息红利等权益性投资所得、利息所得、租金所得、特许权使用费所得、接受捐赠所得和其他所得。

居民企业承担全面（无限）纳税义务，应当就其来源于中国境内、境外的所得缴纳企业所得税。非居民企业负有限纳税义务，一般就其来源于中国境内的所得，以及发生在中国境外但与其在中国境内所设机构、场所有实际联系的所得，缴纳企业所得税。

来源于中国境内、境外的所得，按照以下原则确定：①销售货物所得，按照交易活动发生地确定；②提供劳务所得，按照劳务发生地确定；③转让财产所得，不动产转让所得按照不动产所在地确定，动产转让所得按照转让动产的企业或者机构、场所所在地确定，权益性投资资产转让所得按照被投资企业所在地确定；④股息、红利等权益性投资所得，按照分配所得的企业所在地确定；⑤利息所得、租金所得、特许权使用费所得，按照负担、支付所得的企业或者机构、场所所在地确定，或者按照负担、支付所得的个人的住所地确定；⑥其他所得，由国务院财政、税务主管部门确定。

(3) 计税依据。计税依据为应纳税所得额。企业应纳税所得额是指企业每一纳税年度的收入总额减去不征税收入、免税收入、各项扣除以及允许弥补的以前年度亏损后的余额。其计算公式为：

$$应纳税所得额＝收入总额－不征税收入－免税收入－准予扣除－以前年度亏损$$

企业应纳税所得额的计算，以权责发生制为原则，属于当期的收入和费用，不论款项是否收付，均作为当期的收入和费用；不属于当期的收入和费用，即使款项已经在当期收付，均不作为当期的收入和费用。另外，税法还规定，企业纳税年度发生的亏损，准予向以后年度结转，用以后年度的所得弥补，但结转年限最长不得超过5年。

(4) 税率。企业所得税的税率统一为25%。非居民企业在中国境内未设立机构、场所的，或者虽设立机构、场所但取得的所得与其所设机构、场所没有实际联系的，对其来源于中国境内的所得，适用税率为20%；但《企业所得税法实施条例》的规定，该项所得减按10%的税率征收。符合条件的小型微利企业，减按20%的税率征收。国家需要重点扶持的高新技术企业，减按15%的税率征收。

(5) 税收抵免。企业取得的下列所得已在境外缴纳的所得税税额，可以从其当期应纳税额中抵免，抵免限额为该项所得依法规定计算的应纳税额；超过抵免限额的部分，可以在以后5个年度内，用每年度抵免限额抵免当年应抵税额后的余额进行抵补：①居民企业来源于中国境外的应税所得；②非居民企业在中国境内设立机构、场所，取得发生在中国境外但与该机构、场所有实际联系的应税所得。

居民企业从其直接或者间接控制的外国企业分得的来源于中国境外的股息、红利等权益性投资收益，外国企业在境外实际缴纳的所得税税额中属于该项所得负担的部分，可以作为该居民企业的可抵免境外所得税税额，在法律规定的抵免限额内抵免。

(6) 应纳税额计算。企业应纳税额的计算公式为：

$$应纳税额＝应纳税所得额\times适用税率－减免税额－抵免税额$$

公式中的减免税额、抵免税额，是指按照《企业所得税法》和国务院的税收优惠规定减征、免征和抵免的应纳税额。

17.2.4 个人所得税法

个人所得税是对个人应税所得征收的一种税。它不分国籍，适用于在中国境内的中外国籍的个人。个人所得税由取得应税所得的个人直接承担，故对其实际收入和生活影响较大。确定个人应税所得额较为复杂，征管难度较大，因此，必须重视个人所得税法律制度。

个人所得税法是指调整个人所得税税收关系的法律规范系统。我国现行的个人所得税法主要是1980年颁布并于1993年、1999年、2005年、2007年、2011年和2018年先后7次修正的《个人所得税法》，以及国务院于1994年颁布并先后于2005年、2008年、2011年和2018年4次修订的《个人所得税法实施条例》。

从2019年起，我国首次建立了综合与分类相结合的个人所得税制。

1. 纳税人

个人所得税以所得人为纳税义务人，以支付所得的单位、个人为扣缴义务人。根据住所和居住时间，个人所得税的纳税人可分为：居民个人、非居民个人。

居民个人是指在中国境内有住所，或者无住所而一个纳税年度内在中国境内居住累计满183天的个人。非居民个人是指在中国境内无住所又不居住，或者无住所而一个纳税年度内在中国境内居住累计不满183天的个人。"在中国境内有住所"，是指因户籍、家庭、经济利益关系而在中国境内习惯性居住。"从中国境内和境外取得的所得"，分别是指来源于中国境内的所得和来源于中国境外的所得。"在境内居住累计满183天"，是指在一个纳税年度内在中国境内居住满183日。

在中国境内无住所且在中国境内居住的个人：①累计满183天的年度连续不满6年的，经向主管税务机关备案，其来源于中国境外且由境外单位或者个人支付的所得，免予缴纳个人所得税；②累计满183天的任一年度中有一次离境超过30天的，其在中国境内居住累计满183天的年度的连续年限重新起算。

在中国境内无住所的个人，在一个纳税年度内在中国境内居住累计不超过90天的，其来源于中国境内的所得，由境外雇主支付并且不由该雇主在中国境内的机构、场所负担的部分，免予缴纳个人所得税。

居民个人从中国境内、境外取得的全部所得，非居民个人从中国境内取得的所得，均须依法缴纳个人所得税。

2. 征税对象

征税对象为纳税人的各项个人所得，具体项目包括：①工资、薪金所得；②劳务报酬所得；③稿酬所得；④特许权使用费所得；⑤经营所得；⑥利息、股息、红利所得；⑦财产租赁所得；⑧财产转让所得；⑨偶然所得。

居民个人取得上述①～④项所得称为综合所得，按纳税年度合并计算个人所得税；非居民个人取得综合所得，按月（次）分项计算个人所得税。纳税人取得上述⑤～⑨项所得，依照税法规定分别计算个人所得税。

3. 计税依据

计税依据为个人的应纳税所得额。应纳税所得额等于纳税人应税项目的收入额减去税法规定的费用或扣除标准后的余额。我国现行的个人所得税采取分项确定、分类扣除，根据所得的不同情况分别实行定额、定率和会计核算三种扣除办法。

4. 税率

个人所得税实行超额累进税率与比例税率相结合的税率体系。

1) 综合所得适用的税率

综合所得包括工资、薪金所得，劳务报酬所得，稿酬所得和特许权使用费所得四项，适用七级超额累进税率，最低为3%，最高为45%，具体见表17-1。

表17-1 个人综合所得适用税率表

级数	全年应纳税所得额	税率	速算扣除数
1	不超过36 000元的	3%	0
2	超过36 000元至144 000元的部分	10%	2 520
3	超过144 000元至300 000元的部分	20%	16 920
4	超过300 000元至420 000元的部分	25%	31 920

续表

级数	全年应纳税所得额	税率	速算扣除数
5	超过 420 000 元至 660 000 元的部分	30%	52 920
6	超过 660 000 元至 960 000 元的部分	35%	85 920
7	超过 960 000 元的部分	45%	181 920

注：① 本表所称全年应纳税所得额是指依照《个人所得税法》第六条的规定，居民个人取得综合所得以每一纳税年度收入额减除费用 6 万元以及专项扣除、专项附加扣除和依法确定的其他扣除后的余额。

② 非居民个人取得工资、薪金所得，劳务报酬所得，稿酬所得和特许权使用费所得，依照本表按月换算后计算应纳税额。

2）经营所得适用的税率

经营所得是指：①个体工商户从事生产、经营活动取得的所得，个人独资企业投资人、合伙企业的个人合伙人来源于境内注册的个人独资企业、合伙企业生产、经营的所得；②个人依法从事办学、医疗、咨询以及其他有偿服务活动取得的所得；③个人对企业、事业单位承包经营、承租经营以及转包、转租取得的所得；④个人从事其他生产、经营活动取得的所得。

经营所得适用五级超额累进税率，最低为 5%，最高为 30%。具体见表 17-2。

表 17-2 个人经营所得税税率表

级数	全年应纳税所得额	税率	速算扣除数
1	不超过 30 000 元的	5%	0
2	超过 30 000 元至 90 000 元的部分	10%	1 500
3	超过 90 000 元至 300 000 元的部分	20%	10 500
4	超过 300 000 元至 500 000 元的部分	30%	40 500
5	超过 500 000 元的部分	35%	65 500

注：本表所称全年应纳税所得额是指依照本法第六条的规定，以每一纳税年度的收入总额减除成本、费用以及损失后的余额。

3）利息、股息、红利所得，财产租赁所得，财产转让所得和偶然所得

这些所得适用比例税率，税率为 20%。另外，对股票转让所得征收个人所得税的办法，由国务院另行规定，并报全国人民代表大会常务委员会备案。

5. 应纳税所得额

（1）居民个人的综合所得，以每一纳税年度的收入额减除费用 6 万元以及专项扣除、专项附加扣除和依法确定的其他扣除后的余额，为应纳税所得额。

应纳税所得额＝每一纳税年度的收入额－费用 6 万元－专项扣除－专项附加扣除－
依法确定的其他扣除

上式中，①专项扣除，包括居民个人按照国家规定的范围和标准缴纳的基本养老保险、基本医疗保险、失业保险等社会保险费和住房公积金等，即"三险一金"等。

②专项附加扣除，包括子女教育、继续教育、大病医疗、住房贷款利息或者住房租金、赡养老人等 6 项支出，具体范围、标准和实施步骤由国务院确定，并报全国人民代表大会常务委员会备案。

③依法确定的其他扣除,包括个人缴付符合国家规定的企业年金、职业年金,个人购买符合国家规定的商业健康保险、税收递延型商业养老保险的支出,以及国务院规定可以扣除的其他项目。

专项扣除、专项附加扣除和依法确定的其他扣除,以居民个人一个纳税年度的应纳税所得额为限额;一个纳税年度扣除不完的,不结转以后年度扣除。

(2) 非居民个人的工资、薪金所得,以每月收入额减除费用5 000元后的余额为应纳税所得额;劳务报酬所得、稿酬所得、特许权使用费所得,以每次收入额为应纳税所得额。

"每次"的确定:属于一次性收入的,以取得该项收入为一次;属于同一项目连续性收入的,以一个月内取得的收入为一次。

(3) 经营所得,以每一纳税年度的收入总额减除成本、费用以及损失后的余额,为应纳税所得额。

(4) 财产租赁所得,每次收入不超过4 000元的,减除费用800元;4 000元以上的,减除20%的费用,其余额为应纳税所得额。"每次"的确定:以一个月内取得的收入为一次。

(5) 财产转让所得,以转让财产的收入额减除财产原值和合理费用后的余额,为应纳税所得额。

(6) 利息、股息、红利所得和偶然所得,以每次收入额为应纳税所得额。"每次"的确定:支付利息、股息、红利时取得的收入为一次;偶然所得以每次取得该项收入为一次。

此外,劳务报酬所得、稿酬所得、特许权使用费所得以收入减除20%的费用后的余额为收入额。稿酬所得的收入额减按70%计算。

6. 应纳税额

综合所得、经营所得的个人所得税应纳税额为:

$$个人所得税应纳税额 = 应纳税所得额 \times 适用税率 - 速算扣除数$$

财产租赁、转让所得,利息、股息、红利所得和偶然所得的个人所得税应纳税额为:

$$个人所得税应纳税额 = 应纳税所得额 \times 适用税率(20\%)$$

《个人所得税法》规定,个人将其所得对教育、扶贫、济困等公益慈善事业进行捐赠,捐赠额未超过纳税人申报的应纳税所得额30%的部分,可以从其应纳税所得额中扣除;国务院规定对公益慈善事业捐赠实行全额税前扣除的,从其规定。

此外,居民个人从中国境外取得的所得,可以从其应纳税额中抵免已在境外缴纳的个人所得税税额,但抵免额不得超过该纳税人境外所得依法规定计算的应纳税额。

7. 减税、免税

依据税法规定,有下列情形之一的,可以减征个人所得税,具体幅度和期限,由省、自治区、直辖市人民政府规定,并报同级人民代表大会常务委员会备案:①残疾、孤老人员和烈属的所得;②因自然灾害遭受重大损失的。国务院可以规定其他减税情形,报全国人民代表大会常务委员会备案。

依据税法规定,免征个人所得税的法定情形有:①省级人民政府、国务院部委和中国人民解放军军以上单位,以及外国组织、国际组织颁发的科学、教育、技术、文化、卫生、体育、环境保护等方面的奖金;②国债和国家发行的金融债券利息;③按照国家统一规定发给的补贴、津贴;④福利费、抚恤金、救济金;⑤保险赔款;⑥军人的转业费、复员费、退役金；⑦按照国家统一规定发给干部、职工的安家费、退职费、基本养老金或者退休费、离休费、离休生活补助费；⑧依照有关法律规定应予免税的各国驻华使馆、领事馆的外交代表、领事官员和其他人员的所得；⑨中国政府参加的国际公约、签订的协议中规定免税的所得；⑩国务院规定的其他免税所得，由国务院报全国人民代表大会常务委员会备案。

17.3 税收征收管理法

税收征收管理法是税务机关对纳税人依法征收税款和进行税务监督管理的法律规范的总称。我国的《税收征收管理法》(1992年9月4日通过，1995年、2001年、2013年和2015年4月24日共4次修改)、《税收征收管理法实施细则》(2002年9月7日公布，2012年、2013年、2016年2月6日共3次修正)和各种实体税法中的征收征管条款构成了税收征收管理法的表现形式。

《税收征收管理法》立法目的是加强税收征收管理，规范税收征收和缴纳行为，保障国家税收收入，保护纳税人的合法权益，促进经济和社会发展。凡依法由税务机关征收的各种税收的征收管理，均适用《税收征收管理法》及其实施细则；税收征管法及其实施细则没有规定的，依照其他有关税收法律、行政法规的规定执行。

税务征收管理机关有国家税务总局地方税务局、地方财政局和海关。

17.3.1 税务管理

税务管理是指税务机关在办理税务登记、账簿和凭证管理、纳税申报过程中所进行的监督和检查。

1. 税务登记

税务登记又称纳税登记，是指纳税人根据税法规定就其设立、变更、终止等事项，向税务机关申请办理书面登记的法律手续。根据现行税收征收管理法律、法规，税务登记一般分为设立税务登记、变更税务登记和注销税务登记，其登记内容和程序各有不同。

从事生产、经营的纳税人（包括企业、企业在外地设立的分支机构和从事生产、经营的场所，个体工商户和从事生产、经营的事业单位）自领取营业执照之日起30日内，持有关证件，向税务机关申报办理税务登记。税务机关应当于收到申报的当日办理登记并发给税务登记证件。

税务登记证件既是纳税人的税务许可证件、权利证件，又是税务机关抽象的征税通知。纳税人应按照规定使用税务登记证件。纳税人在办理开立银行账户，申请减税、免税、退税、领购发票、外出经营活动税收管理证明等其他有关税务事项时，必须持有税务登记证件。纳税人应将税务登记证件正本在其生产、经营场所或者办公场所公开悬挂，接受税务机关检查。税务登记证件只限纳税人本人使用，不得转借、涂改、损毁、买卖或者伪造。

从事生产、经营的纳税人，税务登记内容发生变化的，自向市场监督管理机关申请办理变更登记之日起30日内或者在向市场监督管理机关申请办理注销登记之前，持有关证件向税务机关申报办理变更或者注销税务登记。

2014年6月4日，国务院提出"简化手续，缩短时限，鼓励探索实行工商营业执照、组织机构代码证和税务登记证'三证合一'登记制度"。2014年7月1日,湖北省发放了全国第一份"三证合一"证照。2015年8月13日,工商总局等6部门联合印发通知,要求加快推进"三证合一"登记制度改革,确保"三证合一、一照一码"登记模式如期实施。

2. 账簿、凭证管理

(1) 账簿、凭证管理。从事生产、经营的纳税人及扣缴义务人按照国务院财政、税务主管部门的规定设置账簿,根据合法、有效凭证记账,进行核算。从事生产、经营的纳税人的财务、会计制度或者财务、会计处理办法和会计核算软件,应当报送税务机关备案。

(2) 发票管理。税务机关是发票的主管机关,负责发票印制、领购、开具、取得、保管、缴销的管理和监督。单位、个人在购销商品、提供或者接受经营服务以及从事其他经营活动中,应当按照规定开具、使用、取得发票。增值税专用发票由国务院税务主管部门指定的企业印制;其他发票,按照国务院税务主管部门的规定,分别由省、自治区、直辖市国家税务局、地方税务局指定企业印制。未经规定的税务机关指定,不得印制发票。

3. 纳税申报

纳税申报,是指纳税人或者扣缴义务人必须在法定期限向税务机关报送纳税申报表、财务会计报表,代收代缴税款报告表以及税务机关根据实际需要要求纳税人或者扣缴义务人报送的其他纳税资料的法律行为。

纳税人、扣缴义务人,可以直接到税务机关办理纳税申报或者报送代扣代缴、代收代缴税款报告表,也可以按照规定采取邮寄、数据电文或者其他方式办理上述申报、报送事项;不能按期办理纳税申报或者报送代扣代缴、代收代缴税款报告表的,经税务机关核准,可以延期申报。经核准延期办理规定的申报、报送事项的,应当在纳税期内按照上期实际缴纳的税额或者税务机关核定的税额预缴税款,并在核准的延期内办理税款结算。

17.3.2 税款征收

1. 应纳税款核定

应纳税款核定是税务机关依照自己的职权,对纳税人的应纳税额在调查、测定的基础上依法确定的行为。

按照法律规定,纳税人有下列情形之一的,税务机关有权核定其应纳税额:①依法规定可以不设置账簿的;②依法规定应当设置账簿但未设置的;③擅自销毁账簿或者拒不提供纳税资料的;④虽设置账簿,但账目混乱或者成本资料、收入凭证、费用凭证残缺不全,难以查账的;⑤发生纳税义务,未按照规定的期限办理纳税申报,经税务机关责令限期申报,逾期仍不申报的;⑥纳税人申报的计税依据明显偏低,又无正当理由的。

此外,对未按照规定办理税务登记的从事生产、经营的纳税人以及临时从事经营的纳税人,由税务机关核定其应纳税额,责令缴纳;不缴纳的,税务机关可以扣押其价值相当于应纳税款的商品、货物。扣押后缴纳应纳税款的,税务机关必须立即解除扣押,并归还所扣押的商品、货物;扣押后仍不缴纳应纳税款的,经县以上税务局(分局)局长批准,依法拍卖或者变卖所扣押的商品、货物,以拍卖或者变卖所得抵缴税款。

税务机关核定应纳税额的具体程序和方法,由国务院税务主管部门规定。

2. 税款征收的方式

根据税收征收管理法及其实施细则的规定,税款征收的方式有查账征收、查定征收、查验征收、定期定额征收、代扣代缴和代收代缴。

3. 税收保全措施

税收保全措施，是指当纳税义务人或扣缴义务人未按规定的期限缴纳或解缴税款，纳税担保人未按规定的期限缴纳所担保的税款时，税务机关所采取的强制措施。

税务机关有根据认为从事生产、经营的纳税人有逃避纳税义务行为的，可以在规定的纳税期之前，责令限期缴纳应纳税款；在限期内发现纳税人有明显的转移、隐匿其应纳税的商品、货物以及其他财产或者应纳税人的收入迹象的，税务机关可以责令纳税人提供纳税担保。

如果纳税人不能提供担保的，经县以上税务局（分局）局长批准，税务机关可以采取下列税收保全措施：①书面通知纳税人开户银行或者其他金融机构，冻结纳税人的金额相当于应纳税款的存款；②扣押、查封纳税人的与应纳税款价值相当的商品、货物或者其他财产。

4. 强制执行措施

强制执行措施，是指税务机关在纳税人、扣缴义务人或者纳税担保人未按规定期限履行相应义务时，依法定程序强制其履行义务的行为。

强制执行措施的种类：①书面通知其开户银行或者其他金融机构从其存款中扣缴税款；②扣押、查封、拍卖或者变卖其与应纳税款价值相当的商品、货物或者其他财产，以拍卖或者变卖所得抵缴税款。税务机关采取强制执行措施时，对其未缴纳的滞纳金同时强制执行。个人及其所扶养家属维持生活必需的住房和用品，不在强制执行措施的范围之内。

5. 税款征收的优先权

税务机关征收税款优先于无担保债权，法律另有规定的除外；纳税人欠缴的税款发生在纳税人以其财产设定抵押、质押或者纳税人的财产被留置之前的，税收应当先于抵押权、质权、留置权执行。纳税人欠缴税款，同时又被行政机关决定处以罚款、没收违法所得的，税收优先于罚款、没收违法所得。税务机关应当对纳税人欠缴税款的情况定期予以公告。

纳税人有欠税情形而以其财产设定抵押、质押的，应当向抵押权人、质权人说明欠税情况。抵押权人可以请求税务机关提供有关的欠税情况。欠缴税款数额5万元以上的纳税人在处分其不动产或者大额资产之前，应当向税务机关报告。

6. 税款征收的代位权和撤销权

（1）税款征收的代位权，是指欠缴税款的纳税人因怠于行使到期债权，对国家税收造成损害的，税务机关可以依照合同法的相关规定，向人民法院请求以自己的名义代位行使纳税人的债权的权利。

（2）税款征收的撤销权，是指欠缴税款的纳税人有放弃到期债权、无偿转让财产、以明显不合理的低价转让财产而受让人知道该情形等行为，对国家税收造成损害的，税务机关可以依照合同法的相关规定，请求人民法院撤销纳税人行为的权利。

税务机关依法行使代位权、撤销权的，不免除欠缴税款的纳税人尚未履行的纳税义务和应承担的法律责任。

7. 税款的退还、补缴和追征

（1）税款的退还，是指对于纳税人多缴的税款，税务机关应依法返还给纳税人。《税收征收管理法》规定：纳税人超过应纳税额缴纳的税款，税务机关发现后应当立即退还；纳税人自结算缴纳税款之日起3年内发现的，可以向税务机关要求退还多缴的税款并加算银行同期存款利息，税务机关及时查实后应当立即退还；涉及从国库中退库的，依照法律、行政法规有关国库管理的规定退还。

（2）税款的补缴，是指因税务机关的责任致使纳税人、扣缴义务人未缴或者少缴税款的，税务机关在3年内可以要求其补缴，但不得加收滞纳金。

（3）税款的追征，是指因纳税人、扣缴义务人失误而未缴或者少缴税款的，税务机关在3年内可以追征税款、滞纳金；有特殊情况的，追征期可以延长到5年。

对偷税、抗税、骗税的，税务机关追征其未缴或者少缴的税款、滞纳金或者所骗取的税款，不受上述规定期限的限制。

8. 税款征收的滞纳金

纳税人、扣缴义务人应按照法律、法规的规定或者税务机关依法确定的期限，缴纳或者解缴税款。纳税人因有特殊困难，不能按期缴纳税款的，经省、自治区、直辖市国家税务局、地方税务局批准，可以延期缴纳税款，但是最长不得超过3个月。

纳税人未按照规定期限缴纳税款的，扣缴义务人未按照规定期限解缴税款的，税务机关除责令限期缴纳外，从滞纳税款之日起，按日加收滞纳税款万分之五的滞纳金。

17.3.3 税务检查

税务检查是税收征收管理的重要环节，是指税务机关依法对纳税人、扣缴义务人履行其义务的状况所进行的监督、审查。纳税人、扣缴义务人必须接受税务机关依法进行的税务检查，如实反映情况，提供有关资料，不得拒绝、隐瞒。税务机关依法进行税务检查时，有关部门和单位应当支持、协助，如实反映有关情况，提供有关资料及证明材料。

1）税务检查中税务机关的权利

（1）检查纳税人的账簿、记账凭证、报表和有关资料，检查扣缴义务人代扣代缴、代收代缴税款账簿、记账凭证和有关资料。

（2）到纳税人的生产、经营场所和货物存放地检查纳税人应纳税的商品、货物或者其他财产，检查扣缴义务人与代扣代缴、代收代缴税款有关的经营情况。

（3）责成纳税人、扣缴义务人提供与纳税或者代扣代缴、代收代缴税款有关的文件、证明材料和有关资料。

（4）询问纳税人、扣缴义务人与纳税或者代扣代缴、代收代缴税款有关的问题和情况。

（5）到车站、码头、机场、邮政企业及其分支机构检查纳税人托运、邮寄应纳税商品、货物或者其他财产的有关单据、凭证和有关资料。

（6）经县以上税务局（分局）局长批准，凭全国统一格式的检查存款账户许可证明，查询从事生产、经营的纳税人、扣缴义务人在银行或者其他金融机构的存款账户。

（7）税务机关在调查税收违法案件时，经设区的市、自治州以上税务局（分局）局长批准，可以查询案件涉嫌人员的储蓄存款。税务机关调查税务违法案件时，对与案件有关的情况和资料，可以记录、录音、录像、照相和复制。

（8）税务机关依法进行税务检查时，发现纳税人有逃避纳税义务行为，并有明显的转移、隐匿其应纳税的商品、货物以及其他财产或者应纳税的收入的迹象的，可以按照法律规定的批准权限采取税收保全措施或者强制执行措施。

2) 税务检查中税务机关的义务

(1) 税务机关经由查询所获得的资料，不得用于税收以外的用途。

(2) 税务检查的对象涉及被检查者的商业秘密，税务机关有责任为被检查人保守秘密。

(3) 税务机关派出的人员进行税务检查时，应当出示税务检查证和税务检查通知书；未出示税务检查证和税务检查通知书的，被检查人有权拒绝检查。

17.3.4 税务争议的处理

1. 对纳税争议的处理

纳税人、扣缴义务人、纳税担保人同税务机关在纳税上发生争议时，必须先依照税务机关的纳税决定缴纳或者解缴税款及滞纳金或者提供相应的担保，然后可以依法申请行政复议；对行政复议决定不服的，可以依法向人民法院起诉。

2. 当事人对处罚不服的处理

当事人对税务机关的处罚决定、强制执行措施或者税收保全措施不服的，可以依法申请行政复议，也可以依法向人民法院起诉。但当事人对税务机关的处罚决定逾期不申请行政复议，也不向人民法院起诉，又不履行的，作出处罚决定的税务机关可以依法采取强制执行措施，或者申请人民法院强制执行。

17.4 违反税法的法律责任

违反税法的法律责任，是指税收法律关系的主体因违反税法规定所应承担的法律后果，主要分为行政责任和刑事责任两种。

17.4.1 违反税务管理规定的法律责任

纳税人不按规定期限申报办理、变更或者注销登记的；不按规定设置、保管账簿或者保管记账凭证和有关资料的；不按规定将财务、会计制度或者财务、会计处理办法和会计核算软件报送税务机关备查的；不按规定将其全部银行账号向税务机关报告的；不按规定安装、使用税控装置，或者损毁或者擅自改动税控装置的，由税务机关责令限期改正，处2 000元以下的罚款；情节严重的，处2 000元以上1万元以下的罚款。

纳税人不办理税务登记的，由税务机关责令限期改正；逾期不改正的，经税务机关提请，由市场监督管理部门吊销其营业执照。纳税人不按规定使用税务登记证件，或者转借、涂改、损毁、买卖、伪造税务登记证件的，处2 000元以上1万元以下的罚款；情节严重的，处1万元以上5万元以下的罚款。纳税人、扣缴义务人逃避、拒绝或者以其他方式阻挠税务机关检查的，由税务机关责令改正，可以处1万元以下的罚款；情节严重的，处1万元以上5万元以下的罚款。

17.4.2 违反税款征收管理规定的法律责任

1. 违反纳税申报的法律责任

纳税人未按照规定的期限办理纳税申报和报送纳税资料的，由税务机关责令限期改正，可处 2 000 元以下的罚款;情节严重的,可处 2 000 元以上 1 万元以下的罚款。纳税人不进行纳税申报,不缴或者少缴应纳税款的,由税务机关追缴其不缴或者少缴的税款、滞纳金,并处不缴或者少缴税款 50% 以上 5 倍以下的罚款;构成犯罪的,依法追究刑事责任。

2. 偷税行为的法律责任

纳税人伪造、变造、隐匿、擅自销毁账簿、记账凭证,或者在账簿上多列支出或者不列、少列收入,或者经税务机关通知申报而拒不申报或者进行虚假的纳税申报,不缴或者少缴应纳税款的,是偷税。对纳税人偷税的,由税务机关追缴其不缴或者少缴的税款、滞纳金,并处不缴或者少缴的税款 50% 以上 5 倍以下的罚款;构成犯罪的,依法追究刑事责任。

3. 逃避追缴欠税的法律责任

纳税人欠缴应纳税款,采取转移或者隐匿财产的手段,妨碍税务机关追缴欠缴的税款的,由税务机关追缴欠缴的税款、滞纳金,并处欠缴税款 50% 以上 5 倍以下的罚款;构成犯罪的,依法追究刑事责任。

4. 骗取出口退税的法律责任

以假报出口或者其他欺骗手段,骗取国家出口退税款的,由税务机关追缴其骗取的退税款,并处骗取税款 1 倍以上 5 倍以下的罚款;构成犯罪的,依法追究刑事责任。此外,对骗取国家出口退税款的,税务机关可以在规定期间内停止为其办理出口退税。

5. 抗税的法律责任

以暴力、威胁方法拒不缴纳税款的,是抗税,除由税务机关追缴其拒缴的税款、滞纳金外,依法追究刑事责任。情节轻微,未构成犯罪的,由税务机关追缴其拒缴的税款、滞纳金,并处拒缴税款 1 倍以上 5 倍以下的罚款。

6. 逾期未缴纳税款的法律责任

纳税人在规定期限内不缴或者少缴应纳税款,经税务机关责令限期缴纳,逾期仍未缴纳的,税务机关除依法采取强制执行措施追缴其不缴或者少缴的税款外,可以处不缴或者少缴的税款 50% 以上 5 倍以下的罚款。

17.4.3 扣缴义务人的法律责任

依照税法规定,负有代扣代缴、代收代缴税款义务的扣缴义务人,其违法行为也应承担相应的法律责任。未按照规定的期限向税务机关报送代扣代缴、代收代缴税款报告表和有关资料的,由税务机关责令限期改正,可以处 2 000 元以下的罚款;情节严重的,可以处 2 000元以上 1 万元以下的罚款;应扣未扣、应收而不收税款的,由税务机关向纳税人追缴税款,对扣缴义务人处应扣未扣、应收未收税款 50% 以上 3 倍以下的罚款;编造虚假计税依据的,由税务机关责令限期改正,并处 5 万元以下的罚款。

本 章 小 结

● 税法是调整国家与纳税人之间征收与缴纳税款权利、义务关系的法律规范的总称。它是国家税务机关向纳税人征税的法律依据,也是纳税人履行纳税义务的准则。

- 税法，按照内容的不同分为税收实体法、税收程序法、税收处罚法和税务行政法；按照效力的不同可分为税收法律、税收法规和税收规章。
- 从基本内容来看，税法的构成要素一般包括税收主体、纳税客体、税种、税目及税率、纳税环节、纳税期限、纳税地点、税收优惠和法律责任。
- 我国现行的税法主要有增值税法、消费税法、企业所得税法和个人所得税法等。
- 税收征收管理法是税务机关对纳税人依法征收税款和进行税务监督管理的法律规范的总称。凡依法由税务机关征收的各种税收的征收管理，均适用《税收征收管理法》及其实施细则。
- 税收法律关系的主体违反税法规定，须承担相应法律后果，主要分为行政责任和刑事责任两种。

关键概念

税法　税法构成　增值税　消费税　企业所得税　个人所得税　税务管理　税款征收　税收保全　税收代位权　税收撤销权　税务检查　税务争议　法律责任

复习思考题

1. 简述税法的概念及分类。
2. 一般来说，税法的构成要素有哪些？
3. 增值税法征收范围与消费税的征收范围有何关联？
4. 如何区分一般纳税人与小规模纳税人？
5. 如何确定居民个人与非居民个人综合所得的应纳税所得额？
6. 税务登记的内容有哪些？
7. 简述税收代位权、撤销权适用的情形。
8. 简述违反税法的行为及法律责任。

【案例分析】

案例1： 甲公司为增值税一般纳税人，2020年1月发生如下事项：①自产建筑用砂土、石料并销售，取得含税销售额3 429.9万元，从事运输装卸服务，取得含税销售额114.33万元。②购进办公用品，支付价款1 000万元，取得增值税专用发票注明税额170万元。③进口设备，M地海关确定的关税完税价格为500万元，关税税率10%，增值税税率17%。

要求：(1) 计算事项①应缴纳的增值税。(2) 购进办公用品的进项税额能否从销项税额中抵扣，简要说明理由。(3) 计算事项③甲公司进口设备应缴纳的进口环节增值税。

案例2： 甲居民企业（下称甲企业）主要从事服装的制造和销售。2019年度有关财务资料为：①销售收入50 000万元；从境内非上市居民企业乙公司分回股息1 000万元。②发生广告费和业务宣传费7 000万元。③发生符合条件的研发费用4 000万元。未形成无形资产计入当期损益。已知：2017年度甲企业还有广告费和业务宣传费200万元尚未结转扣除；各项支出均取得合法有效凭据，并已作相应的会计处理；其他事项不涉及纳税调整。

试分析：（1）甲企业分回的股息是否需要计入应纳税所得额计算企业所得税？简要说明理由。（2）计算甲企业本年度企业所得税汇算清缴时广告费、业务宣传费准予扣除的金额。（3）计算甲企业本年度企业所得税汇算清缴时研发费用可以加计扣除的金额。

案例3： 某公司员工侯某为中国居民个人，2015年入职，2020年每月应发工资均为30 000元，每月减除费用5 000元，"三险一金"等专项扣除为4 500元，享受子女教育、赡养老人两项专项附加扣除共计2 000元，没有减免收入及减免税额等情况。

要求： 试计算该员工2020年三个月各月应预扣预缴税额。

案例4： 2020年1月，中国居民个人王某取得收入情况如下：①工资收入3 680元，当月奖金3 600元，当月扣除社保380元；②购买福利彩票中奖取得2万元；③担任兼职收入80 000元，其中5 000元通过国家机关向农村义务教育捐赠；④取得稿酬收入3 800元；⑤出售自有自用6年的家庭唯一住房，扣除原值和相关税费后净收入12万元；⑥转让特许权使用费取得收入4 000元；⑦取得股票转让所得7 000元。

要求： 请计算王某1月份应预扣或缴纳的个人所得税。

案例5： 税务机关在税务检查中发现某企业采取多列支出、少列收入的手段进行虚假纳税申报，少缴税款9 000元，占其应纳税额的8%。

试分析：（1）该企业的行为属于什么行为？是否构成犯罪？（2）该企业应承担什么法律责任？

第 18 章 金融法律制度

【学习目标】
学完本章后,你应该能够:
- 知晓金融法的概念及其体系构成;
- 理解中央银行与中国银保监会的作用、职能及金融机构组织法的内容;
- 领会金融管理法的具体内容与规定;
- 了解违反金融法应承担的法律责任。

18.1 金融法概述

18.1.1 金融法的含义

金融是指货币资金的融通,即以银行等金融机构为中心的信用活动以及在信用基础上组织起来的货币流通。一般来讲,金融的范围主要包括货币的发行、银行、票据、证券、保险、基金、信托、外汇活动等内容。金融本身是一种社会的经济活动,是经济发展到一定阶段的产物,是人们社会生活的重要组成部分。

金融法是调整金融关系的法律总称。金融关系包括金融监管关系与金融交易关系。金融监管关系是指政府金融主管机关对金融机构、金融市场、金融产品及金融交易的监督管理的关系。金融交易关系是指在货币市场、证券市场、保险市场和外汇市场等各种金融市场,金融机构之间,金融机构与大众之间,大众之间进行的各种金融交易的关系。

金融法有狭义和广义之分:狭义的金融法即银行法;广义的金融法还包括证券法、期货法、票据法、保险法、担保法、外汇管理法等具体类别。金融信托属于金融法的范畴,而普通的、一般性的信托,属于民法范畴。

18.1.2 金融法的性质与调整对象

金融法在本质上是属于经济法的范畴。尽管在金融法调整的对象和范围中也包含有民商法、行政法的因素,但其最基本因素是经济法。金融活动是连接生产、交换、分配和消费等各个经济环节的纽带,是国民经济的重要组成部分;金融法是调整各类金融关系的法律规范的总和,是经济法的重要组成部分。金融法是国家在宏观上调控和监管整个金融产业,在微观上规范经济主体金融活动,促进金融业朝着正确方向发展的重要法律手段之一。

金融法的调整对象是指金融法律规范的效力所涉及的社会关系的范围。当某类社会关系被纳入金融法的调整范围时,它便成为金融法的调整对象。金融法的调整对象十分广泛,主要包括以下几类。

(1) 金融管理关系。这是指国家金融主管机关在对金融业进行监督、管理和宏观调控过程中所发生的社会关系。如货币管理、存贷款业务管理、结算管理、外汇管理、证券管理等关系。金融管理关系是一种非平等主体之间的经济管理关系,即纵向的金融关系。

(2) 金融经营关系。这是指金融机构之间以及它们与客户之间在经营货币和信用业务活动中所发生的经济关系。如存款、结算、信托、证券、保险等关系。这类金融关系是一种平等主体之间的经济关系,即横向的金融关系。

(3) 金融组织关系。这是指在商业银行等金融机构组织设立、变更和消灭以及内部各单位之间所发生的组织管理关系。它可分为银行组织关系和非银行金融机构组织关系。如商业银行组织关系、保险公司组织关系、证券公司组织关系、信托公司组织关系。

金融法的调整对象具有以下特点。①它是以金融机构为活动主体一方的社会关系。对于与金融机构无关的,即没有金融机构参加的社会关系,金融法不作调整。②它是以金融活动为内容的社会关系。对于与货币流通和信用业务等金融活动无关的社会关系,金融法不作调整。③它是具体的现实存在的社会关系。④金融法调整的对象具有纵向金融管理和横向金融交易交错、内部组织关系与外部金融服务相结合的特点。

18.1.3 我国金融法的体系

在我国没有以"金融法"来命名的单独的某个法律。涉及金融类的具体法律,通常用它涉及的金融行业的名称来命名。目前,我国金融法律制度得到了较快的发展和完善,基本形成了一个有机的统一金融法律体系。具体包括以下几个方面。

(1) 金融机构组织法。金融机构是金融经营活动的主体,是金融关系的参加者。金融机构组织法作为金融法体系的组成部分,就是规范上述金融机构本身组织关系的金融法律规范的总称。在《中华人民共和国商业银行法》《中华人民共和国保险法》《中华人民共和国证券法》《中华人民共和国证券投资基金法》(以下简称《商业银行法》《保险法》《证券法》《证券投资基金法》)等金融法律中有关相应金融机构的设立、变更、终止及公司治理结构等方面的规定,都是金融机构组织法的表现形式。此外,《信托公司管理办法》《金融租赁公司管理办法》等法规专门对相应的金融机构的性质、地位、组织机构及其设立、变更和终止等作出了规定。

(2) 金融经营规制法。金融经营规制法即调整金融机构经营业务关系的法律规范系统,主要是指金融业务法。具体包括商业银行法、政策性银行法、证券法、保险法、信托法、票据法、证券投资基金法、外汇法、金融衍生品法等中有关具体金融经营业务规则的内容,如《储蓄管理条例》《存款保险条例》等。

(3) 金融监管法。金融监管法是调整金融业监督管理关系的法律规范系统。如《银行业监督管理法》及《证券法》《保险法》《信托法》《证券投资基金法》和《中华人民共和国外汇管理条例》(以下简称《外汇管理条件》)等法律、行政法规中规定的金融监管内容等,构成了我国金融监管法律体系。

(4) 金融调控法。金融调控法是调整中央银行在控制与调节货币供给量、利率、贷款量等过程中所发生的金融宏观调控关系的法律规范系统。金融调控法律规范主要集中表现在一国的中央银行法中。《中华人民共和国中国人民银行法》（以下简称《中国人民银行法》）是我国金融调控法的主要规范性文件。为执行货币政策、防范和化解金融风险、维护金融稳定，《商业银行法》《中华人民共和国银行业监督管理法》对存贷利率、同业拆借、境外借款、系统性银行业风险等作了规定；外汇管理机关为执行货币政策、保持国际收支平衡，依《外汇管理条例》而对人民币汇率和外汇市场调控关系作了规定。

18.2 金融机构组织法

18.2.1 中央银行法

中央银行法是金融调控法的核心制度。我国的中央银行是中国人民银行，确认其法律地位、规范其宏观调控行为的法律是《中国人民银行法》。

1. 中国人民银行的法律地位

目前，中国人民银行具有双重法律性质或角色，既是国家机关，又是从事法定金融业务的特殊金融机构。作为国家机关，它是在国务院领导下制定和实施货币政策，为防范和化解金融风险，维护金融稳定，依法行使对金融市场实施宏观调控的权力。作为从事法定金融业务的特殊金融机构，与一般政府机关不同的是，它仍然是银行，是货币发行的银行、政府的银行和为商业银行等金融机构服务的银行，可以从事银行的某些业务。

中国人民银行作为中央银行的特殊法律地位，决定了它制定、执行货币政策，履行职责、开展业务的独立性。对此，《中国人民银行法》明确规定：中国人民银行在国务院领导下依法独立执行货币政策，履行职责，开展业务，不受地方政府、各级政府部门、社会团体和个人的干涉。这样，就从法律上保障中国人民银行在强化中央银行的地位和作用、完善宏观调控体系、维护金融稳定方面的独立性，为经济增长创造良好的金融发展环境。

2. 中国人民银行的职能

中国人民银行为国务院组成部门，是在国务院领导下制定和执行货币政策、维护金融稳定、提供金融服务的宏观调控部门。这种职能的变化集中表现为"一个强化、一个转换和两个增加"。"一个强化"，即强化与制定和执行货币政策有关的职能；"一个转换"，即转换实施对金融业宏观调控和防范与化解系统性金融风险的方式；"两个增加"，即增加反洗钱和管理信贷征信业两项职能。

依照相关法律、法规，中国人民银行的主要职责为：①拟订金融业改革和发展战略规划，承担综合研究并协调解决金融运行中的重大问题、促进金融业协调健康发展，参与评估重大金融并购活动对国家金融安全的影响并提出政策建议，促进金融业有序开放；②起草有关法律和行政法规草案，完善有关金融机构运行规则，发布与履行职责有关的命令和规章；③依法制定和执行货币政策，制定和实施宏观信贷指导政策；④完善金融宏观调控体系，负责防范、化解系统性金融风险，维护国家金融稳定与安全；⑤负责制定和实施人民币汇率政策，不断完善汇率形成机制，维护国际收支平衡，实施外汇管理，负责对国际金融市场的跟踪监测和风险预警，监测和管理跨境资本流动，持有、管理和经营国家外汇储备和黄金储备；⑥监督管理银行间同业拆借市场、银行间债券市场、银行间票据市场、银行间外汇市场和黄金市场及上述市场的有关衍生产品交易；⑦负责会同金融监管部门制定金融控股公司的监管规则和交叉性金融业务的标准、规范，负责金融控股公司和交叉性金融工具的监测；⑧承担最后贷款人的责任，负责对因化解金融风险而使用中央银行资金机构的行为进行检查监督；⑨制定和组织实施金融业综合统计制度，负责数据汇总和宏观经济分析与预测，统一编制全国金融统计数据、报表，并按国家有关规定予以公布；⑩组织制定金融业信息化发展规划，负责金融标准化的组织管理协调工作，指导金融业信息安全工作；⑪发行人民币，管理人民币流通；⑫制定全国支付体系发展规划，统筹协调全国支付体系建设，会同有关部门制定支付结算规则，负责全国支付、清算系统的正常运行；⑬经理国库；⑭承担全国反洗钱工作的组织协调和监督管理的责任，负责涉嫌洗钱及恐怖活动的资金监测；⑮管理征信业，推动建立社会信用体系；⑯从事与中国人民银行业务有关的国际金融活动；⑰按照有关规定从事金融业务活动；⑱承办国务院交办的其他事项。

3. 中国人民银行的主要业务

1）货币政策

中国人民银行货币政策委员会是中国人民银行制定货币政策的咨询议事机构。《中国人民银行法》第十二条明确指出：中国人民银行设立货币政策委员会。货币政策委员会的职责、组成和工作程序，由国务院规定，报全国人民代表大会常务委员会备案。中国人民银行货币政策委员会应当在国家宏观调控、货币政策制定和调整中，发挥重要作用。

货币政策的主要工具有：存款准备金、中央银行基准利率、中央银行贷款（再贴现、再贷款）、公开市场业务、借贷便利制度。

2）监督稽核

银行法是进行银行监管的法律基础。银行监管的目的在于确保银行体系的活力，通过监视各银行机构的信用和流动性，保护存款人利益。另外，中国人民银行在中国的金融改革中起着特别重要的作用，通过分析定期报告和现场稽核对金融机构进行监管。

跟银行监管密切相关的是对支付系统的监管，中国人民银行有责任维护国家支付、清算和结算系统的正常运行，确保支付系统更加高效和更加安全可靠，密切监视各银行日间头寸。

3）支付体系

中国人民银行作为中国支付体系建设的组织者、推动者、监督者，肩负"维护支付、清算系统正常运行"等法定职责，为金融机构和金融市场提供低成本、高效率的公共清算平台，为商业银行提供结算账户服务、资金转账，不允许账户出现隔夜透支。此外，还为一些政府机关、事业团体开设结算账户，提供支付服务。

4）信贷服务

信贷政策是宏观经济政策的重要组成部分，是中国人民银行根据国家宏观调控和产业政策要求，对金融机构信贷总量和投向实施引导、调控和监督，促使信贷投向不断优化，实现信贷资金优化配置并促进经济结构调整的重要手段。制定和实施信贷政策是中国人民银行的重要职责。

5）经理国库

央行经理国库始于1985年。当年颁布的《中华人民共和国国家金库条例》规定："中国人民银行具体经理国库。组织管理国库工作是人民银行的一项重要职责。"从此，中国人民银行在国库管理中的基本定位得到了科学的、准确的表达。此后，相继体现在随后颁布的

《中华人民共和国国家金库条例实施细则》（1989年），《中华人民共和国预算法》（1994年、2014年、2018年），《中华人民共和国预算法实施条例》（1995年），《中国人民银行法》（1995年、2003年）以及"中编办"历次部门职责调整等有关法律法规制度规定中。根据这一基本定位，确立了中国人民银行经理国库体制。

6）征信管理

根据《中国人民银行法》《公司法》《征信业管理条例》等法律法规，中国人民银行依法履行对征信机构的监督管理职责。中国人民银行分支机构在总行的授权范围内，履行对辖区内征信机构的监督管理职责。

中国人民银行在办理业务时，不得有下列行为：①对政府财政透支，直接认购、包销国家和其他政府债券；②向地方政府、各级政府部门提供贷款；③向非银行金融机构以及其他单位和个人提供贷款（国务院另有规定的除外）；④向任何单位和个人提供担保。

4. 中国人民银行的组织机构

（1）领导机构。中国人民银行实行行长负责制。行长领导中国人民银行的工作，副行长协助行长工作。《中国人民银行法》规定：中国人民银行设行长一人，副行长若干人。中国人民银行行长的人选，根据国务院总理的提名，由全国人民代表大会决定；全国人民代表大会闭会期间，由全国人民代表大会常务委员会决定，由中华人民共和国主席任免。中国人民银行副行长由国务院总理任免。

（2）分支机构。中国人民银行根据履行职责的需要设立分支机构，作为其派出机构，对分支机构实行统一领导和管理。当前，中国人民银行设立的分支机构有：上海总部，北京营业管理部，重庆营业管理部，天津、沈阳、上海、南京、济南、武汉、广州、成都和西安9个跨省分行辖区。

（3）货币政策委员会。为保证实施有效货币政策，《中国人民银行法》规定，中国人民银行设立货币政策委员会；其职责、组成和工作程序，由国务院规定，报全国人民代表大会常务委员会备案。货币政策委员会应当在国家宏观调控、货币政策制定和调整中，发挥重要作用。

5. 人民币的发行

1）人民币的法律地位

《中国人民银行法》第十六条规定：中华人民共和国的法定货币是人民币。以人民币支付中华人民共和国境内的一切公共的和私人的债务，任何单位和个人不得拒收。

这一规定表明了人民币的法律地位，即它是中国境内流通使用的唯一合法货币。作为法定支付手段，除有法律法规特殊规定外，在中国境内的一切货币收付、计价、结算、记账、核算都必须使用人民币为本位币。同时，人民币主币和辅币具有无限法定清偿能力。中国实行独立、统一、稳定的货币政策，国家禁止金银、外币在国内市场自由流通。

2）人民币的发行

人民币的发行是指中国人民银行向流通领域投入人民币现金的行为。《中国人民银行法》明确规定：人民币由中国人民银行统一印刷、发行。由于人民币的发行是基础货币的投放，它直接关系着货币币值的稳定、关系着整个国民经济的稳定，所以长期以来，我国对人民币的发行坚持集中统一发行、计划发行和经济发行的原则，以确保国家货币秩序的正常运行。

3）人民币的管理

《中国人民银行法》规定了对人民币的保护及管理：禁止各种变相货币的发行与流通；

禁止伪造、变造人民币；禁止出售、购买伪造、变造的人民币；禁止运输、持有、使用伪造、变造的人民币；禁止故意毁损人民币；禁止非法使用人民币图样。残缺、污损的人民币，按照中国人民银行的规定兑换，并由中国人民银行负责收回、销毁。

18.2.2 商业银行法

1. 商业银行法概述

商业银行是指依照《商业银行法》和《公司法》设立的吸收公众存款、发放贷款、办理结算等业务的企业法人。

商业银行法有广义和狭义之分。广义的商业银行法是指调整商业银行在经营法定业务过程中发生的社会关系的法律规范的总称。狭义的商业银行法是指某一单行的商业银行法律，如1995年5月10日通过的中国第一部《商业银行法》，该法分别于2003年12月27日和2015年8月29日进行了2次修正。

根据《商业银行法》的规定，商业银行在经营过程中应当遵循以下原则。

(1) 以安全性、流动性、效益性为经营原则，实行自主经营，自担风险，自负盈亏，自我约束。商业银行依法开展业务，不受任何单位和个人的干涉；以其全部法人财产独立承担民事责任。

(2) 与客户的业务往来，应当遵循平等、自愿、公平和诚实信用的原则。

(3) 应当保障存款人的合法权益不受任何单位和个人的侵犯。

(4) 开展信贷业务，应当严格审查借款人的资信，实行担保，保障按期收回贷款。依法向借款人收回到期贷款的本金和利息，受法律保护。

此外，商业银行开展业务，应当遵守法律、行政法规的有关规定，不得损害国家利益、社会公共利益；还应当遵守公平竞争的原则，不得从事不正当竞争。

2. 商业银行设立的条件

设立商业银行，应当经国务院银行业监督管理机构审查批准。未经国务院银行业监督管理机构批准，任何单位和个人不得从事吸收公众存款等商业银行业务，任何单位不得在名称中使用"银行"字样。

根据相关法律的规定，设立商业银行，应当具备下列条件。

(1) 有符合《商业银行法》和《公司法》规定的章程。

(2) 有符合《商业银行法》规定的注册资本最低限额。设立全国性商业银行的注册资本最低限额为10亿元人民币，城市商业银行为1亿元人民币，农村商业银行为5 000万元人民币。注册资本应当是实缴资本。国务院银行业监督管理机构根据审慎监管的要求可以调整注册资本最低限额，但不得少于规定的限额。

2019年修正的《外资银行管理条例》规定：外商独资银行、中外合资银行的注册资本最低限额为10亿元人民币或者等值的自由兑换货币，注册资本应当是实缴资本；在中国境内设立的分行，应当由其总行无偿拨给人民币或者自由兑换货币的营运资金；拨给各分支机构营运资金的总和，不得超过总行资本金总额的60%。外国银行分行应当由其总行无偿拨给不少于2亿元人民币或者等值的自由兑换货币的营运资金。国务院银行业监督管理机构根据外资银行营业性机构的业务范围和审慎监管的需要，可以提高注册资本或者营运资金的最低限额，并规定其中的人民币份额。

（3）有具备任职专业知识和业务工作经验的董事、高级管理人员。因银行经营业务的特殊重要性，担任商业银行董事、高级管理人员有下列情形之一的，不得担任：①因犯有贪污、贿赂、侵占财产、挪用财产罪或者破坏社会经济秩序罪，被判处刑罚，或者因犯罪被剥夺政治权利的；②担任因经营不善破产清算的公司、企业的董事或者厂长、经理，并对该公司、企业的破产负有个人责任的；③担任因违法被吊销营业执照的公司、企业的法定代表人，并负有个人责任的；④个人所负数额较大的债务到期未清偿的。

（4）有健全的组织机构和管理制度。商业银行的组织机构是指实现对银行经营、监督与控制的银行内部系统。商业银行的组织机构适用公司法的规定，一般由权力机构、执行机构和监督机构三部分组成，体现了"三权分立"原则。

（5）有符合要求的营业场所、安全防范措施和与业务有关的其他设施。

此外，设立商业银行，还应当符合其他审慎性条件。

3. 商业银行的经营范围与业务

商业银行的经营范围由其章程规定，报国务院银行业监督管理机构批准。

依法设立的商业银行，可以经营下列部分或者全部业务：

（1）传统业务。包括：吸收公众存款；发放短期、中期和长期贷款；办理国内外结算；办理票据承兑与贴现。

（2）特定的信托业务。包括：发行金融债券；代理发行、代理兑付、承销政府债券；买卖政府债券、金融债券；从事同业拆借。在我国，商业银行办理的信托业务有一定限制，只能从事国债的信托业务，不能从事公司债券的信托业务。

（3）服务性业务。包括：买卖、代理买卖外汇；提供信用证服务及担保；代理收付款项及代理保险业务；提供保管箱服务。经中国人民银行批准，可以经营结汇、售汇业务。

（4）其他业务。包括：从事银行卡业务；经国务院银行业监督管理机构批准的其他业务。

18.3 金融管理法

18.3.1 现金管理法

1. 现金管理

现金管理是国家授权银行等金融机构依法对各单位的现金收支活动进行监督和管理的活动，它是货币管理制度的重要组成部分。现金管理就是要控制现金流通的数量和范围，其主要目的有：通过控制货币投放量，调节货币流通，稳定物价，防止通胀，节约发行成本，同时加强财务监管，堵塞漏洞，纠正不正之风。

1) 现金管理的对象

现金管理的对象，从主体上说是在银行和其他金融机构开立账户的机关、团体、部队、企业、事业单位和其他单位；从行为上说是上述主体的现金收支和使用情况。

2) 现金管理的机构

（1）中国人民银行。各级人民银行应当严格履行金融主管机关的职责，负责对开户银行的现金管理进行监督和稽核。

(2) 开户银行。按照《现金管理暂行条例》和中国人民银行的规定，开户银行负责实施现金管理的具体措施，对开户单位现金收支、使用情况进行监管。对于违反规定的单位，开户银行可以给予警告、罚款等处罚。

3) 现金管理的内容

(1) 现金使用范围。各开户单位可以在下列范围内使用现金：职工工资、津贴；个人劳务报酬；根据国家规定发给个人科技、文艺、体育等奖金；各种劳保、福利费用以及国家规定对个人的其他支出；向个人收购农副产品和其他物资的价款；出差人员必须携带的差旅费；结算起点以下的零星支出；中国人民银行确定需要支付现金的其他支出。结算起点定为1 000元。结算起点的调整，由中国人民银行确定，报国务院备案。

(2) 核定开户单位库存现金限额。开户单位应自行核定保留3~5天的日常零星开支。库存现金限额一经核定，必须严格遵守，需要增加或减少的，应向开户银行提出申请，由开户银行核定。

(3) 控制坐支。开户单位支付现金，不得从本单位的现金收入中直接支付。因特殊情况需要坐支现金的，应事先报开户银行审查批准，由开户银行核定坐支范围和限额。坐支单位应定期向开户银行报送坐支金额和使用情况。

(4) 账户管理。每个事业单位的存款账户分为基本存款账户、临时存款账户和专用存款账户三类。基本存款账户，主要用于日常的现金收付和转账结算。单位的工资、奖金等现金的支取，只能通过该账户办理。单位还可在其他银行开设一个一般存款账户，用于办理转账结算和存入现金，不能支取现金，借款清偿后要办理销户手续。临时存款账户是存款人因临时经营活动需要而开立的账户，如临时性采购资金等。专用存款账户是单位因特定用途需要开立的账户，如基建项目专项资金等，单位的销货款不得转入专用存款账户。为加强管理，对企业单位开立的基本存款账户实行开户许可证制度，须凭中国人民银行当地机构核发的开户许可证办理。

2. 金银管理

金银是国家重要的储备物资，是国际经济交往中重要的支付手段。我国对金银实行统一管理、统购统配的方针。中国人民银行负责统一管理工作，任何单位未经中国人民银行批准与授权，不得自行收购或销售，严格控制金银；单位之间、单位与个人之间发生的债权债务关系，不得以金银作为实物进行抵押或清偿。法律保护个人持有合法所得的金银，包括依法继承、受赠、合法购买等所得。国家鼓励携带金银入境，限制金银出境。

18.3.2 信贷管理法

1. 存款管理

吸收存款是商业银行或其他金融机构最基本的任务。银行通过吸收存款，把分散在社会各方面的资金聚集起来，转化为生产建设资金。我国对银行吸收存款的管理主要集中在以下方面。①对存款利率的管理。我国对利率实行由国务院统一制定，中国人民银行集中统一管理的原则；商业银行根据中国人民银行批准的存贷款利率的上下限，确定存贷款利率，并予以公告。②实行存款准备金和备付金制度。

银行存款管理分为储蓄存款管理和单位存款管理。

(1) 储蓄存款管理。储蓄是个人将属于自己所有的货币，自愿存入储蓄机构的一种有偿活动，也是银行与储户之间的存款协议。《储蓄管理条例》对储蓄存款作了专门规定：①储蓄应遵循"存款自愿、取款自由、存款有息、为储户保密"的原则；②国家鼓励个人参加储蓄；③商业银行有权也有义务拒绝任何单位或者个人查询、冻结、扣划，但法律另有规定的除外。

(2) 单位存款管理。单位存款是指企事业单位存入银行的生产流通中的支付准备金、用于扩大再生产的积累基金及福利基金等。法律对单位存款作了特别规定：①各单位现金必须存入银行；②单位存款应按资金的不同性质存入；③各单位的存款有自主支配权；④银行有权拒绝任何单位或个人查询、冻结、扣发单位存款，但法律法规另有规定的除外。

2. 贷款管理

贷款是银行按照约定条件向借款人供应资金，由借款人到时还本付息的一种信用方式。贷款是银行资金运用的主要内容，也是银行得以盈利的主要途径。

我国银行贷款的基本原则有：①遵循国家产业政策指导的原则，即符合国家产业政策的企业应优先安排贷款，反之则严加限制；②物质保证原则，即商业银行贷款，借款人应当提供担保，商业银行应对保证人的偿还能力，抵押物、质物的权属和价值以及实现抵押权、质权的可行性进行严格审查；③审贷分立、分级审批的原则，即商业银行贷款，应对借款人的借款用途、偿还能力、还款方式等情况进行严格审查，经审查合格后才按贷款多少分级审批。

商业银行贷款，应当遵守下列资产负债比例的管理规定：①资本充足率不得低于8%；②贷款余额与存款余额的比例不得超过75%；③流动性资产余额与流动性负债余额的比例不得低于25%；④对同一借款人的贷款余额与商业银行资本余额的比例不得超过10%；⑤国务院银行业监督管理机构对资产负债比例管理的其他规定。

商业银行不得向下列关系人发放信用贷款：①商业银行的董事、监事、管理人员、信贷业务人员及其近亲属；②上述人员投资或者担任高级管理职务的公司、企业和其他经济组织。商业银行向上述关系人发放担保贷款的条件不得优于其他借款人同类贷款的条件。

3. 贷款双方当事人的权利和义务

银行贷款，应当与借款人订立书面合同。合同应当约定贷款种类、借款用途、金额、利率、还款期限、还款方式、违约责任和双方认为需要约定的其他事项。

贷款人必须按照约定期限提供足额贷款，借款人必须按期归还贷款的本金和利息。担保贷款的借款人到期不归还担保贷款的，商业银行有权要求保证人归还贷款本金和利息，或者有权就该担保物依法变卖后优先受偿；但商业银行因行使抵押权、质权而取得的不动产或者股票，应当自取得之日起1年内予以处分。信用贷款的借款人到期不归还信用借款的，应当依照合同约定承担违约责任。

18.3.3 结算管理法

结算又称清算，是由商品交易、劳务提供和资金调拨引起的货币收付行为，是现金结算和转账结算的总称。根据央行结算管理的有关规定，现金结算是有条件的，而转账结算适用面最广。因此，办理转账结算是银行的主要业务之一。

银行通过转账结算，集中办理大部分经济往来业务，有利于国家掌握资金流向，及时调整国家的经济政策和货币政策；有利于加速资金周转，促进商品流通，发挥银行对经济的监督、反馈和促进作用；有利于节约现金使用，节省社会劳动和费用，调节货币流通。银行还可以运用结算资料，进行综合分析，提供经济信息，为宏观调控服务。

目前，国家对结算实行集中统一和分级管理相结合的办法，即中国人民银行总行制定统一的支付结算制度；中国人民银行分行根据统一的支付结算制度制定实施细则，报总行备案；根据需要可以制定单项支付结算办法，报经中国人民银行总行批准后执行；政策性银行、商业银行总行可以根据统一的支付结算制度，结合本行情况，制定具体管理实施办法，报经中国人民银行总行批准后执行。

在结算关系中，银行和收付双方都应当遵守以下原则：①恪守信用、履约付款原则；②谁的钱进谁的账、由谁支配原则；③银行不垫款原则。

目前，我国结算的方式有汇兑、委托收款、托收承付、信用卡、信用证、票据结算等。

18.3.4 外汇管理法

1980年12月18日，国务院发布了《中华人民共和国外汇管理暂行条例》，实行全面、严格的外汇管制。自1994年起，我国进一步改革外汇管理体制，实行有分别的、分层次的外汇管理制度，以适应社会主义市场经济体制的要求。1996年1月29日国务院发布了《中华人民共和国外汇管理条例》，并先后于1997年、2008年进行了修订。

此外，有关外汇管理的基本法规还有：《境内外汇划转管理暂行规定》《个人外汇管理办法》《个人外汇管理办法实施细则》《国家外汇管理局关于印发〈海关特殊监管区域外汇管理办法〉的通知》《国家外汇管理局关于进一步促进贸易投资便利化完善真实性审核的通知》《国家外汇管理局关于进一步推进外汇管理改革完善真实合规性审核的通知》。

1. 外汇及其管理

外汇是指以外国货币表示的可以用作国际清偿的支付手段和资产。外汇的范围有：①外国货币，包括纸币、铸币；②外币支付凭证，包括票据、银行存款凭证等；③外币有价证券，包括政府债券、公司债券、股票等；④特别提款权和欧洲货币单位；⑤其他外汇资产。

外汇管理是指一国政府通过法令形式对外汇买卖、收支、结算、外汇汇率以及外汇资金的来源和利用进行干预和控制，又称外汇管制。实行外汇管理的主要目的是稳定本国货币，保持国际收支平衡，增强本国的经济实力。我国外汇管理的机构是国家外汇管理局。

我国外汇管理的基本制度包括以下几种。①实行国际收支统计申报制度：凡有国际收支的单位和个人，必须进行国际收支统计申报。②在我国境内禁止外币流通和以外币计价结算。③实行结汇制和售汇制：境内机构经常项目的外汇收入，应当按照规定卖给外汇指定银行，或者经批准在外汇指定银行开立外汇账户；境内机构的经常项目付汇，应当按照规定持有效凭证和商业单据向外汇指定银行购汇支付。④对外债实行登记制度。⑤建立银行间外汇市场，对人民币汇率实行以市场供求为基础的、单一的、有管理的浮动汇率制度。

2. 外汇管理的具体内容

1) 经常项目外汇的管理

经常项目是指国际收支中经常发生的交易项目，包括贸易收支、劳务收支、单方面转移等。经常项目外汇管理的主要内容有：境内机构的经常项目外汇收支，须按规定结汇和购汇；个人所有的外汇，可以自行持有；个人因私出境用汇，在规定限额内购汇，超过规定限额的可以申请；个人携带外汇进出境，应当向海关办理申报手续；居住在境内的中国公民持有的外汇资产，未经批准不得携带或邮寄出境等。

2) 资本项目外汇的管理

资本项目是指国际收支中因资本输出和输入产生的负债增减项目，包括直接投资、各类贷款、证券投资等。资本项目外汇管理的主要内容为：境内机构的资本项目外汇收入，应当调回境内；境内机构向境外投资，在外汇管理机关审查批准后，才可办理资金汇出手续；借用外国贷款，金融机构在境外发行外币债券，提供外汇担保等，都须批准；外商投资企业借用国外贷款，须报外汇管理机关备案等。

3) 金融机构外汇业务的管理

金融机构经营外汇业务或终止经营外汇业务，都应报外汇管理机关批准，领取或缴销外汇业务许可证；金融机构经营外汇业务，应当依法经营，并接受外汇管理机关的审查和监督。

4) 人民币汇率和外汇市场的管理

人民币汇率实行以市场供求为基础的单一的有管理的浮动汇率制度。外汇指定银行和经营外汇业务的其他金融机构是外汇市场的交易主体。外汇市场的交易币种和形式由国务院外汇管理部门规定和调整。国务院外汇管理部门依法监管全国的外汇市场；中国人民银行根据货币政策的要求和外汇市场的变化，依法对外汇市场进行调控。

18.4 金融监管

18.4.1 金融监督概述

1. 金融监管的概念

金融监管是金融监管机关依法对金融机构和金融活动进行直接限制与约束的一系列行为的总称。本质上是一种具有特定内涵和特征的政府规制行为。

金融监管可分为金融监督与金融管理。金融监督是指金融主管当局对金融机构实施的全面性、经常性的检查和督促，并以此促进金融机构依法稳健地经营和发展。金融管理指金融主管当局依法对金融机构及其经营活动实施的领导、组织、协调和控制等一系列的活动。

2. 金融监管的目的

金融监管的目的主要是维护金融体系的安全和稳定，促进金融机构的公平竞争，保护投资者和存款人的合法权益。

(1) 维护金融体系的安全和稳定。金融业是高风险行业，金融业危机的传递可能导致整个市场崩溃，因此，监管者的任务便是通过开业审查、日常监管、现场检查等措施促使金融机构在法定范围内稳健经营，降低和防范风险，以提高金融体系的安全性和稳定性。

(2) 促进金融机构的公平竞争。在保证金融业安全和稳定的基础上，监管者要保护和促进金融机构的公平竞争，防范金融垄断，以此促进金融业不断提高服务质量和服务效率。

(3) 保护投资者和存款人的合法权益。投资者和存款人的投资及存款的安全性得不到满足，投资者就会撤回投资，进而引发金融业危机。尤其是银行业，其资金主要来源于存款人的存款，而且客户的大部分存款早已通过贷款和投资运用出去，其提供现金的能力受到限制。一旦发生客户对银行的信任危机，即使银行具有足够的清偿能力，也会因客户挤兑而破产。挤兑若在银行间传染，便会造成整个银行业的恐慌。

只有在金融监管通过种种措施达成维护金融安全与稳定及促进金融业公平竞争的目的时，投资者和存款人的信心才能得以维持和巩固，金融业才能发展，投资者和存款人的利益才能得到保障。由此可见，金融监管的三个目的是相互联系的，最终落脚点是维护投资者和存款人的合法权益。

3. 金融监管机构

金融监管机构是根据法律规定对一国的金融体系进行监督管理的机构。其职责包括按照规定监督管理金融市场；发布有关金融监督管理和业务的命令和规章；监督管理金融机构的合法合规运作等。当前，我国的金融监管机构包括"一行两会"，即中国人民银行、中国银行保险监督管理委员会（中国银保监会）和中国证券监督管理委员会（中国证监会）。

18.4.2 银行业监督管理机构

1. 中国银保监会的设立

2003年4月中国银行监督管理委员会（中国银监会）正式成立，集中行使银行业金融监管职能。2018年3月17日，第十三届全国人民代表大会第一次会议表决通过了关于国务院机构改革方案的决定，设立中国银行保险监督管理委员会（中国银保监会），作为国务院直属事业单位。将中国银监会和中国保监会拟定银行业、保险业重要法律法规草案和审慎监管基本制度的职责划入中国人民银行，不再保留中国银监会、中国保监会。

2018年4月8日，中国银行保险监督管理委员会正式成立。设立专门的银行业监督管理机构行使金融监管职能，有利于中国人民银行专注于货币政策职能，制定正确的货币政策，完善金融服务职能。目前，中国银保监会与中国人民银行各司其职、互相促进，确保金融机构安全、稳健、高效运行。

2. 中国银保监会的职责

中国银保监会的主要职责是依照法律法规统一监督管理银行业和保险业，维护银行业和保险业合法、稳健运行，防范和化解金融风险，保护金融消费者合法权益，维护金融稳定。

（1）依法依规对全国银行业和保险业实行统一监督管理，维护银行业和保险业合法、稳健运行，对派出机构实行垂直领导。

（2）对银行业和保险业改革开放和监管有效性开展系统性研究。参与拟订金融业改革发展战略规划，参与起草银行业和保险业重要法律法规草案以及审慎监管和金融消费者保护基本制度，起草银行业和保险业其他法律法规草案，提出制定和修改建议。

（3）依据审慎监管和金融消费者保护基本制度，制定银行业和保险业审慎监管与行为监管规则。制定小额贷款公司、融资性担保公司等其他类型机构的经营规则和监管规则。制定网络借贷信息中介机构业务活动的监管制度。

（4）依法依规对银行业和保险业机构及其业务范围实行准入管理，审查高级管理人员任职资格。制定银行业和保险业从业人员行为管理规范。

（5）对银行业和保险业机构的公司治理、风险管理、内部控制、资本充足状况、偿付能力、经营行为和信息披露等实施监管。

（6）对银行业和保险业机构实行现场检查与非现场监管，开展风险与合规评估，保护金融消费者合法权益，依法查处违法违规行为。

（7）负责统一编制全国银行业和保险业监管数据报表，按照国家有关规定予以发布，履行金融业综合统计相关工作职责。

(8) 建立银行业和保险业风险监控、评价和预警体系,跟踪分析、监测、预测银行业和保险业运行状况。

(9) 会同有关部门提出存款类金融机构和保险业机构紧急风险处置的意见和建议并组织实施。

(10) 依法依规打击非法金融活动,负责非法集资的认定、查处和取缔以及相关组织协调工作。

(11) 根据职责分工,负责指导和监督地方金融监管部门相关业务工作。

(12) 参加银行业和保险业国际组织与国际监管规则制定,开展银行业和保险业的对外交流与国际合作事务。

(13) 负责国有重点银行业金融机构监事会的日常管理工作。

(14) 完成党中央、国务院交办的其他任务。

(15) 职能转变。围绕国家金融工作的指导方针和任务,进一步明确职能定位,强化监管职责,加强微观审慎监管、行为监管与金融消费者保护,守住不发生系统性金融风险的底线。按照简政放权要求,逐步减少并依法规范事前审批,加强事中事后监管,优化金融服务,向派出机构适当转移监管和服务职能,推动银行业和保险业机构业务和服务下沉,更好地发挥金融服务实体经济功能。

18.4.3 商业银行的监督管理

2003年12月27日,第十届全国人民代表大会常务委员会第六次会议通过了《中华人民共和国银行业监督管理法》,2006年10月31日进行了修正。依据该法的规定,国务院银行业监督管理机构负责对全国银行业金融机构及其业务活动监督管理的工作。银行业监督管理应当遵循依法、公开、公正和效率的原则,目标是促进银行业的合法、稳健运行,维护公众对银行业的信心。

1. 中国银保监会对商业银行的监管

主要是对商业银行的业务风险、内部风险、市场风险和机构风险领域进行监管。

(1) 业务风险监管方面,主要有《商业银行信用卡业务监督管理办法》《金融机构衍生产品交易业务管理暂行办法》《商业银行集团客户授信业务风险金管理指引》等文件。

(2) 内部风险监管方面,主要有《商业银行内部控制指引》和《融资性担保公司内部控制指引》等文件进行内部控制引导。

(3) 市场风险监管方面,主要有《商业银行市场风险管理指引》《商业银行外部营销业务指导意见》《商业银行个人理财业务风险管理指引》等文件进行规范。

(4) 机构风险监管方面,主要有《城市信用社监管与发展规划》等文件进行指引。并且,《商业银行风险监管核心指标(试行)》《商业银行监管评级内部指引》等对我国商业银行的风险指标、检查监督措施和商业银行监管评级体系作出了规定。

2. 商业银行内部的监督管理

根据《商业银行法》的规定,商业银行内部的监管制度主要体现在以下方面。

(1) 应当按照中国银保监会的规定,制定本行的业务规章,建立、健全本行的业务管理、现金管理和安全防范制度。

(2) 应当建立、健全对自身及其分支机构的稽核、检查制度，即系统内部稽核、检查制度。内部稽核、检查是对商业银行自身及其分支机构所从事的业务活动，以会计核算为主要依据，以法律、行政法规和有关规定为标准，对存款、贷款、结算呆账等情况的真实性、合法性、安全性和效益性的一种内部经济监督方式。

(3) 应当建立、健全内部监督制度，即设立监事会。监事会依法履行监督职责，对商业银行的信贷资产质量、资产负债比例、国有资产保值增值等情况以及高级管理人员违反法律、行政法规或章程的行为，以及损害银行利益的行为进行监督。

3. 审计监督

在我国，国有商业银行除接受中国银保监会的监督检查外，同时也要接受审计机关的审计监督。县级以上各级政府都设立了审计机关，对各级政府的各个部门、金融机构以及依法确定为受审计监督的单位的财务收支进行审计监督。

18.5 违反金融法的法律责任

18.5.1 违反银行业监督管理法的法律责任

银行业监督管理机构从事监督管理工作的人员，违反相关规定，依法给予行政处分；构成犯罪的，依法追究刑事责任。贪污受贿，泄露国家秘密、商业秘密和个人隐私，构成犯罪的，依法追究刑事责任；尚不构成犯罪的，依法给予行政处分。

擅自设立银行业金融机构或者非法从事银行业金融机构的业务活动的，由国务院银行业监督管理机构予以取缔；构成犯罪的，依法追究刑事责任；尚不构成犯罪的，由国务院银行业监督管理机构没收违法所得，违法所得50万元以上的，并处违法所得1倍以上5倍以下罚款；没有违法所得或者违法所得不足50万元的，处50万元以上200万元以下罚款。

银行业金融机构情节特别严重或者逾期不改正的，可以责令停业整顿或者吊销其经营许可证；构成犯罪的，依法追究刑事责任。不按照规定提供报表、报告等文件、资料的，由银行业监督管理机构责令改正，逾期不改正的，处10万元以上30万元以下罚款。

银行业监督管理机构对银行业金融机构的违法行为除依法处罚外，还可以区别不同情形，采取下列措施：①责令银行业金融机构对直接负责的董事、高级管理人员和其他直接责任人员给予纪律处分；②银行业金融机构的行为尚不构成犯罪的，对直接负责的董事、高级管理人员和其他直接责任人员给予警告，处5万元以上50万元以下罚款；③取消直接负责的董事、高级管理人员一定期限直至终身的任职资格，禁止直接负责的董事、高级管理人员和其他直接责任人员一定期限直至终身从事银行业工作。

阻碍银行业监督管理机构工作人员依法执行检查、调查职务的，由公安机关依法给予治安管理处罚；构成犯罪的，依法追究刑事责任。

18.5.2 违反人民币管理规定的法律责任

伪造、变造人民币，出售伪造、变造的人民币，或者明知是伪造、变造的人民币而运输，构成犯罪的，依法追究刑事责任；尚不构成犯罪的，由公安机关处15日以下拘留、1

万元以下罚款。

购买伪造、变造的人民币或者明知是伪造、变造的人民币而持有、使用,构成犯罪的,依法追究刑事责任;尚不构成犯罪的,由公安机关处 15 日以下拘留、1 万元以下罚款。

在宣传品、出版物或者其他商品上非法使用人民币图样的,中国人民银行应当责令改正,并销毁非法使用的人民币图样,没收违法所得,并处 5 万元以下罚款。

印制、发售代币票券,以代替人民币在市场上流通的,中国人民银行应当责令停止违法行为,并处 20 万元以下罚款。违反有关规定,有关法律、行政法规有处罚规定的,依照其规定给予处罚;未作处罚规定的,由中国人民银行区别不同情形给予警告,没收违法所得,违法所得 50 万元以上的,并处违法所得 1 倍以上 5 倍以下罚款;没有违法所得或者违法所得不足 50 万元的,处 50 万元以上 200 万元以下罚款;对负有直接责任的董事、高级管理人员和其他直接责任人员给予警告,处 5 万元以上 50 万元以下罚款;构成犯罪的,依法追究刑事责任。

18.5.3　违反商业银行法的法律责任

商业银行在经营活动中违法,给存款人或其他客户造成财产损害的,应当承担支付迟延履行的利息以及其他民事责任。

商业银行在业务活动中违法,给国家和社会造成损害的,由国务院银行业监督管理机构或中国人民银行责令改正;有违法所得的,没收违法所得;违法所得 50 万元以上的,并处以违法所得 1 倍以上 5 倍以下的罚款;没有违法所得的或违法所得不足 50 万元的,处以 50 万元以上 200 万元以下罚款;情节特别严重或者逾期不改正的,可以责令停业整顿或者吊销其经营许可证;构成犯罪的,依法追究刑事责任。

商业银行拒绝或者阻碍国务院银行业监督管理机构检查监督,提供虚假的或者隐瞒重要事实的财务会计报告、报表和统计报表,未遵守资本充足率、资产流动性比例、同一借款人贷款比例、有关资产负债比例管理(未按规定比例交存存款准备金)等,由国务院银行业监督管理机构责令改正,并处 20 万元以上 50 万元以下罚款;情节特别严重或者逾期不改正的,可以责令停业整顿或者吊销其经营许可证;构成犯罪的,依法追究刑事责任。

商业银行不按照规定向国务院银行业监督管理机构报送有关文件、资料的,由国务院银行业监督管理机构责令改正,逾期不改正的,处 10 万元以上 30 万元以下罚款。

未经国务院银行业监督管理机构批准,擅自设立商业银行,或者非法吸收公众存款、变相吸收公众存款,构成犯罪的,依法追究刑事责任;并由国务院银行业监督管理机构予以取缔。伪造、变造、转让商业银行经营许可证,构成犯罪的,依法追究刑事责任。

18.5.4　违反外汇管理法的法律责任

违反外汇管理法的行为主要有逃汇、套汇和扰乱金融。

逃汇,是指境内机构或个人逃避我国外汇管理的行为;对逃汇行为者,由外汇管理机关责令限期调回外汇,处逃汇金额 30% 以下的罚款;情节严重的,处逃汇金额 30% 以上等值以下的罚款;构成犯罪的,依法追究刑事责任。

套汇,是指在我国境内的单位或个人,采取各种方式私自向第二者或第三者用人民币或物资换取外汇或外汇收益,套取国家外汇的行为;对套汇行为者,由外汇管理机关责令对非法套汇资金予以回兑,处非法套汇金额 30% 以下的罚款;情节严重的,处非法套汇金额 30% 以上等值以下的罚款;构成犯罪的,依法追究刑事责任。

扰乱金融,是指违反国家规定,经营外汇业务或从事外汇交易的非法行为。对扰乱金融的行为,应区别不同情况,分别予以责令改正,没收违法所得并处罚款的处罚。构成犯罪的,依法追究刑事责任。

本章小结

- 金融法有狭义和广义之分:狭义的金融法即银行法;广义的金融法还包括票据法、证券法、保险法等。金融关系包括金融监管关系与金融交易关系。
- 中国的金融法体系主要包括:金融机构组织法、金融经营规制法、金融监管法和金融调控法。
- 中央银行是一个国家金融体系的核心,我国的中央银行是中国人民银行。其一般的职能是发行的银行、政府的银行和银行的银行。具体职能是在国务院的领导下,制定和实施货币政策、维护金融稳定、提供金融服务,集中表现为"一个强化、一个转换和两个增加"。
- 我国的法定货币是人民币。以人民币支付中国境内的一切公共的和私人的债务,任何单位和个人不得拒收。现金管理是货币管理制度的重要组成部分。
- 外汇管理的主要目的是稳定本国货币,保持国际收支平衡,增强本国的经济实力。我国外汇管理的机构是国家外汇管理局。
- 金融监管本质上是一种具有特定内涵和特征的政府规制行为。其目的主要是维护金融体系的安全和稳定,促进金融机构的公平竞争,保护投资者和存款人的合法权益。我国当前的金融监管机构包括"一行两会",即中国人民银行、中国银保监会和中国证监会。
- 中国银保监会的主要职责是依照法律法规统一监督管理银行业和保险业,维护银行业和保险业合法、稳健运行,防范和化解金融风险,保护金融消费者合法权益,维护金融稳定。
- 金融秩序是当代一国经济秩序的核心,而金融法是一国金融秩序的重要保障,违反金融法应承担相应的法律责任。

关键概念

金融法　金融法体系　中央银行法　商业银行法　金融监管　中国银保监会　现金管理法　外汇管理法　法律责任

复习思考题

1. 简述金融法的概念及其体系。
2. 金融关系包括哪些内容?

3. 简述中央银行的作用与职能。
4. 中国银保监会的职责有哪些?
5. 商业银行的业务范围有哪些?
6. 现金管理的内容有哪些?
7. 外汇管理的内容有哪些?
8. 简述违反金融法的法律责任。

【案例分析】

案例1：某商业银行X市分行决定在该市东大街商业区设立东大街支行。经法定程序获得了经营许可证。但由于原来选定的支行营业地因投资者产权纠纷导致施工停止，一直不能交付使用，X市分行只好在别处租用一幢写字楼作为营业地点；不久，东大街支行副行长陈某又携款潜逃，致使东大街支行迟迟不能对外开业。经查，此人一年前因从事房地产投资所欠大额债务未还，于是挪用资金抵债。中国银保监会得知后，以东大街支行设立过程中存在严重违法事项，且超过6个月未开业为由，吊销了东大街支行的营业许可证。

试分析：(1) 设立商业银行分支机构须经过哪些程序？(2) 东大街支行在设立过程中有哪些违法之处？(3) 中国银保监会能否吊销东大街支行的营业许可证？

案例2：2020年4月16日，甲公司签发一张转账支票交付给同城的乙公司，该支票记载了付款日期，但未记载票面金额和收款人名称，乙公司收到该支票后，其财务人员对票面金额和收款人名称进行了补记，补记后票面金额为20万元，乙公司在4月25日向甲公司开户行提示付款，遭到退票，甲公司开户行退票理由如下：①支票上票面金额和收款人名称记载与其他内容记载的字体不一致，显然不是出票人所记载；②支票上记载了付款日期。

试分析：(1) 甲公司开户行的退票理由①是否成立？简要说明理由。(2) 甲公司开户行的退票理由②是否成立？简要说明理由。

案例3：2019年7月14日，A公司从B公司购买了办公设备，合计20万元，双方约定以商业汇票付款。7月15日，B公司签发了一张以A公司为付款人、以B公司的债权人C公司为收款人，金额为20万元的商业承兑汇票。A公司经提示在汇票上签章承兑。该汇票在交付给C公司时，C公司要求A公司提供保证人。A公司遂请求D公司保证，D公司提出需以A公司设定抵押为保证生效条件，A公司承诺设定抵押，D公司以保证人身份在汇票上签章，并注明"该保证以A公司提供抵押为生效条件"。D公司保证A公司付款，但票据上未记载被保证人名称和保证日期。汇票到期后，C公司获悉A公司财务状况不佳，遂直接向保证人D公司请求付款，D公司拒绝付款，理由如下：①汇票未记载被保证人名称和保证日期，保证无效；②A公司未提供抵押，保证不生效；③即使保证生效，持票人应先向被保证人请求付款，只有在被保证人不具有还款能力时才由保证人付款。

试分析：(1) D公司拒绝付款的理由①是否成立？并说明理由。(2) D公司拒绝付款的理由②是否成立？并说明理由。(3) C公司可否直接向D公司主张票据权利？并说明理由。

第 19 章 证券法律制度

【学习目标】

学完本章后,你应该能够:
- 知晓证券法的概念、适用范围、基本原则;
- 知晓证券机构的构成及职责;
- 理解证券发行与交易的内涵、方式及条件;
- 理解信息披露与投资者保护的内容;
- 领会上市公司收购的本质及类型。

19.1 证券法概述

19.1.1 证券

1. 证券的概念、特征及分类

1) 证券的概念

证券是以证明或设定权利为目的,具有一定票面金额并能给持有人带来一定收益的所有权或债权的凭证。证券有广义和狭义之分:广义证券是指证明持券人享有一定经济权益的书面凭证,包括商品证券、货币证券、资本证券及其他证券;狭义证券一般专指在证券市场上发行和流通的资本证券,证明持券人享有一定的所有权和债权的书面凭证。

2) 证券的特征

证券法上的证券是指狭义的证券,具备以下特征。①证券是一种投资凭证。证券发行人向投资者募集资金,投资者在缴纳资金后取得由发行人所提供的权利凭证。②证券是一种权益凭证。证券是投资者权益的外部表现形式,它仅体现一定的权利,而并不能创设权利,如股票体现的是所有权,债券体现的是债权。③证券是一种可转让的权利凭证,即具有流通性。作为一种民事财产权利,证券可采用背书方式转让,也可以通过证券交易场所完成流通。

3) 证券的分类

目前我国证券市场上发行和流通的证券主要有以下几类。

(1) 股票。这是指股份有限公司签发的证明股东所持股份的凭证。它具有权利性、非返还性、流通性、收益性及风险性的特点。股票的种类具有多样性,如记名股票和不记名股票,普通股和优先权股,表决权股和无表决权股等。我国当前发行的股票,按照投资主体的不同,可分为国家股、法人股、内部职工股和社会公众个人股;按照认购股票投资者的身份和上市地点的不同，可以分为境内上市内资股（A股）、境内上市外资股（B股）和境外上市外资股（包括H股、N股、S股）三类。

(2) 债券。这是指依照法定程序发行的，约定在一定期限内还本付息的有价证券。它具有风险性小、流通性强的特点。我国目前发行的债券主要有国家债券、企业债券、公司债券和金融债券。

(3) 投资基金证券。这是指基金发起人向不特定的投资者发行的，表示持有人对基金享有基金所有权，收益分配权和其他权利，并承担相应义务的有价证券。投资基金根据其组织形式可以划分为公司型投资基金和契约型投资基金；按其受益凭证是否可赎回可以分为封闭式投资基金和开放式投资基金；按其投资对象不同可以分为股票基金、债券基金、货币市场基金和对冲基金。我国目前的投资基金主要是股票、债券投资基金。

(4) 认股权证。是股份有限公司给予持证人的无限期或在一定期限内，以确定价格购买一定数量普通股份的权利凭证。这是持证人认购公司股票的一种长期选择权，它本身不是权利证明书，其持有人不具备股东资格。但认股权证能依法转让，给持有人带来很大收益，因而也是一种有价证券。

2. 证券市场

证券市场主要由发行人、投资者、证券、证券交易所、中介机构、监管机构、自律组织等要素构成。证券市场可分为发行市场和交易市场。

1) 证券发行市场

证券发行市场，也称为证券一级市场、初级市场，是指证券发行人首次发行或者增发证券的场所，表现为以包销、认购或拍卖招标等方式所进行的股票和公司债券交易。

发行市场主要由证券发行人、认购人和中介人组成。其中证券发行人包括政府、金融机构、公司和公共机构（如基金公司等）；认购人即投资者，包括机构和个人两类；中介人指证券公司以及为证券发行服务的投资咨询机构、财务顾问机构、资信评级机构、资产评估机构、会计师事务所等。

2) 证券交易市场

证券交易市场，也称为证券二级市场、次级市场，是指已发行的证券进行买卖、转让和流通的市场，其交易形式主要有证券交易所和场外交易市场两种。在我国，证券交易所特指国家专营的上海证券交易所和深圳证券交易所，场外证券交易一般指不记名公司证券的分散和不固定的交易活动。

证券发行市场和交易市场，二者相互依赖，相辅相成。证券发行市场是交易市场的前提，没有发行市场，证券发行人无法发行证券，交易市场也就没有存在的必要。而交易市场是发行市场发展扩大的基础，没有交易市场，证券无法自由转让，也就失去了活力，发行市场必然随之萎缩。

19.1.2 证券法

1. 证券法的概念及适用范围

证券法有广义和狭义之分，广义的证券法是指与证券有关的一切法律规范的总称。我国现行的证券立法包括证券市场的基本法律、关于发行外资股的法规、有关信息披露的规章、有关证券交易所的法规、关于证券投资基金的法规和处罚证券市场违法行为的法规。

狭义的证券法是指调整在证券发行、交易和管理过程中发生的各种社会关系的法律规范的总称，专指《中华人民共和国证券法》(以下简称《证券法》)。我国的《证券法》由九届全国人大常委会第六次会议于1998年12月29日审议通过，先后于2004年、2013年、2014年3次修正，2005年、2019年2次修订。

证券法主要调整的是证券发行和证券交易关系，也调整证券监管关系。按照《证券法》的规定，该法适用于在中国境内的股票、公司债券、存托凭证以及国务院依法认定的其他证券的发行和交易。证券法未规定的，适用《公司法》和其他法律、行政法规的规定。政府债券、证券投资基金份额的上市交易，适用《证券法》；其他法律、行政法规另有规定的，适用其规定。资产支持证券、资产管理产品发行、交易的管理办法，由国务院依照证券法的原则规定。在中国境外的证券发行和交易活动，扰乱中华人民共和国境内市场秩序，损害境内投资者合法权益的，依照证券法有关规定处理并追究法律责任。

2. 证券法的基本原则

证券法的基本原则是证券发行、交易过程中必须遵循的最基本准则，主要有：

(1) 保护投资者合法权益的原则。证券法将保护投资者的合法权益放在首要位置，并在整部法律中规定了信息披露、禁止证券欺诈行为等制度和规范，体现了保护投资者合法权益的原则。

(2) 公开、公平、公正原则。公开原则是证券发行和交易制度的核心，它要求证券发行人必须依法将与证券有关的一切真实情况予以公开，以供投资者投资决策时参考。只有以公开为基础，才能实现公平和公正。公平原则是指在证券发行和交易活动中，发行人、投资人、证券商和证券专业服务机构的法律地位完全平等，其合法权益受到同等保护。公正原则是指证券监管机关和司法机构在履行职责时，应当依法行使职权，对一切主体给予公正待遇。

(3) 平等、自愿、有偿、诚实信用的原则。这是指证券发行、交易活动的当事人具有平等的法律地位，应当自愿、有偿、诚实信用地履行自己的义务，不得有任何证券欺诈行为。

(4) 合法原则。证券的发行、交易活动，必须遵守法律、行政法规；禁止欺诈、内幕交易和操纵证券市场的行为。这体现了证券发行、交易活动必须依法进行的原则。

(5) 分业经营、分业管理原则。证券业和银行业、信托业、保险业实行分业经营、分业管理，证券公司与银行、信托、保险业务机构分别设立。国家另有规定的除外。

(6) 集中统一监管原则。国务院证券监督管理机构依法对全国证券市场实行集中统一监督管理，根据需要可以设立派出机构，按照授权履行监督管理职责。

(7) 审计监督原则。国家审计机关依法对证券交易场所、证券公司、证券登记结算机构、证券监督管理机构进行审计监督。

19.2 证券机构

19.2.1 证券交易所

1. 证券交易所的概念

证券交易所是为证券集中交易提供场所和设施，组织和监督证券交易，实行自律管理的法人。从世界各国来看，证券交易所有公司制的营利性法人和会员制的非营利性法人。目前，我国证券交易所共有四家：实行会员制的有上海证券交易所和深圳证券交易所；实行公司制的有香港交易所和台湾证券交易所。

2. 证券交易所的设立

依据我国《证券法》的规定，证券交易所、国务院批准的其他全国性证券交易场所的设立、变更和解散由国务院决定。申请设立证券交易所，首先由中国证监会进行审核，再报国务院进行批准。设立证券交易所必须制定章程，章程的制定和修改必须经国务院证券监督管理机构批准。证券交易所必须在其名称中标明证券交易所字样。其他任何单位或者个人不得使用证券交易所或者近似的名称。全国性证券交易场所可以根据证券品种、行业特点、公司规模等因素设立不同的市场层次。区域性股权市场为非公开发行证券的发行、转让提供场所和设施，具体管理办法由国务院规定。

3. 证券交易所的职责

依据《证券法》的规定，证券交易所具有以下职责。

(1) 根据投资者的委托，按照证券交易规则提出交易申报，参与证券交易所场内的集中交易，并根据成交结果承担相应的清算交收责任。

(2) 为组织公平的集中交易提供保障，公布证券交易即时行情，并按交易日制作证券市场行情表，予以公布。

(3) 因不可抗力、意外事件、重大技术故障、重大人为差错等突发性事件而影响证券交易正常进行时，为维护证券交易正常秩序和市场公平，证券交易所可以按照业务规则采取技术性停牌、临时停市等处置措施，并应当及时向国务院证券监督管理机构报告。

(4) 对证券交易实行实时监控，并按照国务院证券监督管理机构的要求，对异常的交易情况提出报告；根据需要，可以按照业务规则对出现重大异常交易情况的证券账户的投资者限制交易，并及时报告国务院证券监督管理机构。

(5) 上市公司可以向证券交易所申请其上市交易股票的停牌或者复牌，但不得滥用停牌或者复牌损害投资者的合法权益。证券交易所可以按照业务规则的规定，决定上市交易股票的停牌或者复牌。

(6) 对其组织交易的证券的信息披露义务人的信息披露行为进行监督，督促其依法及时、准确地披露信息。

(7) 加强对证券交易的风险监测，出现重大异常波动的，证券交易所可以按照业务规则采取限制交易、强制停牌等处置措施，并向国务院证券监督管理机构报告；严重影响证券市场稳定的，证券交易所可以按照业务规则采取临时停市等处置措施并公告。

(8) 从其收取的交易费用和会员费、席位费中提取一定比例的金额设立风险基金。风险基金由证券交易所理事会管理；将收存的风险基金存入开户银行专门账户，不得擅自使用。

(9) 依照法律、行政法规和国务院证券监督管理机构的规定，制定上市规则、交易规则、会员管理规则和其他有关业务规则，并报国务院证券监督管理机构批准。

19.2.2 证券公司

1. 证券公司的设立

证券公司是指依照《公司法》《证券法》的规定，设立的经营证券业务的有限责任公司或者股份有限公司。设立证券公司，应当具备：①合法的公司章程；②主要股东及公司的实际控制人具有良好的财务状况和诚信记录,最近三年无重大违法违规记录;③法定的注册资本;④董事、监事、高级管理人员、从业人员符合法定条件;⑤完善的风险管理与内部控制制度;⑥合格的经营场所、业务设施和信息技术系统;⑦法律、行政法规和证券监督管理机构规定的其他条件。

设立证券公司,必须经国务院证券监督管理机构审查批准。未经国务院证券监督管理机构批准,任何单位和个人不得经营证券业务。

2. 证券公司的业务范围与注册资本要求

《证券法》规定,经国务院证券监督管理机构批准,证券公司可以经营下列部分或者全部业务:①证券经纪;②证券投资咨询;③与证券交易、证券投资活动有关的财务顾问;④证券承销与保荐;⑤证券融资融券;⑥证券做市交易;⑦证券自营;⑧其他证券业务。

证券公司经营第①～③项业务的,注册资本最低限额为5 000万元;经营第④～⑧项业务之一的,注册资本最低为1亿元;经营第④～⑧项业务中两项以上的,注册资本最低为5亿元。证券公司的注册资本应当是实缴资本。国务院证券监督管理机构根据审慎监管原则和各项业务的风险程度,可以调整注册资本最低限额,但不得少于前面规定的限额。

3. 对证券公司的监管

(1) 风险控制监管。国务院证券监督管理机构应当对证券公司的净资本和其他风险控制指标作出规定。证券公司除依照规定为其客户提供融资融券外,不得为其股东或者股东的关联人提供融资或者担保。

(2) 投资者保护基金和准备金监管。证券公司须筹集、管理证券投资者保护基金,从每年的业务收入中提取交易风险准备金,用于弥补证券经营的损失,具体办法由国务院规定。

(3) 内控隔离监管。证券公司应建立健全内部控制制度,采取有效隔离措施,防范公司与客户之间、不同客户之间的利益冲突;须将其证券经纪业务、证券承销业务、证券自营业务、证券做市业务和证券资产管理业务分开办理,不得混合操作。

(4) 客户的交易结算资金和证券独立。证券公司客户的交易结算资金应当存放在商业银行,以每个客户的名义单独立户管理;不得将客户的交易结算资金和证券归入其自有财产。禁止挪用客户的交易结算资金和证券。

(5) 代理业务限制。证券公司办理经纪业务,不得接受客户的全权委托而决定证券买卖、选择证券种类、决定买卖数量或者买卖价格;不得允许他人以证券公司的名义直接参与证券的集中交易;不得对客户证券买卖的收益或者赔偿证券买卖的损失作出承诺。

19.2.3 证券登记结算机构

1. 证券登记结算机构的设立

证券登记结算机构是为证券交易提供集中登记、存管与结算服务,不以营利为目的的法人。设立证券登记结算机构,必须经国务院证券监督管理机构批准,应当具备:①自有资金不少于人民币2亿元;②具有证券登记、存管和结算服务所必需的场所和设施;③国务院证券监督管理机构规定的其他条件。

证券登记结算机构的名称中应当标明证券登记结算字样。

2. 证券登记结算机构的职能

证券登记结算机构履行下列职能:①证券账户、结算账户的设立;②证券的存管和过户；③证券持有人名册登记；④证券交易的清算和交收；⑤受发行人的委托派发证券权益；⑥办理与上述业务有关的查询、信息服务；⑦国务院证券监督管理机构批准的其他业务。

在证券交易所和国务院批准的其他全国性证券交易场所交易的证券的登记结算，应当采取全国集中统一的运营方式。其他的证券，其登记、结算可以委托证券登记结算机构或者其他依法从事证券登记、结算业务的机构办理。

19.2.4 证券服务机构

1. 证券服务机构的概念

证券服务机构是指依法设立的从事证券服务业务的法人，主要包括：证券投资咨询公司、资产评估机构、信用评级机构、会计师事务所、律师事务所、财务顾问、证券信息公司等。

证券服务机构应当勤勉尽责、恪尽职守，按照相关业务规则为证券的交易及相关活动提供服务。从事证券投资咨询服务业务，应当经国务院证券监督管理机构核准；未经核准，不得为证券的交易及相关活动提供服务。从事其他证券服务业务，应当报国务院证券监督管理机构和国务院有关主管部门备案。

2. 证券服务机构的职责

证券投资咨询机构及其从业人员从事证券服务业务不得有下列行为：①代理委托人从事证券投资；②与委托人约定分享证券投资收益或者分担证券投资损失；③买卖本证券投资咨询机构提供服务的证券；④法律、行政法规禁止的其他行为。有上述所列行为之一，给投资者造成损失的，应当依法承担赔偿责任。

证券服务机构应当妥善保存客户委托文件、核查和验证资料、工作底稿以及与质量控制、内部管理、业务经营有关的信息和资料，任何人不得泄露、隐匿、伪造、篡改或者毁损。上述信息和资料的保存期限不得少于10年，自业务委托结束之日起算。

证券服务机构为证券的发行、上市、交易等证券业务活动制作、出具审计报告及其他鉴证报告、资产评估报告、财务顾问报告、资信评级报告或者法律意见书等文件，应当勤勉尽责，对所依据的文件资料内容的真实性、准确性、完整性进行核查和验证。其制作、出具的文件有虚假记载、误导性陈述或者重大遗漏，给他人造成损失的，应当与委托人承担连带赔偿责任，但是能够证明自己没有过错的除外。

19.2.5 证券监督管理机构

《证券法》规定，国务院证券监督管理机构，即中国证券监督管理委员会（中国证监会），依法对证券市场实行监督管理，维护证券市场公开、公平、公正，防范系统性风险，维护投资者特别是中小投资者合法权益，促进资本市场健康发展。

国务院证券监督管理机构的职责：①依法制定有关证券市场监督管理的规章、规则，并依法进行审批、核准、注册，办理备案；②依法对证券的发行、上市、交易、登记、存管、结算等行为，进行监督管理；③依法对证券发行人、证券公司、证券服务机构、证券交易场所、证券登记结算机构的证券业务活动，进行监督管理；④依法制定从事证券业务人员的行为准则，并监督实施；⑤依法监督检查证券发行、上市、交易的信息披露；⑥依法对证券业协会的自律管理活动进行指导和监督；⑦依法监测并防范、处置证券市场风险；⑧依法开展投资者教育；⑨依法对证券违法行为进行查处；⑩法律、行政法规规定的其他职责。

国务院证券监督管理机构在证券监管中，享有调查取证权、询问权、查阅、复制和封存、扣押权、查询账户、冻结或者查封权，对重大证券违法当事人可限制其证券买卖，通知出境入境管理机关依法阻止涉嫌违法人员、涉嫌违法单位的主管人员和其他直接责任人员出境。为防范证券市场风险，维护市场秩序，国务院证券监督管理机构可以采取责令改正、监管谈话、出具警示函等措施。

国务院证券监督管理机构的义务包括：履行证券监管职责；依法制定规章、规则和监督管理工作制度以及对证券违法行为的处罚决定应当公开；发现证券违法行为涉嫌犯罪的，应当将案件移送司法机关处理；其工作人员必须忠于职守，依法办事，公正廉洁，不得利用自己的职务便利牟取不正当的利益，不得泄露所知悉的有关单位和个人的商业秘密，在任职期间或者离职后在规定的期限内，不得到与原工作业务直接相关的企业或者其他营利性组织任职，不得从事与原工作业务直接相关的营利性活动。

19.3 证券发行

19.3.1 证券发行的基本条件

1. 证券发行概述

证券发行是指符合发行条件的公司或政府组织以筹集资金为目的，以同一条件向特定或不特定的公众招募或出售证券的行为。

证券发行，按照发行证券的不同可分为股票发行、债券发行；按照发行对象的不同可分为公开发行、非公开发行。依据《证券法》的规定，有下列情形之一的，为公开发行：①向不特定对象发行证券；②向特定对象发行证券累计超过200人，但依法实施员工持股计划的员工人数不计算在内；③法律、行政法规规定的其他发行行为。非公开发行证券，不得采用广告、公开劝诱和变相公开方式。

2019年修订的《证券法》规定：公开发行证券，必须符合法律、行政法规规定的条件，并依法报经国务院证券监督管理机构或者国务院授权的部门注册。未经依法注册，任何单位和个人不得公开发行证券。证券发行注册制的具体范围、实施步骤，由国务院规定。

2. 股票公开发行的条件

股票发行必须是具有股票发行资格的股份有限公司，包括已成立的股份有限公司、经核准成立拟设立的股份有限公司。《证券法》规定，发行人申请公开发行股票、可转换为股票的公司债券，依法采取承销方式的，或者公开发行法律、行政法规规定实行保荐制度的其他证券的，应当聘请证券公司担任保荐人。股票发行一般有两种：设立发行和增资发行。

1) 设立发行股票的条件

设立发行，也称新设发行、首次发行，是指发起人通过发行公司股票来筹措经营资本，成立股份有限公司的行为。设立发行除应符合《公司法》规定条件外，还应符合国务院证券监督管理机构规定的其他条件。

2) 首次公开发行新股的基本条件

公司首次公开发行新股，应当符合下列条件：①具备健全且运行良好的组织机构；②具有持续经营能力；③最近3年财务会计报告被出具无保留意见审计报告；④发行人及其控股股东、实际控制人最近3年不存在贪污、贿赂、侵占财产、挪用财产或者破坏社会主义市场经济秩序的刑事犯罪；⑤经国务院批准的国务院证券监督管理机构规定的其他条件。

公开发行存托凭证的，应当符合首次公开发行新股的条件以及国务院证券监督管理机构规定的其他条件。

公司对公开发行股票所募集资金，必须按照招股说明书或者其他公开发行募集文件所列资金用途使用；改变资金用途，必须经股东大会作出决议。擅自改变用途，未作纠正的，或者未经股东大会认可的，不得公开发行新股。

3. 公司债券公开发行的条件

公开发行公司债券，应当符合下列条件：①具备健全且运行良好的组织机构；②最近3年平均可分配利润足以支付公司债券1年的利息；③国务院规定的其他条件。

公开发行公司债券筹集的资金，必须按照公司债券募集办法所列资金用途使用；改变资金用途，必须经债券持有人会议作出决议。公开发行公司债券筹集的资金，不得用于弥补亏损和非生产性支出。

上市公司发行可转换为股票的公司债券，除应当符合前述规定条件外，还应当符合公开发行股票的条件，具体管理办法由国务院证券监督管理机构规定。但是，按照公司债券募集办法，上市公司通过收购本公司股份的方式进行公司债券转换的除外。

有下列情形之一的，不得再次公开发行公司债券：①对已公开发行的公司债券或者其他债务有违约或者延迟支付本息的事实，仍处于继续状态；②违反证券法规定，改变公开发行公司债券所募资金的用途。

19.3.2　证券发行方式

证券发行可分为公募发行、私募发行。私募发行，也称为非公开发行，一般情况下投资者是确定的，通过与发行人协商，达成协议进行发行。而公募发行的投资者不确定，涉及面广泛，新修订的《证券法》对此予以重点规范。

(1) 注册制的全面实施。国务院证券监督管理机构或者国务院授权的部门依照法定条件负责证券发行申请的注册。证券公开发行注册的具体办法由国务院规定。按照国务院的规定，证券交易所等可以审核公开发行证券申请，判断发行人是否符合发行条件、信息披露要求，督促发行人完善信息披露内容。

(2) 股票发行披露申请文件。发行人申请首次公开发行股票的，在提交申请文件后，应当按照证券监督管理机构的规定预先披露有关申请文件。

(3) 形式审查。证券监督管理机构或者国务院授权的部门应当自受理证券发行申请文件之日起，依照法定条件和法定程序对申报文件的全面性、准确性、真实性和及时性作形式审查，不对发行人的资质进行实质性审核和价值判断，3个月内作出予以注册或者不予注册的决定，发行人根据要求补充、修改发行申请文件的时间不计算在内。不予注册的，应当说明理由。

(4) 公开发行信息。证券发行申请经注册后，发行人应当依照法律、行政法规的规定，在证券公开发行前公告公开发行募集文件,并将该文件置备于指定场所供公众查阅。

(5) 发行价格市场化。注册制下,监管机构不对发行申请人的价值作出判断,不对发行定价设限。新股的发行价格主要通过市场化方式决定,新股发行定价中充分发挥机构投资者的投研定价能力,形成以机构投资者为参与主体的询价、定价、配售等发行承销机制。

(6) 责令回购证券的情形。股票的发行人在招股说明书等证券发行文件中隐瞒重要事实或者编造重大虚假内容,已经发行并上市的,证券监督管理机构可以责令发行人回购证券,或者责令负有责任的控股股东、实际控制人买回证券。

注册制下,股票依法发行后,发行人经营与收益的变化,由发行人自行负责;由此变化引致的投资风险,由投资者自行负责。

19.3.3 证券承销

1. 证券承销种类

《证券法》规定的证券承销业务有代销或者包销两种。证券代销是指证券公司代发行人发售证券,在承销期结束时,将未售出的证券全部退还给发行人的承销方式。证券包销是指证券公司将发行人的证券按照协议全部购入或者在承销期结束时将售后剩余证券全部自行购入的承销方式。

2. 承销协议

发行人公开发行证券,依法规定应由证券公司承销的,发行人应当同证券公司签订承销协议。发行人有权依法自主选择承销的证券公司,并签订代销或者包销协议,载明相关事项。

证券公司承销证券,应当对公开发行募集文件的真实性、准确性、完整性进行核查。发现有虚假记载、误导性陈述或者重大遗漏的,不得进行销售活动;已经销售的,必须立即停止销售活动,并采取纠正措施。

证券公司承销证券,不得有:①进行虚假的或者误导投资者的广告宣传或者其他宣传推介活动;②以不正当竞争手段招揽承销业务;③其他违反证券承销业务规定的行为。证券公司违反以上规定,给其他证券承销机构或投资者造成损失的,应当依法承担赔偿责任。

3. 承销团

发行巨大金额的证券,尽管其成功后利润巨大,但其失败后的损失同样巨大,一家承销机构往往不愿意单独承担发行风险,这时就会组织两个或两个以上的证券公司组成,这就是所谓的承销团。

承销团应当由主承销商以及参与承销的证券公司组成。主承销商在承销团中起主要作用,代表承销团与发行者签订承销协议等文件,负责与其他承销商签订分销协议,履行相关义务等。证券承销团的优点很多,主要是能够满足数额特大的证券发行的需要,可以分散承销风险,提高证券发行速度等。

4. 证券销售期限

《证券法》规定,证券的代销、包销期限最长不得超过 90 日。证券公司在代销、包销期内,对所代销、包销的证券应当保证先行出售给认购人,证券公司不得为本公司预留所代销的证券和预先购入并留存所包销的证券。

5. 发行价格

股票发行采取溢价发行的，其发行价格由发行人与承销的证券公司协商确定。股票发行采用代销方式，代销期限届满，向投资者出售的股票数量未达到拟公开发行股票数量70%的，为发行失败。发行人应当按照发行价并加算银行同期存款利息返还股票认购人。

公开发行股票，代销、包销期限届满，发行人应当在规定的期限内将股票发行情况报国务院证券监督管理机构备案。

19.4 证券交易

19.4.1 证券交易的条件与方式

1. 证券交易的条件

证券交易是指证券持有人依照交易规则，将依法发行并交付的证券在法定证券交易市场上进行买卖的行为。证券交易从法律上讲是一种买卖性质的合同关系，实质上是证券权利的转让与受让。《证券法》规定，证券交易必须具有以下条件：

(1) 证券交易当事人依法买卖的证券，必须是依法发行并交付的证券。非依法发行的证券，不得买卖。

(2) 依法发行的证券，法律对其转让期限有限制性规定的，在限定的期限内不得转让。

(3) 公开发行的证券，应当在依法设立的证券交易所上市交易或者在国务院批准的其他全国性证券交易场所交易。非公开发行的证券，可以在证券交易所、国务院批准的其他全国性证券交易场所、按照国务院规定设立的区域性股权市场转让。

2. 证券交易的方式

《证券法》规定，证券交易的一般规定如下。

(1) 证券在证券交易所上市交易，应当采用公开的集中交易方式或者国务院证券监督管理机构批准的其他方式。

(2) 证券交易当事人买卖的证券可以采用纸面形式或者国务院证券监督管理机构规定的其他形式。

证券交易的收费必须合理，并公开收费项目、收费标准和管理办法。

19.4.2 证券上市

证券上市交易，应向证券交易所提出申请，由证券交易所依法审核同意，并由双方签订上市协议。证券交易所根据国务院授权部门的决定安排政府债券上市交易。

申请证券上市交易，应符合证券交易所上市规则规定的上市条件，对发行人的经营年限、财务状况、最低公开发行比例和公司治理、诚信记录等提出要求，符合条件即可上市。

上市交易的证券，有证券交易所规定的终止上市情形的，由证券交易所按照业务规则终止其上市交易，应及时公告，并报国务院证券监督管理机构备案。

对证券交易所作出的不予上市交易、终止上市交易决定不服的，可以向证券交易所设立的复核机构申请复核。

19.4.3　限制和禁止的证券交易行为

1. 限制与禁止证券交易的一般规定

(1) 禁止以下人员在任期或法定期限内,持有、买卖和受赠股票或其他具有股权性质的证券:①证券交易所、证券公司和证券登记结算机构的证券从业人员;②证券监督管理机关的工作人员;③法律、行政法规禁止参与股票交易的其他人员。任何人在成为上述所列人员时,其原已持有的股票,必须依法转让。

实施股权激励计划或者员工持股计划的证券公司的从业人员,可以按照国务院证券监督管理机构的规定持有、卖出本公司股票或者其他具有股权性质的证券。

(2) 证券交易场所、证券公司、证券登记结算机构、证券服务机构及其工作人员应当依法为投资者的信息保密,不得非法买卖、提供或者公开投资者的信息;不得泄露所知悉的商业秘密。

(3) 限制证券服务机构及其有关人员在特定期限内买卖特定的证券。即为股票发行或上市公司出具审计报告或法律意见书等文件的专业机构及人员,在下列期限内不得买卖提供上述服务的该种股票:①为股票发行服务时,在该股票承销期内和期满后6个月;②为上市公司服务时,自接受委托之日起至上述文件公开后5日内。实际开展上述有关工作之日早于接受委托之日的,自实际开展上述有关工作之日起至上述文件公开后5日内,不得买卖该证券。

(4) 对上市公司董事、监事、高级管理人员、持股5%以上的股东所持股票在一定期限内买卖该公司股票行为的限制,在买入后6个月内卖出,或者在卖出后6个月内又买入,由此所得收益归该公司所有,公司董事会应当收回其所得收益。但是,证券公司因购入包销售后剩余股票而持有5%以上股份,以及有国务院证券监督管理机构规定的其他情形的除外。

2. 禁止内幕交易行为

《证券法》规定,禁止证券交易内幕信息的知情人和非法获取内幕信息的人利用内幕信息从事证券交易活动。内幕交易行为或者利用未公开信息进行交易给投资者造成损失的,行为人应当依法承担赔偿责任。

1) 内幕信息

内幕信息是指在证券交易活动中,涉及发行人的经营、财务或者对该发行人证券的市场价格有重大影响的尚未公开的信息。

内幕信息主要包括:①公司股权结构、经营方针、经营范围或生产经营状况发生重大变化;公司债券信用评级发生变化;②公司的重大投资行为,公司在1年内购买、出售重大资产超过公司资产总额30%,或者公司营业用主要资产的抵押、质押、出售或者报废一次超过该资产的30%;③公司订立重要合同、提供重大担保或者从事关联交易,可能对公司的资产、负债、权益和经营成果产生重要影响;④公司发生重大债务和未能清偿到期重大债务的违约情况;⑤公司发生重大亏损或者重大损失;⑥公司生产经营的外部条件发生的重大变化;⑦公司的董事、1/3以上监事或者经理发生变动,董事长或者经理无法履行职责;⑧持股5%以上的股东或者实际控制人持有股份或者控制公司的情况发生较大变化,公司的实际控制人及其控制的其他企业从事与公司相同或者相似业务的情况发生较大变化;⑨公司分配股利、增资的计划,公司股权结构的重要变化,公司减资、合并、分立、解散及申请破产的决定,或者依法进入破产程序、被责令关闭;⑩涉及公司的重大诉讼、仲裁,股东大会、董事会决议被依法撤销或者宣告无效;⑪公司涉嫌犯罪被依法立案调查,公司的控股股东、实际控制人、董事、监事、高级管理人员涉嫌犯罪被依法采取强制措施;⑫国务院证券监督管理机构规定的其他事项。

2) 内幕信息知情人

这主要包括:①发行人及其董事、监事、高级管理人员;②持有公司5%以上股份的股东及其董事、监事、高级管理人员,公司的实际控制人及其董事、监事、高级管理人员;③发行人控股或者实际控制的公司及其董事、监事、高级管理人员;④由于所任公司职务或者因与公司业务往来可以获取公司有关内幕信息的人员;⑤上市公司收购人或者重大资产交易方及其控股股东、实际控制人、董事、监事和高级管理人员;⑥因职务、工作可以获取内幕信息的证券交易场所、证券公司、证券登记结算机构、证券服务机构的有关人员;⑦因职责、工作可以获取内幕信息的证券监督管理机构工作人员;⑧因法定职责对证券的发行、交易或者对上市公司及其收购、重大资产交易进行管理可以获取内幕信息的有关主管部门、监管机构的工作人员;⑨国务院证券监督管理机构规定的可以获取内幕信息的其他人员。

3. 禁止操纵市场行为

操纵市场的行为包括:①单独或者通过合谋,集中资金优势、持股优势或者利用信息优势联合或者连续买卖;②与他人串通,以事先约定的时间、价格和方式相互进行证券交易;③在自己实际控制的账户之间进行证券交易;④不以成交为目的,频繁或者大量申报并撤销申报;⑤利用虚假或者不确定的重大信息,诱导投资者进行证券交易;⑥对证券、发行人公开作出评价、预测或者投资建议,并进行反向证券交易;⑦利用在其他相关市场的活动操纵证券市场;⑧操纵证券市场的其他手段。

操纵证券市场行为给投资者造成损失的,应当依法承担赔偿责任。

4. 禁止虚假陈述与信息误导行为

《证券法》规定,禁止任何单位和个人编造、传播虚假信息或者误导性信息,扰乱证券市场。禁止证券交易场所、证券公司、证券登记结算机构、证券服务机构及其从业人员,证券业协会、证券监督管理机构及其工作人员,在证券交易活动中作出虚假陈述或者信息误导。

各种传播媒介传播证券市场信息必须真实、客观,禁止误导。传播媒介及其从事证券市场信息报道的工作人员不得从事与其工作职责发生利益冲突的证券买卖。

编造、传播虚假信息或者误导性信息,扰乱证券市场,给投资者造成损失的,应当依法承担赔偿责任。

5. 禁止损害客户利益行为

《证券法》规定,禁止证券公司及其从业人员从事下列损害客户利益的行为:①违背客户的委托为其买卖证券;②不在规定时间内向客户提供交易的确认文件;③未经客户的委托,擅自为客户买卖证券,或者假借客户的名义买卖证券;④为牟取佣金收入,诱使客户进行不必要的证券买卖;⑤其他违背客户真实意思表示,损害客户利益的行为。

违反上述规定给客户造成损失的,应当依法承担赔偿责任。

19.5 信息披露与投资者保护

19.5.1 信息披露制度

信息披露制度，也称信息公开制度，是指上市公司在证券的发行、交易过程中，根据法律、行政法规的规定，将关系到投资者利益的信息，如公司的经营、财务状况及与公司相关的重大事项等，向证券监管机关报告，同时向社会公众及时、准确、完整公布，以供投资者作出投资价值判断的法律制度。

1. 公开文件

《证券法》规定，发行人报送的证券发行申请文件，应当充分披露投资者作出价值判断和投资决策所必需的信息，内容应当真实、准确、完整。首次公开发行股票的，在提交申请文件后，应当按照规定预先披露有关申请文件。

申请文件按证券种类不同，可分为招股说明书和募集说明书。

（1）招股说明书。招股说明书是股份公司公开发行股票时，就募股事宜发布的书面通告。股份有限公司依法发行股票，须按规定编制招股说明书，向社会公开披露有关信息，其股票获准在证券交易所上市时，发行人应当编制上市公告书，向社会公开披露有关信息。

（2）募集说明书。债券募集说明书是公司依法发行债券时，向债券购买者提供有关债券发行人财务状况的信息，供购买者作投资参考的法律文件。为保护投资者，法律要求债券发行人依法按规定编制募集说明书，向社会充分披露有关信息，将其财务状况及债券的条件等情况向公众详细加以说明。此外，发行人还应公告财务会计报告，以使投资者充分判断公司债券的投资价值。

按照国务院的规定，证券交易所等可以审核公开发行证券申请，判断发行人是否符合发行条件、信息披露要求，督促发行人完善信息披露内容。证券发行申请经注册后，发行人应当依照规定，在证券公开发行前公告公开发行募集文件，并将该文件置备于指定场所供公众查阅。发行证券的信息依法公开前，任何知情人不得公开或者泄露该信息。发行人不得在公告公开发行募集文件前发行证券。

证券同时在境内境外公开发行、交易的，其信息披露义务人在境外披露的信息，应当在境内同时披露。

2. 公开报告

1）定期报告

上市公司、公司债券上市交易的公司、股票在其他全国性证券交易场所交易的公司，应按照规定的内容和格式编制定期报告，必须在每一会计年度内每半年公布一次其财务状况和经营情况，并按照规定报送和公告。

（1）年度报告。公司应在每个会计年度结束之日起4个月内编制完成年度报告，报送国务院证券监督管理机构和证券交易所并公告。年度报告的内容有：①公司概况；②公司财务会计报告和经营情况；③董事、监事、高级管理人员简介及其持股情况；④发行的股票、公司债券情况，包括持有公司股份最多的前十名股东名单和持股数额；⑤公司的实际控制人；⑥国务院证券监督管理机构规定的其他事项。

(2) 中期报告。公司应在每个会计年度的上半年结束之日起2个月内编制完成中期报告，报送证券监督管理机构和证券交易所并公告。中期报告的内容与格式与年度报告类似。

发行人（上市公司）的董事、高级管理人员应当对证券发行文件、定期报告签署书面确认意见。监事会应当对董事会编制的证券发行文件、定期报告进行审核并提出书面审核意见。监事应当签署书面确认意见。

2) 临时报告

发生可能对股票、上市交易公司债券交易价格产生较大影响的重大事件，投资者尚未得知时，公司应当立即将有关该重大事件的情况向国务院证券监督管理机构和证券交易场所报送临时报告，并予公告，说明事件的起因、目前的状态和可能产生的法律后果。

(1) 影响股票交易价格的重大事件。主要包括：①公司的经营方针和经营范围的重大变化；②公司的重大投资行为，公司在1年内购买、出售重大资产超过公司资产总额30%，或者公司营业用主要资产的抵押、质押、出售或者报废一次超过该资产的30%；③公司订立重要合同、提供重大担保或者从事关联交易，可能对公司的资产、负债、权益和经营成果产生重要影响；④公司发生重大债务和未能清偿到期重大债务的违约情况；⑤公司发生重大亏损或者重大损失；⑥公司生产经营的外部条件发生的重大变化；⑦公司的董事、1/3以上监事或者经理发生变动，董事长或者经理无法履行职责；⑧持有公司5%以上股份的股东或者实际控制人，其持有股份或者控制公司的情况发生较大变化，公司的实际控制人及其控制的其他企业从事与公司相同或者相似业务的情况发生较大变化；⑨公司分配股利、增资的计划，公司股权结构的重要变化，公司减资、合并、分立、解散及申请破产的决定，或者依法进入破产程序、被责令关闭；⑩涉及公司的重大诉讼、仲裁，股东大会、董事会决议被依法撤销或者宣告无效；⑪公司涉嫌犯罪被依法立案调查，公司的控股股东、实际控制人、董事、监事、高级管理人员涉嫌犯罪被依法采取强制措施；⑫国务院证券监督管理机构规定的其他事项。

公司的控股股东或者实际控制人对重大事件的发生、进展产生较大影响的，应当及时将其知悉的有关情况书面告知公司，并配合公司履行信息披露义务。

(2) 影响债券交易价格的重大事件。主要包括：①公司股权结构或者生产经营状况发生重大变化；②公司债券信用评级发生变化；③公司重大资产抵押、质押、出售、转让、报废；④公司发生未能清偿到期债务的情况；⑤公司新增借款或者对外提供担保超过上年末净资产的20%；⑥公司放弃债权或者财产超过上年末净资产的10%；⑦公司发生超过上年末净资产10%的重大损失；⑧公司分配股利，作出减资、合并、分立、解散及申请破产的决定，或者依法进入破产程序、被责令关闭；⑨涉及公司的重大诉讼、仲裁；⑩公司涉嫌犯罪被依法立案调查，公司的控股股东、实际控制人、董事、监事、高级管理人员涉嫌犯罪被依法采取强制措施；⑪国务院证券监督管理机构规定的其他事项。

3. 信息公开不实的法律后果

《证券法》规定，信息披露义务人未按照规定披露信息，或者公告的证券发行文件、定期报告、临时报告及其他信息披露资料存在虚假记载、误导性陈述或者重大遗漏，致使投资者在证券交易中遭受损失的,信息披露义务人应当承担赔偿责任;发行人的控股股东、实际控制人、董事、监事、高级管理人员和其他直接责任人员以及保荐人、承销的证券公司及其直接责任人员,应当与发行人承担连带赔偿责任,但是能够证明自己没有过错的除外。

19.5.2 投资者保护

2019年修订的《证券法》加强了对投资者权益的保护,主要体现在以下8个方面。

(1) 强化证券公司销售责任。证券公司销售证券、提供服务时,应当按规定充分了解投资者的相关信息;如实说明证券、服务的重要内容,充分揭示投资风险;销售、提供与投资者相匹配的证券、服务;违反规定导致投资者损失的,应承担相应的赔偿责任。

(2) 普通投资者举证责任倒置。普通投资者与证券公司发生纠纷的,证券公司应举证无违规及误导、欺诈等情形,不能证明的,应承担相应的赔偿责任。

(3) 公开征集股东权利。上市公司董事会、独立董事、1%以上股东或投资者保护机构可以作为征集人,自行或者委托证券公司、证券服务机构,公开请求上市公司股东委托其代为出席股东大会,并代为行使提案权、表决权等股东权利。

(4) 保障股东的资产收益权。上市公司应在章程中明确分配现金股利的具体安排和决策程序,依法保障股东的资产收益权;当年税后利润,在弥补亏损及提取法定公积金后有盈余的,应按照公司章程的规定分配现金股利。

(5) 债券持有人保护。公开发行公司债券的,应设置债券持有人会议。债券发行人应为持有人聘请债券受托管理人;未能按期兑付债券本息的,债券受托管理人可以接受全部或者部分债券持有人的委托,以自己名义代表债券持有人提起、参加民事诉讼或者清算程序。

(6) 受托协议先行赔付。发行人因欺诈发行、虚假陈述或者其他重大违法行为给投资者造成损失的,发行人的控股股东、实际控制人、相关的证券公司可以委托投资者保护机构,就赔偿事宜与受到损失的投资者达成协议,予以先行赔付。先行赔付后,可以依法向发行人以及其他连带责任人追偿。

(7) 投资者可申请调解,支持诉讼。投资者与发行人、证券公司等发生纠纷的,双方可以向投资者保护机构申请调解。普通投资者与证券公司发生证券业务纠纷,普通投资者提出调解请求的,证券公司不得拒绝。投资者保护机构对损害投资者利益的行为,可以依法支持投资者向人民法院提起诉讼。

(8) 代表人诉讼。投资者提起虚假陈述等证券民事赔偿诉讼时,诉讼标的是同一种类,且当事人一方人数众多的,可以依法推选代表人进行诉讼。对按规定提起的诉讼,可能存在有相同诉讼请求的其他众多投资者的,人民法院可以发出公告,说明该诉讼请求的案件情况,通知投资者在一定期间向人民法院登记。人民法院作出的判决、裁定,对参加登记的投资者发生效力。投资者保护机构受50名以上投资者委托,可作为代表人参加诉讼,并为经确认的权利人依照规定向人民法院登记,但投资者明确表示不愿意参加该诉讼的除外。

19.6 上市公司收购

19.6.1 上市公司收购概述

1. 上市公司收购的概念

上市公司收购是指投资者为取得某一上市公司的控股权或实施对某一上市公司的兼并,依法定程序公开购入该公司发行在外的部分或全部股份的行为。实施收购行为的投资者称为收购人,作为收购目标的上市公司称为被收购公司。就本质上而言,上市公司收购是一种证券买卖行为,具有证券交易的性质。

2. 上市公司收购的方式

《证券法》规定,投资者可以采取要约收购、协议收购及其他合法方式收购上市公司。

(1) 要约收购。要约收购是指通过证券交易所的买卖交易,使收购者持有目标公司股份达到法定比例,若继续增持股份,必须依法向目标公司所有股东发出全面收购要约。采取该种方式收购,收购人必须遵守证券法规定的程序和规则,在收购要约期限内,不得采取要约规定以外的形式以及超出要约的条件买卖被收购公司的股票。

(2) 协议收购。协议收购是收购者在证券交易所之外以协商的方式与被收购公司的股东签订收购其股份的协议,从而达到控制该上市公司的目的。收购人可依照法律、行政法规的规定同被收购公司的股东以协议方式进行股权转让。

19.6.2 上市公司收购的程序与规则

1. 报告与公告持股情况

通过证券交易所的证券交易,投资者持有或者通过协议、其他安排与他人共同持有一个上市公司已发行的有表决权股份的比例变动情况如下。

(1) 持股达到5%时,应当在该事实发生之日起3日内,向中国证监会、证券交易所作出书面报告,通知该上市公司,并予公告,在规定期限内不得再行买卖该上市公司的股票,但国务院证券监督管理机构规定的情形除外。

(2) 持股达到5%后,其所持该上市公司已发行的有表决权股份比例:①每增加或者减少1%,应当在该事实发生的次日通知该上市公司,并予公告;②每增加或者减少5%,应当依照前述规定进行报告和公告,在该事实发生之日起至公告后3日内,不得再行买卖该上市公司的股票,但国务院证券监督管理机构规定的情形除外。

违反上述规定买入上市公司有表决权的股份的,在买入后的36个月内,对该超过规定比例部分的股份不得行使表决权。

投资者按照规定所作的公告,应当包括:①持股人的名称、住所;②持有的股票的名称、数额;③持股达到法定比例或者持股增减变化达到法定比例的日期、增持股份的资金来源;④在上市公司中拥有有表决权的股份变动的时间及方式。

2. 收购要约

通过证券交易所的证券交易,投资者持有或者通过协议、其他安排与他人共同持有一个上市公司已发行的有表决权股份达到30%时，继续进行收购的，应当依法向该上市公司所有股东发出收购上市公司全部或者部分股份的要约。收购上市公司部分股份的要约应当约定，被收购公司股东承诺出售的股份数额超过预定收购的股份数额的，收购人按比例进行收购。

依照规定发出收购要约，收购人必须公告上市公司收购报告书，并载明相关事项。

收购要约的收购期限不得少于30日，并不得超过60日。在收购要约确定的承诺期限内，收购人不得撤销其收购要约。收购人需要变更收购要约的，应当及时公告，载明具体变更事项，且不得存在下列情形：①降低收购价格；②减少预定收购股份数额；③缩短收购期限；④国务院证券监督管理机构规定的其他情形。

收购要约提出的各项收购条件，适用于被收购公司的所有股东。上市公司发行不同种类股份的，收购人可以针对不同种类股份提出不同的收购条件。

采取要约收购方式的，收购人在收购期限内，不得卖出被收购公司的股票，也不得采取要约规定以外的形式和超出要约的条件买入被收购公司的股票。

3. 终止上市交易与应当收购

收购期限届满，被收购公司股权分布不符合证券交易所规定的上市交易要求的，该上市公司的股票应当由证券交易所依法终止上市交易；其余仍持有被收购公司股票的股东，有权向收购人以收购要约的同等条件出售其股票，收购人应当收购。

4. 报告与公告收购情况

收购行为完成后，收购人应当在15日内将收购情况报告国务院证券监督管理机构和证券交易所，并予公告。

19.6.3　上市公司收购的法律后果

（1）收购行为完成后，被收购公司不再具备股份有限公司条件的，应当依法变更企业形式。

（2）在上市公司收购中，收购人持有的被收购的上市公司的股票，在收购行为完成后的18个月内不得转让。

（3）收购行为完成后，收购人与被收购公司合并，并将该公司解散的，被解散公司的原有股票由收购人依法更换。

19.7　违反证券法的法律责任

2019年修订的《证券法》，进一步加大对证券违法行为的监管力度，显著提高证券违法成本，严厉惩治并震慑违法行为人。

19.7.1　违反证券发行人的违规行为及违规责任

1. 擅自公开发行、变相公开发行证券

责令发行人停止发行，退还所募资金并加算银行同期存款利息，处以非法所募资金金额

5%以上50%以下罚款。对设立的公司,由依法取缔。

对直接负责的主管、直接责任人员给予警告,并处50万元以上500万元以下罚款。

2. 发行文件隐瞒重要事实、编造重要虚假内容

证券尚未发行证券的,对发行人处200万元以上2 000万元以下罚款;已经发行的,处非法募资金金额10%以上1倍以下罚款。对直接负责的主管、直接责任人员,处100万元以上1 000万元以下罚款。

发行人的控股股东、实际控制人或组织、指使从事违法行为的,没收违法所得,并处违法所得10%以上1倍以下罚款;违法所得不足2 000万元的,处200万元以上2 000万元以下罚款。对直接负责的主管、直接责任人员,处100万元以上1 000万元以下罚款。

3. 擅自改变公开发行证券所募集资金用途

责令发行人改正,处50万元以上500万元以下罚款;对直接负责的主管、责任人员给予警告,并处10万元以上100万元以下罚款。

发行人的控股股东、实际控制人从事或组织、指使从事违法行为的,给予警告,并处50万元以上500万元以下罚款;对直接负责的主管、直接责任人员,处10万元以上100万元以下罚款。

19.7.2 证券机构的违规行为及法律责任

1. 保荐人出具有虚假记载、误导性陈述或重大遗漏的保荐书,或不履行其他法定职责

责令保荐人改正,给予警告,没收其业务收入,并处业务收入1倍以上10倍以下罚款;业务收入不足100万元的,处100万元以上1 000万元以下的罚款;情节严重的,并处暂停或撤销保荐业务许可。对直接负责的主管、直接责任人员给予警告,并处50万元以上500万元以下罚款。

2. 证券公司承销、销售擅自公开发行或变相公开发行的证券

责令证券公司停止承销或销售,没收违法所得,并处违法所得1倍以上10倍以下罚款;违法所得不足100万元的,处100万元以上1 000万元以下罚款;情节严重的,并处暂停或者撤销相关业务许可。给投资者造成损失的,应当与发行人承担连带赔偿责任。

对直接负责的主管、直接责任人员给予警告,并处50万元以上500万元以下罚款。

3. 证券公司违规销售

责令证券公司改正,给予警告,没收违法所得,可并处50万元以上500万元以下罚款;情节严重的,暂停或撤销相关业务许可。对直接负责的主管、直接责任人员给予警告,可并处20万元以上200万元以下的罚款;情节严重的,并处以50万元以上500万元以下罚款。

4. 证券服务机构违规提供证券服务业务

证券投资咨询机构擅自从事证券服务业务或违反相关规定行为的,责令改正,没收违法所得,并处违法所得1倍以上10倍以下罚款;违法所得不足50万元的,处50万元以上500万元以下罚款。对直接负责的主管、直接责任人员,给予警告,并处20万元以上200万元以下罚款。

会计师事务所、律师事务所以及其他证券服务机构从事证券服务业务未报备案的,责令改正,可以处20万元以下罚款。

证券服务机构未勤勉尽责,所制作、出具的文件有虚假记载、误导性陈述或者重大遗漏的，责令改正，没收业务收入，并处业务收入1倍以上10倍以下罚款，业务收入不足50万元的，处50万元以上500万元以下罚款；情节严重的，并处暂停或者禁止从事证券服务业务。对直接负责的主管、直接责任人员给予警告，并处20万元以上200万元以下罚款。

19.7.3 上市公司交易的违规行为及法律责任

1. 在限制转让期（锁定期）内转让证券

在限制转让期内转让证券，或者转让股票不符合法律、行政法规和国务院证券监督管理机构规定的，责令改正，给予警告，没收违法所得，并处买卖证券等值以下罚款。

2. 董事、监事、高管、持股5%以上股东在6个月内反向操作

公司董事、监事、高级管理人员、持有该公司5%以上股份的股东，违反相关规定，买卖该公司股票或者其他具有股权性质的证券的，给予警告，并处10万元以上100万元以下罚款。

3. 未按规定履行上市公司收购的公告、发出收购要约义务的

收购人未按规定履行上市公司收购的公告、发出收购要约义务的，责令改正，给予警告，并处50万元以上500万元以下罚款。对直接负责的主管、直接责任人员给予警告，并处20万元以上200万元以下罚款。收购人及其控股股东、实际控制人利用上市公司收购，给被收购公司及其股东造成损失的，应依法承担赔偿责任。

4. 信息披露违规

（1）未按规定报送有关报告或者履行信息披露义务。责令信息披露义务人改正，给予警告，并处50万元以上500万元以下罚款；对直接负责的主管、直接责任人员给予警告，并处20万元以上200万元以下罚款。控股股东、实际控制人组织或指使从事该违法行为，或隐瞒相关事项导致发生该情形的，处50万元以上500万元以下罚款；对直接负责的主管、直接责任人员，处20万元以上200万元以下罚款。

（2）报送的报告或者披露的信息有虚假记载、误导性陈述或者重大遗漏。责令信息披露义务人改正，给予警告，并处100万元以上1000万元以下罚款；对直接负责主管、直接责任人员给予警告，并处50万元以上500万元以下罚款。控股股东、实际控制人组织或指使从事该违法行为，或者隐瞒相关事项导致发生该情形的，处100万元以上1000万元以下罚款；对直接负责主管、直接责任人员，处50万元以上500万元以下罚款。

5. 内幕交易

证券交易内幕信息的知情人或非法获取内幕信息的人从事内幕交易的，责令依法处理非法持有的证券，没收违法所得，并处违法所得1倍以上10倍以下罚款；没有违法所得或者违法所得不足50万元的，处50万元以上500万元以下罚款。单位从事内幕交易的，还应对直接负责的主管、直接责任人员给予警告，并处20万元以上200万元以下的罚款。证券监督管理机构工作人员从事内幕交易的，从重处罚。

6. 操纵证券市场

责令依法处理其非法持有的证券，没收违法所得，并处违法所得1倍以上10倍以下罚款；没有违法所得或违法所得不足100万元的，处100万元以上1000万元以下罚款。单位操纵证券市场的，还应当对直接负责的主管、直接责任人员给予警告，并处50万元以上500万元以下罚款。

本章小结

- 证券市场主要由发行人、投资者、证券、证券交易所、证券服务机构、监管机构、自律组织等要素构成。
- 证券法是指调整因证券发行、交易和管理而产生的各种社会关系的法律规范的总和,它有广义和狭义之分。证券机构主要包括证券经营机构、证券中介机构和证券监管机构。
- 证券发行主要分为股票发行和公司债券的发行。目前,我国证券发行全面推行注册制。证券的发行必须符合法律规定的条件。
- 证券交易从法律上讲是一种买卖性质的合同关系,实质上是证券权利的转让与受让。证券上市交易必须符合法律规定的条件,此外,法律对限制和禁止的交易行为做了专门的规定。持续性信息披露制度包括定期报告(年度报告、半年度报告和季度报告)、临时报告。
- 信息披露要求坚持真实、准确和完整。公开文件主要有招股说明书和募集说明书;公开的报告包括定期报告和临时报告。
- 2019年修订的《证券法》加强了对投资者权益的保护,主要体现在8个方面。
- 上市公司收购本质上是一种证券买卖行为,通常涉及三方利益关系人,即收购方、出售者及上市公司;须遵循一定的程序和规则。
- 《证券法》对证券违法行为作出了特别规定;违法行为人应承担的法律责任有民事责任、行政责任和刑事责任。

关键概念

证券　证券法　证券公司　证券服务机构　证券监管　证券发行　证券交易　重大事件　定期报告　临时报告　投资者保护　上市公司收购　要约收购

复习思考题

1. 简述证券法的含义及基本原则。
2. 股票发行与交易的条件有哪些?
3. 证券公司的设立必须符合哪些条件?
4. 信息披露制度的基本内容及其要求有哪些?
5. 证券交易的限制和禁止行为有哪些?
6. 简述上市公司收购的内涵及其法律程序。
7. 违反证券法的行为有哪些?

【案例分析】

案例1：A股份有限公司（下称A公司）于2009年1月成立，专门从事药品生产。张某为其发起人之一，持有A公司股票100万股，系公司第十大股东。王某担任总经理，未持有A公司股票。2013年11月，A公司公开发行股票并上市。2015年5月，A公司股东刘某查阅公司2014年年度报告时发现：①2014年9月王某买入公司股票2000股；2014年12月，王某将其中的5 000股卖出。②2014年10月，张某转让了其持有的A公司股票20万股。2015年6月，刘某向A公司董事会提出：王某无权取得转让股票的收益；张某转让其持有的A公司股票不合法。董事会未予理睬。2015年8月，刘某向法院提起诉讼。经查：该公司章程对股份未作特别规定，王某12月转让股票取得收益3万元归个人所有；张某因急需资金是不得已转让其持有的A公司股票20万股。

试分析：（1）王某是否有权将3万元收益归其个人所有？简要说明理由。（2）张某转让股票的行为是否合法？简要说明理由。

案例2：甲股份有限公司（下称甲公司）于2014年3月上市，董事会成员为7人。2015年甲公司召开的三次董事会分别讨论事项如下：①讨论通过了为其子公司一次性提供融资担保4000万元的决议，其时甲公司总资产为1亿元；②拟提请股东大会聘任乙公司的总经理刘某担任甲公司独立董事，乙公司为甲公司最大的股东；③讨论向丙公司投资的方案。参加会议的6名董事会成员中，有4人同时为丙公司董事，经参会董事一致同意，通过了向丙公司投资的方案。

试分析：（1）甲公司董事会是否有权作出融资担保决议？简要说明理由。（2）甲公司能否聘任刘某担任本公司独立董事？简要说明理由。（3）甲公司董事会通过向丙公司投资的方案是否合法？简要说明理由。

案例3：同学聚会时，股民小双得知其同学小芳正在给B上市公司重大资产重组项目提供财务顾问服务。小双觉得这个消息可靠性应该很高，他筹集了自己的全部资金押注上市公司，共买入公司股票62余万股，买入金额1 300余万元。不久后公司果然宣布停牌进行重组。股票复牌后，上市公司股价如期接连涨停。小双择时卖出股票，获利700余万元。但是，小双还没来得及跟大家炫耀，就被告知因涉嫌内幕交易被立案调查。

试分析：（1）小双买卖B公司的股票是否属于内幕交易？简要说明理由。（2）小芳的行为是否属于泄露内幕信息？简要说明理由。

案例4：汪某曾为北京某投资公司的控股股东、执行董事、经理。他利用本人及汪灿等9人身份证开立资金账户17个、银行账户10个，并全由汪某实际控制。2007年1月1日至2008年5月29日，汪某向社会公众发布咨询报告，推荐了包括"工商银行"等38只股票和权证。在咨询报告发布前，汪某利用其实际控制的账户先行买入将要推荐的证券，然后向社会公众发布招致散户大量买进时，再悄悄卖出该证券由此获利。

2007年5月11日，李某看到汪某发布对中信银行等银行股大力推介的报告后，于2007年5月29日开始买入中信银行股票，后亏损641.12元。后来，李某在看到汪某对中国石化进行推荐而发布的报告后，分三次买入中国石化共4 500股，亏损20 740.67元。2008年2月14日，在看到汪某发布推荐万科等股票的报告后买入万科股票，并听信其说法一直持有，亏损达76 699.61元。李某因听信汪某的推荐亏损共计101 079.75元。随后，李某向法院提起诉讼，要求汪某赔偿其损失并承担全部诉讼费。

试分析：（1）汪某的行为是否属于操纵证券市场？简要说明理由。（2）李某的诉讼是否合理？法院应如何审判？

案例5： 2016年，万家文化（祥源文化的前身）控股股东万好万家集团与龙薇传媒签署股权转让协议，以30.6亿元将1.85亿万家文化股份转让予龙薇传媒，而刚成立的龙薇传媒注册资本仅200万元，且尚未实缴到位，受让股权额高度依赖外部借款。在向银行贷款未果后，仍公告称与其他银行正进行沟通。2018年1月，一起普通投资者起诉祥源文化、赵某索赔案诉至杭州中院。赵某不是上市公司的董监高，而是作为上市公司收购方的实际控制人被投资者告上法庭，这在A股市场上是第一次。

试分析：（1）祥源文化、龙薇传媒的信息披露是否违法？简要说明理由。（2）投资者起诉祥源文化、赵某的索赔是否合理？法院应如何审判？

第 20 章 保险法律制度

【学习目标】

学完本章后,你应该能够:
- 知晓保险及保险法的概念、特征和职能等内容;
- 理解保险合同的概念、特点、形式及保险合同的主体、客体及内容;
- 领会人身保险与财产保险合同的区别及各自分类。

20.1 保险法概述

20.1.1 保险的概念、特征及种类

1. 保险的概念

保险至今仍没有为各国学者所普遍认同的定义,关于保险性质的学说,国内外学术界的主要分歧在于财产保险与人身保险是否具有共同性质的问题。从经济的角度看,保险是分摊意外事故损失的一种财务安排;从社会角度看,保险是社会保障制度的组成部分;从风险管理角度看,保险是风险管理的一种方法,保险可以起到分散风险、弥补损失的作用;从法律的角度看,保险是一种合同行为,是一方同意补偿另一方损失的一种合同安排,提供损失赔偿的一方是保险人,接受损失赔偿的另一方是被保险人。

《中华人民共和国保险法》(以下简称《保险法》)规定:保险是指投保人根据合同约定,向保险人支付保险费,保险人对于合同约定的可能发生的事故因其发生所造成的财产损失承担赔偿保险金责任,或者当被保险人死亡、伤残、疾病或者达到合同约定的年龄、期限等条件时承担给付保险金责任的商业保险行为。

保险的本质,即多数单位或个人为了保障其经济生活的安定,在参与平均分担少数成员因偶发的特定危险事故所致损失的补偿过程中形成的互助共济价值形式的分配关系。简言之,保险的本质是指在参与平均分担损失补偿的单位或个人之间形成的一种分配关系。

2. 保险的特征

(1) 互助性。人们在日常生活中经常会遇到一些难以预料的事故和自然灾害等风险,面临风险的人们通过保险人组织起来,从而使个人风险得以转化、分散,由保险人组织保险基金集中承担责任。少数投保人获得的保险赔付是以多数人缴纳保险费为基础的,当被保险人发生损失时,其可从保险基金中获得补偿。

(2) 经济性。保险是一种经济保障活动,这种经济保障活动是整个国民经济活动的一个

组成部分。此外,保险经营具有商品属性。保险体现了一种经济关系,即商品等价交换关系。保险是一种商业行为,保险公司的行为是营利性的行为,投保人必须以向保险人支付保险费为前提才能取得保险保障。

(3) 自愿性。保险的经济保障活动是根据合同来进行的,保险关系通过投保人和保险人之间订立保险合同而发生。自愿原则是合同最基本的原则之一,保险合同作为合同的一种,也应以合同自由为最高原则,除法律、行政法规有特别规定以外,保险公司和其他人不得强迫他人订立保险合同,也不得单方面决定保险合同的内容。商业保险依照平等自愿的原则,是否建立保险关系完全由投保人自主决定。

3. 保险的种类

(1) 根据保险标的不同,保险可分为人身保险、财产保险和责任保险。人身保险是以人的寿命和身体为保险标的的保险。当人们遭受不幸事故或因疾病、年老以致丧失工作能力,伤残、死亡或年老退休后,根据保险合同的规定,保险人对被保险人或受益人给付保险金或年金,以解决病、残、老、死所造成的经济困难。人身保险的主要形式包括人寿保险、健康保险和意外伤害保险。财产保险是指以有形或无形财产及其相关利益为保险标的的一类有偿性保险。责任保险是指以被保险人对第三者依法应负的赔偿责任为保险标的的保险。

(2) 依据保险责任产生的基础不同,可以将保险划分为强制保险和自愿保险。强制保险又称法定保险,是指依据国家的法律规定发生法律效力或者必须投保的保险。如机动车第三者责任强制保险。自愿保险是指投保人和保险人在自愿、平等、互利的基础上,经协商一致订立保险合同而发生的保险。在这种保险形式之下,投保人对于是否投保有充分的决定权。当前世界各国绝大部分保险业务采用自愿保险方式办理,我国也不例外。

(3) 根据业务承保方式的不同,保险分为原保险和再保险。原保险是指保险人对被保险人因保险事故所导致的损失承担直接的、原始的赔偿责任的保险。原保险是发生在保险人和投保人之间的保险行为。再保险是指保险人将其承担的保险业务,以分保形式,部分转移给其他保险人的保险。

(4) 根据同一保险标的、同一保险利益、同一保险事故、是否仅和同一人缔结保险合同,可以将保险分为单保险和重复保险。单保险是指投保人对同一保险标的、同一保险利益、同一保险事故仅与一个保险人订立保险合同的保险。重复保险是指投保人对同一保险标的、同一保险利益、同一保险事故分别向两个以上保险人订立保险合同的保险。在实践中,重复保险仅限于财产保险范围。

(5) 根据是否以营利为目标,可以将保险分为商业保险和社会保险。商业保险是指保险公司所经营的各类保险业务。商业保险以营利为目标,进行独立经济核算。社会保险是指在既定的社会政策下,由国家通过立法手段对全体社会公民强制征缴保险费,形成保险基金,用以对其中因年老、疾病、生育、伤残死亡和失业而导致丧失劳动能力或失去工作机会的成员提供基本生活保障的一种社会保障制度。社会保险不以营利为目标,运行中若出现赤字,国家财政将给予支持。

(6) 根据被保险人的不同,保险可以分为个人保险和商务保险。个人保险是指以个人或家庭作为被保险人的保险。商务保险是指以工厂、商店等经营单位为被保险人的保险。

20.1.2 保险法的概念和特征

1. 保险法的概念

保险法是指调整保险关系的一切法律规范的总称。保险法中所调整的保险关系，仅指商业保险关系，并不包括社会保险。狭义的保险法专指以保险法命名的法律法规；广义的保险法不仅包括狭义上的保险法，还包括其他法律、法规中有关保险的法律规定，以及保险的习惯、有关的判例和法理。

保险法的体系和内容涵盖保险业法、保险合同法、保险特别法等。《保险法》由保险合同法和保险业法构成，其适用范围如下。①对人效力。《保险法》适用于金融监督管理部门以及从事商业保险活动的公民、法人和其他组织。②空间效力。《保险法》只适用于我国境内。③时间效力。

现行《保险法》于2015年4月24日修正（1995年6月30日通过，分别于2002年、2009年、2014年和2015年共进行了4次修改）。除此之外，为了正确适用《保险法》审理相关案件，最高人民法院分别于2009年、2013年、2015年和2018年通过了最高人民法院关于适用《中华人民共和国保险法》若干问题的四个司法解释。中国银保监会制定了《保险公司管理规定》《保险保障基金管理办法》《保险经纪机构管理规定》《保险代理机构管理规定》《再保险业务管理规定》《健康保险管理办法》等行政规章。《中华人民共和国海商法》可以视为保险法的特别法。

2. 保险法的基本内容

基本内容有：《保险法》的立法目的和宗旨、保险的概念、《保险法》的适用范围、从事保险活动和保险公司开展业务的基本原则、对保险企业的监督管理；保险合同的规定；保险公司的规定；保险经营规则的规定；保险业监督管理的规定；保险代理人和保险经纪人的规定；法律责任的规定。总体而言，保险法由保险合同、保险业法律制度和保险监督管理制度三大部分构成。

3. 保险法的立法目的及其适用

我国《保险法》第一条明确提出了保险法的立法目的：为了规范保险活动，保护保险活动当事人的合法权益，加强对保险业的监督管理，维护社会经济秩序和社会公共利益，促进保险事业的健康发展，制定本法。

《保险法》的适用包括时间、地点和人三方面内容。《保险法》（2015年修正）第一百八十五条规定："本法自2009年10月1日起施行。"第三条规定："在中华人民共和国境内从事保险活动，适用本法。"

4. 保险法的基本原则

保险当事人在参与保险活动时，必须遵循一定的原则。我国《保险法》规定的基本原则主要包括：必须遵守法律和行政法规、尊重社会公德，诚实信用，公平竞争等原则。

（1）从事保险活动必须遵守法律、行政法规，尊重社会公德，不得损害社会公共利益。这是一切活动都必须遵守的原则，保险活动也不例外。

（2）保险活动当事人行使权利、履行义务应当遵循诚实信用原则。诚实信用原则是民法的基本原则，也是保险法的基本原则。

（3）保险公司开展业务，应当遵循公平竞争原则，不得从事不正当竞争。公平竞争原则不仅适用于保险人，也适用于保险中介人。

5. 保险法的特征

保险法以保险作为调整对象，基于保险的特点，保险法亦表现出其与其他商法特别法不同的特性。

(1) 社会性。保险是集合多数社会成员，共同分担少数成员因遭遇危险所受的经济损失，最终保障社会成员生活安定和社会经济生活稳定的一种社会制度。因此，各国的保险法多从保护社会公众利益出发，对保险组织的成立从资本、人员、财务、经营、再保险、合同解释等各方面加以控制，以保护处于弱势地位的社会公众的利益。

(2) 技术性。保险是以数理计算为基础形成的一种经济补偿制度，因此保险法中有较多的技术性规定。保险业应收保险费总额与应付保险金总额不是保险公司人为的主观决策，而是根据大数法则对进行保险的危险进行概率测算，并最终实现收支总体平衡的科学决策。保险制度就是以此数理计算为基础构筑起来的一种技术结构。如在保险业法中，保险基金的建立、保险金额的确定、保险费率的计算、保险企业承保危险责任的限制等，均体现了不可忽视的技术性。

(3) 强制性。由于保险法具有社会性，所以保险法中设有较多的强制性规范。一方面，保险法对于保险合同及合同条款的效力问题作了一些强制性的规定，如投保人对保险标的不具有保险利益的，保险合同无效；保险人在订立合同时未向投保人明确说明的保险人免责条款无效。另一方面，保险法对保证金、未到期责任准备金的提取、保险资金的运用、保险公司的接管等确立了强制性规范。此外，为实现特定的社会政策，保险法之外的其他法律、行政法规还突破了保险自愿的原则，强制要求特定的行业、特种财产必须加入保险。

20.2　保险合同概述

20.2.1　保险合同

1. 保险合同的概念

保险合同是投保人与保险人约定保险权利义务关系的协议。投保人是指与保险人订立保险合同，并按照保险合同负有支付保险费义务的人。保险人是指与投保人订立保险合同，并承担赔偿或者给付保险金责任的保险公司。保险合同所约定的权利义务关系，实质内容在于：一方当事人（投保人）应当依约定向另一方当事人（保险人）支付费用，而另一方当事人对于合同约定的可能发生的事故发生后造成的损失承担赔偿责任，或者当指定的人死亡、伤残、疾病或者生存到合同约定的年龄、期限时承担给付责任。

2. 保险合同的特点

保险合同作为一种特殊的合同，具有以下特征。

(1) 保险合同是射幸合同，也即机会合同。在保险合同中，导致保险人承担赔偿或给付义务的保险事故在保险合同订立时是不确定的，投保人和保险人利益的获得或丧失均表现为一种机会。如果保险事故在保险合同约定的期间内发生，则保险人须赔偿或给付保险金，否则，保险人就不承担责任。

(2) 保险合同一般是格式合同。格式合同又称标准合同。一般情况下其主要条款由保险人、保险人团体或政府主管机关拟定，投保人只能被动接受，这极大地限制了合同自由原则。为了平衡这一现象，在解释合同条款时，作出有利于投保人、被保险人及受益人的解释是各国保险法普遍奉行的原则。我国《保险法》也有相应规定。

(3) 保险合同是要式合同。根据我国《保险法》的规定及保险实务，投保人与保险人须以书面形式订立合同。当然，由于人身保险和财产保险的性质不同，保险单与其他保险凭证并非保险合同的效力要件，只是保险合同成立后的一种合同证明。

(4) 保险合同是补偿性合同。投保人签订合同的目的是希望在将来危险发生时，由保险人给予其生产或生活上的保障。但这并不能保证危险不发生，也不能恢复已受损的保险标的，而只能是通过货币给付补偿投保人或被保险人的经济利益，弥补其损失。

3. 保险合同的基本原则

1) 最大诚信原则

最大诚信原则是指保险合同的双方当事人在签订和履行保险合同时，必须保持最大限度的诚意，双方都应遵守信用，互不欺骗和隐瞒，投保人应向保险人如实申报保险标的的主要风险情况，否则保险合同无效。订立保险合同，保险人应当向投保人说明保险合同的条款内容，并可以就保险标的或者被保险人的有关情况提出询问，投保人应当如实告知。投保人故意隐瞒事实，不履行如实告知义务的，或者因过失未履行如实告知义务，足以影响保险人决定是否同意承保或者提高保险费率的，保险人有权解除保险合同。

2) 保险利益原则

保险利益原则是保险行业的基本原则，保险利益原则具有防范道德风险、避免赌博、限制赔偿程度等作用，是维护社会公共利益的强制性规定，是对合同自由原则的超越。保险利益又称"可保利益"或"可保权益"，是指投保人对保险标的具有法律上承认的利益。投保人或被保险人对保险标的具有可保利益是保险合同生效的依据。我国《保险法》规定："投保人对保险标的应当具有保险利益。投保人对保险标的不具有保险利益的，保险合同无效。"

在人身保险中，投保人对下列人员具有保险利益：①本人；②配偶、子女、父母；③前两项以外与投保人有抚养、赡养或者扶养关系的家庭其他成员、近亲属。此外，被保险人同意投保人为其订立合同的，视为投保人对被保险人具有保险利益。

3) 近因原则

近因是指造成保险标的的损失的最主要、最有效的原因。也就是说，保险事故的发生与损失事实的形成有直接因果关系。近因原则就是指要求承担侵权责任的行为必须是造成侵权后果的最接近的原因，中间不应有其他原因的介入。该原则要求保险人承保危险的发生与保险标的的损害之间必须具有符合一般意义上的因果关系。按照该原则，当被保险人的损失是直接由于保险责任范围内的事故造成的，保险人才给予赔偿。这是因为现实中保险标的的损失是由多种风险事故同时或者连续发生造成的，而这些风险事故往往同时有被保风险、非保风险或除外风险。近因原则是判断保险人是否需要赔偿的标准。

4) 损失补偿原则

损失补偿原则是指当保险事故发生使投保人或被保险人遭受损失时，保险人必须在责任范围内对投保人或被保险人所受的实际损失进行补偿。该原则的目的在于保护投保人或被保险人的合法权益，弥补受害人的损失，禁止被保险人或受益人因保险合同的存在而获得超出其损失的利益。

保险标的发生保险事故时,保险人无论以何种方式赔偿被保险人的损失,也只能使被保险人在经济上恢复到受损前的同等状态,被保险人不能获得额外收益。因此,保险人在理赔时一般按以下标准确定赔偿额度:以实际损失为限;以保险金额为限;以被保险人对保险标的的可保利益为限。

20.2.2　保险合同的形式

《保险法》规定:投保人提出保险要求,经保险人同意承保,保险合同成立;保险人应当及时向投保人签发保险单或者其他保险凭证;保险单或者其他保险凭证应当载明当事人双方约定的合同内容;当事人也可以约定采用其他书面形式载明合同内容。由此可见,我国保险合同的形式为书面形式,实践中主要包括投保单、保险单、暂保单、保险凭证和批单。

(1) 投保单。投保单又称要保单,是投保人向保险人提出的、订立保险合同的书面要约。投保单通常由保险人事先统一印制,投保人依其所列项目逐一据实填写后交付给保险人,投保人在投保单上需要填写的主要内容有:①投保人、被保险人的名称和住所;②保险标的的名称及存放地点;③保险险别;④保险期限和保险责任;⑤保险价值和保险金额;⑥保险费及支付办法等。投保人在投保单中,必须将投保危险的有关事项,据实向保险人告知。投保单本身并非正式合同文本,但一经保险人接受后,即成为保险合同的一部分。

(2) 保险单。保险单简称保单,又称大保单,它是保险人与投保人之间订立保险合同的正式书面凭证。保险单由保险人制作,明确完整地记载保险双方的权利义务,经保险人签章并交付给投保人,一旦发生保险事故,保险单是被保险人向保险人索赔的主要凭证,也是保险人向被保险人赔偿的主要依据。保险单的内容包括保险合同的全部条款。

(3) 保险凭证。保险凭证也称小保单,它是保险人出具给被保险人以证明保险合同已有效成立的文件,实际上是一种简化的保险单,与保险单有相同的效力。保险凭证未列明的内容均以正式保单为准。

(4) 暂保单。暂保单又称临时保单,它是保险人或其代理人在正式保险单签发之前出具给被保险人的临时保险凭证。它表明保险人或其代理人已接受了保险,等待出具正式保险单。暂保单的内容比较简单,只载明被保险人的姓名、承保危险的种类、保险标的等重要事项,凡未列明的内容,均以正式保险单的内容为准。暂保单的法律效力与正式保险单相同,但有效期较短,一般为30天,正式保险单发出后,暂保单自动失效。

(5) 批单。批单是保险公司应投保人或被保险人的要求出具的修订或更改保险合同内容的书面文件,实质是对保险合同内容的变更,一经签发,就成为保险合同的重要组成部分。

20.2.3　保险合同的主体

保险合同的主体分为保险合同当事人、保险合同关系人和保险合同中介人三类。

1. 保险合同当事人

(1) 保险人。保险人也称承保人,是指与投保人订立保险合同,并按照合同约定承担赔偿或者给付保险金责任的保险公司。保险人与投保人订立合同,收取保险费,在保险事故发生时,对被保险人承担赔偿损失的责任。

(2) 投保人。投保人又称要保人、保单持有人,是指与保险人订立保险合同,并按照合同约定负有支付保险费义务的人。投保人的构成要件：①具备民事权利能力和民事行为能力；②对保险标的须具有保险利益。投保人对保险标的须有保险利益，即投保人对保险标的具有利害关系。投保人对于保险标的如不具有利害关系，则订立的保险合同无效。保险合同中的投保人可以是一方，也可以是多方，在再保险合同中的投保人必须由原保险人充当。

2. 保险合同关系人

(1) 被保险人。被保险人是指其财产或者人身受保险合同保障，享有保险金请求权的人，投保人可以为被保险人。被保险人可以是自然人、法人，也可以是其他社会组织，须具备的条件为：①被保险人是保险事故发生时遭受损失的人；②被保险人是享有赔偿请求权的人。

(2) 受益人。受益人又称保险金领受人，是指人身保险合同中由被保险人或者投保人指定的享有保险金请求权的人，投保人、被保险人可以为受益人。人身保险的受益人由被保险人或者投保人指定。投保人指定受益人时须经被保险人同意。

受益人的构成要件如下。①受益人是由被保险人或投保人所指定的人。被保险人或投保人应在保险合同中明确受益人。②受益人是独立地享有保险金请求权的人。受益人在保险合同中，不负交付保费的义务，也不必具有保险利益，保险人不得向受益人追索保险费。③受益人的赔偿请求权并非自保险合同生效时开始，而只有在被保险人死亡时才产生。在被保险人生存期间，受益人的赔偿请求权只是一种期待权。在保险合同期间，受益人可以变更。投保人与被保险人不是同一人，投保人变更受益人时，必须经被保险人同意。受益人的变更无须保险人的同意，但应当将受益人的变更事宜及时通知保险人，否则变更受益人的法律效力不得对抗保险人。

3. 保险合同中介人

(1) 保险代理人。即保险人的代理人，是根据保险人的委托，向保险人收取佣金，并在保险人授权的范围内代为办理保险业务的机构或者个人。保险代理机构包括专门从事保险代理业务的保险专业代理机构和兼营保险代理业务的保险兼业代理机构。

保险代理是一种特殊的代理制度：①保险代理人与保险人在法律上视为一人；②保险代理人所知道的事情，都假定为保险人所知的；③保险代理必须采用书面形式。保险代理人应当具备保险监督管理机构规定的资格条件，并取得保险监督管理机构颁发的经营保险代理业务许可证，向市场监督管理部门办理登记，领取营业执照，并缴存保证金或者投保职业责任保险。

(2) 保险经纪人。保险经纪人是基于投保人的利益，为投保人与保险人订立保险合同，提供中介服务，并依法收取佣金的单位。保险经纪人的劳务报酬由保险公司按保险费的一定比例支付。因保险经纪人在办理保险业务中的过错，给投保人、被保险人造成损失的，由保险经纪人承担赔偿责任。保险经纪人应当具备保险监督管理机构规定的资格条件，并取得保险监督管理机构颁发的经营保险经纪业务许可证，向市场监督管理部门办理登记，领取营业执照，并缴存保证金或者投保职业责任保险。

20.2.4 保险合同的客体——保险利益

1. 保险利益的概念

保险利益是指投保人（或被保险人）对保险标的具有的法律上承认的利益。也就是说，投保人（或被保险人）对保险标的因保险事故的发生而受到损害，或者因保险事故不发生而免受损害具有直接的利害关系，便构成保险利益。如投保人投保车辆的归属，这是所有权利益，归属于所有人；责任保险中的责任分担，这是法律责任利益，归属于责任人；在人身保险中，对于身体之控制，是权利利益，归属于权利人本人。

无保险利益就无保险合同。保险利益是保险合同乃至整个保险法的基本要素和要求，对于财产保险和人身保险皆适用。人身保险的投保人在保险合同订立时，对被保险人应当具有保险利益。财产保险的被保险人在保险事故发生时，对保险标的应当具有保险利益。

2. 保险利益的性质

从性质上讲，保险利益是保险合同的客体。这需要区分保险利益和保险标的。一般认为，保险利益是投保人或被保险人对于保险标的所具有的经济利益。按照《保险法》的规定，人身保险是以人的寿命和身体为保险标的的保险；财产保险是以财产及其有关利益为保险标的的保险。换句话说，在财产保险中，保险标的就是保险事故发生所在的物（标的物）；在人身保险中，保险标的就是被保险人。

3. 保险利益的特征

（1）适法性。保险利益的适法性，旨在要求保险利益必须是合法的利益，应当是符合法律要求并为法律所承认或受法律保护的利益。该利益可因法律的直接规定而产生，也可因当事人的约定而产生。

（2）确定性。保险利益的确定性，是说投保人或者被保险人对保险标的所具有的利害关系是已经确定或可以确定的。已经确定的为现有利益，尚未确定但可以确定的为期待利益。

（3）计算性。保险利益的计算性，是要求投保人或者被保险人对保险标的所具有的任何利害关系，必须具有金钱价值并且可以加以计算。这是判断财产保险合同是否构成超额保险的标准，也是限定保险合同适用的基准。

20.2.5 保险合同的内容

保险合同的内容，也称为保险合同条款，是指保险人与投保人（被保险人）通过协议而达成的保险人对投保人（被保险人）的保险利益提供保障的有关事项的条款，它是确定当事人权利义务的根据。保险合同条款的内容，主要由法律规定，这就是保险合同的基本条款。同时，亦允许当事人对合同内容进行约定，这就是保险合同的特约条款。

1. 法定条款

《保险法》明确规定了保险合同必须记载的条款，包括：①保险人的名称和住所；②投保人、被保险人名称（姓名）和住所，以及人身保险中的受益人的名称（姓名）和住所；③保险标的；④保险责任和责任免除；⑤保险期间和保险责任开始时间；⑥保险金额；⑦保险费以及支付办法；⑧保险金赔偿或者给付办法；⑨违约责任和争议处理；⑩订立合同的年、月、日。

2. 约定条款

《保险法》指出，投保人和保险人可以约定与保险有关的其他事项。比如扩大或者限制保险人责任的条款、投保人或者被保险人的保证条款等。

3. 格式条款（保险合同条款）的解释

格式条款（保险合同条款）的解释是指对保险合同的条款有疑义时所作出的解释。《保险法》第三十条规定，对于保险合同的条款，保险人与投保人、被保险人或者受益人有争议时，人民法院或者仲裁机关应当作出有利于被保险人和受益人的解释。这在格式条款解释理论上称为不利解释规则。

20.2.6 保险合同的效力

保险合同的效力，是指依法成立的保险合同对投保人和保险人产生的约束力，双方当事人应当依照合同的约定行使权利和履行义务。

1. 投保人的义务

投保人的义务主要有：①如实告知义务；②缴付保险费义务；③危险增加和发生保险事故后的通知义务；④保险事故发生时的止损义务。

2. 保险人的权利与义务

（1）给付保险金。这是保险人的主要义务，同时也是被保险人（或受益人）的主要权利。在发生保险事故时或者保险合同约定的给付保险金的条件成立时，保险人应当按照保险合同的约定向被保险人或者受益人给付保险金。

保险人履行义务时应以保险合同约定的责任范围为限。如果保险合同中对此未进行约定，下列情形的损害应当赔偿：①因不可预见的事故或者不可抗力造成的损害；②投保人或者被保险人因履行道德上的义务造成的保险标的损害；③因战争或者其他军事行动造成的保险标的损害；④投保人或者被保险人履行减轻损害义务而采取必要措施所支出的费用。

但发生下列情形之一时，保险人不承担给付保险金的义务：①在保险合同成立前，被保险人已知保险标的已发生保险事故的；②投保人或者被保险人故意造成保险标的损害的；③因投保人违反如实告知义务而造成保险标的损害的；④因被保险人不履行防灾减损义务而造成保险标的损失或者增加保险标的损失的。

（2）收取或退还保险费。收取保险费，是保险人的主要合同权利，同时也是投保人的主要合同义务。在保险合同成立时，除非保险合同另有约定，保险人有权向投保人收取保险费。在保险合同期间，如果保险标的危险加大，保险人有权要求增收保险费；投保人、被保险人或者受益人没有履行对保险标的安全防损义务的，保险人有权要求增加保险费；在人身保险中，因投保人申报被保险人年龄不实而致使其缴纳的保险费少于应付保险费时，保险人有权要求投保人补交保险费。

退还保险费，在一定情形发生时，是保险人的一项义务。如在保险合同提前终止或者法律规定应退还保险费的场合，保险人应当退还已收取的保险费的全部或者一部分。例如，保险合同约定的保险事故已不可能发生，或者保险标的价值明显减少，或者保险人依法或者依约定提前终止保险合同。

（3）保险代位权。因第三者对保险标的的损害而造成保险事故的，保险人自向被保险人赔偿保险金之日起，在赔偿金额范围内代位行使被保险人对第三者请求赔偿的权利。被保险人已经从第三者取得损害赔偿的，保险人赔偿保险金时，可以相应扣减被保险人从第三者已取得的赔偿金额。

3. 受益人的义务

（1）保险事故发生后的通知义务。《保险法》规定，受益人知道保险事故发生后，应当及时通知保险人。

（2）协助义务。《保险法》规定，保险事故发生后，依照保险合同请求保险人赔偿或者给付保险金时，受益人应当向保险人提供其所能提供的与确认保险事故的性质、原因、损失程度等有关的证明和资料。

20.2.7 保险合同的订立、变更、解除及终止

1. 保险合同的订立

保险合同的订立，也称保险合同的成立，是通过投保人与保险人的双方法律行为而发生的，双方当事人的意思表示一致是该合同得以产生的基础。保险合同与一般合同一样，双方当事人订立合同必须通过两个阶段：要约与承诺。在保险合同中，一般以投保人提交填写好的投保单为要约，即投保人向保险人提交要求订立保险合同的书面意思表示。通常保险人在接到投保人的投保单后，经核对、查勘及信用调查，确认一切符合承保条件时，签章承保，即为承诺，保险合同即告成立。保险合同成立并不意味着保险合同当然生效，除非法律另有规定或合同另有约定，保险合同的生效为保险权利义务的开始。

2. 保险合同的变更

保险合同的变更是指在合同的有效期内，基于一定的法律事实而改变合同内容的法律行为。即订立的合同在履行过程中，由于某些情况的变化而对其内容进行的补充或修改。保险合同依法成立，即具有法律约束力，当事人双方都应当全面履行合同规定的义务，不得擅自变更保险合同。但是在保险合同订立以后，保险合同有效期届满之前，由于保险合同当事人的主观和客观情况的变化，有时也需要对已经订立的保险合同作必要的变更。

保险合同的变更可分为两种情况。

(1) 保险合同主体的变更，这是指保险合同当事人及关系人的变更。在多数情况下，发生变更的主要是投保人、被保险人或者受益人，在特别情况下，保险人也会发生变更。

(2) 保险合同内容的变更，这是指在保险合同主体不发生变化的情况下，保险合同的其他记载事项发生变化所引起的变更。对于变更保险合同，当事人可以在订立保险合同时一次性地作出约定，也可以在每次变更时进行协商。如果投保人要变更保险合同，可以先向保险人提出需要变更的事项，并提交有关资料，然后由保险人审查核定；如果保险人要求修改保险合同条款，应当事先通知投保人、被保险人或者受益人，征得他们的同意，双方协商一致，保险合同的变更才有效。

3. 保险合同的解除

保险合同的解除有约定解除和法定解除之分。约定解除，完全取决于当事人的协议；而对于法定解除，《保险法》作出如下规定。

(1) 投保人解除合同。《保险法》第十五条规定："除本法另有规定或者保险合同另有约定外，保险合同成立后，投保人可以解除保险合同，保险人不得解除保险合同。"按照该条规定，投保人可以随时解除合同。

(2) 保险人解除合同。根据《保险法》第十五条规定，保险人不能任意解除保险合同。除非出现下列情况：①投保人故意隐瞒事实，不履行如实告知义务或者因过失未履行如实告知义务，足以影响保险人决定是否同意承保或者提高保险费率的，保险人有权解除合同；②被保险人或者受益人在未发生保险事故的情况下，谎称发生了保险事故，向保险人提出赔偿或给付保险金的请求，保险人有权解除保险合同，并不退还保险费；③投保人、被保险人故意制造保险事故的，保险人有权解除保险合同，不承担赔偿或给付的责任；④投保人、被

保险人未按约定履行其对保险标的安全应尽责任的,保险人有权要求增加保险费或解除合同;⑤在保险合同有效期内,保险标的危险程度增加的,被保险人按照合同约定及时通知保险人,保险人有权要求增加保险费或者解除合同。被保险人未履行前款规定的通知义务的,因保险标的危险程度增加而发生的保险事故,保险人不承担赔偿责任;⑥自保险合同效力中止之日起 2 年内,投保人与保险人双方未达成恢复合同效力的协议,保险人有权解除合同。

4. 保险合同的终止

保险合同的终止是指保险合同成立后因法定的或约定的事由发生,法律效力完全消灭的法律事实。导致保险合同终止的原因有:①保险合同期限届满;②合同生效后承保的风险消失;③保险标的因非保险事故的发生而完全灭失;④合同生效后,投保人未按规定的程序将合同转让,由于投保人或被保险人已失去保险利益,使保险合同自转让之日起原有的法律效力不再存在;⑤因解除导致终止;⑥因履约导致终止。

20.2.8 保险索赔与理赔

保险索赔是指被保险人或受益人在保险事故发生后,根据保险合同,请求保险人赔偿或给付保险金的行为。保险理赔是指保险人在被保险人或受益人提出索赔的要求后,根据保险合同的规定对保险事故及其所致损失进行调查并赔偿或给付保险金的行为。根据《保险法》规定,人寿保险以外的其他保险的被保险人或受益人的索赔时效为 2 年,自其知道保险事故发生之日起计算;人寿保险的被保险人或受益人的索赔时效为 5 年,自其知道保险事故发生之日起计算。

1. 代位追偿权

1) 代位追偿权的概念及产生原因

代位追偿权,是指在财产保险中由于第三者的过错,造成保险标的发生保险责任范围内的损失,如保险人按照合同约定支付了保险金,被保险人将对该第三者享有的赔偿请求权转移给保险人,由保险人代为行使。

代位追偿权产生的原因有三方面。①侵权行为。由第三者的故意或过失致使保险标的遭受损失。②合同责任。第三者违约造成保险标的的损失。③不当得利。由第三者的不当得利产生的民事责任引起的代位追偿。

2) 代位追偿权的成立要件

对于代位追偿权的成立要件,按照法律的规定,一般应具备下列要件方能成立。

(1) 保险人因保险事故对第三者享有损失赔偿请求权。首先,保险事故是由第三者造成的;其次,根据法律或合同规定,第三者对保险标的的损失负有赔偿责任,被保险人对其享有赔偿请求权。

(2) 保险标的损失原因属于保险责任范围,即保险人负有赔偿义务。如果损失发生原因属于除外责任,那么保险人就没有赔偿义务,也就不会产生代位追偿权。

(3) 保险人给付保险赔偿金。对第三者的赔偿请求权转移的时间界限是保险人给付赔偿金,并且这种转移是基于法律规定,不需要被保险人授权或第三者同意,即只要保险人给付赔偿金,请求权便自动转移给保险人。

3) 保险双方在代位追偿权中的权利义务

(1) 保险人的权利义务。保险人的权利:保险人在赔偿金额范围内代位行使被保险人对第三者请求赔偿的权利。保险人的义务：保险人追偿的权利应当与他的赔偿义务等价，如果追得的款项超过赔偿金额，超过部分归被保险人。

(2) 被保险人的权利义务。主要包括以下5个方面。

① 在保险赔偿前，被保险人需保持对过失方起诉的权利。

② 不能放弃对第三者责任方的索赔权。保险事故发生后，未赔偿之前，被保险人放弃对第三者请求赔偿的权利的，保险人不承担赔偿保险金的责任；赔偿之后，被保险人未经保险人同意放弃对第三者请求赔偿的权利的，该行为无效。

③ 被保险人故意或者因重大过失致使保险人不能行使代位请求赔偿的权利的，保险人可以扣减或者要求返还相应的保险金。

④ 被保险人有义务协助保险人向第三责任方追偿。

⑤ 被保险人已经从第三者取得损害赔偿的，保险人赔偿保险金时，可以相应扣减被保险人从第三者已取得的赔偿金额。

除被保险人的家庭成员或者其组成人员故意造成《保险法》第六十条第一款规定的保险事故外，保险人不得对被保险人的家庭成员或者其组成人员行使代位请求赔偿的权利。

2. 委付

委付，是指被保险人（或投保人）在保险标的发生推定全损时，主张将保险标的物的一切权利转移给保险人而请求支付全部保险金额的行为。

委付与权益转让的区别：①权益转让中保险人所得最多不超过赔付的保险金额，而委付中保险人则可以取得损余处理的全部价值；②权益转让中保险人只享有被保险人应该享有的权利而不承担义务，委付中保险人在获得权利的同时也必须承担相应的义务。

在海上保险中，委付常作为一种理赔制度用于处理保险标的的损失。当保险标的损失虽未达到全部损失的程度，但有全部损失的可能，或其修复费用将超出其本身的价值，或确为全部损失而又无法证明时，被保险人可将其残余利益，或标的上的一切权利，明示移转给保险人，而要求按推定全损给予赔偿。委付一经保障人承诺，即告成立。

我国《海商法》规定：保险标的发生推定全损，被保险人要求保险人按照全部损失赔偿的，应当向保险人委付保险标的。保险人可以接受委付，也可以不接受委付，但是应当在合理的时间内将接受委付或者不接受委付的决定通知被保险人。委付不得附带任何条件。委付一经保险人接受，不得撤回。

20.3 财产保险合同与人身保险合同

20.3.1 财产保险合同

1. 财产保险合同的概念

《保险法》规定："财产保险合同是以财产及其有关利益为保险标的的保险合同。"财产保险合同的标的可分为两大类：①有形财产，包括动产和不动产，如房屋、车辆、家用电器等，这是财产保险合同最为普遍的标的；②无形财产，包括预期利益和消极利益。预期利益包括因现有权利派生的期待利益和因合同而派生的利益。前者如货物的所有人对货物运达目的地后应得的利润、收入可作为运输货物保险的标的；后者如买卖合同的卖方出卖货物后，应从买方收取货款而得到的利益可作为保险的标的。消极利益亦称"不受损失"的利益，即免除由于事故的发生而增加的额外支出，如船舶碰撞中由于船方过错导致碰撞而使他船受损，有过错的船方应进行赔偿，这种因赔偿责任而需进行的支付，可以作为责任保险的标的。

2. 财产保险合同的特征

财产保险合同不仅具备一般保险合同的属性，而且基于其特定的保险标的还具有如下独特的法律特征。

（1）其核心内容是赔偿保险标的因保险事故所致的损失，即损害补偿原则。财产保险并不是保证财产不发生危险，而是对财产因意外危险所造成的损失给予经济补偿。只有当被保险标的遭遇保险合同中规定的危险，发生经济损失时，保险人才承担经济补偿责任。被保险人可以通过财产保险合同获得保险补偿，但不能取得额外利益。

（2）保险金额不得超过保险价值的原则。保险人和投保人约定的保险金额不得超过被保险标的的实际价值，否则，超过的部分无效。被保险标的实际价值在保险法上称为保险价值，在有形财产保险中可以事先确定，以作为双方约定保险金额的基础，而关于无形财产则是在保险事故发生后由双方估定。

（3）保险人的最高赔偿责任以保险合同所约定的保险金额为限，即实行保险责任限定原则。保险金额是保险人承担赔偿责任的最高限额，也是投保人对保险标的的实际投保的金额，超过保险金额范围的损失，投保人无权请求保险人赔偿。

3. 财产保险合同的种类

我国现行的财产保险合同分为以下几种。

（1）财产损失保险合同。这是以补偿有形财产的直接损失为目的的合同，目前主要包括企业财产保险合同、家庭财产保险合同、运输工具保险合同、运输货物保险合同等。

（2）责任保险合同。这是以补偿因被保险人依法承担民事责任而产生的损失为目的的合同。目前主要包括第三者责任保险合同、公众责任保险合同、产品责任保险合同、雇主责任保险合同、职业责任保险合同等。

（3）信用保险合同。这是以补偿因被保险人在信用贷款等业务中由于债务人信用不良而产生的损失为目的的合同。目前信用保险合同主要包括出口信用保险合同、投资信用保险合同、商业信用保险合同等。

20.3.2 人身保险合同

保险标的的不同是人身保险合同和财产保险合同的最根本区别。人身保险合同可分为人寿保险合同、意外伤害保险合同及健康保险合同。

1. 人身保险合同的特征

（1）保险合同主体的特殊性。人身保险合同中的被保险人只能是自然人，并且在其关系人中有受益人的存在。

（2）保险标的的人格化。人身保险合同中的保险标的是被保险人的寿命、身体，该保险利益属于被保险人的人格利益或人身利益。

（3）保险期限的长期性。财产保险合同的期限比较短，一般只有一年、几个月甚至更短。而人身保险合同一般为 5 年、10 年、15 年、20 年、30 年甚至是终身的。

(4) 保险费不得强制请求。投保人不按照人身保险合同的约定支付保险费，保险人不得以强制方式要求投保人支付保险费。因为这可能是投保人选择终止合同的一种方式。

(5) 不存在物权代位与债权代位。《保险法》规定："人身保险的被保险人因第三者的行为而发生死亡、伤残或者疾病等保险事故的，保险人向被保险人或者受益人给付保险金后，不得享有向第三者追偿的权利。但被保险人或者受益人仍有权向第三者请求赔偿。"

2. 人身保险合同的特殊性条款

人身保险合同由于标的的特殊性，往往存在一些反映人身保险合同特殊性的条款。这些条款对双方当事人的权利和义务作出特殊的约定，成为影响合同效力的重要因素。

(1) 不可抗辩条款。不可抗辩条款又称不可争议条款，是指自合同成立之日或复效之日起，经过一定时间后保险人不得再以投保人违反告知义务为由而主张合同无效。《保险法》把不可抗辩的期限定为 2 年。

(2) 年龄误告条款。年龄误告条款是人寿保险合同的常见条款。按照《保险法》的规定："投保人申报的被保险人年龄不真实，并且其真实年龄不符合合同约定的年龄限制的，保险人可以解除合同，并在扣除手续费后，向投保人退还保险费……投保人申报的被保险人年龄不真实，致使投保人支付的保险费少于应付保险费的，保险人有权更正并要求投保人补交保险费，或者在给付保险金时按照实付保险费与应付保险费的比例支付。投保人申报的被保险人年龄不真实，致使投保人实付保险费多于应付保险费的，保险人应当将多收的保险费退还投保人。"

(3) 宽限期条款。宽限期条款一般存在于分期缴纳保险费的长期人寿保险合同中。为了避免因迟延缴纳各期保险费而导致保险合同效力中止，一般在合同中规定对每次缴纳保险费有一定的宽限期。我国《保险法》规定的宽限期为 60 日，投保人支付首期保险费后，除合同另有约定外，投保人超过规定的期限 60 日未支付当期保险费的，合同效力中止，或者由保险人按照合同约定的条件减少保险金额。

(4) 复效条款。它是与宽限期条款相联系的常见条款。人身保险合同中投保人缴纳首期保险费后，在宽限期内仍未续缴已到期保险费的，合同效力即告中止。但投保人在一定期限内经与保险人协商并达成协议，在补交保险费后，仍然有权申请合同效力恢复。但《保险法》规定自合同效力中止之日起 2 年内双方未达成协议的，保险人有权解除合同。

(5) 自杀条款。《保险法》规定，以死亡为给付保险金条件的合同，被保险人自杀的，保险人不承担给付保险金的责任，但是，自合同成立之日起满 2 年后被保险人自杀的，保险人可以按照合同给付保险金。

3. 人身保险合同的中止、失效和复效

1) 人身保险合同的中止

《保险法》第三十六条规定：合同约定分期支付保险费，投保人支付首期保险费后，除合同另有约定外，投保人自保险人催告之日起超过 30 日未支付当期保险费，或者超过约定的期限 60 日未支付当期保险费的，合同效力中止，或者由保险人按照合同约定的条件减少保险金额。

2) 人身保险合同的失效

在人身保险合同中，如果保险费为分次给付，依照保险惯例，保险合同于投保人给付第一次保险费后生效。在续期保费给付中，如果期限届满投保人仍未给付，保险合同自到期日起失效，在失效期间发生保险事故，保险人不承担给付保险金的责任。

对于在宽限期间内发生保险事故，《保险法》第三十六条还规定：被保险人在规定期限内发生保险事故的，保险人应当按照合同约定给付保险金，但可以扣减欠交的保险费。

3) 人身保险合同的复效

人身保险合同的失效并非合同效力的绝对消灭，投保人在一定期间内可以申请复效。从这点上看，称保险合同失效为效力停止可能更为恰当。

《保险法》规定：合同效力依照本法规定中止的，经保险人与投保人协商并达成协议，在投保人补交保险费后，合同效力恢复。

《简易人身保险条款》规定：本合同效力中止后，投保人可在效力中止日起 2 年内，填妥复效申请书及被保险人健康声明书申请复效。前项复效申请，经保险人同意并缴清欠缴的保险费及利息后，本合同效力恢复。

因此，人身保险合同复效应具备：①投保人的复效申请应在保险合同失效后 2 年内提出；②原被保险人身体健康并能正常劳动或工作；③保险人同意；④投保人补交失效期间的保险费和利息。

根据保险惯例，保险人在接到投保人的复效申请后，有权对上述前两项条件进行审查，如果符合要求，保险人不能拒绝。自投保人向保险人付清所欠交的保险费和利息之日起，保险合同效力恢复。已恢复效力的保险合同应视为自始未失效的原保险合同。

20.4 违反保险法的法律责任

《保险法》对违反保险法的法律责任作出了明确的规定，归纳起来大致有以下几类。

1. 投保人、被保险人或受益人的法律责任

投保人、被保险人或受益人有下列行为之一，进行保险诈骗活动，尚不构成犯罪的，依法给予行政处罚；给他人造成损害的，依法承担民事责任；构成犯罪的，依法追究刑事责任：①投保人故意虚构保险标的，骗取保险金的；②编造未曾发生的保险事故，或者编造虚假的事故原因或者夸大损失程度，骗取保险金的；③故意造成保险事故，骗取保险金的。保险事故的鉴定人、评估人、证明人故意提供虚假的证明文件，为投保人、被保险人或者受益人进行保险诈骗提供条件的，依照规定给予处罚。

2. 保险公司及其工作人员的法律责任

违反保险法规定，擅自设立保险公司、保险资产管理公司、保险专业代理机构、保险经纪人，或者非法经营商业保险业务，或者未取得经营保险代理业务许可证、保险经纪业务许可证从事保险代理业务、保险经纪业务的，由保险监督管理机构予以取缔，没收违法所得，并处法律规定的罚款。

保险公司违反保险法规定，超出批准的业务范围经营的，或者擅自变更保险公司的名称、章程、注册资本、公司或者分支机构的营业场所等事项的，或者其他违反保险法规定相应情形的，由保险监督管理机构责令限期改正，没收违法所得，并处法律规定的罚款。逾期不改正或者造成严重后果的，责令停业整顿或者吊销业务许可证。

保险公司及其工作人员在保险业务活动中不得有下列行为：①欺骗投保人、被保险人或者受益人；②对投保人隐瞒与保险合同有关的重要情况；③阻碍投保人履行法律规定的如实告知义务，或者诱导其不履行法律规定的如实告知义务；④给予或者承诺给予投保人、被保险人、受益人保险合同约定以外的保险费回扣或者其他利益；⑤拒不依法履行保险合同约定的赔偿或者给付保险金义务；⑥故意编造未曾发生的保险事故、虚构保险合同或者故意夸大已经发生的保险事故的损失程度进行虚假理赔，骗取保险金或者牟取其他不正当利益；⑦挪用、截留、侵占保险费；⑧委托未取得合法资格的机构从事保险销售活动；⑨利用开展保险业务为其他机构或者个人牟取不正当利益；⑩利用保险代理人、保险经纪人或者保险评估机构，从事以虚构保险中介业务或者编造退保等方式套取费用等违法活动；⑪以捏造、散布虚假事实等方式损害竞争对手的商业信誉，或者以其他不正当竞争行为扰乱保险市场秩序；⑫泄露在业务活动中知悉的投保人、被保险人的商业秘密；⑬违反法律、行政法规和国务院保险监督管理机构规定的其他行为。

对上述行为，情节轻微，依照有关规定给予行政处罚；给他人造成损害的，依法承担民事责任；构成犯罪的，依法追究刑事责任。

3. 保险代理人和保险经纪人的法律责任

保险代理人、保险经纪人及其从业人员在办理保险业务活动中不得有下列行为：

①欺骗保险人、投保人、被保险人或者受益人；②隐瞒与保险合同有关的重要情况；③阻碍投保人履行本法规定的如实告知义务，或者诱导其不履行本法规定的如实告知义务；④给予或者承诺给予投保人、被保险人或者受益人保险合同约定以外的利益；⑤利用行政权力、职务或者职业便利以及其他不正当手段强迫、引诱或者限制投保人订立保险合同；⑥伪造、擅自变更保险合同，或者为保险合同当事人提供虚假证明材料；⑦挪用、截留、侵占保险费或者保险金；⑧利用业务便利为其他机构或者个人牟取不正当利益；⑨串通投保人、被保险人或者受益人，骗取保险金；⑩泄露在业务活动中知悉的保险人、投保人、被保险人的商业秘密；⑪未按照保险监督管理机构的规定，报送有关报告、报表、文件和资料；⑫未按照规定缴存保证金或者投保职业责任保险的；⑬未按照规定设立专门账簿记载业务收支情况的。

有违反上述规定行为之一的，由保险监督管理机构责令改正，并处以法律规定的罚款；情节严重的，责令停业整顿或者吊销业务许可证；给他人造成损害的，依法承担民事责任；构成犯罪的，依法追究刑事责任。

个人保险代理人违反保险法规定的，由保险监督管理机构给予警告，视情节轻重，处法律规定的罚款。

保险公司、保险资产管理公司、保险专业代理机构、保险经纪人违反保险法规定的，保险监督管理机构除分别依法给予处罚外，对其直接负责的主管人员和其他直接责任人员给予警告，并处法律规定的罚款；情节严重的，撤销任职资格。

本 章 小 结

● 保险的本质是一种分配关系。它具有互助性、经济性和自愿性的特征。依据不同的标准，保险可分为不同的种类。
- 保险法有狭义和广义之分。它具有社会性、技术性及强制性的特点。我国保险法由保险合同、保险业法律制度和保险监督管理制度三大部分构成。
- 保险合同是投保人与保险人约定保险权利与义务关系的协议。其基本原则主要有：最大诚信原则、保险利益原则、近因原则和损失补偿原则。我国保险合同的形式为书面形式，实践中主要包括投保单、保险单、暂保单、保险凭证和批单。
- 保险合同的主体有保险合同当事人、保险合同关系人和保险合同中介人三类；其客体是保险利益。保险合同的内容包括法定条款、约定条款和格式条款的解释。保险合同的订立、变更、解除、终止、复效、索赔与理赔必须遵循保险法的规定。
- 保险标的是人身保险合同和财产保险合同的最根本区别。人身保险合同分为人寿保险合同、意外伤害保险合同及健康保险合同；财产保险合同分为财产损失保险合同、责任保险合同及信用保险合同。
- 我国《保险法》对保险关系人的保险违法行为作出了明确规定。

关键概念

保险　保险法　保险合同　最大诚信　保险利益　近因　损失补偿　保险人　投保人　被保险人　受益人　人身保险　财产保险

复习思考题

1. 简述保险法的基本原则。
2. 如何理解保险利益原则？
3. 保险合同的种类有哪些？
4. 简述保险合同的订立及生效内容。
5. 简述保险合同的效力。
6. 简述财产保险合同与人身保险合同的区别、含义及特点。

【案例分析】

案例1：2015年2月，王某向某保险公司投保了10万元养老保险及附加意外伤害保险，指定受益人为王某的妻子张某。两人独立居家，但在王某的母亲家吃饭。同年5月1日，王某的母亲因多日未见二人前去吃饭，遂往二人住处探望，发现二人因煤气炉烧水时火被浇灭，造成煤气泄漏，已中毒身亡。5月3日，王某的父母向保险公司报案，并以被保险人王某法定继承人身份申请给付保险金。两天后，张某的父母也以受益人法定继承人身份向保险公司申请给付保险金。由于争执不下，两亲家诉诸法院。

试分析：法院应如何审理？并说明原因。

案例2：2013年10月4日，王某在某保险公司为自己投保了20份"福禄寿增额还本"养老保险，年交保险费10 780元，保险金额20万元，并指定其妻赵某和胞弟为受益人。2014年10月6日，赵某因夫妻矛盾，趁丈夫熟睡之际放煤气，导致双方死亡。经公安机关调查确认为刑事案件，王某系其妻赵某所杀，赵某系自杀。2015年1月12日，受益人之一王某胞弟向保险公司申请给付保险金，该保险公司以被保险人王某系受益人赵某故意行为致死为由，依照《保险法》第六十四条第一款之规定下达了拒赔通知书。2015年4月王弟将保险公司告到法院，请求法院判令保险公司支付20万元保险金，一审判决保险公司给付10万元保险金。保险公司不服提起上诉。二审撤销原判，依法改判，保险公司不需支付保险金，全部诉讼费由一审原告承担。

试分析：法院的判定是否合理？并说明原因。

案例3：2018年12月11日深夜，车主周某停放在小区的轿车被盗。第二天他便向当地派出所报案，开具了失窃证明。两周后，派出所告知周某车是找到了，但暂时不能拿回来，因为汽车被盗后撞死了人。原来，汽车被盗后，被人改装后拿去使用，同年12月26日，在某路与一辆逆向行驶的无证电动车相撞，导致电动车驾驶人陈某当场死亡，肇事轿车驾驶员弃车逃逸。2019年5月，死者家属一纸诉状，将周某告上了法庭，要求他支付一笔11万元的死亡赔偿金。这令周家一直都想不明白，车子被盗，人是偷车贼或收赃者撞的，为何死者家属要他们给这起事故"买单"？8月4日，一审法院判决原告方胜诉。理由是，虽然有规定机动车辆被盗后发生交通事故致人损害，应由肇事人承担赔偿责任，被盗机动车的所有人不承担赔偿责任，但此案原告仅主张的是因被告在车辆交强险期限到期后未再续保，而要求其在交强险限额范围内承担赔偿责任。经查实，车辆交强险到期时间在先，被盗时间在后，此案被告虽与本次事故的发生无关，但其行为具有过错，因被告的过错导致被害人丧失了要求保险公司在交强险限额范围内承担赔偿责任的权利，故被告应替代保险公司在交强险责任限额内对原告的损失承担赔偿责任，赔偿原告因近亲陈某死亡的损失11万元。

试分析：一审法院的判决是否合理？并说明原因。

案例4：2014年3月5日，熊女士的丈夫余某驾驶投保车辆行至自家门前道路的坡道，停车后下车检查时，车辆发生移动，撞到道旁房屋墙壁上，余某被挤压在墙壁与车辆之间，当场死亡。事故发生后，原告熊女士及其公婆和子女五人，多次要求保险公司对此事故进行理赔，均遭拒绝。保险公司认为，事故中余某为驾驶人而非"第三人"，以《机动车交通事故责任强制保险条例》第三条、第二十一条的规定，故应拒赔。熊女士遂诉至法院，请求获得保险赔偿。

试分析：法院应如何审理？并说明原因。

第5编 经济争议的处理

第21章 经济仲裁与经济诉讼

【学习目标】

学完本章后,你应该能够:
- 知晓经济纠纷的概念以及解决方式;
- 领会经济仲裁的含义、原则和仲裁法的适用范围;
- 了解仲裁协议的含义、仲裁程序以及法院对仲裁的监督;
- 理解经济诉讼的管辖及程序。

21.1 经济争议的解决方式

21.1.1 经济争议的含义

在经济交往中,各方当事人之间在权利、义务等方面经常会发生各种内容十分复杂的争议和纠纷,纠纷能否解决好,不但影响到当事人的继续交往,而且也影响社会经济秩序的稳定和有序。所以,如何解决经济纠纷、用何种方式解决经济纠纷,是经济法的重要内容。

经济争议,是指在经济交往中发生在自然人、法人和其他经济组织之间或他们与政府机关之间的争议。按争议产生的原因可以分为合同的争议和侵权的争议。

21.1.2 解决经济争议的方式

解决经济交往中的争议,首先要确定采用何种方式,解决争议的方式分为两类:一类是当事人自己协商解决,即协商的方式;另一类的是求助于第三人解决,即调解、仲裁或诉讼。

1. 协商

协商是指当事人在自愿的基础上,按照有关法律和合同条款,通过磋商、谈判等方式,自愿达成和解协议,从而解决纠纷的一种方式。协商以自愿原则为出发点,当事人本着平等、互利的原则,就有关问题协商一致,达成了一项新的协议,对当事人具有法律约束力。但要注意,协商要遵循合法原则,否则会影响协商的法律效力。

协商的特点有:①没有第三人参与,不会泄露各方的商业秘密;②方便、灵活,兼顾双方的利益,不易伤和气;③经济,不需付出解决纠纷的太多成本,对当事人以后的交往影响不大。因此发生纠纷时,应首选考虑协商方式。

2. 调解

调解,是指在当事人自愿的基础上,请求第三人出面,在第三人的主持下当事人协商同意,达成新的协议,从而解决争议的方式。

调解分为民间机构的调解、专门仲裁机构的调解、法院的调解。不同的调解机构所作的调解,其法律效力是不同的:①通过法院调解,当事人在调解书上签字后,调解书就与判决书具有同等的法律效力;②通过仲裁机构调解,当事人在仲裁调解书上签字后,仲裁机构制作的调解书与裁决书就具有同等的法律效力;③通过其他人的调解,当事人在调解书上签字以后,也对当事人具有法律的约束力,但没有强制执行力;若达成意思一致后,一方当事人却拒绝在调解书上签字,则调解无效。当经济纠纷双方经协商或经第三方调解无法达成协议的,必须通过诉讼或仲裁解决。

3. 经济仲裁

仲裁是一种民间解决方式,仲裁机构是民间组织。通过当事人双方的自愿选择要么仲裁要么诉讼,经济仲裁是一种准司法,依法作出的裁决有法律执行力。

4. 经济诉讼

诉讼是通过国家审判机关解决争议的方式。一切争议都可以通过诉讼解决,并最终得到一个有法律效力的裁决。包括经济诉讼与行政诉讼。经济诉讼解决的是平等主体之间的民事争议;行政诉讼解决的是行政主体与公民、法人或者其他组织之间的行政争议。

21.2 经济仲裁

21.2.1 经济仲裁概述

1. 经济仲裁的概念

在市场经济条件下,人们的经济联系更加广泛;与此同时,各种各样的经济争议越来越多,如商标纠纷、合同纠纷、专利纠纷、著作权纠纷及涉外纠纷等。在经济交往过程中,由于主观客观情况难免会出现一些问题和争议,如果经过协商和调解不能解决,当事人就可以提请仲裁处理,以保护合法权益,避免造成更大的损失,维护正常的市场经济秩序。

经济仲裁又称公断,是指各方当事人通过协议自愿地将已发生或可能发生的经济争议交付第三方裁决,最终裁决对各方均有约束力,从而解决争议的方式。

2. 经济仲裁的特点

(1) 自愿性或契约性。这是仲裁产生的前提,当事人自愿选择和提交仲裁,并且在仲裁时,可以选择仲裁程序、规则、仲裁事项等。

(2) 独立性与自治性。仲裁机构是民间性组织,仲裁委员会依法独立行使仲裁权,不受行政机关、社会团体和个人的干涉。

(3) 准司法性。仲裁裁决是终局,具有法律约束力,但仲裁机构本身并不能强制执行,仲裁裁决的执行要一方当事人向有管辖权的法院申请后,才能强制执行。

(4) 专业性。仲裁的专业性强,仲裁员由各方面的专家组成。

(5) 保密性。仲裁的审理不公开,不但可以保守当事人的商业秘密,而且也使当事人的商业信誉不受影响。

（6）速度快、费用低。仲裁具有一裁终局的特点，仲裁作出后，当事人不得向法院提起诉讼，也不得向有关方面申请行政复议。

（7）对于国际贸易仲裁，域外执行具有简便性。国际上已先后缔结了三个有关承认和执行外国仲裁裁决的国际公约，其中最有影响、最有普遍性的是《承认与执行外国仲裁裁决公约》（即《纽约公约》）。现在已有100多个国家加入，我国于1986年12月加入。

21.2.2 仲裁法及其适用范围

1. 仲裁法的概念

仲裁法是国家制定或认可的，规范仲裁法律关系主体的行为和调整仲裁法律关系的法律规范的总称。1994年8月31日第八届全国人大常委会第九次会议通过了《中华人民共和国仲裁法》（2009年、2017年2次修正）。广义的仲裁法除指《中华人民共和国仲裁法》（以下简称《仲裁法》）外，还包括所有涉及仲裁制度的相关法律规范。如2000年11月修订的《中国海事仲裁委员会仲裁规则》、2000年9月修订的《中国国际贸易仲裁委员会仲裁规则》《最高人民法院关于适用〈中华人民共和国仲裁法〉若干问题的解释》等。

2. 仲裁法的适用范围

仲裁法适用范围，是指仲裁机构根据仲裁法的规定，可以受理的提交仲裁的争议事项的范围。我国《仲裁法》对此有明确规定，仲裁机构受理的纠纷应符合以下三个条件：①主体的平等性，即发生纠纷的双方当事人应当是平等的公民、法人和其他组织；②仲裁事项的可处分性，即仲裁的争议事项是当事人依法享有处分权的；③仲裁事项的限定性。

具体而言，提交仲裁的纠纷仅限于民事经济纠纷，包括合同纠纷和涉及其他财产权益的非合同纠纷。但根据《仲裁法》的规定，婚姻、收养、监护、扶养及继承纠纷，依法应当由行政机关处理的行政争议、劳动争议和农业集体经济组织内部的农业承包合同争议，不能依仲裁法申请仲裁。

21.2.3 经济仲裁的基本原则

（1）自愿仲裁原则。当事人采取仲裁方式解决纠纷，应当双方自愿达成仲裁协议。没有仲裁协议，一方申请仲裁的，仲裁委员会不予受理。

（2）独立原则。仲裁依法独立进行，不受行政机关、社会团体和个人的干涉。

（3）不公开原则。仲裁不公开进行。当事人协议公开的，可以公开进行，但涉及国家秘密的除外。

（4）法院支持与监督原则。仲裁实行一裁终局的制度。裁决作出后，当事人就同一纠纷再申请仲裁或者向人民法院起诉的，仲裁委员会或者人民法院不予受理。裁决被人民法院依法裁定撤销或者不予执行的，当事人就该纠纷可以根据双方重新达成的仲裁协议申请仲裁，也可以向人民法院起诉。

21.2.4 仲裁委员会

仲裁委员会，是独立进行仲裁活动的机构。仲裁机构不是行政机关，仲裁委员会只在直辖市和省、自治区人民政府所在地的市或其他一些设区的市设立，不按行政区划设立，而且各个仲裁委员会之间是平等关系,不存在管理和隶属关系,各地的仲裁委员会都颁布自己的仲裁规则作为自己组织运行的准则。仲裁委员会主任、副主任和委员由法律、经济贸易专家和有实际工作经验的人员担任。其中法律、经济贸易专家不少于2/3。

仲裁委员会按照不同专业设仲裁员名册。仲裁员应当符合的条件是:①从事仲裁工作满8年的;②从事律师工作满8年的;③曾任法官满8年的;④从事法律研究、教学工作并具有高级职称的;⑤具有法律知识、从事经济贸易等专业工作并具有高级职称或具有同等专业水平的。

21.2.5 仲裁协议及法律意义

1. 仲裁协议

仲裁协议是指当事人达成的同意将已发生或将发生的争议交付仲裁机构仲裁的协议。仲裁协议独立存在,合同的变更、解除、终止或者无效,不影响仲裁协议的效力。一项有效的仲裁协议要符合以下基本条件。

(1) 主体合格。即当事人必须具有订立仲裁协议的合法资格。

(2) 采用书面形式。提交仲裁的协议必须是书面形式,可以表现为仲裁条款、仲裁协议书等。《最高人民法院关于适用〈中华人民共和国仲裁法〉若干问题的解释》第一条规定:仲裁法第十六条规定的"其他书面形式"的仲裁协议,包括以合同书、信件和数据电文(包括电报、电传、传真、电子数据交换和电子邮件)等形式达成的请求仲裁的协议。

(3) 内容合法。仲裁协议应包括下列内容:①要有明确的、符合法律规定的仲裁事项;②具有申请仲裁的意思表示;③要明确选定仲裁机构或仲裁委员会。

2. 仲裁协议的法律意义

仲裁协议的法律意义如下。①排除法院管辖。但在当事人达成仲裁协议后,一方向法院起诉未声明有仲裁协议,法院受理后,另一方在首次开庭未对法院受理该案件提出异议的,视为放弃仲裁协议,法院应继续审理。②仲裁协议对当事人有约束力,当事人应严格遵守仲裁协议约定的事项。③仲裁协议是仲裁机构受理仲裁的依据。④仲裁协议是法院强制执行的依据之一。

3. 对仲裁协议的异议

当事人如果对仲裁协议的效力有异议,应当在仲裁庭首次开庭前提出。可以请求仲裁委员会作出决定或者请求人民法院作出裁定。一方请求仲裁委员会作出决定,另一方请求人民法院作出裁定的,由人民法院裁定。

21.2.6 经济仲裁的程序

1. 申请和受理

1) 仲裁的申请

当事人提出仲裁申请应当符合的条件是:①有仲裁协议,有具体的仲裁请求和事实、理由;②属于仲裁委员会受理的范围。当事人向仲裁委员会提出仲裁,应当向仲裁委员会递交仲裁申请书、仲裁协议书及副本。

仲裁申请书应当写明的事项是:①申请人和被申请人的姓名、性别、年龄、职业、工作单位和住所(如有邮编、电话、电传、电报号码或其他电子通信方式,也应写入),法人或其他组织的名称、住所和法定代表人或主要负责人的姓名、职务；②申请人所依据的仲裁协议；③案情和争议的要点；④仲裁请求和所根据的事实、理由，证据和证据的来源，证人姓名和住所，委托代理人的授权委托书。

2) 仲裁申请的受理

仲裁委员会在收到仲裁申请书之日起 5 日内进行审查，决定是否受理，并将是否受理的决定通知当事人。认为不符合条件的，应当书面通知当事人，并说明理由。

仲裁委员会受理仲裁申请后，应当在仲裁规则规定的期限内将仲裁规则和仲裁员名单送达申请人，并将仲裁申请书副本、仲裁规则、仲裁员名单和费用表送达被申请人。

申请人和被申请人应当在收到仲裁通知书之日起 20 日内在仲裁委员会仲裁员名单中选定或委托仲裁委员会指定一名仲裁员；被申请人应在收到通知书之日起 45 日内向仲裁委员提交答辩书和有关证明文件。被申请人如有反请求，应在收到通知书之日起，海事仲裁 45 日内、国际经济贸易仲裁 60 日内以书面形式提交仲裁委员会。

2. 组成仲裁庭

仲裁庭可由三名仲裁员或者一名仲裁员组成。由三名仲裁员组成的，设首席仲裁员。当事人约定由三名仲裁员组成仲裁庭的，应各自选定或各自委托仲裁委员会主任指定一名仲裁员，第三名仲裁员由当事人共同选定或共同委托仲裁委员会主任指定。第三名仲裁员是首席仲裁员。当事人未在规定期限内约定仲裁庭的组成方式和选定仲裁员的，由仲裁委员会指定。

仲裁员有下列情况之一的必须回避，当事人也有权提出回避申请：①是本案的当事人或当事人、代理人的近亲属；②与本案有利害关系；③与本案当事人、代理人有其他关系，可能影响公正仲裁的；④私自会见当事人、代理人，或接受当事人、代理人请客送礼的。

当事人对仲裁员的公正性和独立性产生怀疑时，可以书面向仲裁委员会提出要求回避的申请。对仲裁员的回避申请应在第一次开庭之前提出，如果要求回避事由的发生和得知是在第一次开庭审理之后，可以在最后一次开庭终结之前提出。仲裁员是否回避由仲裁委员会主任决定，仲裁委员会主任担任仲裁员时，由仲裁委员会集体决定。

3. 开庭和裁决

1) 开庭

仲裁应当不公开开庭进行，当事人协议不开庭或公开开庭的，仲裁庭可以根据仲裁申请书、答辩书及其他材料作出裁决。仲裁委员会应当在仲裁规则规定的期限内将开庭日期通知双方当事人。当事人有正当理由的，可以在仲裁规则规定的期限内请求延期开庭。当事人经书面通知，无正当理由不到庭或者未经仲裁庭许可中途退庭的可以缺席裁决。当事人应对自己的主张提供证据，仲裁庭认为有必要搜集证据，可以自行收集。当事人在仲裁过程中有权进行辩论。辩论终结时，首席仲裁员或独任仲裁员应当征询当事人的最后意见。

2) 裁决

仲裁开庭后，当事人可以自行和解。达成和解协议的，可以请求仲裁庭根据和解协议作出裁决书，也可以撤回仲裁申请。

仲裁庭在作出裁决前，可以先行调解，调解不成的，应当及时作出裁决。调解达成协议的，仲裁庭应当制作调解书，调解书与裁决书具有同等的法律效力。调解书经双方当事人签收后，即发生法律效力。在调解书签收前当事人反悔的，仲裁庭应当及时作出裁决。裁决书应当依照多数仲裁员的意见作出，少数仲裁员的不同意见可以记入笔录。仲裁庭不能形成多数意见时，裁决应当按照首席仲裁员的意见作出。裁决书自作出之日起发生法律效力，对当事人有约束力，一方当事人不履行仲裁协议，另一方当事人可以向人民法院申请强制执行。

4. 申请撤销裁决

仲裁具有一裁终局的特点，仲裁作出后，当事人不得向法院提起诉讼，也不得向有关方面申请行政复议。

但当事人提出证据证明裁决有下列情况之一的，可以在收到裁决书之日起6个月内，向仲裁委员会所在地的人民法院申请撤销裁决：①没有仲裁协议的；②裁决的事项不属于仲裁协议的范围或者仲裁委员会无权仲裁的；③裁决所根据的证据是伪造的；④对方当事人隐瞒了足以影响公正裁决的证据的；⑤仲裁员在仲裁该案时有索贿、徇私舞弊、枉法裁决行为的。人民法院经合议庭审查核实，发现有撤销的情形或裁决违背社会公共利益的，应当在受理撤销裁决申请之日起2个月内作出撤销的裁定；认为没有撤销的法定情形的，也应当在受理撤销裁决申请之日起2个月内作出驳回申请的裁决。

5. 裁决的执行

裁决作出后，当事人应当执行，若一方当事人不执行，另一方当事人可以向人民法院申请强制执行，受理的人民法院应当执行。一方当事人申请执行裁决，另一方当事人申请撤销裁决的，人民法院应当裁定中止执行。裁定撤销裁决的，应当裁定终止执行，撤销裁决的申请被驳回后，人民法院应当裁定恢复执行。

21.3 经济诉讼

经济诉讼是指当事人依法将发生的争议请求法院运用审判权解决经济争议的一种方式。人民法院审理经济争议案件在程序上应依照2017年修正的《中华人民共和国民事诉讼法》，以及2014年12月18日最高人民法院审判委员会通过的《最高人民法院关于适用〈中华人民共和国民事诉讼法〉的解释》。

21.3.1 经济诉讼的管辖

经济诉讼的管辖是指法院系统内各级法院之间以及同级法院之间受理第一审案件的分工与处理权限的划分。

1. 级别管辖

级别管辖是按照人民法院组织系统上下级别来划分对第一审案件的管辖权。划分的依据是案件的性质、复杂程度及对社会的影响程度。

(1) 基层人民法院管辖除上级人民法院管辖以外的所有第一审经济纠纷案件。

(2) 中级人民法院管辖的第一审经济纠纷案件有：重大涉外案件；在本辖区内有重大影响的案件。

(3) 高级人民法院管辖在本辖区内有重大影响的第一审民事案件。

(4) 最高人民法院管辖的第一审民事案件是：在全国有重大影响的案件以及最高人民法院认为应当由其审理的案件。

2. 地域管辖

地域管辖，是指按地区确定人民法院的管辖权。我国人民法院的管辖区与行政区的划分是一致的。地域管辖可以分为以下几类。

1) 一般地域管辖

这是指按照当事人住所地行使管辖权。地域管辖一般采取原告就被告的原则，即由被告住所地的人民法院管辖。被告的住所地与经常居住地人民法院不一致的，由经常居住地人民法院管辖。同一诉讼的几个被告住所地、经常居住地在两个以上人民法院辖区的，各人民法院都有管辖权。只有对不在中国领域内居住的人、下落不明的人或被宣告死亡的人提起有关身份的诉讼，以及对劳动教养的人、被监禁的人提起诉讼才由原告住所处或经常居住地人民法院管辖。公益诉讼案件由侵权行为地或者被告住所地中级人民法院管辖，当事人达成和解或者调解协议的，人民法院应当将和解或者调解协议进行公告，公告期间不得少于30日。

《中华人民共和国民事诉讼法》（以下简称《民事诉讼法》）第五十五条第二款规定：人民检察院在履行职责中发现破坏生态环境和资源保护、食品药品安全领域侵害众多消费者合法权益等损害社会公共利益的行为，在没有前款规定的机关和组织或者前款规定的机关和组织不提起诉讼的情况下，可以向人民法院提起诉讼。前款规定的机关或者组织提起诉讼的，人民检察院可以支持起诉。

2) 特别地域管辖

这是指根据诉讼标的或诉讼标的所在地及被告住所地确定行使管辖权。以下几类属于特别地域管辖：①因合同纠纷引起的诉讼，由被告住所地或合同履行地人民法院管辖；②因保险合同纠纷提起的诉讼，由被告住所地或保险标的物所在地人民法院管辖；③因票据纠纷提起的诉讼，由票据支付地或者被告住所地人民法院管辖；④因铁路、公路、水上、航空运输和联合运输合同纠纷提起的诉讼，由运输始发地、目的地或被告住所地人民法院管辖；⑤因侵权行为提起的诉讼，由侵权行为地或被告住所地人民法院管辖；⑥因铁路、公路、水上和航空事故请求损害赔偿提起的诉讼，由事故发生地或车辆、船舶最先到达地，航空器最先降落地或被告住所地人民地法院管辖；⑦因船舶碰撞或其他海事损害事故请求损害赔偿提起的诉讼，由碰撞发生地、碰撞船舶最先到达地、加害船舶被扣留地或被告住所地人民法院管辖；⑧因海难救助费提起的诉讼，由救助地或被救助船舶最先到达地人民法院管辖；⑨因共同海损提起的诉讼，由船舶最先到达地、共同海损理算地或航程终止地人民法院管辖。

3) 专属地域管辖

根据案件的特定性质，某一类案件必须由一定地区的人民法院管辖。属于此类的是：①因不动产提起的诉讼，由不动产所在地人民法院管辖；②因港口作业中发生纠纷提起的诉讼，由港口所在地人民法院管辖；③因继承遗产纠纷提起的诉讼，由被继承人死亡时住所地或遗产所在地人民法院管辖。

3. 协议管辖

协议管辖，是指当事人在协商的基础上对第一审案件共同协议选择应由哪一个人民法院管辖。它体现了对当事人意愿的尊重，有利于克服地方保护主义，使审判更为公正。国内协议管辖仅限于我国规定的合同纠纷案件，即国内合同纠纷只能选择我国人民法院管辖；涉外协议管辖既可选择中国法院也可选择外国法院；而且当事人可以选择与争议有关的人民法院，如被告住所地、合同履行地、合同签订地、原告住所地、标的物所在地等人民法院管辖。但要注意，协议管辖要用书面协议的形式，同时不得违反级别管辖、专属管辖的规定。但有些特殊案件不能选择，只能由中国的法院管辖，属于此类的是：在中国境内履行的中外合资经营企业合同、中外合作经营企业合同、中外合作勘探自然资源合同发生的纠纷提起的诉讼。

4. 移送管辖及指定管辖

人民法院受理经济纠纷案件后，发现不属于自己管辖时，应当移送有管辖权的人民法院。受移送的人民法院认为受移送的案件不属于自己管辖的，应当报上级人民法院指定管辖。有管辖权的人民法院由于特殊原因，不能行使管辖权的，由上级人民法院指定管辖。

21.3.2 经济诉讼的程序

1. 一审程序

一审程序，是指最初受理案件的法院审理案件时所用的程序。可以分为普通程序、简易程序和特别程序。《民事诉讼法》第一百五十七条规定，基层人民法院和它派出的法庭审理事实清楚、权利义务关系明确、争议不大的简单的民事案件，适用简易程序的规定。基层人民法院和它派出的法庭审理前款规定以外的民事案件，当事人双方也可以约定适用简易程序。第一百六十二条规定，基层人民法院和它派出的法庭审理符合《民事诉讼法》第一百五十七条第一款规定的简单的民事案件，标的额为各省、自治区、直辖市上年度就业人员年平均工资30%以下的，实行一审终审。同时《最高人民法院关于适用〈中华人民共和国民事诉讼法〉的解释》规定明确，买卖合同、借款合同、租赁合同纠纷，银行卡纠纷，物业、电信等服务合同纠纷等九类金钱给付的案件，适用小额诉讼程序审理。普通程序分为以下阶段。

1) 起诉和受理

原告起诉时应具备的法定条件：①原告是与本案有直接利害关系的当事人；②有明确的被告；③有具体的诉讼请求和事实、理由；④属于人民法院受理的范围和受诉人民法院管辖。

起诉应向人民法院递交起诉状，起诉状应记明的事项是：①当事人的姓名、性别、年龄、民族、职业、工作单位和住所，法人或其他经济组织的名称、住所和法定代表人或主要负责人的姓名、职务；②诉讼请求和所根据的事实与理由；③证据和证据来源，证人姓名和住所。同时按被告人数提出副本。人民法院收到起诉状后，经审查，认为符合起诉条件的，应当在7日内立案，对不符合条件的应裁定不予受理。

2) 审理前的准备

这主要包括：①人民法院应在受理案件后的5日内将起诉状副本发送被告，被告可在收到之日起15日内提出答辩状。人民法院在收到答辩状5日内将答辩状副本发送原告。被告不提交答辩状的，不影响人民法院审理。同时人民法院要告知当事人有关的权利、义务。②增加了审理前准备和庭前会议制度，以提前梳理当事人相关诉讼请求和意见，组织交换证据，归纳争议焦点，提高庭审效率。③合议庭组成人员确立后，应当在3日内告知当事人。④审判人员要认真审核诉讼材料，调查收集必要的证据。

3) 开庭审理

人民法院应公开审理，但涉及国家机密、个人隐私及法律另有规定的情况则不公开审理,另外当事人申请不公开审理的,可以不公开审理。开庭审理的主要阶段是:开庭准备、法庭调查、法庭辩论及宣告判决。一审判决在当事人收到判决书之日起15日后发生法律效力。

《民事诉讼法》第一百一十条规定:诉讼参与人和其他人应当遵守法庭规则。人民法院对违反法庭规则的人,可以予以训诫,责令退出法庭或者予以罚款、拘留。人民法院对哄闹、冲击法庭,侮辱、诽谤、威胁、殴打审判人员,严重扰乱法庭秩序的人,依法追究刑事责任;情节较轻的,予以罚款、拘留。《最高人民法院关于适用〈中华人民共和国民事诉讼法〉若干问题的解释》第一百七十六条规定,诉讼参与人或者其他人有下列行为之一的,人民法院可以适用《民事诉讼法》第一百一十条规定处理:①未经准许进行录音、录像、摄影的;②未经准许以移动通信等方式现场传播审判活动的;③其他扰乱法庭秩序,妨害审判活动进行的。

2. 二审程序

二审程序,是指当事人任何一方不服第一审人民法院的第一审判决或裁定,在法定的期间内,按法定的程序提起上诉,上一级人民法院审理案件时所适用的程序。

当事人不服一审判决,有权在判决书送达之日起15日内向上一级人民法院上诉,上诉应当向一审人民法院提出。当事人直接向第二审人民法院上诉的,第二审法院应当在5日内将上诉状交原审人民法院;原审人民法院收到上诉状后应当在5日内将上诉状副本送达对方当事人,对方当事人应在15日内提出答辩状。人民法院在收到答辩状之日起5日内将副本送达上诉人;原审人民法院收到上诉状、答辩状后,应当在5日内连同案卷和证据,送第二审人民法院。

第二审法院应当对其审查,经过审理,作出维持原判、依法改判或发回重审的判决。当事人对发回重审的判决、裁定可以上诉。第二审人民法院的判决、裁定,是终审的判决、裁定,判决书自送达之日起发生法律效力。

3. 审判监督程序

审判监督程序,是指对已经发生法律效力的判决、裁定,发现有错误而重新再审,纠正错误的程序。提起审判监督有以下途径。

(1) 各级人民法院院长,发现本院已经生效的判决、裁定有错误,提起再审,由本院审判委员会决定。

(2) 最高人民法院对地方各级人民法院已经发生法律效力的判决、裁定,上级人民法院对下级人民法院已经发生法律效力的判决、裁定,发现确有错误的,有权提审或指令下级人民法院再审。

(3) 最高人民检察院对各级人民法院、各级人民检察院对同级人民法院已经发生法律效力的判决、裁定,发现有如下情形的有权提起抗诉。这些情形包括:原判决、裁定认定事实的主要证据不足,所适用的法律有错误,或违反法定程序,或审判人员在审理案件时有贪污受贿、徇私舞弊、枉法裁判等行为。

(4) 当事人对已经生效的判决、裁定,符合以下法定情形之一的,可以提起再审:①有新的证据,足以推翻原判决、裁定;②原判决、裁定认定事实的主要证据不足;③所适用的法律有错误;④违反法定程序,可能影响案件的正确判决;⑤审判人员在审理案件时有贪污受贿、徇私舞弊、枉法裁判等行为。当事人对已经发生法律效力的调解书,提出证据证明违反自愿原则或其内容违法,可以申请再审。

当事人提起再审,应当在判决书、裁定书发生法律效力后的两年内提出。人民法院审理再审案件,应当另行组成合议庭。按照审判监督程序再审的案件,发生法律效力的判决、裁定是由第一审人民法院作出的,按照第一审程序审理,当事人可以上诉;发生法律效力的判决、裁定是由第二审人民法院作出的,按照第二审程序审理,所作的判决是发生法律效力的判决,当事人不能上诉。一方当事人不履行,另一方当事人可以向人民法院申请强制执行。

4. 督促程序

督促程序又称支付令程序,是指人民法院根据债权人要求债务人给付金钱或有价证券的请求,不经过人民法院审理,直接向债务人发出支付令并要求其给付的程序。申请支付的条件是:①支付令只适用于给付金钱或有价证券;②债权人与债务人没有其他债务纠纷,不存在抵销关系;③支付令能够送达当事人。

人民法院受理债权人的申请后,经审查债权人提供的事实、证据证明债权债务关系明确、合法的,应当在受理之日起15日内向债务人发出支付令;申请不成立的,则裁定驳回。债务人在收到支付令之日起15日内清偿债务,或者可向人民法院提出书面异议。债务人在规定的时间内不提异议又不履行的,债权人可以向人民法院申请强制执行。

5. 公示催告程序

公示催告程序,是指票据支付地基层人民法院根据可以背书转让的票据持有人的申请,以公示的方式,催告不明的票据关系当事人,在人民法院指定的期限内向人民法院申请票据权利,逾期无人申报,人民法院则作出宣告票据无效的判决程序。

6. 财产保全与先予执行程序

1)财产保全

财产保全是指在起诉前或人民法院受理案件后,作出判决前,根据当事人的申请或认为必要的时候,对于可能因一方当事人的行为或其他原因,使判决不能执行或难以执行的情况,作出财产保全的裁定,从而使判决得以执行的程序。

人民法院采取保全措施,可以责令当事人提供担保,当事人不提供担保的,驳回申请。申请人在人民法院采取保全措施后15日内不起诉的,或被申请人提供担保的,人民法院应当解除保全措施。因申请人的错误采取保全措施,给被申请人造成损失的,申请人应当赔偿。

2)先予执行

先予执行是指人民法院受理案件后,作出判决前,根据当事人一方的申请,先裁定另一方给付一定的财物,或先行裁定另一方作为或不作为的程序。人民法院裁定先予执行前可以责令当事人提供担保,当事人不提供担保的,驳回申请。申请人败诉的,应当赔偿被申请人因先予执行造成的财产损失。

先予执行的条件是:①当事人提出申请;②当事人之间权利、义务关系明确;③不先予执行将严重影响申请人的生活或生产经营;④被申请人有履行能力。

申请先予执行的范围有:①追索赡养费、抚养费、抚育费、抚恤金及医疗费用的;②追索劳动报酬的;③因情况紧急需要先予执行的。如追索货款、追索赔偿费用、追索生产中急需的原材料和辅助材料及设备、追索急需的图纸和资料、追索一方重大违约给另一方造成重大损失急需的赔偿等。当事人对财产保全或先予执行的裁定不服的,可以申请行政复议,但在行政复议期间不停止裁定的执行。

7. 强制执行程序

强制执行是指人民法院按照法定程序，运用国家强制力量，根据执行文书的规定，强制民事义务人完成其所承担的义务，以保证权利人的权利得以实现。

1) 人民法院强制执行的根据

人民法院可以下列法律文书作为根据，进行强制执行：①人民法院作出的民事判决书、裁定书、调解书、支付令及罚款决定书；②人民法院作出的具有财产内容的刑事判决书、裁定书；③人民法院作出的承认和执行外国法院、外国仲裁机构法律文书的裁定书；④仲裁机构制作的裁决书、调解书；⑤行政机关作出的依法由人民法院执行的决定书；⑥公证机关依法作出的具有强制执行效力的债权文书。

2) 强制执行的措施

人民法院可以采取下列强制执行措施：①查询、冻结和划拨被执行人的存款；②查封、扣押、冻结、拍卖及变卖被执行人的财产；③搜查被执行人及其住所或财产隐匿地；④强制执行被执行人交付法律文书指定交付的财物或票证；⑤强制迁出房屋或强制退出土地；⑥强制被执行人完成判决、裁定和其他司法文书指定的行为，费用由被执行人承担；⑦强制被执行人加倍支付延期履行给付金钱债务的利息，强制被执行人支付未在指定期限内履行其他义务的迟延履行金。

3) 申请执行的期限

双方或一方当事人为公民的，申请执行期限为1年，双方都是法人或其他经济组织的，申请执行的期限为6个月。申请执行的期限以法律文书规定履行期限的最后一日算起。

本章小结

● 经济争议可以通过协商、调解、经济仲裁或经济诉讼的方式解决。

● 经济仲裁是一种准司法民间解决方式。仲裁委员会只在直辖市和省、自治区人民政府所在地的市或一些设区的市设立。经济仲裁具有自愿性、准司法性、自治性、一裁终局的特点，并具有域外执行简便性的优点。其程序包括申请和受理、组成仲裁庭、开庭和裁决、申请撤销裁决、裁决的执行等阶段。

● 经济诉讼是解决平等主体之间经济争议的方式。各级法院依据级别管辖、地域管辖、协议管辖、移送管辖及指定管辖来划分一审案件管辖权。一审诉讼程序一般经过起诉和受理、审理前的准备、开庭审理阶段。当事人不服可在法定期间内向上一级人民法院提起上诉，适用二审程序审理案件。此外，还有审判监督程序、督促程序、公示催告程序、财产保全与先予执行程序、强制执行程序等特别程序。

关键概念

经济争议　协商　调解　经济仲裁　经济诉讼　一审程序　二审程序　审判监督程序　督促程序　公示催告程序　财产保全　先予执行　强制执行　仲裁协议　申请撤销仲裁

复习思考题

1. 经济争议的含义及解决方式是什么?
2. 简述经济仲裁的原则、适用范围及有效仲裁协议具备的条件。
3. 当事人如何申请撤销仲裁?
4. 经济诉讼管辖是如何划分的?
5. 经济诉讼一审程序包括哪几个阶段?
6. 起诉应具备哪些条件?
7. 经济诉讼中有哪些途径提起审判监督程序?

【案例分析】

案例1：A厂与B所签订一份技术转让合同。合同规定：因本合同发生的一切争议应提交G市仲裁委员会仲裁，或者向G市Y区人民法院提起诉讼。合同履行过程中，A厂认为该项技术存在缺陷，双方发生争议。A厂据此向G市仲裁委员会申请仲裁，双方当事人均未选定仲裁员，共同委托仲裁委员会主任某丁指定。某丁于是指定了某甲、某乙、某丙三名仲裁员。A厂认为某甲与B所有利害关系，申请其回避。首席仲裁员某丙审查后确认申请理由不实，决定公开审理。B所对此不服，仲裁庭研究后决定不公开审理。B所在开庭期间未经仲裁庭许可中途退庭，仲裁庭因此决定中止仲裁程序。一周后B所表示愿意出庭，仲裁庭决定再次开庭。开庭前仲裁委员会指定某机构对该项技术进行了鉴定，但始终未告知当事人鉴定报告的内容，只由仲裁庭内部掌握和参考。裁决作出后，A厂以仲裁员某甲在仲裁该案时应予回避而未回避为由，向G市中级人民法院申请撤销裁决。

试分析：仲裁协议、仲裁庭、仲裁员以及仲裁程序存在哪些法律上的问题？并说明理由或者正确的做法。

案例2：居住在甲市A区的乔小伟从事汽车修理业，其修理铺在C区。该修理铺营业执照登记的业主是其兄乔大伟（甲市B区）。乔小伟为了承揽更多的业务，与甲市L县乡办集体企业正华汽修厂签订了协议，约定乔小伟的修理铺可用正华汽修厂的名义开展业务，乔小伟每年向正华汽修厂交管理费2万元。2012年1月，乔小伟雇用的修理工钱某（甲市D区），为客户李某（甲市E区）修理1辆捷达车。

修好后，钱某按照工作程序要求在修理铺前试车时不慎将车撞到一棵大树上，造成汽车报废，钱某自己没有受伤。相关各方就如何赔偿该汽车损失发生纠纷，未能达成协议。现李某拟向法院起诉。

试分析：(1) 李某应以谁为被告？哪些法院对本案有管辖权？(2) 就此同一纠纷，若李某向有管辖权的法院提起诉讼，应如何确定案件的管辖法院？(3) 若有管辖权的法院之间就本案管辖权问题发生了争议，应如何确定管辖法院？

案例3：某食品公司生产的饼干很受消费者欢迎。2019年5月，该公司生产的一批饼干投放市场后接连遭到投诉，但其并未受到重视，消费者因此起诉到法院。法院经审理认为，因该公司使用的添加剂质量有问题导致饼干质量不合格，故判决食品公司承担赔偿责任。食品公司不服，提出上诉，认为自己使用的添加剂是某食品添加剂厂生产的，故应该追加食品添加剂厂为第三人。二审法院支持了食品公司的请求，追加了食品添加剂厂为第三人，并于

2019年12月判决食品添加剂厂承担赔偿责任。食品添加剂厂不服判决，可是判决已经生效。

试分析： 食品添加剂厂应该怎么办？简要说明理由。

案例4： 某市A区的甲公司与B区的乙公司签订合同，约定乙公司承建甲公司C区的新办公楼，合同未约定仲裁条款。施工过程中，甲公司与乙公司因工程增加工作量、进度款等问题发生争议。双方在交涉过程中通过电子邮件约定将争议提交某仲裁委员会进行仲裁。其后甲公司考虑到多种因素，向人民法院提起诉讼，请求判决解除合同。

法院（不知双方曾约定仲裁）受理了本案，乙公司进行了答辩，表示不同意解除合同。一审法院审理过程中，原告申请法院裁定被告停止施工，法院未予准许。开庭审理中，原告提交了双方在履行合同中的会谈录音带和会议纪要，主张原合同已经变更。被告质证时表示，对方在会谈时进行录音未征得本方同意，被告事先不知道原告进行了录音，而会议纪要则无被告方人员的签字，故均不予认可。一审法院判决驳回原告的诉讼请求。原告不服，认为一审判决错误，提出上诉，并称双方当事人之间存在仲裁协议，法院对本案无诉讼管辖权。

二审法院在审理过程中，乙公司见一审判决支持了本公司的主张，又向二审法院提出反诉，请求甲公司支付拖欠的工程款。甲公司考虑到二审可能败诉，故提请调解，为了达成协议，表示认可部分工程新增加的工作量。后因调解不成，甲公司又表示对已认可增加的工作量不予认可。二审法院经过审理，判决驳回上诉，维持原判。

试分析： 何地法院对本案具有诉讼管辖权？简要说明理由。

参考文献

[1] 王伯平，郑煜，金邦庆，等. 经济法. 2版. 北京：北京交通大学出版社，2015.
[2] 中国注册会计师协会. 经济法. 北京：中国财政经济出版社，2020.
[3] 赵威. 经济法. 7版. 北京：中国人民大学出版社，2019.
[4] 刘文华. 经济法. 6版. 北京：中国人民大学出版社，2019.
[5] 张守文. 经济法学. 7版. 北京：北京大学出版社，2018.
[6] 夏露. 经济法概论. 3版. 北京：高等教育出版社，2019.
[7] 陈昌，孙学辉. 经济法概论. 2版. 北京：清华大学出版社，2019.
[8] 刘天善. 经济法教程. 3版. 北京：北京交通大学出版社，2019.
[9] 杨德敏. 经济法通论. 2版. 上海：复旦大学出版社，2019.
[10] 财政部会计资格评价中心. 经济法. 北京：经济科学出版社，2020.
[11] 万志前，廖震峡，胡承华，等. 新编经济法实用教程. 北京：清华大学出版社，2019.
[12] 王利明. 民法. 7版. 北京：中国人民大学出版社，2018.
[13] 郑云瑞. 公司法学. 2版. 北京：北京大学出版社，2020.
[14] 甘培忠. 企业与公司法学. 9版. 北京：北京大学出版社，2018.
[15] 曾宪义，王利明，王欣新. 破产法. 4版. 北京：中国人民大学出版社，2019.
[16] 王利明，房绍坤，王轶. 合同法. 4版. 北京：中国人民大学出版社. 2013.
[17] 韩世远. 合同法总论. 北京：法律出版社，2018.
[18] 吴汉东. 知识产权法. 5版. 北京：北京大学出版社，2019.
[19] 王瑞贺. 中华人民共和国外商投资法释义. 北京：法律出版社，2019.
[20] 郑煜. 财政与金融. 3版. 北京：清华大学出版社，2018.
[21] 李玉泉. 保险法. 3版. 北京：法律出版社，2019.
[22] 江伟，肖建国. 民事诉讼法. 8版. 北京：中国人民大学出版社，2018.
[23] 张卫平. 民事诉讼法. 5版. 北京：法律出版社，2019.